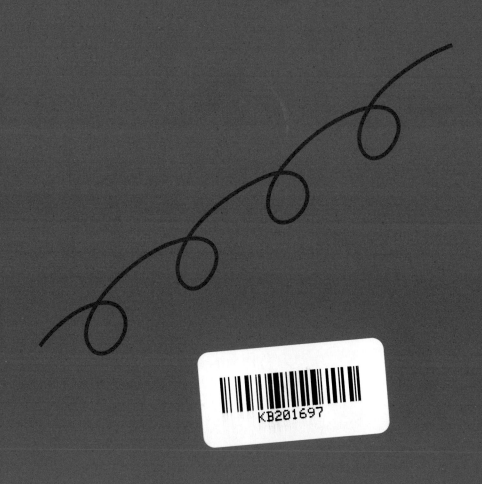

HOW COUNTRIES
GO BROKE
THE BIG CYCLE

옮긴이 조용빈

서강대학교에서 영문학과 경제학을 공부하고 현대자동차에서 전략, 마케팅, 상품, 내부감사, 캐나다 주재원 등 다양한 경험을 했다. 《변화하는 세계 질서》, 《세금의 세계사》, 《레인보우 맨션》, 《결국 회복하는 힘》, 《트러스트》, 《불안 없는 조직》 등 20여 권의 책을 번역했다.

빅 사이클

초판 1쇄 발행 2025년 6월 3일

지은이 레이 달리오
옮긴이 조용빈

펴낸이 조기흠
총괄 이수동 / **책임편집** 박의성 / **기획편집** 최진, 유지윤, 이지은
마케팅 박태규, 임은희, 김예인, 김선영 / **제작** 박성우, 김정우
디자인 박정현 / **교정교열** 정은아

펴낸곳 한빛비즈(주) / **주소** 서울시 서대문구 연희로2길 62 4층
전화 02-325-5506 / **팩스** 02-326-1566
등록 2008년 1월 14일 제 25100-2017-000062호

ISBN 979-11-5784-811-9 03320

이 책에 대한 의견이나 오탈자 및 잘못된 내용은 출판사 홈페이지나 아래 이메일로 알려주십시오.
파본은 구매처에서 교환하실 수 있습니다. 책값은 뒤표지에 표시되어 있습니다.

⌂ hanbitbiz.com ✉ hanbitbiz@hanbit.co.kr ⓕ facebook.com/hanbitbiz
ⓝ blog.naver.com/hanbit_biz ▶ youtube.com/한빛비즈 ⓘ instagram.com/hanbitbiz

지금 하지 않으면 할 수 없는 일이 있습니다.
책으로 펴내고 싶은 아이디어나 원고를 메일(hanbitbiz@hanbit.co.kr)로 보내주세요.
한빛비즈는 여러분의 소중한 경험과 지식을 기다리고 있습니다.

THE BIG CYCLE
RAY DALIO
빅 사이클

레이 달리오 지음 | 조용빈 옮김

HB 한빛비즈
Hanbit Biz, Inc.

이 책을 쓰게 된 이유

50년 넘게 글로벌 매크로 투자자로 살아오면서 얻은 매우 귀중하고, 시대를 초월하며, 보편적인 지식과 원칙들을 전달하기 위해 이 책을 썼다. 그 누구도 나처럼 오랜 기간 뛰어난 자원을 가지고 이러한 지식과 원칙들을 얻기 위해 열심히 노력한 사람은 없다고 생각한다. 덕분에 나와 다른 사람들은 풍요로운 보상을 얻을 수 있었다. 하지만 내가 사라졌을 때 그 지혜도 사라지는 것을 원하지 않는다. 나는 내가 설명하는 개념들이 정책 입안자들과 투자자들의 손에 쥐어질 때 세상이 더 잘 돌아갈 것이라고 믿는다. 이 책을 읽고 다음의 것들을 얻을 수 있기를 바란다.

1. 대규모 부채 사이클Big Debt Cycle에 대한 완전하고 실용적인 이해: 매우 간략한 요약을 원하면 1부를, 보다 심층적인 이해를 원하면 2부까지 함께 읽기 바란다.

2. 공급과 수요가 실제로 어떻게 작동하는지에 대한 통상적인 경제학적 사고보다 훨씬 더 실용적인 이해: 이에 대한 내용은 2장에서 자세히 다룬다. 하지만 책 전체에서 그 작동 방식을 볼 수 있을 것이다.

3. 전반적인 빅 사이클Overall Big Cycle에 대한 완전하고 실용적인 이해: 이 사이클은 대규모 부채 사이클과 다른 주요 사이클, 즉 정치 질서를 변화시키는 국내의 대규모 정치적 사이클과 세계 질서를 변화시키는 대규모 지정학적 사이클에 의해 주도된다. 이 책의 주요 목표 중 하나는 전반적인 빅 사이클이 어떻게 이러한 큰 변화를

가져오는지 이해하도록 돕는 것이다. 나는 우리가 현재 이러한 엄청난 변화 직전에 와 있다고 믿는다. 이 책에서 단 하나의 장만 읽어야 한다면 이를 다루고 있는 8장을 읽어라.

이 책의 내용은 나의 다른 졸저들, 특히 《금융위기 템플릿Principles for Navigating Big Debt Crises》과 《변화하는 세계 질서Principles for Dealing with the Changing World Order》에서 전달한 지식과 원칙에 대한 설명을 보완하고 완성하는 역할을 할 수 있을 것이다. 그 모든 것이 서로 연관되어 있기 때문에 독자들이 더 쉽게 이해하고 소통할 수 있도록 AI 아바타를 만들었다. 원하는 독자들은 principles.com에 등록하고 사용하기 바란다.

감사의 말

나는 세계에서 가장 박식한 사람들과 내 사고방식을 교차 검증할 수 있는 놀라운 행운을 누리고 있다. 내 생각의 상당 부분이 기존의 방식과 다르기 때문에, 이런 교차 검증은 특히 중요하다. 특히 래리 서머스Larry Summers 전 재무장관, 티머시 가이트너Timothy Geithner 전 재무장관, 폴 라이언Paul Ryan 전 하원 의장, 마리오 드라기Mario Draghi 전 유럽중앙은행 총재, 구로다 하루히코 전 일본은행 총재, 크리스탈리나 게오르기에바Kristalina Georgieva 국제통화기금 총재, 마야 맥기니스Maya MacGuineas CRFBCommittee for a Responsible Federal Budget 회장에게 깊은 감사를 드린다.

내 생각의 기반이 되는 심층적인 역사 분석은 방대한 분석 작업이 필요하다. 스티븐 크라이거Steven Kryger, 빌 롱필드Bill Longfield, 우다이 바이시왈라Udai Baisiwala, 헤만스 산지브Hemanth Sanjeev, 카우스 반살Kaus Bansal, 조나 가닉Jonah Garnick, 닉 브라운Nick Brown, 에릭 스티르큘라Eric Styrcula를 포함한 훌륭한 연구팀의 도움이 없었다면 불가능했을 것이다.

방대한 연구 자료와 글을 엮어 책으로 출판하는 것 또한 결코 쉬운 일이 아니다. 마크 커비Mark Kirby, 크리스 에드먼즈Chris Edmonds, 줄리 파니Julie Farnie, 브라이언 데 로스 산토스Brian De Los Santos, 마사 머렐Martha Merrell, 밀리사 헤네어Millissa Henaire, 조이 페트카나스Zoe Petkanas 같은 이들의 신속하고 전문적인 도움이 없었다면 책으로 나오지 못했을 것이다.

또한 출판 에이전트 짐 레빈Jim Levine과 사이먼앤슈스터의 아비드리더 출판사 편집자 조피 페라리-애들러Jofie Ferrari-Adler에게도 깊은 감사를 드린다. 그들의 도움이 없었다면 내 책들은 빛을 보지 못했을 것이다.

이 책을 읽는 법

- 독자들의 전문 지식 수준이 다양하고 투자할 수 있는 시간에 차이가 있다는 점을 잘 알고 있다. 따라서 원하는 것을 얻을 수 있도록 **가장 중요한 요점들을 굵게 표시해 핵심 내용만 읽을 수 있도록 하고, 관심 있는 세부 사항은 선택적으로 자세히 살펴볼 수 있도록 했다.** 경제와 시장에 심취한 전문가 또는 전문가를 지망하는 독자라면 이 책이 여러분에게 즐거움을 선사하고 일에서 성공하는 데 도움이 될 독특한 관점을 제공할 것이라고 믿기 때문에 전체를 읽어볼 것을 권한다. 그렇지 않다면 굵게 표시된 부분만 읽어도 만족스러울 것이다.

- 또한 현실에 잘 대처하는 데 도움이 되면서, 시대를 초월한 보편적인 진리와 원칙을 전달할 때는 ● **붉은 원으로 강조하고 굵은 글씨를 사용했다.**

- 나는 단순히 내 생각을 공유하는 것보다 사람들과 대화를 주고받는 것을 선호한다. 이러한 대화가 내 사고를 발전시키는 귀중한 피드백을 제공한다고 생각하기 때문이다. 이를 위해 레이 달리오 AI 버전을 포함해 몇 가지 새로운 기술을 개발하고 있다. 이에 대해 더 알고 싶다면 principles.com에 가입해 최신 동향을 알아볼 것을 추천한다.

- 마지막으로 이 책이 너무 길어지는 것을 방지하기 위해 기타 참고 자료, 인용문, 인덱스에 대한 추가 데이터 등을 포함한 많은 보충 자료를 economicprinciples.org에 올려놓았으니 참조하기 바란다.

차례

1부
대규모 부채 사이클 개요

2부
중앙정부와 중앙은행의 파산으로 이어지는
전형적인 순서

3부
과거에 대한 고찰

4부
앞으로의 전망

서문

"국가의 부채와 부채의 증가에는 한계가 있을까?"

"정부 부채 증가가 둔화하지 않으면 금리는 어떻게 변하고 그로 인해 어떤 일이 발생할까?"

"미국과 같이 주요 기축통화를 가진 크고 중요한 국가도 파산할 수 있을까? 만약 그렇다면 어떤 일이 발생할까?"

"'대규모 부채 사이클'이 부채에 대해 우려해야 할 시기와 해결책을 알려줄 수 있을까?"

이것은 단지 경제학자에게만 해당하는 학문적 질문이 아니다. 투자자와 정책 입안자 그리고 대부분의 사람이 답해야 하는 질문들이다. 왜냐하면 그 답이 우리의 안녕과 우리가 해야 할 일에 막대한 영향을 미치기 때문이다. 하지만 현재까지 명확한 답은 존재하지 않는다.

일부 사람들은, 특히 기축통화를 보유한 국가의 경우 정부 부채와 부채 증가에 한계가 없다고 생각한다. 전 세계적으로 널리 통용되는 화폐를 가진 기축통화 국가의 중앙은행은 언제든지 부채를 상환하기 위해 돈을 찍어낼 수 있다고 믿기 때문이다. 하지만 다른 사람들은 높은 수준의 부채와 빠른 부채 증가를 다가오는 대규모 부채 위기의 전조라고 생각한다. 다만 그 위기가 언제 어떻게 올지, 그리고 어떤 영향을 미칠지는 정확히 알지 못한다.

그렇다면 장기적인 대규모 부채 사이클은 어떨까? '경기 사이클'은 널리 받아들여지고 있는 개념이고, 단기 부채 사이클이 그것을 주도한다는 것도 알고 있다. 하지만 장기적인 대규모 부채 사이클에 대해서는 누구도 인정하거나 언급하지 않는다. 교과서에서도 이에 대한 연구 결과나 설명을 찾을 수 없고, 심지어 현재 또는 과거에 중앙은행 총재나 재무부 장관을 역임한 세계적인 경제학자들도 내가 이 중요한 주제를 다뤘을 때 별다른 말을 하지 않았다. 이런 이유로 내가 이 주제를 연구해서 여러분과 공유하는 것이다.

이 모든 것을 설명하기 전에 내 배경부터 설명해야겠다. 나는 경제학자가 아닌 글로벌 매크로 투자자로서 이 주제에 접근했다. 나는 여러 국가에서 수많은 부채 사이클을 50년 이상 경험했고, 그것들이 어떻게 진행될지 예측하고 이해해야 했다. 지난 100년 동안의 모든 대규모 부채 사이클을 꼼꼼하게 살펴봤으며, 기간을 500년으로 확대해 피상적이나마 더 많은 부채 사이클까지 연구했다. 그 결과, 나는 이 사이클을 이해하고 탐색할 수 있는 능력에 자신감을 갖게 되었다. 내가 볼 때 현 상황은 대단히 우려스럽고, 다른 사람들이 직접 판단할 수 있도록 책임감을 가지고 이 연구를 공유한다.

부채 사이클을 제대로 이해하기 위해 나는 의사가 여러 환자를 연구하듯 많은 사례를 살폈고, 그 이면에 있는 메커니즘을 조사해 부채가 발생하는 인과관계를 이해하기 위해 노력했다. 또한 이러한 분석적 접근 방식과 경험을 결합해 실제 상황에서 끊임없이 배우고, 발견한 내용을 기록하고, 지식이 풍부한 사람들의 엄격한 검토를 받았다. 그런 다음 내가 배운 것을 기반으로 투자하고 새로운 경험을 모색하는 시스템을 구축했다. 나는 이 과정을 사랑하기 때문에 아마도 죽기 직전까지 이를 반복할 것이다. 내 게임의 상대는 시장이고, 채권 시장이 거의 모든 것을 주도하기 때문에 나는 수십 년 동안 부채로 인해 발생하는 관계를 연구하는 데 집착했다. 이러한 역학을 이해하면 투자자, 사업가, 정책 입안자로서 매우 잘할 수 있고, 그렇지 않으면 결국 피해를 볼 것이라고 생각한다.

내가 연구에서 발견한 것은 대규모 장기 부채 사이클은 항상 대규모 부채 위기와 붕괴로 이어졌다는 사실이다. 또한 1700년 이후 존재했던 약 750개의 외환/채권 시장 중 약 20%만이 남았고, 그 남은 시장도 이 연구에서 설명할 정형화된 과정을 겪으며 심각하게 평가절하되었다는 것을 알았다. 나는 이 대규모 장기 부채 사이클이 구약성경에 어떻게 묘사되어 있는지, 중국 왕조에서 수천 년 동안 어떻게 반복적으로 나타났는지, 그리고 어떻게 되풀이해서 제국, 국가, 지역의 몰락을 예고했는지를 목격했다.

이러한 대규모 부채 사이클은 시대를 초월하며 반드시 알아야 하지만 잘 알려지지 않은 보편적인 방식으로 일관되게 작동해왔다. 이 연구에서 나는 화폐와 부채의 역학관계에 대해 명확한 설명을 제공하고, 이를 분석하고 예측하는 데 적용 가능한 템플릿을 만들고자 했다. 물론 내가 설명할 대규모 부채 사이클 템플릿이 아직 검증된 바가 없다는 것을 알고 있지만, 나는 그것이 존재한다고 확신한다. 왜냐하면 나는 그것을 사용해 상황이 어떻게 진행될지를 예측하고 많은 돈을 벌었기 때문이다. 독자들에게 이를 전달하는 이유는 내 나이가 이제 내가 소중히 여기는 것을 공유하고 싶은 단계에 이르렀기 때문이다. 당신은 그것을 마음대로 이용해도 좋다.

왜 나는 다른 사람들이 이해하지 못하는 것을 이해한다고 생각할까? 몇 가지 이유가 있다. 첫째, 대규모 장기 부채 사이클은 일반적으로 약 80년(±25년) 정도 지속되므로 일생에서 직접 경험하기 어렵다. 둘째, 현재 일어나는 일에 지나치게 집중하기 때문에 큰 그림을 간과한다. 또한 대부분의 사람이 신용이 부여한 소비 능력을 좋아하기 때문에 과도한 부채에 대한 우려를 편견으로 받아들인다. 실제로 부채로 인해 위기가 발생할 것이라는 수많은 경고가 있었지만 그것이 현실이 되는 경우는 없었다. 2008년 글로벌 금융위기와 PIIGS 국가(포르투갈, 이탈리아, 아일랜드, 그리스, 스페인)의 유럽 부채 위기와 같은 대규모 부채 위기에 대한 기억은 이미 희미해졌다. 그런 위기를 극복했기 때문에 우리는 이것을 임박한 더 큰 위기의 초기 경고로 받아들이기는커녕 오히려 정책 관리자들이 위기를 관리하는 방법을 배웠다고 생각한다. 그러나 원인이 무엇이든 이러한 역학관계가 간과되는 이유는 중요하지 않다. 나는 무슨 일이 일어나고, 왜 일어나는지에 대해 그림을 그릴 것이다. 사람들이 내가 말하는 것에 충분한 관심이 있다면 내 템플릿을 평가해서 장단점에 따라 오래 남거나 사라질 것이다.

이것은 하나의 원칙으로 이어진다.

● **우리가 시스템의 작동 방식에 대해 동의하지 않는다면, 현재 일어나고 있는 일이나 앞으로 일어날 일에 대해서도 동의할 수 없을 것이다. 그러므로 나는 우선 시스템의 작동 방식을 설명하고 독자 및 다른 지식인들과 함께 그 방식을 종합적으로 평가한 후 현재 발생하고 있고, 앞으로 발생**

할 일들을 살펴보겠다.

정부 부채가 크고 급속히 증가하고 있는 지금, 과거 사례가 어떻게 진행되었는지를 연구하지 않고 이번은 다를 것이라고 가정하는 것은 위험하고 무책임하다고 생각한다. 이는 우리가 사는 동안 발생하지 않았다고 해서 다시는 내전이나 세계대전이 일어나지 않을 것이라고 가정하는 것과 마찬가지다(참고로 나는 내전과 세계대전의 싹이 오늘날에도 여전히 꿈틀거린다고 믿는다). 내가 전에 쓴 다른 책에서 했던 것처럼[1] 전형적인 역학관계를 서술한 후 과거 다양한 사례가 왜, 그리고 어떻게 다르게 전개되었는지를 살펴볼 것이다. 이를 통해 현재 사례를 템플릿과 비교해 추적하고 현재 일어나고 있는 일과 앞으로 일어날 것으로 예상되는 일을 맥락에 맞게 파악할 수 있을 것이다. 즉, 다양한 사례를 통해 미래를 엿보는 것이다. 현재 일어나고 있는 사태를 템플릿과 비교해보면 나는 중앙정부와 중앙은행이 과거에 수백 번 그래왔던 것과 같은 방식으로 '파산'할 가능성이 있다고 생각한다. 물론 이는 엄청난 정치적 및 지정학적 결과를 초래할 것이다.

이제 중요한 요점으로 넘어가겠다. **대규모 부채 사이클은 내가 '전반적인 빅 사이클'이라고 부르는 여러 상호 연결된 힘들 중 하나에 불과하다. 1) 대규모 부채 사이클은 그 주기가 일치하는 2) 국내 정치적 · 사회적 화합과 갈등의 중요한 사이클에 영향을 미치고, 영향을 받기도**

---

1 부채 및 통화 사이클은 내 책 《금융위기 템플릿》(1918년부터 이 책을 출간한 2018년까지 100년간 발생한 48개의 가장 큰 부채 위기를 모두 다뤘다)과 《변화하는 세계 질서》의 3장과 4장(지난 500년간 세계 기축통화 시장의 흥망성쇠와 1700년 이후 750개 통화를 다루었다)에서 이미 포괄적으로 설명했으므로 이 책에서는 통화 질서의 변화를 초래하는 사이클의 마지막이자 가장 극적인 붕괴 부분을 훨씬 더 자세하게 설명할 예정이다.

한다. 이 사이클은 또 반대로 3) 국가 간의 지정학적 조화와 갈등 사이클과 영향을 주고받으며, 4) 가뭄, 홍수, 전염병 같은 주요 자연재해와 5) 새로운 기술의 발전에도 영향을 받는다. 결국 이러한 힘들이 결합해 평화와 번영, 갈등과 불황이 한 '질서'에서 다음 '질서'로 진행되는 전반적인 빅 사이클을 형성하는 것이다.

그러면 내가 말하는 '질서'란 무슨 의미일까? 질서는 시스템이 붕괴하면 변화하는 작동 방식이다. 예를 들어, 화폐 시스템이 작동하는 방식을 결정하는 화폐 질서, 국가 내 통치 체제가 작동하는 방식을 결정하는 정치 질서, 국가 간 통치 체제가 작동하는 방식을 결정하는 지정학적 질서가 있다. 빅 사이클은 한 질서(즉, 하나의 작동 시스템)에서 다음 질서로 넘어가는 것이며, 이 사이클은 기존 질서가 붕괴할 때 보통 큰 위기 속에서 끝난다.

내가《변화하는 세계 질서》에서 설명했듯이 이러한 빅 사이클의 붕괴와 거대한 질서의 변화는 일반적으로 한 사람의 일생에서 한 번 정도 경험하는데, 그 상처는 충격적이고 고통스럽다. 한 화폐 시스템에서 다음 화폐 시스템으로의 변화, 한 국가 내 통치 체제 시스템에서 다음 시스템으로의 변화, 그리고 국가 간 통치 체제 시스템에서 다음 시스템으로의 변화는 서로 밀접하게 연결되어 있기 때문에 일반적으로 동시에 또는 비슷한 시기에 발생한다.

이러한 일련의 질서에서 다른 질서로의 변화는 항상 같은 이유로, 그리고 기본적으로 같은 방식으로 발생했지만, 매우 드물게 일어나기 때문에 파악하기 어려웠다. 그러나 이러한 변화는 기계적인 방식으로 일어나기 때문에 측정 및 감시가 가능하다. 나는 8장에서 거대한 사이클을 주도하는 힘들에 대한 개요를 설명하고, 결론 장인 19장에서 그것들이 미래에 어떤 의미를 가질 수 있는지를 다룰 예정이다. 일단 그 장들을 읽어보면 사이클이 명확히 보일 것이며, 우리가 현재 빅 사이클의 어느 지점에 있는지, 그리고 앞으로 어떤 일이 일어날 가능성이 있는지를 이해하는 데 도움이 될 것이라고 믿는다. 이 책에서 다른 것을 얻지 못하더라도 빅 사이클의 틀만이라도 알아간다면 오늘날 일어나고 있는 믿기 힘든 사건들을 이해하는 데 도움이 되리라고 생각한다. 빅 사이클과 그것을 주도하는 5가지 힘의 작동 원리를 깨달으면 몇 년 전에는 상상조차 할 수 없었던 이러한 사건들을 완벽하게 이해할 수 있을 것이다.

이 책은 4개 부와 19개 장으로 구성되어 있다. 1부에서는 처음에는 매우 간단하게, 그다음에는 더욱 철저하고 기계적인 방식으로 몇 가지 방정식을 사용해 대규모 부채 사이클을 설명할 것이다. 이는 사이클의 작동 방식을 보여주고 앞으로 일어날 일을 예측하는 데 도움이 될 것이다. 2부에서는 35개의 대규모 부채 사이클 사례에서 도출된 상세한 틀을 제시한다. 이 틀은 부채 사이클이 진행되는 과정에서 나타나는 일반적인 사건의 발생 순서를 보여주며, 부채 사이클의 진행 단계를 파악하는 데 도움이 되는 다양한 증상을 제시한다. 또한 전반적인 빅 사이클이 어떻게 작동하는지를 설명하는 장도 포함되어 있다. 3부에서는 1944년 제2차 세계대전 종전 이후 새로운 통화 및 세계 질서가 시작된 시점부터 현재까지 이어지는 가장 최근의 대규모 부채 사이클을 다룰 것이다. 이 부분에서는 미국에 초점을 맞춰 대규모 부채 사이클과 전반적인 빅 사이클을 살펴보겠지만(미국은 세계에서 가장 중요한 기축통화 국가이자 최고 강대국으로 1945년부터 세계의 패권을 잡고 있기 때문이다), 중국과 일본의 빅 사이클도 1860년대부터 현재까지 간략하게 설명할 것이다. 이를 통해 우리는 1945년 이후 세계에서 무슨 일이 일어났는지를 보다 완벽하게 확인할 수 있을 것이며, 추가로 다른 2개의 대규모 부채 사이클 사례도 보겠다. 마지막으로 4부에서는 미래를 예측해서 미국이 부채 부담을 관리하기 위해 필요한 조치와 앞으로 5가지 큰 힘이 어떻게 전개될 것인지에 대해 내가 계산한 결과를 살펴보겠다.

1부

대규모
부채 사이클
개요

1부에서는 역사적으로 반복해서 발생했지만, 사이클 내의 커다란 변화가 일생에 한 번 정도밖에 일어나지 않아 잘 알기 어려운 '대규모 부채 사이클'에 대한 전반적인 그림을 제공할 것이다. 여기서는 돈, 신용, 부채, 경제 활동의 자연스러운 메커니즘이 인간의 본성과 결합해 시간이 지남에 따라 어떻게 대규모 부채 사이클을 만들어내는지 설명하겠다. 또한 대규모 부채 사이클이 진행되는 단계와 그것이 붕괴할 때 어떤 일이 발생하는지에 대해서도 다룬다. 첫 번째 장에서는 사이클이 어떻게 전개되는지에 대해 간단하게 개요를 제공하고, 다음 두 장에서는 단어와 개념, 숫자와 방정식을 이용해 부채 사이클을 주도하는 메커니즘을 더 자세히 설명할 것이다. 이 장들은 일반 독자와 투자자 모두에게 많은 것을 제공할 것이다. 독자들은 굵은 글씨만 읽을 수도 있고, 원하면 세부 사항까지 자세히 탐색할 수도 있다.

1장

대규모 부채 사이클 요약

이 장의 목표는 전형적인 대규모 부채 사이클의 작동 방식을 간결하지만 완벽하게 설명하는 것이다. 이 책에서 단 하나의 장만 읽어야 한다면 1장이 바로 그 장이다.

시스템의 작동 방식

신용은 지출을 위한 자금을 마련하는 주요 수단이며, 비교적 쉽게 창출할 수 있다. 한 사람의 지출은 다른 사람의 수입이 되기 때문에 신용 창출이 많으면 사람들은 더 많이 벌고 더 많이 지출하게 되고, 대부분의 자산 가격이 상승하므로 거의 모든 사람이 이런 상황을 좋아한다. 그 결과, 중앙정부와 중앙은행은 더 많은 신용을 창출하려 한다. 신용은 또한 상환해야 하는 부채를 생성하는데, 이는 반대 효과를 낸다. 즉, 부채를 상환해야 할 때는 소비가 줄고 소득이 감소하며 자산 가격이 낮아져 사람들이 싫어한다. 다시 말해 차입 채무자borrower-debtor가 비용(이자)

21

을 지불하고 돈(원금)을 빌리면 그는 단기적으로 수입 및 저축 금액보다 더 많은 돈을 쓸 수 있다. **그러나 장기적으로 차입 채무자는 원금과 이자를 상환해야 하며 그때는 지출을 줄여야 한다. 이러한 원리 때문에 ●신용/지출/부채 상환의 역학관계는 본질적으로 순환적일 수밖에 없다.**

단기 부채 사이클

나이를 먹으면서 여러 번 경험해본 사람이라면 누구나 단기 부채 사이클에 익숙할 것이다. 이 사이클은 경제 활동이 원활하지 않고, 인플레이션이 심하지 않으며, 물가 상승률과 다른 투자 수익률에 비해 이자율이 낮아서 손쉽게 자본과 신용을 얻을 수 있을 때 시작된다. 이러한 조건은 지출이나 투자를 위한 차입을 장려해 자산 가격과 경제 활동, 인플레이션이 적정 수준보다 높아질 때까지 상승하게 된다. 이 단계에 이르면 통화와 신용이 제한되고 이자율이 물가 상승률이나 다른 투자 수익률에 비해 상대적으로 높아진다. 이는 곧바로 지출이나 투자를 위한 차입 감소로 이어져 자산 가격 하락, 경제 활동 둔화 그리고 물가 상승률 감소를 초래한다. 그 결과, 다시 금리가 하락해 돈과 신용에 대한 접근성이 높아지고 경기 사이클이 새롭게 시작된다. 이러한 사이클은 일반적으로 3년 정도의 오차 범위 내에서 약 6년 동안 지속된다.

단기 부채 사이클이 누적되면 대규모 장기 부채 사이클이 형성된다

사람들은 이러한 단기 부채 사이클이 누적되어 대규모 장기 부채 사이클을 형성한다는 사실을 잘 모르고 있다. 신용은 행복감을 주는 자극제 역할을 하기 때문에 사람들은 더 많은 신용을 원하게 되고, 이는 추가적인 신용을 창출하려는 경향으로 이어진다. 이로 인해 시간이 지남에 따라 부채가 증가해 단기적으로 부채가 이전보다 더 높은 고점과 저점 사이를 반복하는 경우가 많다. 결국 이런 부채 사이클이 누적되어 장기 부채 사이클을 형성하고 상환이 불가능한 상태가 될 때까지 지속된다. 부채 부담이 가벼운 대규모 부채 사이클의 초기에는 추가 부채를 일으킬 수 있는 능력이 크므로 수익성 높은 사업에 자금을 조달할 수 있는 신용과 부채의 한도가 커진다. 반대로, 부채 부담이 커지고 여신 기관이 대출을 실행할 기회가 줄어드는 사이클 후반에는 대출 여력이 감소한다.

사이클의 초기 단계에서는 (아무리 많은 돈이라도) 돈을 빌리기가 쉽고, 갚기도 쉽다. 이 단계를 주도하는 것은 주로 앞서 설명한 차입 및 지출의 용이성과 경제성이다. 그렇지만 최근 돈이 부족했을 때의 고통스러운 기억으로 인해 신중해지기도 한다.[2] 부채와 총부채 상환액이 소득 및 기타 자산에 비해 상대적으로 적은 대규모 부채 사이클의 초기에는 신용, 지출, 부채, 부채 상환액의 증가와 감소가 앞서 설명한 요인에 의해 대부분 결정되며 위험이 작다. 그러나 대규모 부채 사이클의 후반

---

2 이런 신중함은 시장 가격에 반영된다. 즉, 사이클의 초기 단계에서는 '위험 자산'의 수익과 예상 수익률이 '저위험 자산'에 비해 매우 높다.

부에서는 부채 수준과 부채 상환과 관련된 비용이 소득 및 부채 상환에 활용할 수 있는 기타 자산의 가치에 비해 높아지면 채무 불이행 위험성이 커진다. 또한 소득 대비 부채 자산과 부채가 많은 이 단계에서는 대출 기관을 만족시킬 만큼 금리가 높으면서 채무자에게 부담이 되지 않을 정도로 낮은 금리를 유지하기가 점점 더 어려워진다. 이는 한 사람의 부채가 다른 사람의 자산이 되는 구조에서 둘 다 만족해야 하기 때문이다. 따라서 단기 부채 사이클은 앞서 설명한 경제적 요인으로 인해 끝나지만, 장기 부채 사이클은 부채 부담이 너무 커서 관리하기 어려운 상태가 되어야 끝난다. 즉, 차입으로 인한 지출이 더 즐거울 수 있기 때문에 신중하지 않으면 부채와 부채 상환액이 통제할 수 없을 정도로 증가해 구매력이 감소하고 다른 소비가 제한될 수 있다는 의미다. 이것이 바로 장기 대규모 부채 사이클이 발생하는 이유다.

수천 년에 걸쳐 여러 나라에서 대규모 부채 사이클과 이에 따른 심각한 시장 및 경제 문제가 발생한 원인은 가용한 화폐, 상품, 서비스 및 투자 자산의 양에 비해 감당하기 어려울 정도로 많은 부채 자산 및 부채가 발생했기 때문이다.

더 간단히 말하면 ● 부채란 돈을 내겠다는 약속이다. 부채 위기는 부채를 이행할 수 있는 보유 자금보다 더 많은 약속을 했을 때 발생한다. 이러한 상황에서 중앙은행은 a) 화폐를 대량으로 발행해 평가절하할 것인지, 아니면 b) 화폐 발행을 자제해 심각한 채무 불이행 위기를 초래할 것인지 강제된다. 그리고 중앙은행은 항상 화폐를 발행해서 평가절하를 선택한다. 하지만 채무 불이행이든 평가절하든 결과에 관계없이 과도한 부채는 궁극적으로 부채 자산(예: 채권)의 가치를 떨어뜨린다.

물론 이런 시나리오가 전개되는 방식에는 다소의 차이가 있을 수 있

다. 하지만 가장 중요한 요인은 해당 국가의 부채가 그 나라의 중앙은행이 '찍어낼' 수 있는 통화로 표시되어 있는지 여부다. 그러나 어떤 방식으로 전개되든 부채 위기가 심화하면 부채 자산(예: 채권)을 보유하는 것은 상대적으로 매력도가 떨어지고, 경제 활동 능력(예: 주식 투자)이나 안정적인 형태의 화폐(예: 금)를 보유하는 것이 더 선호된다.

신용평가 기관이 중앙정부의 신용을 평가할 때 부채 가치 하락의 위험성을 평가하지 않는 것은 개인적으로 흥미롭기는 하지만 적절한 것 같지는 않다. 그들은 부채 불이행의 위험성만 평가하기 때문에 높은 신용등급의 부채higher-rated debt가 모두 안전한 가치 저장 수단이라는 잘못된 인상을 준다. 다시 말해, 중앙은행은 화폐를 발행해 중앙정부를 구제할 수 있기 때문에 정부 부채의 위험성이 잘 드러나지 않는다는 것이다. 만일 신용평가 기관이 채무 불이행과 평가절하를 모두 사용해 부채 가치 하락의 위험성을 평가한다면 채권자들은 더 올바른 평가를 할 수 있을 것이다. 결국 이러한 채권은 부의 저장 수단이 되어야 하며, 그렇게 평가되어야 하기 때문이다. 앞으로 이 책에서 느끼겠지만 이것이 내가 채권을 바라보는 관점이다. 자국 통화(즉, 중앙은행이 발행 가능한 통화) 표시 부채를 가진 국가의 경우 나는 중앙정부의 부채를 중앙은행의 부채와 분리해 그것이 얼마나 위험한지 평가하고, 정부 부채의 채무 불이행보다 중앙은행 부채가 초래할 수 있는 화폐의 평가절하 위험이 더 크거나 동등하다고 간주한다.

채무 불이행이든 평가절하든 상관없다. 내가 신경 쓰는 것은 부의 저장 수단을 잃는 것이며, 이는 어떤 식으로든 필연적으로 발생하기 마련이다.

부채 사이클의 진행 과정

단기 부채 사이클과 장기 대규모 부채 사이클의 주요 차이점은 중앙은행의 경제 회복 능력과 관련이 있다. 단기 부채 사이클의 수축 단계는 대규모의 통화 및 신용 공급을 통해 반전될 수 있다. 이렇게 되면 경제는 인플레이션이 완화된 침체 상태에서 벗어나 성장할 수 있는데, 이는 경제가 인플레이션 압력 없는 성장이 가능한 역량을 가지고 있기 때문이다. 그러나 장기 부채 사이클의 수축 단계는 막대한 통화와 신용으로도 되돌릴 수 없다. 왜냐하면 기존의 부채 증가 및 부채 자산 수준이 지속 불가능하고, 부채 자산 보유자들이 부의 저장 수단 기능이 약화할 것이라고 믿고 이를 처분하려 하기 때문이다.

대규모 부채 사이클의 진행 과정을 다양한 증상을 보이며 전개되는 질병 또는 생애 주기라고 생각해보자. 증상을 알면 사이클상의 대략적인 위치를 파악할 수 있고, 그로부터 어떻게 진행될지를 예측할 수 있다. 간단하게 설명하면, 대규모 부채 사이클은 건전한 경화sound/hard money와 신용으로부터 점차 느슨한 화폐와 신용으로 이동해 필연적으로 부채 붕괴로 이어진다. 그리고 다시 건전한 경화와 신용으로 돌아가는 사이클이 시작된다. 좀 더 구체적으로 설명하면 처음에는 민간 부문이 관리 가능한 수준의 건전한 차입을 하지만, 결국 과도한 차입으로 인해 손실이 발생하고 부채 상환에 어려움을 겪게 된다. 그 후 정부가 지원에 나서지만 역시 과도한 차입을 하게 되고 손실을 보며 상환을 제대로 하지 못하는 상황에 직면하게 된다. 그러면 중앙은행이 '돈을 찍어내고' 정부 채권을 매입하는 방식으로 개입하는데, 이 역시 결국에는 상환에 어려움을 겪게 된다. 할 수만 있다면(즉, 부채가 중앙은행이 발행할 수 있는 통화로 표시된다면) 중앙은행은 더 많은 정부 채권을 매입해 통화량을 증가시킬 것이다. 모든 시나리오가 정확히 동일한 방식으로 진행되는 것은 아니지만 대부분의 경우 다음 5단계를 거쳐 진행된다.

건전한 화폐 단계

이 단계는 순부채 수준이 낮고, 화폐가 건전하며, 국가가 경쟁력이 있고, 부채 성장이 생산성 성장을 촉진해 부채를 상환하기에 충분한 소득을 창출한다. 이로 인해 금융 자산과 신뢰가 증가한다.

- 신용은 돈을 전달하겠다는 약속이다. 신용은 나중에 돈을 지불해야 하지만, 현금은 바로 거래를 완료시킨다. 즉, 현금이 전달되면 거래가 완료되고, 신용을 제공받으면 돈을 빚지게 된다. 신용을 창출하는 것은 쉽다. 누구나 신용을 창출할 수 있지만, 누구나 돈을 창출할 수 있는 것은 아니다. 예를 들어 당신이 돈이 없더라도 내게 돈을 지불하겠다는 약속을 하면 신용을 제공할 수 있다. 결과적으로 신용이 쉽게 증가해 돈보다 훨씬 더 많은 신용이 존재하게 된다. 가장 효과적인 돈은 교환의 매개체 역할과 전 세계적으로 널리 받아들여지는 부의 저장 수단 역할을 모두 수행한다. 대규모 부채 사이클의 초기 단계에서 돈은 '경화'라고 부르는데, 이는 금이나 은, 비트코인처럼 공급을 쉽게 늘릴 수 없는 부의 저장 수단이자 교환의 매개체라는 의미다. 비트코인과 같은 암호화폐는 전 세계적으로 널리 인정받으면서도 공급이 제한된 통화이기

때문에 경화로 부상하고 있다. 어떤 화폐든 많은 양이 생성되면 효과적인 부의 저장 수단 기능이 크게 하락할 위험이 있다.

만일 돈을 창출할 수 있는 능력이 있다고 상상해보라. 그 누구라도 엄청난 양을 창출하고 싶은 유혹을 느낄 것이다. 할 수 있는 사람들은 항상 그렇게 해왔고, 이것이 대규모 부채 사이클을 만들었다. 이 사이클의 초기에 a) 화폐는 일반적으로 금과 같은 경화의 형태이며, 유통되는 어음paper money은 정해진 가격으로 '경화'로 교환 가능했으며, b) 유통되는 어음과 미상환 부채(돈을 지불하겠다는 약속)도 별로 없었다. 이 시기에는 a) 어음과 부채 자산/부채는 급격하게 늘어나는 데 반해, b) 경화와 실물 자산(예: 상품 및 서비스) 및 부채를 상환하는 데 필요한 소득은 이를 따라가지 못한다. 기본적으로 대규모 부채 사이클은 폰지 사기 또는 의자 뺏기 게임과 유사하게 작동한다. 투자자들은 더 많은 부채 기반 자산을 축적하면서 그것이 나중에 실제 상품을 구입할 수 있는 구매력을 가진 돈으로 교환할 수 있다고 믿는다. 그러나 이러한 믿음으로만 뒷받침되는 부채 자산의 규모가 점점 커지면서 이러한 전환이 지속 가능하지 않다는 것이 명백해지고, 결국 부채 자산을 매각해 경화 및 실물 자산으로 교환하려는 소동이 일어난다.

- 부채 사이클의 초기 단계에서 민간 및 정부의 부채와 부채 상환 비율은 1) 소득에 비해 낮거나, 2) 유동 자산에 비해 낮다. 예를 들어 정부 부채와 부채 상환은 정부 세수에 비해 낮거나, 현금으로 쉽게 전환할 수 있는 유동 자산(준비금 및 국부펀드와 같은 기타 저축 등)에 비해 낮게 유지된다. 또한 현재 우리가 겪고 있는 대규모 부채 사이클이 시작된 1945년 당시 미국 정부의 부채와 미국 정부가

보유한 금 보유량 대비 미국 통화 공급량의 비율은 각각 7배, 1.3 배였지만 현재 이 비율은 각각 37배, 6배로 증가했다.

- 사이클의 이 초기 단계에 부채 수준, 부채 증가, 경제 성장 및 인플레이션은 너무 지나치지도 않고 부족하지도 않으며 재정은 건전하다.

- 이 단계에서 '위험 자산'은 '안전 자산'에 비해 상대적으로 저렴하다. 이는 큰 피해를 입었던 과거의 기억이 심리와 가격에 영향을 미치기 때문이다. 예를 들어 1940년대 후반과 1950년대 초반에는 주식 수익률이 채권 수익률의 약 4배였다.

- 이 단계에서 경제는 건강하고 투자 수익률은 양호해서 다음 단계로 이어진다.

부채 거품 단계

이 단계는 부채 및 투자 증가율이 소득으로 상환할 수 있는 수준을 넘어선다.

- 이 단계에서는 돈을 쉽게 구할 수 있고 조달 비용이 저렴하므로 부채로 자금을 조달해 경제 성장과 호황이 나타난다. 부채를 이용한 구매로 상품, 서비스 및 투자 자산에 대한 수요와 가격이 상승하고, 투자 심리는 매우 낙관적이며, 시장은, 대부분의 전통적인 기준에 따르면, 과대평가된 상태다.

- 이 단계에서는 혁신적인 기술이 등장해 미래 수익이 초기 투자를

정당화할 수 있는지 여부를 평가할 능력이나 관심이 없는 투자가 성행한다.

- 시장에는 거의 모든 사람이 믿고 현재 가장 인기 있는 밈meme(많은 사람들이 공유하고 믿는 생각이나 신념, 특히 투자에 대한 대중적인 믿음이나 추세-옮긴이)이 항상 존재한다. 이는 가격에 반영되며 어떤 식으로든 틀릴 가능성이 크다. 이러한 밈은 일반적으로 과거의 성공적인 투자 사례를 바탕으로 미래에도 그럴 것이라는 기대감과 사람들의 감정이 합쳐져 만들어진다. 또한 대부분의 투자자는 책정된 시장 가격을 받아들이지 않는 경향이 있다. 다시 말해 그들은 과거에 좋은 성과를 냈던 투자 대상(예: 잘나가는 회사)이 앞으로도 계속 좋으리라고 생각하는 경향이 있으며, 가격(저렴한지 비싼지)이 가장 중요한 요소임에도 불구하고 이에 대해 충분한 주의를 기울이지 않는다. 이때는 거의 모든 사람이 (자산 가격 하락에 베팅하는 것보다) 자산 가격 상승에 베팅해 돈을 벌려고 하는 것이 일반적이며, 종종 레버리지를 사용하기도 한다.

- 이로 인해 결국 부채나 부채 상환 증가율이 부채 상환에 필요한 소득 증가율보다 높아지는 거품이 생성된다. 이 단계에서는 시장과 경제가 좋아 보이고, 대부분의 사람이 상황이 더 좋아질 것이라고 믿으며, 막대한 차입에 힘입어 마치 무에서 '부'가 창출되는 듯한 착각에 빠지게 된다. 무에서 부가 창출된다는 의미는 실제 존재하는 부보다 상상 속의 부가 더 크다는 것이다. 이 기간의 거품은 장기간(예: 3년)에 걸쳐 부채 증가가 소득 증가를 크게 앞선다든지, 자산 가격이 미래의 수익 창출 가능치보다 부풀려졌다든지 하는 다양한 지표 등을 통해 확인할 수 있다(이 지표에 대한 설명은 economicprinciples.org 웹사이트와 Principles In Action 해외 계정 전

용 앱에서 찾을 수 있다). 최근의 예로 10억 달러 이상의 가치를 지닌 유니콘의 경우, 투기성 벤처 캐피털리스트들이 벤처가 성공할 경우 옵션을 확보하기 위한 목적으로 투자하기 때문에 실제 자본은 5,000만 달러에 불과하지만 소유주는 서류상으로 '억만장자'가 될 수 있다. 거품은 정점에 도달하기 전까지 한동안 계속되다 결국 다음 단계로 이어진다.

• 그러다가 부채의 악순환이 돌이킬 수 없는 지점을 넘어서는 시점이 온다. 이는 부채와 부채 상환 수준이 부채 투자자들에게 큰 손실을 입히지 않고 가속화를 막을 수 있는 수준을 넘어선다는 의미다. 이러한 자기강화적 '죽음의 소용돌이death spiral'는 부채 상환이 필요할 때 금리가 상승하는 상황에서 발생한다. 부채/통화 보유의 위험이 명백해지면서 부채 상환을 위한 차입이 필요해지기 때문이다. 이는 곧 부채 위기로 이어진다.

정점 단계

이 단계는 거품이 꺼지면서 부채/신용/시장/경제가 위축된다.

• 거품의 붕괴는 통화 긴축과 지속 불가능한 수준에 도달한 부채 증가율의 조합으로 인해 발생한다. 아주 간단하다.
• 거품이 터지면 연쇄적인 위축이 시작되어 마치 공격적인 암이 퍼지듯 부채 문제가 급속히 확산한다. 따라서 정책 입안자들이 추세를 역전시키거나 부채 감축 과정을 적절하게 관리해 경제가 안정

적으로 회복될 수 있도록 하는 것이 중요하다. 많은 경우 부채 축소 문제는 처음에 부채 문제를 일으킨 원인, 즉 신용 및 부채 수준을 증가시키면 일시적으로 호전될 수 있다. 이런 정책은 더 이상 지속될 수 없을 때까지 계속되는데, 이 시점에서 대규모 부채 축소Deleveraging가 이루어진다.

부채 축소 단계

이 단계는 부채가 지속 가능한 수준으로 유지되도록 매우 고통스러운 과정을 통해 부채를 소득 수준에 맞춘다.

- 대규모 부채 사이클의 부채 축소 단계 초기에 첫 번째 위기는 일반적으로 민간 부문에서 발생해 중앙정부로, 그리고 다시 중앙은행으로 확산한다. ● **부채 자산의 순매도, 특히 정부 부채 자산의 순매도는 큰 위험 신호다.** 이때 중앙정부와 중앙은행이 신속하고 능숙하게 대처하지 않으면 상황은 급격히 악화한다. 이러한 매도는 은행에 대한 뱅크런runs on banks 형태로 나타난다. '뱅크런'이란 은행과 같은 대출 기관에 실물 화폐가 부족할 경우 이를 확보하기 위해 부채 자산 보유자들이 부채 자산을 반환하는 것을 의미한다. 부채 문제가 뚜렷하게 드러나고 부채 자산 소유자들이 부채 자산을 매도하기 시작하면 부채 자산에 대한 이자율이 상승한다. 이는 부채 상환을 더욱 어렵게 만들어 위험이 강화되며, 이자율은 계속해서 높아진다.

- 정부의 부채 자산 매도는 다음과 같은 현상을 초래한다. a) 자유 시장 원리에 따른 통화 및 신용의 긴축이 발생하고, 이는 b) 경제 활동을 위축시키고, c) 자국 통화 가치가 하락하며, d) 중앙은행이 자국 통화를 방어하려 함에 따라 외환 보유고 감소로 이어진다. 역사적으로 볼 때 이러한 뱅크런은 저절로 가속화되고 걷잡을 수 없이 퍼져 나간다. 전통적으로, 부채 자산 보유자들은 채무 불이행 또는 화폐 가치 하락 등을 통해 이러한 부채 자산에 저장되었다고 믿었던 구매력이 감소한다는 것을 깨닫는다. 그래서 결국 부채 구조조정(채무자가 채권자와 협상을 통해 기존 부채의 상환 조건을 변경하는 과정-옮긴이), 채무 불이행, 그리고/또는 부채 화폐화(중앙은행이 화폐를 발행해 정부나 기업의 부채를 갚는 조치-옮긴이)가 진행되며 자산의 시장 가치와 부에 큰 변화를 초래한다. 그러나 이러한 긴축 정책은 경제에 너무 큰 해를 끼치기 때문에 중앙은행은 결국 신용 완화(금리 인하나 양적 완화 같은 조치를 통해 시중에 통화량을 늘이는 조치-옮긴이)와 통화 가치 하락을 동시에 허용할 수밖에 없다. 화폐 가치 하락 자체가 부채 자산을 매도하는 이유가 될 수 있는데, 이는 부채 자산이 부의 저장 수단으로 부적절해지기 때문이다. 통화 긴축으로 채무 불이행과 불황이 나타나든, 통화 완화로 화폐 및 부채 자산의 가치가 하락하든 부채 자산에는 좋지 않다. 이러한 상황은 소위 '죽음의 소용돌이'라고 불리는 것을 만들어낸다. 이는 금리 상승이 채권자들로 하여금 문제를 인지하게 해 채권 자산을 매도하게 만들고, 이는 다시 금리 상승이나 통화 발행 필요성을 야기하며, 결국 통화 가치 하락으로 이어져 채권 자산과 통화의 추가 매도를 유발하는 악순환이다. 이러한 악순환은 결

국 스스로 멈출 때까지 끝없이 반복된다. 정부 부채에 이 현상이 발생하면 과도한 부채가 문제라는 인식이 생겨 자연스럽게 지출 및 차입을 줄이는 조치로 이어진다. 그러나 한 사람의 지출은 다른 사람의 소득이기 때문에 이러한 시기에 지출을 줄이는 것은 일반적으로 소득 대비 부채 비율 증가에 기여할 뿐이다. 이때는 일반적으로 부채 구조조정과 부채 화폐화 정책을 병행하는 시기로, 어떤 방법을 더 많이 사용할지는 자국 통화로 표시된 부채의 비율에 따라 결정된다. 정부는 이러한 채무 불이행, 부채 구조조정 그리고/또는 부채 화폐화 정책을 계속해서 새로운 균형에 도달할 때까지 소득 대비 부채의 부담을 줄이려고 노력한다. 안정적인 균형에 도달하려면 일반적으로 몇 차례의 고통스러운 조정 과정을 거쳐야 한다. 이는 안전한 재정 건전성에 도달하기 전에 아슬아슬한 재정적 안정 상태를 먼저 거치기 때문이다.

- 역사적으로 볼 때 부채 축소 과정은 다음과 같이 진행된다. 경기 침체/불황의 초기 단계에 중앙은행은 이자율을 낮추고 신용 거래를 더 쉽게 이용할 수 있도록 한다. 그러나 a) 부채 규모가 커서 부채 축소가 진행 중이며, b) 이자율을 더 이상 낮출 수 없고(즉, 0%에 가까워질 때), c) 정부 발행 채권에 대한 수요가 충분하지 않으며, d) 통화 완화 정책만으로는 스스로 악화하는 경기 위축을 막기에 역부족일 경우, 중앙은행은 경제를 자극하기 위해 새로운 '수단tools'으로 전환해야 한다. 일반적으로 경제를 자극하기 위해 중앙은행은 명목 경제 성장률, 물가 상승률 및 채권 금리보다 낮은 수준으로 금리를 유지해야 하지만, 이미 금리가 0%에 가까워지면 그렇게 하기 어렵다. 동시에 중앙정부는 일반적으로 세수가 감소하고

민간 부문을 지원하기 위한 지출이 증가하기 때문에 다량의 채권을 발행하지만, 이를 매수할 민간 부문의 수요는 충분하지 않다. 그렇게 되면 정부가 발행한 채권을 시장에서 충분히 소화하지 못해 정부가 자금 조달에 어려움을 겪는 상황이 발생한다. 정부가 발행한 채권의 순매도가 발생하면 훨씬 더 심각한 사태가 생긴다.

- 종종 사이클의 부채 축소 단계에서 1930년대 정책 입안자들이 만든 용어인 '끈 밀기pushing on a string'가 발생한다. 이러한 상황은 장기 부채 사이클이 끝날 무렵 중앙은행들이 경기 부양책을 시행해도 소비 증가로 이어지지 않기 때문에 발생한다. 저축자, 투자자, 기업이 디플레이션에 대한 두려움으로 대출과 소비를 주저하고 이자율이 낮더라도 상대적으로 안전한 자산에 투자하는 것이 더 매력적으로 느껴지기 때문이다. 이러한 시기에는 이자율이 0%(또는 심지어 0% 미만)로 떨어지더라도 사람들이 '현금'[3]으로 저축하는 것을 막을 수 없다. 이 단계에서는 투자자들이 일반적으로 정부가 보장하는 저위험 예금이나 채권을 축적함에 따라 경제가 디플레이션, 불황 또는 마이너스 성장 기간에 진입하는 것이 특징이다.

- 이 단계에서 중앙은행은 '경화' 통화 정책을 유지해 채무자가 채무를 상환하지 못하고 디플레이션 불황으로 이어지게 할지, 아니면 많은 돈을 찍어내 '연화' 통화를 만들어 화폐와 부채의 가치를 하락시킬지 선택해야 한다. 경화 통화로 부채를 상환하는 것은 심각한 시장 및 경제 침체를 야기하기 때문에 이러한 선택에 직면했을

---

3 여기서 현금이란 이자를 발생시키는 모든 형태의 투자금을 의미한다.

때 중앙은행은 항상 결국 돈을 찍어내고 가치를 하락시키는 정책을 선택한다. 물론 각 국가의 중앙은행은 해당 국가의 돈만 찍어낼 수 있으며, 이는 다음 중요한 요점으로 이어진다.

- 이 단계에서 중앙은행은 '돈을 찍어낼' 능력이 있다면 막대한 양의 통화와 신용을 시장에 공격적으로 살포한다. 일반적으로는 국채를 사들이고, 채무 불이행 위험에 처한 주요 민간 부문의 부채를 매입하고, 인위적으로 금리를 낮게 유지한다. 때로는 중앙은행이 주식을 매입해서 사람들이 상품, 서비스 및 금융 자산을 구매하도록 장려하기도 한다. 또한 이 단계에서는 보통 통화 가치를 떨어뜨리는 것이 바람직하다. 이는 경제에 자극을 주고 인플레이션율을 높여 디플레이션 압력을 상쇄하기 때문이다. 만일 통화가 금, 은 또는 다른 교환 수단에 연결되어 있다면 일반적으로 그 연결고리를 끊고 법정통화 시스템으로 전환한다. 통화가 연결되어 있지 않은 경우, 즉 이미 법정통화인 경우 다른 부의 저장 수단이나 다른 통화에 비해 가치를 떨어뜨리는 것이 도움이 된다. 경우에 따라 중앙은행의 조치는 명목 금리를 상승시킬 수 있다. 이런 상황은 중앙은행이 인플레이션을 억제하기 위해 통화 정책을 긴축할 때 발생하기도 하고, 인플레이션 억제를 위한 통화 정책 긴축이 없더라도 채권 보유자들이 새로 발행된 국채를 매입하지 않거나, 수익성 하락으로 채권을 매도하려는 경우에 발생할 수 있다. 실질 금리나 명목 금리, 채권의 수급을 관찰하며 무슨 일이 일어나고 있는지 이해하는 것이 중요하다.
- 이 시기에는 자금을 조달하기 위한 특별세 또는 자본 통제 등도 일반화된다. 또한 정부가 '적성' 국가의 자산을 선별적으로 동결하

고 압류하거나 새로운 형태의 화폐를 만드는 것처럼, 전에는 상상할 수 없었던 정책을 채택하는 경우가 많았다. 하지만 이러한 특별한 조치가 항상 발생하는 것은 아니라는 점에 유의해야 한다. 단지 그러한 조치가 발생할 가능성을 신중하게 고려하는 것이 현명하다는 것이다.

- 이 부채 축소 단계는 일반적으로 채무 불이행, 부채 구조조정 그리고/또는 화폐의 평가절하 같은 조치로 부채 부담을 줄이려는 고통스러운 시기다. 이때는 소득 대비 부채 및 부채 상환 부담을 줄이기 위해 공격적으로 부채 구조조정과 부채 화폐화 정책을 어쩔 수 없이 동시에 실시해야 한다. 일반적인 부채 축소 단계에서 부채 대비 소득 비율은 대략 50%(±20%) 이하로 낮춰야 한다. 물론 잘될 수도 있고 안 될 수도 있다. 내가 "아름다운 부채 축소beautiful deleveraging"라고 부르는 성공적인 부채 축소 과정은 중앙정부와 중앙은행이 균형 잡힌 방식으로 부채 재구조화와 통화 부양책을 동시에 시행할 때 이루어진다. 부채 구조조정은 부채 부담을 줄이고 통화를 수축하는 반면, 금융 부양책은 (부채 자산을 구매하기 쉽도록 돈과 신용을 제공해) 부채 부담을 줄이지만 통화를 팽창시키고 경제에 자극을 준다. 따라서 이 둘이 균형을 이루면 부채 부담 감소와 수용 가능한 수준의 인플레이션을 동반한 긍정적인 성장이 발생한다. 성공적이든 아니든, 이 단계의 대규모 부채 사이클은 부채 부담을 상당 부분 완화하고 다음 사이클을 시작할 수 있는 기반을 조성한다.

대규모 부채 위기 완화 단계

이 단계에서는 새로운 균형에 도달해 새로운 사이클이 시작된다.

- 성공적인 부채/신용/화폐 시스템을 갖기 위해서는 a) 부채/화폐가 안정적이어서 부의 저장 수단 역할을 할 만큼 건전해야 하고, b) 부채 및 부채 상환 부담이 감당할 수 있는 수준으로 유지되어 부채 성장이 지속 가능해야 하며, c) 채권자와 채무자 모두 이러한 조건이 유지될 것이라고 믿어야 하며, d) 돈과 신용의 가용성이 하락하고 실질 금리가 대출 채권자와 차입 채무자 모두에게 적정한 수준으로 낮아져야 한다. 대규모 부채 사이클의 후반 단계는 이런 상황이 발생하기 시작하는 시기로, 사람들의 심리적인 변화와 함께 시스템 자체의 근본적인 변화가 모두 필요하다. 대규모 부채 축소 후에는 그 과정에서 평가절하/구조조정을 경험한 채권자가 위험 회피적인 태도를 보이게 되어 대출을 유도하기 어려워진다. 따라서 중앙정부와 중앙은행이 필수적으로 신뢰 회복 조치를 취해야 한다. 이러한 조치는 일반적으로 a) 중앙정부가 지출을 줄여 흑자 재정을 달성하거나, b) 중앙은행이 높은 실질 수익률을 제공하고 지급 준비금을 인상하며 통화를 금이나 강력한 통화와 같은 경화와 연결해 통화의 희소성을 높이는 것 등이다. 일반적으로 이 단계에서는 금리가 물가 상승률보다 상대적으로 높아 통화약세를 보상할 수 있어야 하므로 채권자가 되는 것이 유리하고, 채무자가 되면 비용이 많이 든다. 그러므로 이 시기는 대출 채권자에게 매우 매력적일 수 있다.

대규모 부채 사이클의 어느 단계에 있느냐에 따라 사용되는 통화 정책의 유형도 달라진다. 대규모 부채 사이클이 진행됨에 따라 중앙은행은 부채/신용/경제 확장을 유지하기 위해 통화 정책을 운용하는 방식을 변경해야 하므로 어떤 유형의 통화 정책을 사용하는지를 보면 대규모 부채 사이클의 어느 단계에 와 있는지 추측할 수 있다. **통화 정책의 각 단계와 그 단계를 유발하는 조건은 다음과 같다.**[4]

단계1: 연동(경화) 통화 시스템linked monetary system**(한 국가의 통화 가치를 다른 특정 자산이나 통화에 고정하거나 밀접하게 연결하는 통화 시스템-옮긴이)(MP0).** 1945년부터 1971년까지 존재했던 통화 정책 유형이다. 이러한 유형의 통화 정책은 부채 거품이 붕괴하고 앞서 설명한 '뱅크런' 현상, 즉 신용 자산을 경화로 전환하는 과정에서 경화의 공급이 제한되어 대규모 채무 불이행 사태가 발생하면 종료된다. 이는 합의된 가격으로 교환되는 금이나 경화의 공급에 따라 통화의 공급이 제한되는 사태 대신 돈을 찍어내 문제를 해결하려는 강력한 욕구를 불러일으킨다.

단계2: 불환 통화 시스템fiat system**(통화의 가치가 금이나 은과 같은 실물 자산에 직접적으로 연동되지 않고, 정부의 법적인 지위와 사람들의 신뢰**

---

4 이 단계에 대한 설명은 내가 이전에 쓴 책에서 설명했던 방식과 약간 차이가 있다. 주요 차이점은 이전에는 (금리 변화에 의해 관리되는) 불환 통화 시스템과 함께 묶였던 연동(즉, 경화) 통화 시스템을 분리했다는 점이다. 연동 통화 시스템과 불환 통화 시스템을 구별하는 것이 중요하다고 생각하기 때문에 이 책에서는 연동 통화 시스템을 MP0로 지칭했지만 다른 통화 정책의 번호는 이전 책과 동일하게 유지된다.

에 의해 결정되는 통화 시스템-옮긴이), **금리 주도 통화 정책**Interest-Rate-Driven Monetary Policy**(중앙은행이 금리 수준을 주요 정책 수단으로 활용해 경제 활동과 물가를 조절하는 통화 정책 방식-옮긴이)(MP1)**. 이 단계에서는 금리, 은행의 지급 준비금, 자기 자본 요건 또한 신용/부채 증가량을 통제하는 요소다. 이러한 불환 통화 정책 단계는 경제 상황에 유연하게 대처할 수 있다는 장점이 있지만, 중앙은행의 과도한 통화 발행으로 인플레이션을 유발하고 돈과 부채 자산의 가치를 떨어뜨릴 위험에 대한 확실한 안전장치가 부족하다. 미국은 1971년부터 2008년까지 이 단계에 있었다. 이는 금리가 조정되어도 효과가 없거나(예: 금리가 0%에 도달해 통화 정책 완화가 필요할 때), 또는 정부나 기업이 발행하는 채권을 민간 시장에서 충분히 소화하지 못해 중앙은행이 직접 돈을 찍어 채권을 매입하지 않으면 유동성이 부족해지고 금리가 적정수준 이상으로 유지되는 상황이 되었을 때 종료된다.

단계3: 부채 화폐화를 동반한 불환 통화 제도(MP2). 이러한 유형의 통화 정책은 중앙은행이 화폐와 신용을 창출하는 능력을 이용해 투자 자산을 매입함으로써 가능해진다. 이는 금리를 더 이상 낮출 수 없고 부채 자산(주로 채권 및 담보 대출이지만 주식과 같은 다른 금융 자산도 포함될 수 있다)에 대한 민간 시장의 수요가 부족해 공식적인 금리로 공급량을 매입하지 못할 때의 주요 대안이다. 이는 금융 자산 가격을 상승시키는 효과가 있기 때문에 이런 자산을 가진 사람들에게게만 불공평한 혜택을 주는 경향이 있다. 재정적으로 가장 어려운 사람들에게 효과적으로 돈을 전달하지 못하며, 특정 부문에 집중적인 지원을 하지도 못한다. 미국은 2008년부터 2020년까지 이 단계에 있었다.

단계4: 대규모 재정 적자 및 대규모 부채 화폐화 정책 공조가 있는 불환 통화 시스템(MP3). 이러한 유형의 통화 정책은 중앙정부의 재정 정책과 중앙은행의 통화 정책이 긴밀하게 협력해 필요한 사람과 기관에 돈과 신용을 공급하는 상황에서 사용되는 통화 정책 시스템이다. 돈과 신용을 창출하면 일시적으로 부채 문제를 완화할 수는 있지만 근본적인 문제를 해결하지는 못한다.

단계5: 대규모 부채 축소. 이 시기는 부채 구조조정 그리고/또는 부채 화폐화를 통해 부채 및 부채 상환액을 크게 줄여야 하는 시기다. 잘 관리되어 소위 '아름다운 부채 축소'가 발생하면 부채 부담을 줄이는 디플레이션 방식(예: 부채 구조조정)은 부채 부담을 줄이는 인플레이션 방식(예: 부채 화폐화)과 균형을 이뤄 지나친 디플레이션이나 인플레이션 없이 부채 축소를 달성할 수 있다. 기억해야 할 대규모 부채 사이클 순서는 다음과 같다. 먼저 민간 부문이 과도하게 차입해 손실을 보고 빚을 갚는 데 어려움을 겪는다(즉, 부채 위기). 그런 다음 이를 돕기 위해 정부가 과도하게 차입해 손실을 보고 빚을 갚는 데 어려움을 겪는다. 다시 이를 돕기 위해 중앙은행이 정부 채권을 매입해서 손실을 본다. 중앙은행은 최종 대부자lender of last resort(금융 시스템의 위기 상황에서 최종적으로 자금을 공급해 시스템 붕괴를 막는 역할을 하는 기관-옮긴이)로서 정부 부채 매입 자금을 확보해 어려움을 겪는 다른 채무자에게 자금을 지원하기 위한 화폐를 대량으로 발행하고 채권을 매입한다. 최악의 경우 중앙은행은 매입한 부채로 인해 큰 손실을 볼 수도 있다.

- 흔히 현대 중앙은행이 부채 자산을 매입하기 위해 돈을 '찍어

낸다'라고 하지만 실제로 중앙은행은 글자 그대로 돈을 찍어내는 것이 아니다. 사실은 시중 은행으로부터 매우 짧은 단기 이자율로 돈(지급 준비금)을 빌리는 것이다. 극단적인 경우, 중앙은행은 손실을 볼 수도 있다. 매입한 부채에서 얻는 이자 수익이 빌린 돈에 대해 지급해야 하는 이자보다 적기 때문이다. 손실 금액이 커지면 중앙은행은 또다시 부채를 매입해야 하는 자기 강화적인 사이클에 빠질 수 있다. 이는 손실과 마이너스 현금 흐름을 초래하고, 결국 부채를 상환하기 위해 더 많은 돈을 찍어내서 더 많은 부채를 매입하고, 결국 더 큰 손실을 초래해 동일한 상황이 반복된다. 이것이 앞서 언급한 '죽음의 소용돌이'다. 대량으로 돈을 '찍어내면' 화폐 가치가 하락하고 인플레이션 경기 침체 또는 불황을 야기한다. ● **금리가 상승하면 중앙은행은 보유한 채권에서 손실을 본다. 왜냐하면 부채에 대해 지급해야 하는 이자율이 매입한 부채 자산에서 나오는 이자율보다 높기 때문이다. 이는 분명 주목해야 할 현상이기는 하지만, 아직 당장 큰 문제가 되는 것은 아니다. 그러나 중앙은행의 순자산이 매우 큰 마이너스 상태가 되고, 보유 자산에서 얻는 수익보다 부채에 대한 이자 지급이 훨씬 많아져 현금 흐름이 마이너스가 되는 상황이 발생하면 이야기가 달라진다. 이때 중앙은행은 마이너스 현금 흐름을 메우기 위해 결국 추가로 돈을 '찍어내야' 하기 때문이다. 중앙은행이 파산한다는 표현이 바로 이러한 상황을 의미한다. 일반적으로 중앙은행이 채무를 불이행하지는 않지만, 새로운 돈을 찍어내지 않고는 부채 상환금을 지급할 수 없는 상태가 되는 것이다.**

- 시간이 지나면서 부채 구조조정과 부채 화폐화라는 두 가지 과

정을 통해 소득 대비 부채의 상대적인 크기가 줄어들게 되고, 결과적으로 부채 사이클이 마무리된다.

단계6: 경화로의 복귀. 이 단계에서 중앙정부는 화폐와 신용/부채의 건전성을 회복하기 위한 조치를 취한다. 이러한 유형의 통화 정책은 부채 불이행/구조조정과 부채 화폐화를 통해 부채가 감축된 후에 발생하므로, 소득 대비 부채 수준과 부채를 상환하는 데 사용할 수 있는 돈의 양이 다시 균형을 이루도록 한다. 앞서 설명한 것처럼, 이는 부채 자산을 보유한 사람들이 채무 불이행 그리고/또는 인플레이션 기간 동안 피해를 입은 후에 발생하므로 부채 자산 보유에 대한 신뢰를 회복해야 한다. 이 단계에서 국가는 일반적으로 MP0(경화 자산 담보 통화 정책) 또는 높은 실질 금리를 통해 대출 채권자에게 유리한 MP1(이자율/통화 공급 목표 통화 정책)로 돌아간다.

- **거대한 제국을 보유한 강력한 국가들은 대규모 부채 사이클이 끝나면 그들의 지배력을 잃었다.**

몇 가지 결론적 고찰

● **대규모 부채 위기는 발생하게 마련이다.** 역사를 통틀어 매우 규율이 잘 잡힌 소수의 국가만이 이를 피했다. 이는 대출이 부채 상환에 필요한 소득과 비교했을 때 적절하게 실행되지 않기 때문이다. 사람들은 항상 더 많은 대출을 원하고 그것이 부채로 이어지기 때문에 종종 잘못된 결과로 이어질 수밖에 없다. 부채 수준은 지속 가능한 수준을 넘어서게 되

고, 이는 부채 부담을 줄여야 할 필요성으로 이어지며, 일반적으로 부채 불이행/구조조정이 발생하고 화폐와 신용이 넘쳐 부채 위기가 발생한다. 그리고 사람들의 심리 역시 이런 사이클을 더욱 강화한다. 거품 기간에 사람들은 더 낙관적이 되어 더 많은 돈을 빌리고, 불황기에는 더 비관적이 되어 소비를 줄인다. 이러한 진행 과정이 역사적으로 여러 번 반복되었음에도 불구하고, 대부분의 정책 입안자와 투자자는 현재의 상황과 통화 시스템이 변하지 않을 것으로 생각한다. 변화는 상상할 수 없는 것 같지만, 그러다 어느 날 갑자기 일어난다.

● **호황기에 저축을 늘려 불황기에 사용할 수 있도록 하는 것이 유리하다. 하지만 과도한 저축과 부족한 저축 모두 비용이 발생하며 누구도 완벽한 균형을 맞추지는 못한다.**

● **부채 위기의 발생을 예측하는 가장 좋은 방법은 GDP 대비 부채와 같은 단일한 요소나 숫자에 초점을 맞추지 않고 상호 연관된 여러 역학관계를 이해하고 중점적으로 연구하는 것이다.** 다음 두 장에서 이를 다룰 것이다.

● **부채가 자국 통화로 표시된 경우 중앙은행은 부채 위기를 완화하기 위해 돈을 '찍어낼' 수 있으며 그렇게 할 것이다.** 이는 돈을 찍어낼 수 없는 경우보다는 더 잘 관리할 수 있지만 대신 화폐의 가치를 떨어뜨린다. 하지만 외화로 부채를 졌다면 그 통화를 구하기 위해 노력하는 과정에서 자국 통화 가치가 하락하고, 물가가 하락하는 디플레이션이 발생할 수 있다.

● **모든 부채 위기, 심지어 심각한 부채 위기조차도 경제 정책 입안자들이**

부채 부담을 줄이는 디플레이션 방식(즉, 채무 상각 및 채무 구조조정)과 부채 부담을 줄이는 인플레이션 방식(즉, 통화와 신용을 창출해 채무자에게 제공하고 부채 상환을 용이하게 하는 것)이 서로 균형을 이루도록 재구조화하고 화폐화하면 잘 관리할 수 있다. 핵심은 상환 기간을 분산시키는 것이다. 예를 들어 지속 가능한 관리를 위해 부채 대비 소득 비율을 50% 감소시킨다면, 부채를 1년 만에 50% 상환하는 것보다 매년 3% 또는 4%씩 천천히 분산시키는 부채 구조조정이 훨씬 충격이 덜할 것이다.

● 부채 위기는 제국을 멸망시키기도 하고, 위험과 기회를 동시에 제공하기도 한다. 작동 원리를 이해하고 잘 헤쳐 나갈 수 있는 원칙만 가지고 있다면 큰 투자 기회가 되기도 한다.

부채 사이클에만 초점을 맞추거나 단기적 변동에만 집착하면 사이클을 볼 수 없다. 마치 두 개의 눈송이를 비교하고 완전히 같지 않으므로 다르다고 판단하는 것과 마찬가지다.

이것이 핵심이다.

이 책의 나머지 부분에서는 그 메커니즘을 더 자세히 살펴보고, 35개의 사례에서 나타난 실제 전형적인 순서를 보여줄 것이다. 또한 1945년에 시작되어 현재 후반 단계에 있는 다른 빅 사이클(예: 내부 및 외부 질서의 사이클)을 포함하는 대규모 부채 사이클 및 빅 사이클이 이 템플릿과 비교해 어떻게 전개되었는지 살펴본 다음, 중국과 일본의 빅 사이클을 포함한 여러 다른 사례를 간략하게 살펴볼 것이다. 일본의 사례는 흥미로운데, 일본은 대규모 부채 사이클상 더 앞서 있기 때문이다. 특히, 일본의 막대한 부채와 부채 화폐화는 통화 및 부채의 평가절하를 초래했고, 이는 2013년 이후 일본 국채를 보유한 투자자들에게 미국 달러 부채 보유 대비 45%, 금 보유 대비 60%의 손실을 입혔다. **마지막 장에서는 내가 이 템플릿을 통해 오늘날 미국을 어떻게 분석하고 있는지, 미국이 급격한 부채 위기의 위험을 어떻게 줄일 수 있는지, 그리고 앞으로 일어날 경제적 사건들을 어떻게 예측하는지 그 대략적인 흐름을 공유하겠다.**

2장
말과 개념으로 설명하는
시스템의 작동 방식

2장은 시장과 경제가 어떻게 작동하는지를 다룬다. 이 장은 내게 많은 도움이 되었고, 전문가와 전문가를 지망하는 사람들에게는 가치가 있을 것으로 생각하지만 다른 사람들에게는 관심 밖인 몇 가지 색다른 개념을 제공할 것이다. 만약 여러분이 작동 원리에 큰 관심이 없다면 굵게 표시된 부분을 읽는 것을 추천하며, 그것조차 너무 많다고 느껴진다면 이 장을 건너뛰고 다음 장으로 넘어가기 바란다.

모든 것은 마치 영구운동 기관perpetual motion machine**이 움직이며 변화하는 것처럼 보인다. 모든 일에는 그것을 발생시키는 이유가 있기 때문이다. 이 기계를 이해하려면 그 역학을 이해해야 하는데, 모든 요소가 서로에게 영향을 미치기 때문에 이 역학은 매우 복잡하다.** 인공지능의 획기적인 발전 덕분에 우리는 거의 모든 것을 이해할 수 있는 직전에 와 있다고 생각한다. 하지만 아직은 사람들이 최신 컴퓨터의 도움을 받아 발생한 사건을 연구하는 구식 방식으로 힘들게 작업해야 한다. 나도 이런 식으로 부채/신용/화폐/경제 역학에 대한 설명을 만들었다. 물론 이는 더 큰 작동 방식의 비교적 큰 일부분일 뿐이다. 내가 알고 있는 세상의 가장 중요한 작동 원리를 이해하고 설명하기 위해 나는 이러한 심층 연구를 수행해서 보다 단순화된 설명을 만들었다.[5] 이는 매우 단순화된 그림이라는 점을 명심하기 바란다.

가장 큰 틀에서 본다면 ● **가장 중요한 변화의 동인은 다음 5가지다.**

- **부채/신용/화폐/경제 사이클**
- **내부의 정치적 질서/무질서 사이클**
- **외부의 지정학적 질서/무질서 사이클**
- **자연재해(가뭄, 홍수, 전염병)**
- **인간의 창의성, 특히 새로운 기술의 발명**

이 요소들은 서로에게 영향을 미쳐 발생 가능한 가장 큰 사건을 만들어내는 큰 힘이다. 8장에서 이러한 힘들에 대해 더 자세히 다루겠지만 이 책에서 다루는 것보다 더 완전한 방식으로 이러한 힘을 경험하고 연구하면서 얻은 것을 이해하고 싶다면《변화하는 세계 질서》를 읽어보기 바란다.

이 책에서는 이러한 힘 중 첫 번째 요소인 신용/부채/화폐/경제의 작동 방식을 살펴보고, 특히 중앙정부와 중앙은행이 '파산'하는 장기 부채 사이클의 후반부를 집중적으로 다룰 것이다. 먼저 시장 가격이 결정되는 몇 가지 역학을 살펴보고, 장기 부채 사이클이 어떻게 작동하는지

---

5 《변화하는 세계 질서》에서는 지난 500년 동안 세계를 변화시킨 가장 중요한 원인/결과 관계를 분석했으며 내가 그 관계를 어떻게 이해하는지를 5가지 큰 힘을 이용해 간단히 설명했다.

알아볼 것이다. 이를 기반으로 국가가 감당할 수 없을 정도로 많은 빚을 지고, 통화 시스템이 더 이상 작동하지 않는 상황에 도달해 결국 중앙은행과 중앙정부가 '파산'하게 되는 전형적인 순서를 살펴볼 것이다. 동시에, 이러한 5가지 힘의 상호 작용을 파악하지 못하면 전반적인 빅 사이클을 이해하지 못하기 때문에 나머지 4가지 힘도 탐구할 것이다. 내가 관찰한 결과에 따르면, 우리는 현재 이러한 5가지 큰 힘의 상호 작용으로 인해 발생하는 전반적인 빅 사이클에서 대격랑의 단계에 진입할 가능성이 크며, 그 결과 세계 질서에는 엄청난 변화가 올 것으로 예상한다. 이 연구를 통해 세상이 움직이는 원리를 이해하고 최상의 결과를 만들기 위한 현명한 의사결정을 하기 바란다.

시스템의 작동 원리

나에게 돈과 신용은 경제의 생명줄이다. 그것은 시스템 내의 넘치는 곳에서 그것을 가장 잘 사용할 수 있는 부분으로 영양분(즉, 소비력)을 순환시킨다. 중앙정부는 시스템 작동 방식을 지시하는 두뇌와 같아서 사회보장 프로그램, 국방 등의 기능을 수행하기 위해 돈과 신용의 일부(일반적으로 15~30%)[6]를 거둬들였다가 사용한다. 중앙은행은 돈과 신용을 생산해서 시스템 전체에 공급하는 심장과 같다. 돈과 신용이 원활하게 거래되고 투자되어 자본을 얻은 사람들이 생산적으로 사용하면 자본을

---

6 일반적으로 선진국의 경우 전체 지출의 35~55%는 정부 지출에서 발생한다(주정부 및 지방정부를 포함한 수치).

빌려준 사람이나 빌려 쓴 사람 그리고 경제 시스템 전체가 번영하지만, 그렇지 않으면 시스템이 병들어 손실을 경험하게 될 것이다.

명확히 말하자면, 부채가 작동하는 방식을 시간과 국가를 초월해 본질적으로 동일한 방식으로 작동하는 사이클이자 영구운동 기관으로 본다는 것은 부채의 작동 방식이 시간에 따라 변화하지 않으며 국가 간의 차이가 존재하지 않는다는 의미가 아니다. 단지 이러한 변화가 시대를 초월하는 보편적인 역학과 원칙에 비해 비교적 중요하지 않다는 것이다. 나에게는 이처럼 시대를 초월하는 보편적인 작동 방식의 원칙을 먼저 알아보고 차이점과 원인에 집중하는 것이 매우 중요하다. 이러한 접근 방식이 인과관계에 대해 더 풍부한 이해를 제공하기 때문이다. 이러한 이유로 가장 중요하면서 시대를 초월한 보편적인 방식과 원리부터 시작하겠다. 이를 간략하게 전달하기 위해 상세하고 정확한 설명보다는 큰 그림을 보는 단순화된 방식으로 주요 내용만 설명할 예정이다. 이 큰 그림에서 다음과 같이 중요한 부분과 주요 주체 그리고 그것들이 함께 작동해 시스템을 작동시키는 방식을 설명하겠다.

경제 시스템의 5가지 주요 요소와 그 작동 방식

내가 만든 "단순화된 경제 시스템 모델을 구성하는 5가지 주요 요소"는 다음과 같다.

- 상품, 서비스 및 투자 자산
- 이러한 것들을 구매하는 데 사용되는 돈

- 이러한 것들을 구매하기 위해 발행되는 신용
- 신용으로 구매할 때 발생하는 부채
- 부채 자산(예: 예금 및 채권). 이는 한 사람의 부채가 다른 사람에게는 자산이므로 부채의 반대편에 있는 개념이다.

이 5가지 주요 요소로 구성된 거래를 이해할 수 있다면 대규모 부채 및 경제 사이클이 발생하는 이유를 거의 이해할 수 있을 것이다. 시작하기 전에 거래에 대한 내 생각과 몇 가지 중요한 기본 메커니즘을 설명하겠다.

앞서 언급했듯이 상품, 서비스 및 투자 자산은 돈이나 신용으로 구매할 수 있다.

돈은 신용과 달리 거래 행위를 완료한다. 예를 들어 돈을 주고 차를 사면 거래가 끝나고 더 이상 주고받을 것이 없다. 돈의 역할을 하는 것은 역사적으로 변해왔다. 오랜 기간 돈은 정해진 양의 금 또는 기타 실물 자산을 전달하겠다는 약속이었다. 그러나 1971년 미국이 금본위제를 포기한 이후 우리가 사용해 온 불환 통화 시스템에서 화폐는 중앙은행이 발행하는 것이며, 실제 실물 자산이 아닌 구매력을 전달하겠다는 약속이라는 점에서 신용과 더 유사하다. 하지만 **돈은 현재 중앙은행에서만 발행할 수 있고,**[7] **중앙은행이 선택한 만큼 발행할 수 있다는 점에서 신용과 다르다.**

신용은 돈과 달리 미래에 지불해야 하는 지속적인 의무를 남기며, 원

---

7 비트코인은 분산 원장 기술인 블록체인을 사용해 사적인 형태의 돈을 만들려는 시도의 한 예다.

하는 당사자 간의 상호 합의로 발행할 수 있다. 신용은 실제 돈을 발행하지 않고도 이전에 존재하지 않았던 구매력을 생성한다. 이를 통해 차용인은 소득보다 더 많은 지출을 할 수 있으며, 이는 단기적으로 제품이나 서비스의 수요와 가격을 상승시킨다. 동시에, 장기적으로는 채무자가 된 차용인이 부채를 상환하면서 소득보다 적게 지출해야 하는 상황이 만들어진다. 이는 다시 미래에 수요와 가격을 감소시켜 시스템이 순환하도록 만든다. 부채는 돈을 전달하겠다는 약속이고, 중앙은행은 존재하는 돈의 양을 결정하므로 중앙은행은 많은 권력을 가지고 있다. 정확히 비례하지는 않지만 통화량이 많을수록 신용과 지출이 많아질 수 있고, 통화량이 적을수록 신용과 지출이 줄어들 수 있다.

이제 가격이 어떻게 설정되는지 살펴보자.

공급, 수요, 가격 결정에 대한 내 접근 방식은 단순하지만 중요도 면에서 기존의 접근 방식과 다르며, 이는 내게 매우 귀중한 것으로 입증되었다.

가격 이해에 대한 내 접근 방식을 설명하기 위해 나는 모든 시장과 경제를 이해하는 가장 기본적인 구성 요소인 거래부터 시작해 가격으로 넘어가며, 기존 경제학자들이 공급과 수요를 정의하는 방식과는 다르게 정의한다. **나에게 있어 ● 모든 시장과 모든 경제는 단순히 그것들을 구성하는 거래의 총합이며,** 거래란 단순히 구매자가 판매자에게 돈(또는 신용)을 주고, 판매자는 그 대가로 구매자에게 상품이나 서비스 또는 금융 자산을 주는 것이다. **● 거래에서 가격은 구매자가 지불하는 돈/신용의 총액을 해당 거래에서 판매자가 주는 제품의 수량으로 나눈 값과 같으며, 시장은 이러한 거래의 총합이라고 할 수 있다.** 예를 들어 밀을 사고파는 거래는 구매자가 특정한 양의 밀에 대한 대가로 판매자에게 특정 금액의 돈을 지불할 때 발생하며, 시장은 동일한 것을 교환하는 모든 구매자와 판매자로 구성된다. 즉, 밀 시장은 장기간에 걸쳐 다양한 이유로 다양한 거래를 하는 다양한 사람들로 구성되며, 이러한 수많은 거래가 가격을 결정한다. **그러므로…**

- **가격(P) = 물건 구입에 지불한 총금액($)/판매한 총수량(Q)**

또는 간단히

- **P = $/Q**

라고 할 수 있다. **다시 말해, ● 어떤 재화나 서비스 또는 금융 자산의 가격은 구매자가 지출한 총금액($)을 판매자가 판매한 총수량(Q)으로 나눈 값과 같으므로 총지출($)과 총판매 수량(Q)을 알면 가격과 필요한 정보를 모두 알 수 있다.**

이는 논쟁의 여지가 없는 사실이므로 가격을 추정하는 가장 좋은 방법은 총지출을 추정하고 이를 총판매 수량으로 나누는 것이다. 그래서 나는 이 두 가지 숫자, 즉 총지출액과 총판매량을 추정해 가격을 계산한다. 그렇다면 이러한 것들을 추정하는 가장 좋은 방법은 무엇일까? 바로 가장 큰 구매자와 판매자의 동기를 이해하는 것이다. **이러한 접근 방식은 가격이 어떻게 형성되는지를 이해하고 시장에서 수익을 창출하는 데 매우 귀중하다.** 모든 구매자는 자신만의 이유로 그만큼을 지불하고 물건을 구입하며, 모든 판매자 역시 자신만의 이유로 그만큼의 물량을 판매한다. **내가 말하고자 하는 바는 다음 개념도에 나타나 있다.**

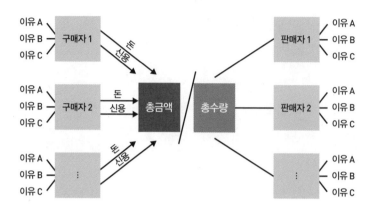

가격 = 총금액/총수량

이유 A · 이유 B · 이유 C — 구매자 1
이유 A · 이유 B · 이유 C — 구매자 2
이유 A · 이유 B · 이유 C — ⋮

돈 · 신용

총금액 / 총수량

판매자 1 — 이유 A · 이유 B · 이유 C
판매자 2 — 이유 A · 이유 B · 이유 C
⋮ — 이유 A · 이유 B · 이유 C

이것은 복잡하게 보일 수 있지만 실제로는 그렇지 않다. 각 제품에 대해 구매자와 판매자는 구매 및 판매하는 이유가 있으며, 주요 구매자와 판매자가 누구인지, 그리고 그들이 어떤 동기로 그런 행위를 하는지를 파악하는 것은 매우 쉽다. 주요 구매자의 대금 지불 이유를 파악하고, 주요 판매자의 판매 이유를 알 수 있다면 그들의 행동을 매우 정확하게 예측할 수 있으며, 따라서 가격을 예측할 수 있다.

이러한 가격 결정 방식은 대부분의 경제학자가 보는 방식과 크게 다르지만 효과가 있다. 전통적인 방식은 수요와 공급을 수량(즉, 구매 수량이나 판매 수량) 측면에서 측정하는 반면, 내 접근 방식은 구매 수량 대신 '구매에 지출된 금액'을 살펴본다. 그러면 가격 변화의 이유를 설명하는 방식도 달라진다. 기존 접근 방식은 수요량 그리고/또는 공급량이 변화하기 때문에 가격 변화가 발생한다고 설명한다. 이런 변화가 발생하는 방식을 가격 탄력성이라고 한다. 시장을 바라보는 일반적인 방식은 시간에 걸쳐

단일한 가격 탄력성이 존재하며, 공급의 변화는 항상 가격에 동일한 영향을 미친다고 가정하지만 이는 명백히 사실이 아니다.

만약 내 방식으로 시장을 바라본다면, 전통적인 접근 방식이 왜 말이 안 되는지 알 수 있을 것이다. 일반적인 접근 방식은 공급 변화가 항상 가격에 동일한 영향(즉, 탄력성)을 미친다고 가정하는데, 이는 사실이 아니다. 이 관점으로 보면 공급, 수요, 가격 결정 과정을 완전히 다르고 더 나은 방식으로 이해하게 될 것이다. 또한 중요한 시장 참여자들이 누구인지, 그들이 무엇을 하고 왜 그렇게 하는지 알게 될 것이며, 시장 움직임을 그들의 행동과 연결해서 보면 가격이 왜 그렇게 형성되는지, 왜 변동하는지, 그리고 특정 상황이 발생했을 때 시장 참여자와 시장이 어떤 행동을 취할 가능성이 큰지에 대해 현실적인 이해를 얻을 수 있을 것이다. 어떤 품목에 더 많은 돈이 몰리고, 더 많이 팔리는 이유를 알게 될 것이며, 이전에는 알지 못했던 다양한 이유로 가격 변동을 설명할 수 있다는 것을 이해하게 될 것이다. 가격이 총지출액과 총판매량 때문에 변동한다는 것을 알고, 이 두 가지 수치를 추정하기 위해 노력하면 상당히 정확하게 가격을 추정할 수 있을 것이다. 또한, 대부분의 사람이 믿는 것처럼 가격이 어떤 균형 수준으로 돌아가기 때문에 변동하는 것이 아니라는 것도 알게 될 것이다.

이 접근 방식을 따르면 요즘처럼 풍부한 데이터와 강력한 컴퓨터 성능 덕분에 가격 결정 모델이 실제 가격과 거의 동시에 움직이는 것을 확인할 수 있는데, 이는 매우 흥미로운 경험이 될 것이다. 실제로 나는 1970년대에 가축, 곡물, 유지종자 및 유지종자 제품 가격을 추정하면서 이 접근 방식을 고안했다. 그리고 이것이 금융 자산 가격을 포함한 모든 종류의 자산 가격에서도 유효하게 작동한다는 것을 알게 되어 오랫동안

이 접근 방식을 통해 이익을 얻었다. 나는 이제 특정 시장의 작동 방식 뿐만 아니라 전체 경제를 모델링하는 데 이 접근 방식을 사용하고 있지만, 이는 다음 기회에 다루겠다.

부채의 역학관계와 관련해 거래 기반 접근 방식이 전통적인 경제 관점과 주목할 만한 차이점은 많은 사람이 부채 위기와 불황이 주로 심리적인 요인이라고 잘못 생각한다는 점이다. 이들은 신뢰가 회복되면 이러한 침체를 막을 수 있다고 생각하며, 이러한 침체를 일으키는 근본적인 메커니즘을 무시하는 경우가 많다. 나는 2008년 미국 부채 위기와 2010~2012년 유럽 부채 위기 이전에 정책 입안자들과 이 문제와 관련해 부딪혔고, 지금 다시 부딪히고 있다. 이전 두 번의 위기에서 나는 정책 입안자들에게 왜 부채 매입 속도의 변화가 필연적으로 느려질 수밖에 없는지를 설명했다. 그 이유는 부채 매입이 주로 금융 기관들(특히 은행들)이 그들의 자산 대비 부채 비율을 높여서(레버리지를 높여서) 자금을 마련했기 때문이다. 그런데 이들이 규제에서 정한 레버리지 한계에 도달하게 되면, 더 이상 부채를 늘릴 수 없게 되어 매입 속도가 느려질 수밖에 없었다. 동시에, 판매될 부채의 양은 늘어날 것으로 예상되었기 때문에 사려는 사람은 줄고 팔려는 사람은 늘어나서 위기를 향해 가고 있었다. 실제로 이런 일이 발생하기 전까지 그들은 시장에 신뢰를 주면 매수자들이 계속 매수할 것이므로 모든 것이 괜찮을 것이라고 나를 안심시키며, 내가 제시한 공급과 수요 계산 검토를 거부했다. 많은 사람이 이런 식으로 생각한다. 예를 들어 정책 입안자들이 "우리가 앞으로 몇 년 안에 재정수지 적자를 잘 관리하면 투자자들이 달라진 계산 결과를 보고 안심하게 될 것이고, 그러면 채권 시장은 문제없을 것이다"라고 말하는 것을 자주 듣는다. 하지만 이는 순진한 생각이다. 왜냐하면 앞에서 설명했듯이 누가 얼마만큼의 채권을 사고팔지를 계산하기 위해 채권 매수자들의 실제 동기를 제대로 분석하지 못하고 있기 때문이다.

내가 제안한 공식/모델로 조금만 실험해보면 지출 비율 그리고/또는 판매량에 변화가 있을 때 가격이 변한다는 것을 알 수 있다. 예를 들어 구매율이 (X)에서 (X-10%)로 떨어지고 다른 모든 것이 동일하게 유지되면 가격은 10% 하락한다. 따라서 ● **지속 불가능한 구매율 그리고/또는 지속 불가능한 판매율을 알 수 있다면 지속 불가능한 가격 및 경기의 수준을 미리 알 수 있다. 또한, 보다 정상적인 수준의 구매/판매로 돌아갔을 때 어떤 모습일지를 계산할 수 있고, 필요한 대략적인 가격 변화를 계산할 수 있다. 나는 이런 방식으로 많은 돈을 벌었고, 큰 위험을 줄일 수 있었다.**

이 새로운 접근 방식은 경제와 시장의 작동 방식에 대해 기존과는 다른 여러 가지 중요한 관점을 제공한다. 예를 들어 이 접근 방식은 이러한 부채/신용/화폐/시장/경제의 사이클이 판매량(Q)의 변화보다는 돈과 신용 창출로 인한 지출($)의 변화에 더 큰 영향을 받는다는 것을 보여준다. 또한 대부분의 상품, 서비스, 투자 자산은 수요(즉, 지출 증가에 맞춰)를 충족시키기 위해 생산된다는 것도 보여준다. 또한 다음과 같은 점도 관찰할 수 있다.

● **a) 더 많은 돈과 신용이 창출되어(더 많은 지출이 발생) b) 생산자가 더 많은 양을 생산할 수 있는 능력을 가질 때 c) 지출($)과 판매량(Q)이 모두 증가하므로 비인플레이션 성장이 발생할 가능성이 더 크다.**

반면에

● a) 더 많은 돈과 신용이 창출되었지만(더 많은 지출이 발생) b) 생산자가 더 많이 생산할 수 있는 능력이 거의 또는 전혀 없을 때 c) 실제 성장은 거의 없고 인플레이션만 심해진다.

이러한 원리는 초기 사이클(초과 생산 능력이 충분하고 중앙은행이 경기 부양책을 사용하는 시기)이 높은 성장과 낮은 인플레이션을 특징으로 하고, 후기 사이클은 일반적으로 낮은 성장과 큰 가격 상승을 특징으로 하는 이유를 설명한다. 이것이 순환적 인플레이션과 성장의 모습이다. 이 책의 후반부에서 우리는 이것을 더 자세히 살펴보고 통화 인플레이션과 인플레이션 불황이 어떤 모습인지 탐구할 예정이다.

한편 생산성은 여기서 어떻게 적용될까? 생산성 증가율이 높으면 생산자는 더 많은 돈과 신용이 창출될 때 더 많은 양(Q)을 생산할 수 있으므로 비인플레이션 성장을 더 오랫동안 지속할 수 있다. 물론 생산성은 직접 측정하기 어렵다. 왜냐하면 제품의 품질 향상으로 나타나기도 하고, 제품 생산의 한계 비용이 0으로 떨어지는 방식으로 나타날 수도 있기 때문이다(예: 사진이나 전자책 제작).

이제 구매자가 구매하는 이유와 판매자가 판매하는 이유를 더 자세히 살펴보자. 모든 개별 품목에 대해 그렇게 할 수 없으므로 공통된 원리를 설명하기 위해 큰 범주를 중심으로 살펴보겠다.

● **사람들은 사용하기 위해 상품과 서비스를 구매하고, 돈을 벌기 위해(즉, 부의 저장 수단으로) 투자 상품을 구매한다.** 사람들이 사용하고자 하는 상품과 서비스에 지출하는 금액과 투자에 지출하는 금액의 비율은 **그들이 지출할 수 있는 돈과 신용의 양에 따라 결정된다. 또한 상품과 서비스**

에 지출하는 것과 금융 자산에 지출하는 것의 상대적인 매력도 영향을
미친다. 물론 어떤 상품과 서비스를 살지, 어떤 금융 자산을 살지 선택
하는 자신만의 이유가 있게 마련이다. 만약 이러한 것들을 이해한다면
당신은 진정으로 시장을 이해하게 될 것이다.

● **사람들이 화폐와 신용을 어디에 사용할지를 선택하는 것은 구매하려는
품목의 상대적 매력에 따라 달라진다.** 사람들은 두 가지 차원에서 끊임없
이 비교한다. 1) 한 품목을 다른 품목과 비교한다(예: 주식과 채권, 소고기
와 닭고기, 특정 통화와 금). 2) 동일한 품목을 다른 시점의 가치와 비교한
다(예: 오늘 인도받는 상품 또는 통화 대비 1년 후 인도받는 상품 또는 통화). 그
결과, 엄청나게 다양한 상대적 매력 평가와 차익 거래가 이뤄진다. 상대
적 가격 결정에 있어 차익 거래와 비교적 확실한 베팅이 가장 강력한 영
향력을 가진다. 이러한 것들을 이해하면 많은 이익을 얻을 수 있다.

● **통화는 교환의 매개체이자 부의 저장 수단(부채 자산)이다. 다시 말해,
통화는 거래와 투자 모두를 촉진한다.**

● **투자는 오늘의 돈과 신용을 미래의 돈과 신용으로 교환하는 것이다.**

● **모든 투자 시장은 수익률과 가격 변화라는 두 가지 방식으로 이익을 창
출한다. 이 둘을 합치면 총수익이 된다. 즉, 모든 투자에서 총수익=수익률+가
격 변화다.**

● **대체로 모든 투자 시장은 제공하는 총수익을 기준으로 서로 경쟁한다.**

이는 a) 대부분의 투자자가 수익률에서 이익을 얻든, 가격 상승으로 이익을 얻든 상관하지 않고 무조건 총수익에 더 관심이 있기 때문이며,[8] b) 투자에 대한 총수익을 기반으로 차익 거래를 할 수 있기 때문이다.[9] 이를 보여주기 위해 채권 투자와 금 투자를 비교해 가격 관계가 결정되는 방법을 살펴보자. 금은 수익률이 없고 미국 국채의 수익률은 X%(예: 5%)라고 가정하면 금의 가격이 연간 X%(예: 연간 5%) 이상 상승할 것으로 예상되지 않는 한, 금을 사는 것은 논리적이지 않다. 다시 말해 시장에서 금 가격이 연간 5% 상승을 기준으로 가격이 책정된다는 의미다. 투자자들은 금 가격 변화를 결정할 요인(예: 큰 요인 중 하나는 생산되는 돈과 신용의 양에 따른 인플레이션 양)에 대한 견해를 형성하고 채권이 제공하는 5% 수익률의 상대적 매력과 돈의 가치 하락으로 인해 금 가격이 상승할 정도를 살펴본다. 금이 5% 미만으로 상승할 것으로 생각하면 채권을 사고 금을 팔 수 있으며, 금이 5% 이상 상승할 것으로 생각하면 반대로 할 수 있다. 어느 경우든 자신의 판단이 옳다면 돈을 벌 수 있다. 이 단순한 가격 분석 외에도 여러 종류의 금융 공학 기법(예: 레버리지 및 헤지)이 있어 하나의 자산을 다른 자산과 유사하게 구성해 상대적인 가치를 비교하고 차익 거래를 할 수 있게 하며, 이런 기법을 통해 시장 가격의 전체 매트릭스가 형성된다.

---

8 모든 투자가 총수익 기준으로 경쟁한다는 것은 대체로 사실이지만 100% 그런 것은 아니다. 왜냐하면 투자자마다 목표와 고려 사항이 다르기 때문에 특정 투자 상품에 대한 수요와 공급의 불균형으로 인해 일시적으로 높은 수익률을 보이는 경우가 발생할 수 있기 때문이다. 그러나 어떤 투자의 위험 조정 수익률이 다른 투자보다 높다면, 투자자들은 위험 조정 수익률이 낮은 자산을 공매도하고 높은 자산을 매수해 이익을 얻을 수 있기 때문에 이런 차이는 금세 사라지게 마련이다.
9 나는 총수익이 낮은 투자 자산을 판매하고, 총수익이 높은 자산을 구매해 돈을 벌고 있다.

이런 식으로 엄청난 금액의 돈이 투자되는데, 옵션 간 선택이 쉬웠다면 많은 돈을 쉽게 벌었을 것이다. 그러나 우리는 시장에서 돈을 벌기가 쉽지 않다는 것을 알고 있으므로 시장이 이러한 실제 가치를 잘 계산해서 자산 가격을 올바르게 책정한다고 가정한다. 한편, 시장이 완벽하게 효율적이었다면 나를 포함한 투자자들이 돈을 벌 수 없었을 것이므로 시장은 비효율적이며, 다른 사람보다 시장을 더 잘 이해하고 있다면 돈을 벌 기회는 여전히 있다고 생각할 수 있다. 어쨌든 요점은 이것이 시장 가격을 결정하는 방식이며, 이를 알면 부채/신용/돈/경제 역학을 이해하는 데 도움이 된다는 것이다.

● **물가 상승률을 감안한 투자 자산의 기대 수익률(즉, 실질 기대 수익률)은 각 투자처로 흘러가는 자금의 양에 영향을 미친다.** 일반적으로 물가 상승률을 감안한 투자 수익률(실질 수익률)이 물가 상승률을 감안하지 않은 수익률(명목 수익률)보다 더 중요하다. 왜냐하면 a) 투자는 부의 저장 수단으로 이뤄지기 때문에 구매력이 가장 중요하고, b) 실물 자산과 금융 자산 간의 상대적 가격 조정에 따른 차익 거래와 상대 가치 투자가 가능하기 때문이다. 다시 말해 금융 자산에 투자했을 때의 기대 수익률을 실물 자산(예: 부동산, 귀금속, 원자재, 예술품 등)에 투자했을 때의 기대 수익률과 비교하는 것이다. 따라서 물가 상승률은 모든 투자 수익률, 특히 국채 수익률(수익률이 고정되어 있고 자국 통화로 표시된 채권은 사실상 채무 불이행 위험이 없기 때문에)의 비교 기준이 된다. 즉, 채권 수익률이 낮으면 채권을 매도하고 인플레이션 자산을 매수하며, 그 반대의 경우도 마찬가지다. 또한 중앙은행이 돈과 신용을 많이 창출하면 화폐 가치가 하락해 상품, 서비스 및 대부분의 금융 자산의 가격 상승을 야기한다. 이런 사태가 발생하면 투자자들은 인플레이션 헤지 자산을 선호하는 경향이 있다.

● **가격은 상대적 가격 형성을 이해하기 위해 반드시 알아야 하는 특정 결정 요인들과 연결되어 있다.** 대부분의 비전문 투자자는 가격에 대해 생각할 때 일반적으로 오늘 물품을 인도받는 가격, 즉 현물 가격을 생각한다. 시장에는 미래의 특정 시점에 인도받는 가격, 즉 선물(또는 미래) 가격도 있으며, 서로 다른 인도 날짜에 동일한 품목의 가격 관계를 결정하는 차익 거래 또는 상대 가치 투자도 있다.[10] 또한 금융 자산(예: 단기 국채와 장기 국채)의 상대적 매력에 대해서도 동일한 종류의 분석이 이뤄진다(예: 중앙은행의 금리 인상 또는 인하 속도가 중요한 결정 요인이 된다).

부채는 통화이고, 통화는 부채다

● **부채 자산은 미래의 특정 날짜에 특정 금액의 통화를 받을 것을 약속하는 것이므로 부채와 통화는 본질적으로 동일하다. 해당 국가의 통화가 마음에 들지 않으면 그 국가의 부채 자산(예: 채권)도 마음에 들지 않아야 하며, 채권이 마음에 들지 않으면 상대적인 수익률을 고려할 때 그 통화도 마음에 들지 않아야 한다(즉, 하나가 마음에 들지 않으면 다른 하나도 마음에 들지 않아야 한다는 의미다).** 우리는 앞에서 금/채권 가격 비교 프로세스를 설명하면서 상대적인 수익률+예상 가격 변동＝상대적인 총수익률

---

10 예를 들어 보관이 가능한 품목의 경우, 선물(또는 미래) 가격이 보관 비용(재고에 묶인 돈에 대한 이자 비용 포함)을 빼고 현물 가격보다 지나치게 높게 형성되는 일은 없다. 예를 들어 금과 같은 품목의 경우, 현물 가격에 보관 비용을 더한 값이 선물 가격이 아니라 예상되는 미래 가격에서 보관 비용을 뺀 가격이 현물 가격이 된다.

이라고 설명한 바 있다. 이는 채권과 금의 현물 및 선물 가격을 결정하며, 서로 다른 국가의 상이한 통화 및 부채 자산의 가치를 평가하는 데도 동일하게 적용된다. 특히 국가 채무 문제와 관련해, 투자자들의 평가는 국가 간 자본 흐름에 큰 영향을 미친다.

더 구체적으로 살펴보자.

예를 들어 어떤 국가의 금리(중앙은행이 돈을 발행해 갚을 수 있기 때문에 일반적으로 채무 불이행 위험이 없는 것으로 간주)가 다른 국가의 금리보다 연간 X% 낮다고 가정해보자. 이 경우 해당 국가 통화의 예상 절상률 역시 X%가 되어야 한다. 그렇지 않으면 (금리가 더 높은 채권을 보유함으로써) 사실상 위험 없는 수익을 얻는 것이 더 쉬워진다. 대신 금리 차이는 금리가 더 높은 통화가 금리가 더 낮은 통화에 비해 하락함으로써 상쇄될 것으로 예상된다.

그러나 해당 통화 가치 변동이 금리 차이를 상쇄할 것으로 예상되지 않으면 어떻게 될까? 예를 들어 A국의 10년 금리가 B국의 통화 표시 채권 이자율보다 낮으면(예: 3% 낮다고 하자) 일반적으로 A국의 통화 가치가 (더 높은 금리와의 차이를 상쇄하기 위해) 상승할 것으로 예상된다. 대신 A국의 통화 가치가 하락할 것으로 예상되는 경우(예: 연간 2% 하락) 사실상 위험 없는 수익을 얻을 수 있다. 그러면 투자자들은 수익률이 낮은 통화/부채를 매도할 것이다. 이는 다음 두 가지 조정 중 하나(또는 둘 다)를 발생시킨다.

1. 현물 통화가 하락한다(이 예에서는 40% 하락).[11] 또는

2. 10년 금리가 5% 상승해야 하며, 이는 채권 가격을 약 40% 하락시킬 것이다.[12]

또는 자본 통제 등으로 이러한 조정이 발생할 수 없는 경우, 예를 들어 금리가 3% 낮게 유지되고 통화가 2% 하락한다고 하자. 그러면 B국 채권을 보유하는 것에 비해 손실은 연간 5%가 될 것이고, 이는 10년 동안 복리로 계산하면 40%가 된다.

어떤 식으로든 A국의 통화로 표시된 채권 수익률은 매우 나빠질 것이다.[13] 만일 명목 채권 수익률이 나쁘지 않다면(즉, 채권 가격이 하락하지 않고 명목상 부채 부담이 줄어들지 않을 경우), 이는 다음과 같은 두 가지 이유 때문이다. a) 금리가 올라가면서 통화 가치 하락에 맞춰 적절한 수익을 제공하기 위해 채권 가격이 하락하지 않거나, b) 금리가 너무 낮아 적절한 가격 상승을 제공해 이를 보상할 만큼 통화 가치가 충분히 하락하지 않기 때문이다. 이 경우 c) 연간 금리와 통화 약세가 인플레이션을 보상하지 못하기 때문에 채권 수익률이 낮아진다.[14]

---

11 계산식은 다음과 같다. 만일 어떤 통화가 연간 2%씩 평가절하될 것으로 예상된다면, 이는 선물 가격이 현재 가격의 82%라는 의미다(10년간 2% 복리 평가절하). 현물 가격은 현재 10년 선물 가격인 82%에 도달할 때까지 매년 3%씩 평가절상되도록 가격이 책정되어야 한다. 즉, 현물 가격 $0.61 \times 1.03^{\wedge}10=0.82$. 따라서 현물 가격은 1에서 0.61로 떨어져야 한다(약 40% 하락).

12 좀 더 간단하게 계산해보면, 채권에 대한 금리 변동의 가격 영향은 수익률 변화×듀레이션이다. 10년 만기 국채의 듀레이션은 국가에 따라 7~8년이며, 8×5%=40%가 된다.

13 중앙은행의 관점에서 볼 때, 통화 약세와 인플레이션은 명목 금리가 명목 성장률보다 낮을 때, 특히 명목 금리가 인플레이션율보다 낮을 때(즉, 실질 금리가 마이너스일 때) 부채 부담을 줄여주므로 좋을 수 있다.

이제 이러한 주요 부분의 작동 방식과 이러한 부분을 처리하는 행위 주체의 동기에 따라 거래가 어떻게 이루어지는지 이해했으므로 시스템이 어떻게 작동하는지, 그다음 단계에 어떤 일이 일어날 가능성이 큰지 이해할 수 있을 것이다. 좀 더 자세히 살펴보자.

주요 행동 주체들의 유형과 그들의 행동 방식

● 5가지 주요 주체들의 유형이 돈과 부채 사이클을 주도한다. 이들은 다음과 같다.

- 차입해 채무자가 되는 주체로, 나는 이들을 '차입 채무자borrower-debtor' 라고 부르며 주로 민간 또는 정부 기관이다.
- 대출해 채권자가 되는 주체로, 나는 이들을 '대출 채권자lender-creditor' 라고 부르며 주로 민간 또는 정부 기관이다.
- 대출 채권자와 차입 채무자 사이에서 돈과 신용 거래를 중개하는 주체로, 일반적으로 은행이라고 불린다.
- 중앙정부
- 자국 통화로 돈과 신용을 창출하고 돈과 신용 조달 비용에 영향을 미칠 수 있는 정부 통제 중앙은행

---

14 국가별로 인플레이션율이 다른 이유는 일반적으로 공통된 통화 기준으로 측정된 상품 가치가 변동해서라기보다는 각 국가의 돈/통화 가치가 변동하기 때문이다. 그리고 이러한 통화 가치 변동은 돈과 신용의 공급량 변화에 더 큰 영향을 받는다.

● **신용/부채의 확장은 차입 채무자와 대출 채권자 모두 차입 및 대출의 의사가 있어야 하므로 거래는 양쪽 모두에게 유리해야만 발생한다.** 다시 말해, 한 사람의 부채는 다른 사람의 자산이므로 시스템이 작동하려면 차입 채무자와 대출 채권자가 모두 있어서 이러한 거래에 참여해야 한다. **그러나 종종 한쪽에게 유리한 것이 다른 쪽에게는 불리한 경우가 있다.** 예를 들어 차입 채무자에게 유리하려면 이자율이 너무 높아서는 안 되지만, 대출 채권자에게 유리하려면 이자율이 너무 낮아서도 안 된다. **이자율이 차입 채무자에게 너무 높으면 부채를 상환하기 위해 지출을 줄이거나 자산을 매각해야 하며, 그렇지 않으면 상환할 수 없어 시장과 경제가 어려워질 수 있다. 동시에 이자율이 너무 낮아 대출 채권자에게 보상이 충분하지 않을 때 그들은 대출을 중단하고 부채 자산을 매각한다. 그 결과, 이자율이 상승하고 중앙은행은 많은 돈을 찍어내서 부채를 매입하고 이자율을 낮춘다. 결국 이러한 돈 찍어내기/부채 매입은 인플레이션을 유발해 부와 경제 활동의 위축을 초래한다.**

시간이 지나면서 대출 채권자와 차입 채무자에게 유리한 환경과 불리한 환경이 번갈아 나타난다. 시장과 경제에 참여하는 사람들은 이러한 변화를 정확히 파악하는 능력이 매우 중요하다. 이러한 균형을 맞추는 과정과 환경의 변화는 자연스럽게 진행되지만, 때로는 상황 때문에 적절한 균형을 유지하기 어려울 때도 있다. 이로 인해 대규모 부채 위기와 시장의 위기 그리고 경기 침체가 발생한다. 이러한 위기를 초래하는 조건을 설명하기 전에 다른 행동 주체들의 동기와 그들의 행동을 먼저 설명하겠다.

민간 부문의 은행[15]은 대출 채권자와 차입 채무자 사이의 중개자이므로 그들의 동기와 작동 방식도 중요하다. 수천 년 동안 모든 국가에서 은행은 본질적으로 동일한 일을 해왔다. 즉, 어떤 사람들로부터 돈을 빌려 다른 사람에게 빌려주고 예대마진으로 이익을 얻는다. 은행의 이런 행동은 부채/신용/화폐의 사이클을 만들어내는데, 그중에서도 특히 지속 불가능한 거품과 대규모 부채 위기를 야기한다. **이러한 거품과 위기는 어떻게 만들어질까? 이는 은행이 보유한 돈보다 훨씬 더 많은 돈을 빌려줌으로써 만들어진다.** 은행은 저렴한 비용으로 자금을 조달해 높은 수익을 내고 반복해서 사람들에게 대출을 해준다. 이는 돈을 빌린 사람들이 대출금을 갚을 만큼 생산적으로 돈을 사용하고, 은행에 예금한 사람들이 은행이 실제로 가진 것보다 더 많은 돈을 한꺼번에 돌려받기를 원하지 않을 경우 사회를 위해 잘 작동하고 은행에 수익을 가져다준다. 부채 위기는 대출금이 때맞춰 상환되지 않거나 은행의 지불 여력보다 더 많은 돈을 예금자가 돌려받기를 원할 때 발생한다.

● **장기적으로 부채는 상환하는 데 필요한 소득보다 더 빠르게 증가해서는 안 되며, 이자율은 차입 채무자에게 너무 높거나 대출 채권자에게 너무 낮아서도 안 된다.** 부채가 소득보다 빠르게 계속 증가하고, 그리고/또는 이자율이 차입 채무자에게 너무 높거나 대출 채권자에게 너무 낮으면 불균형으로 인해 대규모 시장 위기와 경제 위기가 초래된다. 따라서 이러한 비율을 예의 주시하는 것이 중요하다.

● **대규모 부채 위기는 부채 자산과 부채의 규모가 실제 통화량 그리고/또는 실제 재화와 서비스의 양에 비해 너무 커질 때 발생한다.**

중앙은행은 직간접적으로 통화와 신용, 즉 구매력을 창출한다. 구매

---

15 낮은 이자로 자금을 조달해 다른 사람에게 빌려주고 높은 이자를 받는 금융 중개 기관들을 통칭해 '은행'이라고 표현했다.

력은 재화, 서비스 및 투자 자산에 대한 총지출액을 결정한다. 창출된 통화와 신용은 재화, 서비스 그리고/또는 금융 자산(즉, 투자)에 투입되어야 한다. 따라서 **창출된 통화와 신용의 총액은 재화, 서비스 및 금융 자산에 대한 총지출액을 결정한다.** 결과적으로 상품, 서비스 및 금융 자산은 마치 모든 배가 밀물과 썰물에 따라 오르내리는 것처럼 돈과 신용의 흐름에 따라 오르내린다. **통화와 신용이 흘러가는 방향, 그리고 생산되는 재화, 서비스 및 금융 자산의 양은 대부분 수천 또는 수백만 명의 시장 참여자의 선택으로 결정된다.**

중앙은행은 이러한 사이클이 보다 무리 없이 진행되도록 하기 위해 생겨났으며, 가장 중요한 역할은 대규모 부채 위기를 처리하는 것이다. 비교적 최근(미국의 경우 1913년)까지 대부분의 국가에는 중앙은행이 없었고, 민간 은행에 있던 돈은 일반적으로 실물 금이나 은, 아니면 금과 은으로 맞바꿀 수 있는 종이 증서였다. 이러한 시기에도 차입 채무자, 대출 채권자나 은행이 방금 설명한 부채/신용 사이클을 겪었기 때문에 호황과 불황의 사이클이 있었다. **이러한 사이클은 과도한 부채 자산과 대출에 부담을 느낀 차입 채무자가 대출 채권자, 특히 은행으로부터 돈을 돌려받기 위한 '인출 사태**runs**'로 이어질 때 대규모 부채 위기 및 불황으로 변한다. 이러한 사태는 부채/시장/경제 붕괴를 초래했고, 결국 정부는 이러한 대규모 부채 위기가 발생했을 때 은행 및 다른 사람들에게 돈을 빌려주기 위해 중앙은행을 설립하게 되었다. 중앙은행은 또한 이자율과 시스템 내 통화 및 신용의 양을 변화시켜 차입 채무자나 대출 채권자의 행동을 변화시킴으로써 사이클을 보다 무리 없이 진행할 수 있다.** 그러면 중앙은행은 어디에서 돈을 얻을까? 그들은 그것을 문자 그대로 또는 디지털 방식으로 '인쇄'해서 얻는다. 인쇄하는 돈의 양이 많으면, 절실히 필요하면서도 이 방법 말고는 돈을 얻을 수 없는 사람들에게 돈과 신용을 제공해 부채 문제를 완화할 수 있다. 그러나 그렇게 하면 통화 및 부채 자산의 구매력이 감소하고, 그렇지 않았을 때보다 물가가 상승한다.

● **중앙은행은 부채와 경제 성장 및 인플레이션을 허용 가능한 수준으로 유지하기를 원한다. 다시 말해, 그들은 부채와 수요가 지속 가능한 것보다 훨씬 빠르거나 느리게 성장하는 것을 원하지 않으며, 물가 상승률이 너무 높거나 너무 낮아 경제 상황이 악화하는 것도 원하지 않는다.** 중앙은행은 이자율과 통화 공급량을 조절해 경제 상황을 통제하고, 이러한 정책은 수익을 추구하는 대출 채권자와 차입 채무자에게 영향을 미쳐 경제 상황을 변화시킨다.

● **중앙정부는 국민을 만족시키기 위해 일하는 사람들이 운영하는 정치 조직이므로 국민이 좋아하는 것을 해주려고 노력한다.** 이는 일반적으로 비용을 지불하지 않는 중앙정부의 차입으로 이루어지는데, 중앙정부의 차입은 초기에는 막대한 양의 신용 자극 사이클을, 후기에는 부채 억제 사이클을 강제한다. 자신의 역할에 충실한 중앙정부는 광범위한 생산성과 번영을 가져올 수 있도록 세금을 부과해서 예산을 집행한다. 때로는 벌어들이는 것보다 더 많이 빌리기도 하고, 때로는 빌린 돈을 갚기도 해서 재정 정책을 유연하게 운영한다. 그리고 자신의 역할에 충실한 중앙은행은 신용, 부채 및 자본 시장을 상대적으로 균형 있게 유지함으로써 파괴적인 과욕을 억제한다. 그러나 앞에서 언급한 이유로 신용 자극을 통해 경제 및 시장의 활황을 유지하려는 성향은 소득 대비 부채와 부채 상환 부담이 지속 불가능할 정도로 확대될 때까지 지속된다.

● **실질 소득에 비해 부채 자산과 부채의 규모가 클수록, 대출 채권자를 만**

족시킬 만큼 충분히 높은 금리를 유지하면서도 차입 채무자를 해치지 않을 정도로 금리를 낮게 유지해서 균형을 맞추기가 더 어려워지므로, 부채로 인한 시장 및 경제의 침체 가능성이 더 커진다.

차입 채무자, 대출 채권자, 민간 은행, 중앙정부 및 중앙은행이 이러한 사이클의 가장 큰 주체이자 사이클의 원인이기 때문에, 그리고 그들 각각이 자신의 행동에 대해 명백한 동기가 있기 때문에 그들이 무엇을 할지, 그리고 다음에 무슨 일이 일어날 가능성이 있는지를 예측하는 것은 매우 쉽다. 부채 성장이 느리고 경제가 활발하지 않으며 인플레이션이 낮으면 중앙은행은 이자율을 낮추고 더 많은 통화와 신용을 창출해 재화, 서비스 및 투자 자산에 대한 더 많은 차입과 지출을 장려함으로써 시장과 경제를 활성화하려고 한다. 이러한 시기에는 차입 채무자가 되는 것이 대출 채권자가 되는 것보다 더 유리하다. 반면에 부채 성장과 경제 성장이 통제 불가능할 정도로 빨라지고 인플레이션이 용납할 수 없을 정도로 높아지면 중앙은행은 금리를 인상하고 통화와 신용을 제한해 저축을 장려하고 재화, 서비스 및 투자 자산에 대한 지출을 억제할 것이다. 그리고 이런 조치로 인해 시장과 경제는 침체할 것이다. 왜냐하면 이 시기는 대출 채권자 겸 저축자가 차입 채무자 겸 지출자보다 더 유리하기 때문이다. 이러한 역학관계는 약 3년 정도의 오차를 가진 평균 약 6년의 단기 사이클과 약 25년 정도의 오차를 가진 평균 약 80년의 장기 사이클이라는 상호 연결된 사이클로 이어지는데, 이 와중에도 인류는 계속 새로운 기술을 개발하면서 생산성을 높여 전체적으로는 경제가 계속 성장한다.

이제 이러한 사이클이 어떻게 전개되는지 간략하게 살펴보자.

장·단기 (대규모) 부채 사이클

'단기 부채 사이클'이란 다음과 같은 사이클을 의미한다. 1) 경기 침체가 발생하면 2) 중앙은행이 저렴한 비용에 신용을 대량으로 공급해 많은 부채를 생성하고, 이는 처음에는 3) 시장 활성화 및 경제 호황으로 이어지지만, 4) 곧이어 거품 및 인플레이션으로 이어진다. 그러면 5) 중앙은행이 신용을 긴축해 6) 다시 시장의 쇠퇴 및 경기 침체로 이어진다. 이 사이클은 일반적으로 약 6년 정도 지속되며, ±3년 정도의 오차가 있다. 이 글을 쓰는 2025년 3월 기준으로 1945년 이후 미국에서는 이러한 사이클이 12번 발생했고, 현재 13번째 사이클의 3분의 2가 지나갔다. 각 단기 부채 사이클은 일반적으로 이전 사이클보다 더 높은 수준의 부채로 끝나는데, 이는 정책 입안자들이 차입을 다시 활성화하기에 충분할 정도로 금리를 낮춰 경기 침체를 종식하려 하기 때문이다.

'장기 (대규모) 부채 사이클'이란 장기간에 걸쳐(즉, 연속적인 단기 부채 사이클을 통해) 부채 자산 및 부채를 결국 관리할 수 없게 되는 수준까지 축적하는 사이클을 의미한다. 이는 대규모 시장 혼란 및 경제 혼란 기간을 야기하는 대규모 부채 구조조정과 대규모 부채 화폐화의 조합으로 이어진다.

● 단기 부채 사이클이 모이면 장기 (대규모) 부채 사이클이 되는데, 앞으로 이를 간단히 대규모 부채 사이클이라고 부르겠다.

이러한 사이클은 사람들의 창의성과 그로부터 비롯된 생산성 향상으로 인한 생활 수준 상승을 나타내는 우상향 추세선을 중심으로 시장과 경제를 움직인다. 이러한 생산성 향상은 적절한 자원(예: 자본)을 제공받고, 다른 사람들(동료, 정부 관계자, 변호사 등)과 협력해 생산성 향상을 달성하는 실용적인 사람들(예: 기업가)의 창의성에 의해 주도된다.

　단기간(즉, 1~10년)에는 단기 부채 사이클이 지배적이지만 장기간 (즉, 10년 이상)에는 장기 부채 사이클과 생산성의 우상향 추세선이 훨씬 더 큰 영향을 미친다. 이런 흐름을 내가 개념적으로 이해하는 방식은 다음과 같다.

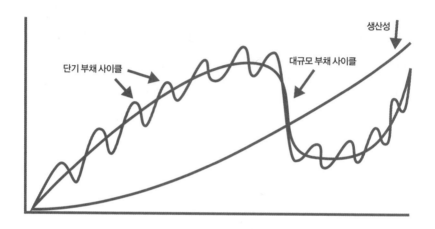

　● 지속 가능한 부채 사이클과 지속 불가능한 부채 사이클을 구분하는 기준은 부채가 상환에 필요한 충분한 소득 또는 그 이상의 소득을 창출하는지 여부다. 소득이 부채 및 부채 상환액만큼 빠르게 증가하지 않으면 소득 대비 부채 비율이 자동으로 증가하므로 부채 상환 및 지출 수준을 유지하기 위해서는 추가 차입이 필요하게 된다. 그러면 사이클이 아래에서 위로 올라가면서 결국 소득 대비 부채 및 부채 상환액이 지속 불가능할 정도의 높은 수준으로 이동한다. ● 부채 위기로 향하는 확실한 징후는 부채 상환을 위해 또다시 차입을 일으켜야 하고, 그 속도가 증가하는 경우다.

　중앙은행은 왜 부채가 위험한 수준에 도달하지 않도록 잘 통제해 이러한 부채 사이클의 변동성을 완화하는 데 제대로 역할을 하지 못할까?

다음 4가지 이유가 있다고 생각한다.

1. 중앙은행 구성원을 포함해 대부분의 사람은 시장이 활성화되고 경제가 상승하는 것이 이익이 되기 때문에 그것을 원하고, 부채 상환의 고통에 대해서는 크게 걱정하지 않는다. 그래서 그들은 한계까지 밀어붙이며, 레버리지를 활용하면서까지 장기 보유 자산을 구입하다 결국 소득에 비해 많은 부채를 줄이기 위해 부채를 구조조정해야 하는 시점에 도달한다.
2. 미래의 경제 상황을 예측하기 어렵기 때문에 현재의 부채 수준이 미래에 어떤 위험을 초래할지 정확히 판단하기 어렵다.
3. 부채를 생성하는 신용을 제공하지 않으면 이로 인한 손실과 기회비용이 발생한다.
4. 대규모 부채 위기라고 할지라도 일반적으로는 감내할 만한 가능한 수준으로 고통을 줄여 관리할 수 있다.

● **부채가 항상 나쁜 것은 아니다. 심지어 경제적이지 않더라도 그렇다. 신용이나 부채가 지나치게 적게 증가해도 과도하게 증가하는 것만큼이나 경제에 심각한 문제를 초래할 수 있다. 이는 경제 주체들이 투자나 소비의 기회를 놓치는 형태로 나타난다. 그 이유는 1) 수익성이 없어 포기했을 분야에서 부채를 이용해 상당한 발전을 이루는 데 사용될 수 있고, 2) 정부가 부채 구조조정 과정을 통제하고, 부채가 중앙은행이 발행할 수 있는 통화로 되어 있다면, 고통을 분산시켜 부채 문제로 인한 손실을 감당할 만한 수준으로 유지할 수 있기 때문이다.** 그러나 부채 위기를 피하려면 어쨌든 부채가 부채 상환을 위한 소득을 증가시켜야 한다.

● 부채와 부채 자산은 경제 사이클이 거듭될수록 지속적으로 증가해왔다. 부채 규모가 계속해서 커지다가 결국에는 더 이상 감당할 수 없는 수준에 도달하거나, 부채 자산으로 얻는 수익이 너무 낮아져서 더 이상 유지하기 어려워질 때까지 이러한 증가 추세는 지속되었다.

소득에 비해 부채와 부채 자산이 많으면, 중앙은행은 차입 채무자를 심하게 해치지 않으면서 대출 채권자를 만족시킬 만큼 높은 금리를 유지하기 어려우며, 균형 잡힌 통화 정책을 펼치기도 힘들다. 그리고 부채 자산 보유자는 그 자산을 판매하고 싶어 하기 때문에 수익률은 떨어질 수밖에 없다. 따라서 중앙은행은 다음 중 하나를 선택해야 하는 입장에 놓인다.

1. 돈을 찍어내지 않고 부채 자산을 매입하지 않음(즉, 부채를 화폐화하지 않음)으로써 부채 자산의 매도와 매수가 소위 무차별 균형 indifference-equilibrium(구매자와 판매자가 거래에 대해 동일한 수준의 만족도를 느끼는 상태로 어느 쪽도 거래를 통해 더 큰 이익이나 손실을 보지 않는 균형점-옮긴이) 수준에 도달해 금리가 상승하고 신용 수요와 경제 활동이 위축된다. 이는 현금을 매우 가치 있게 만들고, 주식 및 실물 자산과 같은 대부분의 다른 자산의 가치를 떨어뜨리며, 디플레이션을 일으키고, 부채 불이행 및 구조조정을 야기하며, 경제 활동을 위축시킨다. 이렇게 용납하기 어려운 사태가 발생하면 중앙은행은 다음과 같이 움직인다.

2. 수요 부족을 보충하기 위해 돈을 찍어내고 부채 자산을 매입함 (즉, 부채를 화폐화함)으로써 돈을 쉽게 사용할 수 있게 하고, 가치를 낮추어 인플레이션을 발생시키고, 주식 및 실물 자산과 같은

대부분의 다른 자산의 가치를 높이며, 부채 불이행을 최소화하고, 경제 활동을 자극한다. 일반적으로는 이런 상황이 발생하게 마련이다.

대규모 부채 사이클의 이 부분에서 큰 폭의 채무 및 부채 자산의 감소가 필요한데, 이 시기가 바로 대규모 부채 위기 기간이다. 이러한 대규모 부채 구조조정 및 부채 화폐화는 부채 부담을 줄이고, 이전 통화 질서를 종료시키고, 다음 새로운 대규모 부채 사이클 및 통화 질서로 이행한다. 이는 기존 시스템이 붕괴함에 따라 큰 충격과 혼란을 동반하며, 마치 정치적 혁명이나 세계대전과 같은 거대한 변화를 초래한다. **정책 입안자들이 부채 부담을 줄이기 위해 사용할 수 있는 정책 수단은 4가지가 있다.**

1. **긴축 정책(즉, 지출의 감소)**
2. **부채 불이행/구조조정**
3. **중앙은행의 '돈 찍어내기' 및 부채 자산 매입(또는 지급 보증)**
4. **필요 이상으로 많이 가진 사람들로부터 부족한 사람들에게 돈과 신용 이전**

정책 입안자들은 흔히 긴축 정책을 먼저 시도하는데, 이는 스스로와 다른 사람들을 곤경에 빠뜨린 사람들이 그 비용을 부담하도록 하는 것이 원칙이기에 당연히 해야 할 일이라고 생각하기 때문이다. 하지만 이는 큰 실수다. 긴축 정책은 부채와 소득의 균형을 회복시키지 못한다. 왜냐하면 한 사람의 부채는 다른 사람의 자산이기 때문이다. 부채를 줄이는 것은 투자자들의 자산을 줄여 그들을 '더 가난하게' 만들고, 한 사람의 지출은 다른 사람의 소득이기 때문에 지출을 줄이는 것은 소득을 줄인다. 이러한 이유로 부채와 지출이 감소하면 순자산과 소득도 이에 상응해 감소하는데, 이는 매우 고통스럽다. 또한 경제가 위축됨에 따라 일반적으로 정부 수입은 감소하지만 정부 예산에 대한 수요는 증가해 재정 적자가 증가한다. 이 시점에서 재정적 책임을 다하려는 정부는 세금을 인상하는 경향이 있는데, 이 역시 기업과 개인을 더욱 압박하는 실수가 될 수 있다. 더 간단히 말하면 **수입보다 큰 지출과 유동 자산보다 큰 유동 부채가 있을 때 이는 차입과 자산 매각의 필요성을 유발하며,** 충분한 수요가 없다면 디플레이션이든 인플레이션이든 어떤 형태의 위기를 초래할 것이다.

앞서 언급했듯이 정책 입안자들이 큰 경제 위기를 일으키지 않고 부채 부담을 줄이는 가장 좋은 방법은 내가 '아름다운 부채 축소'라고 부르는 것을 실행하는 것이다. 이 방식은 1) 부채 상환금을 더 오랜 기간에 걸쳐 분산하거나 처분하도록 부채를 재구성(디플레이션 및 경기 침체 유발)하고, 2) 중앙은행이 돈을 찍어 부채 자산을 매입(인플레이션 및 경기 부양 유발)하는 것이다. 이 두 가지를 균형 있게 수행하면 채무 부담이 분산되어 감소하며, 명목 경제 성장률(인플레이션＋실질 경제 성장률)이 명목 이자율보다 높아져 소득 대비 부채 부담이 감소한다.

잘만 집행된다면 부채 상환 감소로 인한 디플레이션 및 경기 침체와 돈을 찍어내 부채를 매입하는 인플레이션 및 경기 부양 사이의 적절한 점에서 균형이 이루어진다. 내가 연구한 국가들에서 자국 통화로 표시된 부채로 발생한 대부분의 대규모 부채 위기는 일반적으로 1~3년 안에 부채 구조조정이 신속하게 이뤄졌다. 이러한 구조조정 기간은 큰 위험이면서 기회의 시기다. 이러한 기간과 과정에 대해 더 자세히 알고 싶다면 《금융위기 템플릿》에 더 자세히 설명해놓았으니 참조하기 바란다.

대규모 부채 사이클과 그 위험성 및 대처 방법에 대한 심층적 이해

앞에서도 언급했지만 대규모 부채 사이클의 끝에 오는 정말로 심각한 부채 위기는 부채를 구조조정하거나 통화 가치를 떨어뜨리는 형태로 나타나는데, 이런 위기는 보통 사람의 일생에 한 번 일어날 정도로 드물기 때문에 단기 사이클에 비해 잘 이해되지 않는다. 다시 말해 장기 부채 사이클의 끝에 나타나는 현상은 단기 부채 사이클의 끝에 나타나는 현상과 다르기 때문에 대부분의 사람은 장기 부채 사이클에 대해 알지도 못하고 인정하지도 않는다. 장기 부채 사이클이 끝나면서 발생하는 문제가 단기 부채 사이클이 끝날 때보다 훨씬 심각하지만, 대부분의 사람은 그 심각성을 인지하지 못하고 걱정하지도 않는다. 이는 매우 위험해서 마치 지방 함량이 높은 음식을 먹고 동맥에 콜레스테롤이 축적되어 심장마비의 가능성이 높아져도 아무 문제가 없다고 말하는 것과 같다.

건강한 경제란 1) 민간 금융 기관이 돈을 빌려줄 때, 그 돈이 수익을 창출하는 데 사용되어 대출 기관과 돈을 빌린 사람 모두에게 이익이 되는 방식으로 거래하는 것, 2) 정부 차입금이 생산성 향상(예: 더 나은 공공 기반 시설, 교육 등)을 창출하는 데 사용되어 경제가 어려울 때 정부가 일시적으로 돈을 더 써서 경기를 부양하고 경기가 좋아지면 갚는 것이다. 건강하지 않은 경제란 1) 부채 수요 부족을 메우기 위해 중앙은행이 만성적으로 돈을 찍어 부채 자산을 매입하고, 2) 중앙정부가 만성적으로 큰 적자를 내 채무 및 부채 상환 수준이 이를 상환하는 데 필요한 소득(정부의 경우 세수)보다 빠르게 증가하는 것이다.

복습하면 다음과 같다.

● 재화, 용역 및 투자 자산은 돈과 신용으로 생산, 구매 및 판매될 수 있다.

● 중앙은행은 화폐를 발행하고 원하는 만큼 신용 한도를 조절할 수 있다.

● 차입 채무자는 궁극적으로 부채를 빌리고 상환할 수 있을 만큼 충분한 돈과 낮은 이자율이 필요하다.

● 대출 채권자는 적절한 수익을 얻기 위해 충분히 높은 이자율과 채무자의 낮은 채무 불이행이 필요하다.

● 이러한 균형 조정은 부채 자산과 채무의 규모가 모두 소득에 비해 증가함에 따라 점차 어려워진다. 결국 이를 줄여야 하므로 부채 자산의 감소가 발생한다.

● 최고의 감소 유형은 소위 '아름다운 부채 축소'라고 부르는 것으로, 이는 중앙정부와 중앙은행이 협력해 특히 부채가 자국 통화로 발행되었을 때 부채 부담을 효과적으로 줄이는 것을 의미한다. 부채가 외화로 표시된 경우 부채 자산 감소는 매우 고통스럽다. 이에 대해서는 나중에 다시 설명하겠다.

● 장기적으로는 생산적이고 건강한 손익계산서(즉, 지출보다 더 많은 수입)와 건강한 재무상태표(즉, 부채보다 더 많은 자산)를 갖는 것이 재정 건전성의 지표다.

● 각 국가가 신용/부채 사이클의 어느 위치에 있는지, 그리고 경제 주체가 어떻게 행동할 가능성이 높은지를 알면 이러한 사이클을 잘 헤쳐 나갈 수 있을 것이다.

● 과거를 보면 미래를 알 수 있다.

요점 정리

● 부채 위기는 필연적이다. 역사를 통틀어 극소수의 잘 통제된 국가만이 부채 위기를 피할 수 있었다. 이는 대출이 완벽하게 이뤄지는 경우가 없고, 주기적으로 사람들의 심리에 영향을 주고 거품과 붕괴를 만들어 종종 잘못된 방향으로 흘러가기 때문이다.

● 대부분의 부채 위기는, 심지어 아무리 큰 위기라도, 경제 정책 입안자들이 분산만 잘 하면 관리 가능하다.

● 모든 부채 위기는 작동 방식을 이해하고 잘 헤쳐 나갈 수 있는 훌륭한 원칙만 가지고 있다면 투자 기회가 될 수 있다.

● 결국, 대규모 부채 사이클이 끝나갈 무렵에는 차입 채무자에게는 너무

부담스럽지 않으면서 대출 채권자를 만족시킬 만큼 충분히 높은 실질 금리를 유지하는 것이 어려워지므로 중앙은행은 이 두 가지 선택 사이에서 균형을 잡으려고 노력한다. 보통 이런 시기에는 긴축 정책으로 인한 경제 위축과 돈을 풀어버리는 정책으로 인한 인플레이션이 동시에 나타나는데, 어느 쪽이 먼저 오느냐의 문제일 뿐이다. 어쨌든 이러한 시기에 과도한 부채가 있는 정부의 통화나 부채 자산을 보유하는 것은 나쁜 투자다.

● 중앙은행은 '경화' 통화를 유지해 채무자가 채무를 불이행해 디플레이션 불황으로 이어지게 할 것인지, 아니면 많은 돈을 찍어내 통화를 '연화'시켜 통화와 부채의 가치를 떨어뜨릴 것인지 선택해야 한다. 경화로 부채를 상환하면 심각한 시장 및 경제 침체가 발생하기 때문에, 이러한 선택에 직면했을 때 중앙은행은 항상 결국 돈을 찍어내고 가치를 떨어뜨리는 정책을 선택한다. 이런 사례는 《금융위기 템플릿》의 2부를 참조하기 바란다. 물론 중앙은행은 자국의 돈만 찍어낼 수 있으며, 이는 다음 중요한 요점으로 이어진다.

● 부채가 해당 국가의 통화로 표시되는 경우 그 국가의 중앙은행은 부채 위기를 완화하기 위해 돈을 '찍어낼' 능력이 있으므로 그렇게 할 것이다. 돈을 찍어낼 수 없는 경우보다는 잘 관리하겠지만 물론 돈의 가치도 떨어진다.

부채 사이클이 다른 4가지 힘의 작용에 영향을 주듯, 다른 4가지 힘도 부채 사이클에 영향을 준다

단순히 시장에만 집중해서는 성공적인 글로벌 매크로 투자자가 될 수 없다. 시장에 영향을 미치는 힘에도 집중해야 한다.

　지금까지는 이 책의 주제인 부채 사이클에 대해서만 이야기했다. 그러나 많은 요인이 상호 작용하며 결과를 결정하므로, 이것들을 무시하고는 내게 주어진 일을 잘할 수 없었다. 이런 요소들을 더 알고 싶으면 《변화하는 세계 질서》를 참조하기 바란다. 그 책에서 조건의 주요 동인에 대한 18가지 측정 기준을 보여주었지만 가장 중요한 5가지는 다음과 같다. 1) 돈/신용/부채/시장/경제 사이클, 2) 국가 내에서 발생하는 사회적, 정치적 질서 및 무질서 사이클, 3) 국가 간에 발생하는 평화나 전쟁 시기에 나타나는 질서 및 무질서 사이클, 4) 가뭄, 홍수, 전염병과 같은 자연재해의 영향, 5) 생산성을 높이는 신기술과 같은 인간의 창의성. 이와 같은 여러 가지 힘의 상호 작용이 조건의 변화를 결정한다. 이 힘들은 서로에게 긍정적인 방향으로든 부정적인 방향으로든 영향을 주면서 상황을 더 좋게 만들거나 더 나쁘게 만든다. 예를 들어 한 국가에 금융 및 경제 위기가 발생하면 내부에 갈등이 일어날 가능성이 커지고, 반대로 내부에 갈등이 일어나면 금융 및 경제 상황이 악화한다. 마찬가지로 내부에 금융 문제 및 정치적 갈등이 발생하면 해당 국가를 약화하고, 그 갈등이 전 세계적으로 퍼져나가면 국제적인 갈등이 발생할 가능성이 커진다. 이런 여러 가지 힘이 합쳐져서 나라 안과 밖에서 큰 변화를 일으키는 상승과 하락, 평화와 전쟁의 사이클을 만들어내고, 결국 국가와 세계 질서를 크게 바꿔놓는다.

　이러한 대규모 상승 및 하강은 내가 말하는 18가지 힘(특히 주요 5가지 힘)을 관찰하면 쉽게 볼 수 있다. 예를 들어 과거의 강대국들과 그들이 사용하던 통화가 시간이 지나면서 어떻게 약해져갔는지를 다음과 같은 현상을 통해 알 수 있다. 1) 채무가 계속해서 늘어나고, 동시에 경제 성장을 위한 채무나 신용을 늘리려는 시도를 막기 위해 사용되던 통화 시스템이 점점 취약해지며, 2) 다른 강대국들과 비교했을 때 교육의 질, 기반 시설, 법과 질서, 시민 의식, 정부의 효율성 등 여러 가지 지표에서 질이 저하된다.

8장에서 이러한 빅 사이클의 힘과 그것들이 어떻게 상호 연관되는지 더 자세히 설명하겠다. 하지만 그 전에, 먼저 대규모 부채 사이클을 숫자와 방정식을 사용해 더 깊이 설명함으로써 독자들의 이해를 도울 것이다.

3장

숫자와 방정식으로 보는
부채의 작동 원리

이 장에서는 과도한 부채가 한계에 도달했을 때 발생 가능한 일을 예측하는 데 유용한 몇 가지 간단한 방정식이 포함된 부채의 작동 원리에 대해 다룰 것이다. 이 자료는 전문가와 전문가를 지망하는 사람들에게 유익하겠지만 보통 사람들의 관심 범위를 넘어설 수도 있을 것이다. 주요 개념을 파악하기 위해 빠르게 훑어보고 이 부분을 더 깊이 파고들지, 아니면 생략할지를 결정하기 바란다.

 2장에서 중앙정부와 중앙은행이 일반적으로 어떻게 재정적 어려움에 처하는지에 대해 말로 설명했다면, 3장에서는 높은 부채 부담이 어떻게 복합적으로 문제를 일으키는지 보여주는 몇 가지 공식의 사례를 포함해 이러한 재정적 어려움을 예측하는 데 사용할 수 있는 숫자와 방정식을 제시할 예정이다.

 먼저 부채의 지속 가능성을 가능하게 하는 핵심 동인과 그 상호 작용 방식을 보여줄 예정이다. 하지만 우선 '지속 불가능한' 부채 부담이 무엇인지부터 설명하겠다. 알고 보면 간단하다. ● **'지속 불가능한' 부채 부담**

은 들어오는 돈의 양이 나가는 돈의 양보다 적을 때 발생한다. 이는 a) 저장된 금액(즉, 저축액)이 감소하거나, 또는 b) 저축액이 고갈되거나 더 이상 빌릴 수 없을 때까지 빌린 금액이 증가해 부채 상환에 실패하는 경우다. 이 돈의 흐름을 혈류라고 생각하고 손익계산서와 재무상태표를 이를 보여주는 보고서라고 생각하자. 건강한 상태는 수입으로 들어오는 금액이 지출로 나가는 금액보다 크거나 같고, 부채가 소득보다 빠르게 증가하지 않는 경우다. 하지만 부채 증가가 반드시 나쁜 것은 아니다. 부채가 증가하더라도 빌린 돈으로 인해 소득이 부채 상환액 증가율보다 빠르게 증가하면 들어오는 돈이 나가는 돈보다 많아져 건강해진다. 부채가 소득보다 빠르게 증가하면 동맥에 찌꺼기가 쌓인다고 생각하면 된다. 이는 지출이나 저축에 사용할 수 있는 소득 흐름의 양을 줄이기 때문이다. 결국 이는 부채 상환액 증가로 인해 지출에 사용할 수 있는 소득의 양을 줄어들게 한다. 돈의 흐름이 너무 심하게 제한되면 채무 불이행 사태가 발생하고, 이는 경제에 발생하는 심장마비와 같다. 금리는 상환 금액에 큰 영향을 미치기 때문에 매우 중요하다. 또한 대출 기관이 부채 자산과 부채를 보유하고 구매하려는 의지에 영향을 미친다. 부채 상환액이 소득 및 저축액에 비해 커지면 압박이 발생하며, 이때 부채 문제가 발생한다.

부채로 인한 부담은 다음과 같은 방식으로 측정할 수 있는데, 우리는 부채 부담이 높아지거나 빠르게 증가하면 채무 불이행 그리고/또는 화폐 가치의 하락 위험도 커진다는 것을 알고 있다. **부채 위험을 평가하기 위해 약 35개의 지표를 살펴보겠지만 가장 중요한 4개 지표는 다음과 같다.**

1. **소득 대비 부채**. 부채가 소득보다 커지면 다른 조건이 동일할 때 채무자는 매년 더 높은 이자 및 차환 상환액rollover payment(새로운 채무를 일으켜 기존 채무를 상환하는 금액-옮긴이)을 부담하게 된다. 그리고 이는 다른 지출에 사용할 수 있는 돈을 점점 더 줄어들게 만든다. 소득 대비 부채가 크면 두 가지 문제가 발생한다. 1) 기존 부채의 많은 부분을 채권자가 차환하지 않을 위험이 더 크고, 2) 소득 대비 부채 상환액이 더 높아져 다른 조건이 동일할 때 지출에 사용할 수 있는 돈의 양이 줄어든다. 이는 다음 계산으로 이어진다.

2. **소득 대비 부채 상환액**. 부채 상환액은 채무자가 매년 부채를 불이행하지 않기 위해 지불해야 하는 이자와 원금의 금액이다. 소득 대비 총부채 상환액의 증가율이 점점 더 커질수록 투자자들은 미래에 예상되는 신용 문제로 인해 추가 대출을 회피하거나, 이미 보유한 부채 자산의 매각을 선택하게 되고, 결국 신용 문제가 현실화된다. 부채 및 부채 상환액이 어떻게 증가할지 추정하기 위해 나는 소득 증가율 대비 이자율을 살펴봤다.

3. **a) 물가 상승률 및 b) 명목 소득 증가율(즉, 인플레이션+실질 성장률) 대비 명목 이자율**. 이를 살펴보는 이유는 두 가지다.

    a) 이를 통해 부채 및 부채 상환액이 소득에 비해 어떻게 증가할지 알 수 있기 때문이다. 예를 들어 어떤 사람의 부채가 소득의 100%, 명목 이자율이 5%, 명목 소득 증가율이 3%라면, 다음 해에는 소득의 약 102%를 빚지게 될 것이다(지출이 소득과 동일하다고 가정할 때).[16]

    b) 이를 보면 대출 시장에서 누가 더 유리한 위치에 있는지 알 수

있다. 명목 이자율이 명목 성장률 및 인플레이션율에 비해 높으면 이는 대출 기관에 상대적으로 유리하고, 차용인에게 불리하다는 의미다. 따라서 대출을 해주려는 사람은 많아지고 대출을 받겠다는 사람은 줄어든다(즉, 돈을 찍어내서 상환할 수 없는 채무자의 부채 문제가 위험하다는 점을 반영한다). 그 반대의 경우는 대출 기관에 상대적으로 불리하고 차용인에게 유리한 조건이며, 대출을 해주려는 사람은 줄어들고 대출을 받겠다는 사람은 늘어난다.

4. **저축액(예: 지급 준비금) 대비 부채 및 부채 상환액.** 앞의 모든 재정 상태가 건전하지 않더라도 큰 저축액을 활용할 수 있다면 저축액(예: 지급 준비금)을 사용해 부채 및 지출을 지불할 수 있으므로 채무 불이행 위험이 크지 않을 것이다.

● **필연적으로 1) 소득 대비 부채, 2) 소득 대비 부채 상환액, 3) 물가 상승률 대비 명목 이자율(즉, 실질 이자율) 및 명목 성장률, 그리고 4) 저축 대비 부채 및 부채 상환액이 균형 수준에 도달하게 될 것이다. 시간 경과에 따른 이들 비율의 변화를 관찰해보면 극단적인 수준으로 갔다가 다시 정상적인 수준으로 돌아오는 것을 알 수 있다. 이러한 변화를 일으키는 원인과 결과의 관계를 이해하면 경제 변화를 효과적으로 예측하고 관리할 수 있다. 특히 고통스러운 부채 축소 부분을 이해하면 이를 잘 처리하거나(고통을 줄이거나) 잘못 처리할 수(매우 고통스럽게 만들 수) 있다는 것을 알게 될 것이다.**

---

16 만약 이자 지불을 제외하고 벌어들인 금액이 지출한 금액보다 많다면 이를 기초 흑자(primary surplus)라고 하고, 적다면 기초 적자(primary deficit)라고 한다.

이 4가지 지표만이 중요한 것은 아니다. 4장에서는 대규모 부채 사이클의 종료 시점에 다양한 지표들이 어떻게 변화하는지를 분석할 것이며, 17장에서는 현재 미국과 관련된 지표가 의미하는 바를 보여줄 것이다. 그러나 앞서 언급한 4가지 지표는 가장 중요한 관찰 대상이다. 이 지표들은 부채 압박이 발생할 가능성과 부채 압박이 발생했을 때 얼마나 심각할지에 대해 귀중한 정보를 제공한다. 그러나 다양한 조건과 사람들의 다양한 반응으로 인해 부채 자산 매각 및 위기를 촉발하는 기타 조치의 효과가 나타나는 시간이 다르므로 부채 문제가 언제 발생할지 정확히 예측하기는 불가능하다. 그럼에도 불구하고 ● **매우 높은 부채 수준, 매우 큰 적자액, 낮은 저축액, 매우 높고 빠르게 상승하는 이자율을 가진 국가는 채무 불이행 또는 부채 평가절하 위기가 발생할 위험이 매우 크기 때문에 이를 이용해 위험의 수준을 측정할 수 있다.**

이 장의 나머지 부분에서는 높은 부채가 시간이 지남에 따라 어떻게 복합적으로 증가하고 문제를 일으키는지 이해하기 쉽도록 몇 가지 계산을 포함한 예시를 통해 설명할 것이다.

수식으로 표현한 부채 부담

다음은 이러한 지표들을 분석하기 위한 계산식이다. 이 식은 어떤 주체가 빚을 질 수 있는 정도에는 당연한 한계가 있다는 것을 보여주는 방정식으로 말로 표현할 수 있는 내용과 동일하다. 여러분이 개인적으로 빚을 질 때 고려하는 한계 조건들과 비슷하다고 생각하면 이해하기 쉬울 것이다. 이해를 돕기 위해 규칙과 유용한 팁들을 설명하겠다. 이어지는 페이지에서는 각 항목을 예시와 함께 설명한다. 이러한 관계는 부채 문제를 식별하는 데 도움이 될 뿐만 아니라, 정책 입안자가 문제를 해결하는 방법을 파악하고 시장 참여자가 유리한 위치를 확보하는 데 도움이 될 수 있다. 먼저 사례를 보고 나서 수식을 보는 것이 더 도움이 된다면 이 부분을 건너뛰고 나중에 다시 돌아와서 봐도 된다.

1. 미래 소득 대비 미래 부채. 이를 계산하는 공식은 다음과 같다.

$$\frac{\text{미래 부채액}}{\text{미래 수입액}} =$$

$$\frac{(\text{이자 비용을 제외한 미래 예상 지출액} - \text{미래 수입액}) + \text{현재 부채액} \times (1 + \text{이자율})}{\text{현재 수입액} \times (1 + \text{증가율})}$$

수식을 말로 설명하면 다음과 같다. 미래 수입 대비 부채는 1) 수입보다 지출이 많거나 적은 정도, 2) 기존 부채에 대한 '복리' 이자, 그리고 3) 수입 성장률의 함수다. 지출이 수입보다 커지면 지출을 충당하기 위해 더 많은 돈을 빌려야 하며 이는 신규 차입을 증가시킨다(분자 첫 번째 항). 이자율이 상승하면 기존 부채가 더 빠르게 증가한다(분자 두 번째 항). 수입이 증가하면 부채보다 소득이 커지므로 부채 대비 수입의 비율이 감소한다(분모 항).[17]

여기서 내가 GDP 대비 부채가 아닌, 수입 대비 부채를 보고 있다는 점을 유념해주기 바란다. 왜냐하면 GDP는 (실제 현금 흐름으로 연결되지 않는 한) 정부의 재정, 아니 어떤 주체의 재정에 있어서도 중요하지 않기 때문이다. 중요한 것은 실제 현금의 흐름이다.

부채 대비 소득 비율은 위험을 나타내는 좋은 지표가 된다. 왜냐하면 다른 조건이 동일하다면 비율이 클수록 부채는 더 위험하고 부담스러워지기 때문이다. 예를 들어 부채가 많으면 빚을 갚기 위해 새로운 빚을 내는 것이 어려워지고, 중앙은행이 차입 채무자를 만족시킬 만큼 낮으면서 대출 채권자에게는 너무 높지 않은 수준으로 금리를 유지하기가 더 어려워진다. 부채 대비 소득 비율뿐만 아니라, 이자율, 소득 증가율 그리고 이자를 제외한 수입과 지출의 차이도 빚의 부담이 어떻게 변하는지에 큰 영향을 준다. 독자들은 또한 부채 대비 소득 비율 수준 말고도 이자율, 소득 증가율 및 기본 적자(이자 제외 지출 대비 수입의 차이)가 부채 부담의 변화에 큰 영향을 미친다는 것을 알 수 있을 것이다.

또한 소득 대비 부채의 비율을 동일하게 유지하는 방법을 찾기 위해 이 공식을 재구성할 수 있는데, 이 장의 마지막 부분에서 몇 가지 다른 예시를 제시하겠다.

---

17 이 관계는 종종 다음과 같이 나타내기도 한다. 여기서 g는 소득 성장률, i는 이자율, t는 해당 시점 또는 연도를 나타낸다.

$$\frac{부채}{소득_t} - \frac{부채}{소득_{t-1}} = (i_t - g_t)\frac{부채}{소득_{t-1}} + (\frac{기초\ 적자}{소득_t})$$

이 식의 의미는 소득 대비 부채 비율을 일정하게 유지하려면 소득 대비 기초 적자가 소득 성장률과 이자율의 차이에 부채 대비 소득 비율을 곱한 값과 같아야 한다는 것이다.

$$\frac{기초\ 적자}{소득_t} = (g - i)\frac{부채}{소득}$$

2. 미래 소득 대비 미래 부채 상환액. 이를 추정하는 공식은 다음과 같다.

$$\frac{미래\ 부채\ 상환액}{미래\ 수입액} = \frac{(미래\ 이자\ 비용 + 미래\ 원금\ 상환액)}{미래\ 수입액 \times (1 + 수입\ 증가율)}$$

$$미래\ 이자\ 비용 = 미래\ 부채\ 수준 \times 평균\ 부채\ 실효\ 이자율$$

$$미래\ 원금\ 상환액 = 미래\ 부채\ 수준 \times 만기\ 도래\ 부채\ 비율$$

말로 풀어서 설명하면 다음과 같다. 미래 수입액 대비 부채 상환액은 미래 이자 비용과 원금 상환액이 수입 증가율과 비교해 어느 수준인지에 따라 결정된다. 즉, 다른 조건이 동일하다면 수입이 증가할 때 부채 상환액은 수입에 비해 상대적으로 줄어든다.

미래 이자 비용은 부채 수준과 부채의 평균 이자율의 함수다. 이자율이 급등하더라도 일반적으로 채무자의 이자 비용이 즉시 증가하지는 않는다. 이는 장기 채권의 경우 발행 시점의 이자율로 고정되기 때문이다. 채권이 '롤오버', 즉 만기가 되어 새로운 이자율로 재발행되면 채권의 이자율이 점차적으로 상승해 이자 비용이 증가한다.

원금 상환액은 매년 만기가 되어 상환해야 하는 부채 금액이며, 일반적으로 만기가 도래한 기존 부채를 상환하기 위해 새로운 부채를 발행함으로써 지급된다. 원금 상환액을 추정하는 방법은 기존 부채의 평균 만기(또는 부채를 상환해야 하는 시점까지의 시간)를 계산하는 것이다. 채무자가 어려움을 겪을 때 채권자는 일반적으로 더 오랜 기간 대출을 제공하지 않으려 하므로 채권자가 불안해할수록 부채 만기가 짧아지는 것을 자주 볼 수 있다. 이는 동일한 부채 수준에서 원금 상환액이 증가한다는 의미다.

3. **a) 물가 상승률, b) 명목 소득 성장률(즉, 물가 상승률+실질 성장률) 대비 명목 이자율.** 명목 소득 성장률 대비 명목 이자율의 기대 수준은 부채 및 부채 상환액의 증가나 감소 가능성을 보여준다. 다음은 부채 수준과 이자 상환액을 수익 대비 일정하게 유지하는 데 필요한 이자율 공식이다. 이는 첫 번째 공식을 바탕으로 수익 대비 부채를 일정하게 유지하는 데 필요한 이자율을 계산한 것이다.

$$\text{부채를 현 수준으로 유지하기 위한 이자율} = \text{수입 성장률} - \frac{(\text{이자 비용을 제외한 미래 예상 지출} - \text{미래 수입액})}{\text{기초 채무액 수준}}$$

이를 말로 풀어서 설명하면 기초 적자가 0이라고 할 때(즉, 세전 현재 지출=현재 수익), 이자율이 수입 성장률과 같으면 부채는 일정하게 유지된다는 의미다. 만일 기초 적자가 현재 부채 수준의 5%라면 이자율은 수입 성장률 대비 5% 낮아야 한다.

여기서 우리가 알 수 있는 사실은 이자율이 수익 성장률과 같으면 부채는 소득이 성장하는 속도와 동일하게 복리로 불어난다는 점이다. 정부가 추가로 차입하는 경우 부채는 소득보다 느리게 늘어나야 하므로 이자율은 수입 성장률보다 낮게 유지해야 한다.

이자율이 수입 성장률보다 커지면 기존 부채가 수익보다 빠르게 상승하고 이자 상환 비용은 훨씬 더 빠르게 증가하므로 소득 대비 부채가 증가한다. 이자 비용은 이 두 요소의 곱이기 때문이다. 반대로 이자율이 낮아지면 부채가 불어나는 속도가 느려지고, 이자를 갚는 데 드는 비용도 덜 늘어나거나 심지어 줄어들 수도 있다(이것이 지난 20년 동안 일본에서 일어난 일이다. 16장에서 더 자세히 설명하겠다).

부채를 현 수준으로 유지하는 데 필요한 이자율을 계산할 수 있는 것처럼 적정 수준의 적자 또는 흑자 그리고 수입 증가율도 계산할 수 있다. 이 장의 마지막 부분에서 오늘날 미국에서 이 수치가 어떻게 나타나 있는지 확인할 수 있다.

4. **저축(예: 외환 보유고) 대비 부채 및 부채 상환액.** 소득 대비 부채 부담을 추정할 수 있는 것처럼 소득의 수준 및 변화가 아닌 저축의 수준 및 변화를 살펴봄으로써 저축 대비 부채 부담을 추정할 수 있다. 이를 추정하는 공식은 다음과 같다.[18]

---

18 이 방정식은 정확하지 않다. 왜냐하면 정부가 흑자가 났을 때 잉여금을 저축으로 쌓아둘 수도 있고 빚을 갚는 데 사용할 수도 있기 때문이다. 만일 빚을 갚는다면 수입보다 지출이 더 낮아질 것이다. 정부가 어떤 선택을 하느냐에 따라 잉여금은 미래 부채 감소로 나타날 수 있고, 미래 저축 증가로 나타날 수도 있다. 어느 쪽이든 비율은 개선되겠지만 정부의 선택에 따라 효과는 약간 달라진다.

$$\frac{\text{미래 부채액}}{\text{미래 저축액}} =$$

$$\frac{(\text{이자를 제외한 현재 지출액} - \text{현재 수입액}) + \text{현재 부채액} \times (1 + \text{이자율})}{\text{현재 저축액} + \text{예상 저축액}}$$

$$\frac{\text{미래 부채 상환액}}{\text{미래 저축액}} = \frac{(\text{미래 이자 비용} + \text{미래 원금 상환액})}{\text{현재 저축액} + \text{예상 저축액}}$$

이 공식들은 앞에서 본 1항과 2항의 공식과 매우 유사하므로 별도로 풀어 설명하지는 않겠다. 차이점은 우리가 저축 대비 부채 및 부채 상환액을 살펴보고 있다는 점이다. 부채 금액이 크지만 저축액도 크다면 이를 사용해 부채를 상환하고 부채 원금의 일부를 갚을 수 있기 때문에 부채 부담을 걱정할 필요가 없을 것이다. 말하자면 저축이 완충 작용을 하는 셈이다.

만약 적자가 지속되고 예상 수지가 마이너스라면 저축 대비 부채 및 부채 상환액이 빠르게 증가해 우려스러운 상황을 만들 수 있다는 것을 알 수 있다.

다음은 이러한 방정식이 어떻게 작동하는지 이해하는 데 도움이 되는 몇 가지 경험 법칙이다.

● 명목 이자율이 명목 소득 성장률과 동일한 수준이고 정부가 기초 적자를 내지 않는 경우(즉, 수입=이자를 제외한 지출), 부채는 소득 대비 동일한

수준을 유지한다. 그러나 이자율이 소득 증가율보다 높으면 기존 부채의 채무 부담이 증가한다. 이것이 아마도 우리 계산에서 가장 중요한 변수일 것이다. 예를 들어 경제적으로는 좋지 않지만 현실적으로 일어날 수 있는 상황을 가정해 명목 이자율이 명목 소득 성장률보다 2% 높다고 해보자. 이런 상황에서는 기초 적자가 없더라도 20년 동안 부채 대비 소득 비율을 약 50% 증가시켜 더 많은 차입과 부채로 이어질 수 있다. 이는 부채가 소득의 50%라면 20년간 75%로 증가하지만, 400%라면 600%로 증가한다는 의미다.

● **부채 상환 비용이 축적되는 것은 동맥에 찌꺼기가 축적되는 것과 유사하다. 이는 경제에 필요한 영양분의 흐름을 압박하는 것이다.**

● **부채 수준이 높으면 채무자가 부채 만기를 연장하지 못하는 사태가 발생할 수 있다.**

이러한 수학적 계산을 통해 기존의 부채를 연장하거나 차환 대출을 받아서 갚아 나갈 경우 그 과정에서 얼마나 큰 압박이 발생할지 예측할 수 있다. 그러나 부채 자산 보유자가 보유한 부채를 매각하려는 경우 발생하는 역학관계는 예측할 수 없다. 다음 장에서는 그런 경우까지 포함해 설명하겠다.

사례1: 소득 대비 부채(수준 및 변화)

초기 부채 수준이 증가하고 적자(즉, 차입)가 늘어나면 미래 부채 수준, 부채 상환액, 이자 비용이 모두 증가한다. 다음 표는 다양한 상황에서 부채가 어떻게 변하는지를 보여준다. 일반적으로 인용되는 GDP 대비 부채 비율은 정부의 소득 대비 부채 비율만큼 정부의 부채 상환 정도를 알려주지 못한다. 이는 **중앙정부를 포함한 모든 채무자에게 가장 중요한 것은 들어오는 돈의 양에 비해 나가는 돈의 양(이 경우 부채 상환액)이기 때문이고, 부채 상환액이 부채 압박을 일으키기 때문이다.** GDP 규모는 부분적으로만 관련이 있을 뿐이다.[19] GDP 대비 부채 비율과 소득 대비 부채 비율 모두 빚을 감당할 수 있는 능력을 대략적으로 보여줄 뿐, 정확한 지표는 아니다.

참고로, 이 글을 쓰는 시점에서 미국 정부의 수입(주로 세수) 대비 부채는 약 580%다. 이자를 제외한 지출은 향후 10년 동안 평균적으로 수입의 약 112%에 이를 것으로 예상되므로 기초 적자(이 둘의 차이)는 수입의 약 12%다.[20] 미국은 또한 기존 부채에 대한 이자를 지불하기 위해 매년 수입의 약 20%를 차입하고 있다.

이자율과 소득 성장률이 같다는 이상적인 상황을 가정하더라도 현재

---

19 GDP는 정부가 빚을 갚기 위해 세금을 부과할 수 있는 경제 규모를 보여주는 지표로 사용될 수 있다.

20 이 연구에서는 가능한 한 CBO(Congressional Budget Office, 미 의회 예산처)의 예측을 기본적인 기준으로 사용하고 있다. CBO의 예측은 현재 확정된 법률에 근거하므로, 만료 예정인 재정 조치들(예: 트럼프 정부의 세금 감면)이 현행법에 따라 종료될 것이라고 가정한다. 이러한 세금 감면이 연장되면 CBO는 GDP의 1.5% 또는 정부 수입의 8%에 해당하는 추가 연간 지출이 발생할 것으로 예상하며, 이는 CBO의 기준 추정치에 비해 재정 상황을 상당히 악화시킬 것으로 예상된다.

미국의 실제 예상 기초 적자(이자 지급을 제외한 정부 지출이 수입보다 많은 상태)를 고려하면 앞으로 10년 동안 미국 정부의 소득 대비 부채 비율은 현재 580%에서 700%로 약 120%p 증가할 것으로 예상된다. 또한 이자 비용과 부채 상환 부담 역시 같은 수준으로 늘어날 것으로 예상된다.

10년 후 소득 대비 부채
정부 기초 적자(정부 수입 대비 %)

기초 소득 대비 부채 비율	0%	5%	10%	15%	20%	25%	30%
0%	0%	50%	100%	150%	200%	250%	300%
100%	100%	150%	200%	250%	300%	350%	400%
200%	200%	250%	300%	350%	400%	450%	500%
300%	300%	350%	400%	450%	500%	550%	600%
400%	400%	450%	500%	550%	600%	650%	700%
500%	500%	550%	600%	650%	700%	750%	800%
600%	600%	650%	700%	750%	800%	850%	900%
700%	700%	750%	800%	850%	900%	950%	1000%

☐ = 현재 미국 추정치
명목 이자율 = 명목 성장률을 가정

10년간 정부 부채 변화(수입 대비 %)
정부 기초 적자(정부 수입 대비 %)

기초 소득 대비 부채 비율	0%	5%	10%	15%	20%	25%	30%
0%	0%	50%	100%	150%	200%	250%	300%
100%	0%	50%	100%	150%	200%	250%	300%
200%	0%	50%	100%	150%	200%	250%	300%
300%	0%	50%	100%	150%	200%	250%	300%
400%	0%	50%	100%	150%	200%	250%	300%
500%	0%	50%	100%	150%	200%	250%	300%
600%	0%	50%	100%	150%	200%	250%	300%
700%	0%	50%	100%	150%	200%	250%	300%

명목 이자율 = 명목 성장률을 가정

첫 번째 표는 다양한 기초 부채와 적자 규모에 따라 10년 후의 부채 수준이 어떻게 변화할지를 보여준다. 두 번째 표는 기초 부채 수준에 따른 변화를 보여준다. 기초 부채 수준이 증가하고 적자가 커짐에 따라 최종 예상 부채 수준이 높아지는 것을 알 수 있다.

한편 이 글을 쓰는 시점에서 미국, 일본, 중국, 프랑스, 독일, 영국의 수치는 대략 다음과 같으니 참조하기 바란다.

	중앙정부의 부채 수준		중앙정부의 적자		중앙정부의 수입
	GDP 대비 %	정부 수입 대비 %	GDP 대비 %	정부 수입 대비 %	GDP 대비 %
미국	100%	583%	6%	37%	17%
일본	215%	1376%	4%	26%	16%
중국	90%	321%	5%	16%	28%
프랑스	86%	478%	6%	31%	18%
독일	44%	340%	2%	17%	13%
영국	92%	256%	6%	16%	36%

중국은 지방정부들도 다양한 방법으로 돈을 빌리거나 투자를 받아 재정을 운영한다. 따라서 중국 관련 수치에는 지방정부와 관련된 기관들의 수입, 지출, 부채가 포함되어 있다.

사례2: 명목 이자율에서 명목 소득 성장률을 뺀 값이 소득 대비 부채 비율에 미치는 영향

이자율이 소득 성장률보다 높으면 기존 부채는 소득보다 빠르게 복리로 증가하기 때문에 소득 대비 부채가 증가한다.

다음 표는 이것이 어떻게 작동하는지 보여준다. 앞 장에서 다양한 초기 부채 수준과 적자에 따른 부채 증가 방식을 보여줬다. 이번에는 기초 적자를 소득의 32%로 가정해보자(CBO의 향후 10년간 예상 적자 적용). [21] 세로줄에는 여전히 다양한 소득 대비 부채 수준을 표시했고, 가로줄은 명목 이자율에서 명목 소득 성장률을 뺀 값을 보여준다. CBO는 향후 10년간 실질 이자율이 평균 3.45%가 될 것이며, 미국의 명목 성장은 3.9%가 될 것으로 예상한다. 그 차이가 약 -0.4%이므로 미국은 빨간색 상자 근처에 위치하게 된다.

주어진 가정에 따라 첫 번째 표는 10년 후의 소득 대비 부채 수준을 보여주고, 두 번째 표는 향후 10년간의 소득 대비 부채의 변화를 보여준다. **금리가 성장률보다 높아지면 부채 수준이 더 빠르게 증가하며, 부채가 증가할수록 높은 금리는 훨씬 더 빠르게 경제 전반을 악화시킨다.**

10년 후 소득 대비 부채
명목 이자율 – 명목 성장률

	-3%	-2%	-1%	0%	1%	2%	3%
0%	106%	110%	115%	120%	125%	131%	137%
100%	180%	192%	206%	250%	235%	252%	270%
200%	255%	275%	296%	350%	345%	373%	403%
300%	329%	357%	387%	420%	455%	494%	536%
400%	404%	439%	478%	520%	566%	615%	669%
500%	479%	522%	569%	620%	676%	736%	801%
600%	553%	604%	660%	720%	786%	857%	934%
700%	628%	686%	750%	820%	896%	978%	1,067%

(세로축: 기초 소득 대비 부채)

□ = 현재 미국 추정치
기초 적자가 12%로 동일하다고 가정(CBO의 향후 10년 예상에 근거)

---

21 앞서 언급했듯이, CBO의 예측은 확정된 법률을 사용하므로 만료되는 재정 조치(즉, 트럼프 감세)가 현행법에 따라 시행되는 대로 종료된다고 가정한다. 만약 이 감세가 연장된다면, CBO는 추가 연간 지출이 GDP의 1.5% 또는 정부 수입의 8%에 해당될 것으로 예상한다.

10년간 부채 변화(소득 대비 %)
명목 이자율 – 명목 성장률

	-3%	-2%	-1%	0%	1%	2%	3%
0%	106%	110%	115%	120%	125%	131%	137%
100%	80%	92%	106%	120%	135%	152%	170%
200%	55%	75%	96%	120%	145%	173%	203%
300%	29%	57%	87%	120%	155%	194%	236%
400%	4%	39%	78%	120%	166%	215%	269%
500%	-21%	22%	69%	120%	176%	236%	301%
600%	-47%	4%	60%	120%	186%	257%	334%
700%	-72%	-14%	50%	120%	196%	278%	367%

세로축: 기초 소득 대비 부채

기초 적자가 12%로 동일하다고 가정(CBO의 향후 10년 예상에 근거)

앞에서 나는 현재 부채와 적자 수준을 고려할 때, 미국의 부채 수준이 소득의 580%에서 700%로 상승할 것으로 예측했다. 추가로 명목 성장률 대비 예상되는 이자율을 고려하면 미국의 부채 수준은 소득의 650%까지 상승할 것으로 예상된다. 그러면 대략적인 그림이 그려진다.

현재 이자율은 명목 성장률보다 약간 낮을 것으로 예상되므로, 이러한 조정은 오늘날 미국의 부채 전망을 크게 바꾸지는 않는다. 그러나 중앙은행이 중앙정부의 부채 부담을 덜어주고 싶다면 정부 채권을 매입해 이자율을 명목 성장률보다 훨씬 낮게 유지할 수 있다. 이는 다른 조건이 동일할 때 부채 부담의 증가 속도를 훨씬 늦출 것이다. 물론 이는 부채 자산을 보유한 대출 채권자들에게는 좋지 않을 것이다. 그들은 얻을 수 있었던 것보다 더 낮은 명목 이자율과 더 낮은 실질 이자율을 받게 될 것이기 때문이다. 나는 여러분이 이러한 원리가 어떻게 작동하고, 과거에 어떻게 작동했는지에 대해 큰 그림을 이해하기 시작했다고 생각한다. 즉, 왜 중앙은행이 돈을 찍어 정부 부채를 매입함으로써 그렇게 낮은 명목 이자율(거의 0%)과 그렇게 낮은 실질 이자율을 만들었는지, 그리고 현재 경로가 변경되지 않으면 미래에 어떤 일이 일어날 가능성이 가장 큰지에 대해 감을 잡기 시작했을 것이다. 더 구체적으로 말하면 부채 증가가 예상대로 유지된다면 중앙은행은 실질 이자율을 더 낮춰야 할 것이고, 이는 대출 채권자들에게 부채 자산이 덜 매력적으로 보이게 만들 것이다.

경제에는 상호 의존적으로 변화하는 상호 관련된 많은 동인이 있다. 이는 큐브의 한 부분을 바꾸면 다른 부분에 변화를 일으키는 루빅스 큐브Rubik's Cube와 같다. 이러한 동인들이 어떻게 상호 관련되는지 이해하고 시나리오를 예측하는 것은 간단한 일이 아니다. 이를 설명하기 위해 나는 향후 10년 동안의 한 가지 시나리오를 살펴볼 수 있는 간단한 모델을 만들었다.

사례3: 채권 자산을 유지하기 위해 금리가 급등하는 상황

이번에는 현재 미국 정부와 유사한 경제 수치를 가진 어떤 정부를 예로 들어보자. 명목 소득은 연간 3.9% 성장하고, 금리는 3.5%이며, 부채 수준은 정부 소득의 580%에서 시작한다고 가정해보자. 그리고 이자 지급을 포함해 소득보다 32% 더 많이 지출한다고 가정하자.

이 정부는 12%의 기본 적자(즉, 이자 지급 제외)를 기록하고 있으므로 1년 차에 5조 4,000억 달러의 수입을 거두고 6조 달러를 지출한다. 정부의 부채는 소득의 580%로 시작했고 금리가 약 3.5%이므로 1조 달러의 이자를 지급해야 한다. 전체 부채의 약 35%(매년 만기가 도래하는 미국 정부 부채의 비율과 비슷함)가 올해 만기가 도래해 갱신해야 한다. 따라서 올해 만기가 도래한 10조 5,000억 달러의 기존 부채를 상환해야 한다고 가정하자. **모두 합쳐서 1년 차에 이 정부는 12조 2,000억 달러의 부채를 판매해야 한다. 만약 대중이 더 이상 이 부채를 구매할 의향이 없거나, 현재 금리로 팔려고 한다면 어떤 일이 발생할까?**

시장은 반드시 균형을 찾는다. 이는 누군가가 이 채권을 구매할 의향이 생길 때까지 금리가 상승해야 한다는 의미다. 그러나 금리가 상승함에 따라 정부의 차입 비용이 증가해 문제를 더욱 악화시키고, 채권 판매 욕구를 더욱 자극해 금리 상승 압력이 강화되는 악순환이 발생한다.

금리 상승이 신용 위기로 이어지고, 이는 부채 수요 감소로 이어지며, 다시 금리 상승으로 이어지는 악순환은 전형적인 부채의 '죽음의 소용돌이'다. 다음 표에서 이 작동 방식을 확인할 수 있다. 이 예시에서는 명목 성장률이 변동 없이 유지되는 동안 금리가 연간 0.5% 상승하는 것을 알 수 있다.

만약 금리가 변동 없이 유지되었다면 정부는 10년 차에 소득 대비 650%의 부채와 소득 대비 22%의 이자 비용으로 마감했을 것이다. 하지만 이 사례에서는 소득 대비 865%의 부채, 67%의 이자 비용, 342%의 총 부채 상환액(원금 상환 포함)으로 마감한다. **물론 부채를 감당하기 어려운 상황 때문에 금리가 올라가기 시작한다면, 부채가 증가하고 더욱 감당하기 어려워지므로 금리는 더욱 상승할 것이다.**

동시에 높은 금리는 소득 성장을 둔화시켜 부채를 유지하기 어려운 상황이 올 수 있다. 물론 최악의 시나리오는 상당한 추가 부채 자산을 판매해야 하는 경우(예: 전쟁 자금 또는 불황으로 인한 복지 자금 조달)로, 이는 금리를 훨씬 더 많이 상승시킬 것이다.

금리 급등 예시 모형

매년 금리 0.5% 상승

소득 성장률	3.9%
이자 지급을 제외한 지출(증가 %)	11.2%
기초 채무액	30.1
기초 이자율	3.5%
매년 만기 도래 비율	35%

년	0	1	2	3	4	5	6	7	8	9	10
정부											
명목 소득(단위: 1조 달러)	5.2	5.4	5.6	5.8	6.0	6.3	6.5	6.8	7.0	7.3	7.6
명목 지출(단위: 1조 달러)	-	6.0	6.2	6.5	6.7	7.0	7.3	7.6	7.9	8.2	8.5
부채 상환	-	11.7	12.6	13.6	14.8	16.0	17.5	19.2	21.1	23.4	25.9
원금	-	10.5	11.2	11.9	12.8	13.7	14.8	16.0	17.4	19.0	20.8
이자	-	1.2	1.4	1.7	2.0	2.3	2.7	3.2	3.7	4.3	5.1
명목 정부 이자율	-	4.0%	4.5%	5.0%	5.5%	6.0%	6.5%	7.0%	7.5%	8.0%	8.5%
차입	-	12.4	13.3	14.3	15.5	16.8	18.3	20.0	22.0	24.2	26.8
기말 부채 수준	30.1	31.9	34.0	36.4	39.2	42.2	45.8	49.8	54.3	59.5	65.5
지속 가능성 지표											
소득 대비 부채	583%	595%	611%	629%	651%	676%	704%	737%	775%	817%	865%
소득 대비 부채 상환		217%	226%	235%	245%	257%	270%	285%	301%	320%	342%
소득 대비 이자		22%	26%	29%	33%	37%	42%	47%	53%	60%	67%

정부는 부채 부담을 줄여 금리 상승의 악순환을 막을 수 있다. 이전 장에서 이를 개략적으로 설명했으며 《금융위기 템플릿》에서 더 자세히 설명했다. 간단히 말해 정부가 부채 부담을 줄이는 방법은 4가지다.

- **긴축(즉, 지출 축소):** 한 사람의 지출은 다른 사람의 수입이므로 긴축은 자기 강화적인 디플레이션형 불황을 유발하기 때문에 효과가 없다.
- **채무 불이행/구조조정:** 채무 부담을 줄이지만 한 사람의 부채는 다른 사람의 자산이기 때문에 디플레이션을 유발한다.
- **중앙은행의 화폐 발행 및 부채 자산 매입:** 부채를 갚을 돈을 발행하므로 부채 부담을 줄이고 인플레이션을 유발한다.
- **세금을 통해 돈을 가진 민간 시장 참여자로부터 정부로 돈과 신용을 이전하고, 이를 다시 다른 민간 시장 참여자에게 이전**

과거의 민간 부채 문제 사례를 살펴보면 일반적으로 이러한 수단들이 혼합적으로 사용되는 경우가 많았다. 특히 부채 압박이 클 때 돈을 찍어내서 부채를 매입(즉, 부채의 화폐화)하는 경우가 많았다. 또한 세금 인상과 관련된 정치적 논쟁이 좌파와 우파 사이의 큰 충돌을 야기하기도 했다. 이런 일이 발생하는 데는 다 이유가 있다. 중앙정부가 압박을 받으면 이는 단순히 정부의 문제가 아니라 경제 전체에 큰 영향을 미친다. 왜냐하면 중앙정부는 일반적으로 경제의 가장 큰 지출 주체로서 수익이 나지 않는 사회의 여러 분야를 지원하는 유일한 주체이기 때문이다. 이러한 사회적 지출은 경제 상황이 좋지 않을 때 매우 중요하다. 정부가 제때 지출 및 재정 지원을 제공하지 못하면 더 큰 경기 침체를 초래할 가능성이 크다. 이는 역설적으로 소득 성장과 순자산을 감소시켜 부채 부담을 악화시키고 사회적 혼란을 야기할 수 있다. 결과적으로 부채가 과도한 정부가 부채 문제를 해결하기 위해 지출을 줄이면 오히려 경제가 더 악화해 부채 부담이 커지는 역효과가 발생한다. 그렇다면 정부는 어디에서 돈을 얻어야 할까?

● **시스템의 장기적인 건전성에 가장 좋은 방법은 아니지만 가장 쉬운 방법은 정부가 중앙은행에게 돈을 찍어내고 채권을 매입하도록 해 부채 문제를 해결하고 원하는 대로 지출하는 것이다. 이는 이자율을 감당 가능한 수준으로 낮추고 시스템에 돈을 투입하는 효과를 가져온다. 부채가 자국 통화로 표시된 경우 정부는 틀림없이 이렇게 할 것이다.** 이것이 어떻게 작동하는지 사례를 통해 살펴보자.

사례4: 민간 부문이 경제 성장을 위한 바람직한 이자율 수준을 유지하기에 충분한 정부 채권을 보유하려 하지 않기 때문에 중앙은행이 개입하는 상황

지금까지 우리는 기초 부채/소득 비율, 소득 성장률, 지출 성장률, 이자율 및 정부 부채 만기가 미래 부채 부담에 미치는 영향을 살펴봤다. 또한 앞에서 언급했듯 부채 수요가 매우 중요하며, 중앙은행은 돈을 찍어 부채를 매입(즉, 화폐화)할 수 있고, 일반적으로 그렇게 한다. 이제 이 마지막 요소가 어떻게 작동하는지 살펴보자.

정부 부채에 대한 민간 시장의 수요를 결정하는 요인은 많다. 앞서 설명한 바와 같이 그 요인에는 다른 자산의 예상 실질 수익률 대비 채권의 예상 실질 수익률, 시스템 내 총통화 및 신용 규모, 임박한 부채/통화 위기 위험에 대한 인식 등이 포함된다.

이러한 요인은 측정 가능하지만, 앞서 설명한 결정 요인보다 훨씬 더 예측하기 어렵다. 그러나 이러한 요인은 관찰 가능하며 가장 중요한 형태는 a) 경제와 통화가 약세를 보이는 가운데 이자율이 상승하거나(수급 불균형 악화로 인해) b) 중앙은행이 외환 보유고를 지출하거나 또는 돈을 찍어 정부 부채를 매입함으로써 수요를 늘려 불균형을 해소하고, 실질 및 명목 이자율을 낮추려고 시도하는 것이다. 다음 장에서 이러한 현상이 일반적으로 어떻게 발생하고 부채/통화 위기로의 전환 신호가 무엇인지 알게 될 것이다.

다음으로 넘어가기 전에 중앙은행이 개입해 원하는 수준으로 이자율과 유동성을 유지하기 위해 초과 부채 공급을 흡수하는 방식에 대해 설명하겠다. 앞의 예시를 약간 수정하자. 1년 차에 정부가 10조 5,000억 달러의 부채 만기가 도래하고, 만기 채권 상환과 이자 지급 및 지출 충당을 위해 12조 2,000억 달러의 신규 채권을 발행한다고 가정해보자.

금리가 급등하도록 허용해 이러한 부채 자산에 대한 충분한 수요가 생기도록 하는 대신, 중앙은행이 개입해 초과 발행된 모든 채권을 매입한다고 가정해보자. 그러면 민간 부문은 단지 정부 소득의 600% 이상을 부채로 보유하고 금리는 3.5%로 유지된다. 이 예시에서 2년 차에 중앙은행은 해당 부채 자산 중 1,000억 달러를 매입해야 할 것이다. 이후 몇 년 동안 이러한 매입 규모는 점점 더 커진다.

부채 자산 매입, 즉 정부 부채를 화폐화하는 것은 중앙은행이 기계적으로 돈을 찍어(새로운 준비금/현금을 창출해) 채권과 교환하고, 그 돈을 민간 부문에 이양하는 방식으로 이루어진다. 이는 곧 통화 공급량(M0)을 증가시킨다. 이 예시에서 통화 공급량이 기초 정부 소득의 약 110%인

중앙은행의 채권 매입

소득 성장률	3.9%
이자 지급을 제외한 지출(증가 %)	11.2%
기초 채무액	30.1
기초 이자율	3.5%
매년 만기 도래 비율	35%

년	0	1	2	3	4	5	6	7	8	9	10
정부											
명목 소득(단위: 1조 달러)	5.2	5.4	5.6	5.8	6.0	6.3	6.5	6.8	7.0	7.3	7.6
명목 지출(단위: 1조 달러)	-	6.0	6.2	6.5	6.7	7.0	7.3	7.6	7.9	8.2	8.5
부채 상환	-	11.6	12.2	12.9	13.6	14.4	15.2	16.0	16.9	17.8	18.7
원금	-	10.5	11.1	11.7	12.4	13.1	13.8	14.6	15.3	16.2	17.0
이자	-	1.0	1.1	1.2	1.2	1.3	1.4	1.4	1.5	1.6	1.7
차입	-	12.2	12.9	13.6	14.4	15.1	16.0	16.8	17.7	18.7	19.6
기말 부채 수준	30.1	31.8	33.6	35.4	37.4	39.4	41.6	43.8	46.2	48.7	51.3
채권 보유 및 화폐 보유량											
중앙은행의 채권 매입		-	0.1	0.6	0.6	0.6	0.7	0.7	0.8	0.8	0.9
중앙은행의 채권 보유량		-	0.1	0.7	1.3	1.9	2.6	3.3	4.1	5.0	5.9
화폐 보유량(M0)	5.7	5.9	6.0	6.8	7.2	7.8	8.5	9.2	10.0	10.9	11.8
민간 부문의 채권 보유량	30.1	31.8	33.4	34.8	36.1	37.5	39.0	40.5	42.1	43.7	45.4
지속 가능성 지표											
소득 대비 부채	583%	593%	602%	612%	621%	631%	640%	650%	659%	668%	677%
소득 대비 부채 상환		216%	219%	223%	227%	230%	234%	237%	241%	244%	247%
소득 대비 이자		19.5%	19.9%	20.2%	20.5%	20.8%	21.1%	21.4%	21.8%	22.1%	22.4%

5조 7,000억 달러에서 시작한다고 가정해보자. 이는 현재 미국의 통화 공급량과 비슷한 수준이다. **우리의 예시에서 중앙은행이 정부의 부족분을 충당하기 위해 점점 더 많은 돈을 찍어낼수록 통화 공급량은 크게 불어난다.**

이 사례가 미흡하기는 하지만 실제 경제 상황에서 이것이 어떻게 작동하는지 전반적인 틀을 파악할 수 있을 것이다. 경제가 부채 부담을 감당할 수 있도록 점점 더 낮은 금리가 필요해짐에 따라, 그 낮은 금리 수준에서 민간 부문의 부채 수요는 점점 줄어든다. 그러면 결국 중앙은행이 개입할 수밖에 없다. 중앙은행이 더 많이 개입할수록 통화 공급을 더 많이 늘릴 수밖에 없으며, 이는 통화 가치를 하락시키고 부채 보유를 덜 매력적인 것으로 만든다.

이는 다른 조건이 동일할 때, **중앙은행의 통화 및 신용 창출이 통화 가치를 하락시켜 인플레이션과 통화 약세를 심화하기 때문이다.** 하지만 그 관계가 정확한 것은 아니며, 발행된 돈이 경제에 정확히 어떻게 전달되는지에 따라 달라진다. 금리 인하와 통화 공급 증가는 통화의 매력을 떨어뜨리고, 이는 해당 통화로 표시된 부채 보유에 대한 유인을 없앤다.

다음 표를 보면 많은 돈이 발행되었을 경우 그것이 통화에 어떤 영향을 미치는지에 대해 감을 잡을 수 있을 것이다.

표에서 세로줄은 정부의 다양한 초기 부채 대비 소득 수준을 나타내고, 가로줄은 현재 금리 수준에서 민간 부문이 얼마나 많은 채권을 구매할 의향이 있는지를 나타낸다. **정부의 부채 문제가 심각해지고, 민간 부문이 부채를 덜 보유하려 할수록 통화량은 더 많이 증가한다.** 빨간색 상자는 앞서 설명한 시나리오를 반영하는데 이는 중앙은행이 6조 달러의 채권을 매입해 통화량을 5조 7,000억 달러에서 11조 8,000억 달러로 증가시킨 경우다.

10년간 화폐 보유량(M0) 변화(정부 소득 대비 %)
민간 부문 최대 채권 보유량(정부 소득 대비 %)

	700%	600%	500%	400%	300%	200%	100%
0%	-	-	-	-	-	-	10%
100%	-	-	-	-	-	6%	79%
200%	-	-	-	-	6%	75%	175%
300%	-	-	-	2%	71%	171%	271%
400%	-	-	-	67%	167%	267%	367%
500%	-	-	63%	163%	263%	363%	463%
600%	-	59%	159%	259%	359%	459%	559%
700%	55%	155%	255%	355%	455%	555%	655%

(세로축 레이블: 기초 소득 대비 부채)

□ = 현재 사례에 해당하는 범위
기초 적자=12%, 초기 본원통화(M0)=정부 수입의 110% 가정

● **채권을 매입하고 통화 공급을 늘리는 것은 경기를 부양하는 효과가 있지만 통화 가치를 하락시킨다.**

인위적으로 금리를 낮추면 일반적으로 해당 국가 통화의 매도가 발생한다. 왜 그럴까? 그 메커니즘을 자세히 설명하면 다음과 같다.

- 일반적으로 다른 조건이 동일하다면 금리를 낮춰도 투자자들의 통화 가치에 대한 장기적인 기대치가 바뀌지는 않는다. 10년 만기 선도 환율도 크게 움직이지 않는다.
- 금리가 하락했기 때문에 과거에 받던 이자보다 더 적은 이자를 받게 되었다면, 새롭게 제시된 거래 조건은 이전과 비교했을 때 명백하게 당신에게 더 불리할 것이다.

- 새로운 거래를 다시 공정하게 만드는 방법은 현물 통화의 가치가 하락하는 것이다. 그렇게 하면 (동일한 예상 10년 만기 지점에 도달할 때) 통화 가치 상승을 통해 더 많은 수익을 얻어 이자 감소분을 보충할 수 있다.

다음의 내 주장은 일부에게는 너무 기술적일 수 있고, 다른 이들에게는 도움이 될 수 있으므로 기술적인 내용을 건너뛰고 싶다면 그렇게 해도 된다. 인위적으로 금리를 낮추면 선도 환율이 상승한다. 예를 들어 한 국가의 10년 만기 무위험 채권 수익률이 다른 국가의 10년 만기 무위험 채권 수익률보다 상승하면 10년 만기 선도 환율이 상승한다. 따라서 투자자들에게 10년 후 통화 가치가 그대로 유지된다면, 10년 만기 선도 환율을 변동 없이 유지하기 위해 현물 통화는 10년 금리 차이의 현재 가치만큼 하락해야 한다. 더 정확하고 간단하게 말하면 2장에서 설명한 바와 같이 두 국가의 국채 금리 차이는 선도 환율 프리미엄으로 상쇄된다. 예를 들어 A국의 금리가 B국 금리보다 2% 높으면 A국 통화의 선도 환율은 B국 통화 대비 연간 2% 할인된다. 따라서 A국의 금리가 그 수준에서 1% 낮아지고 선도 환율이 그대로 유지된다면 통화 가치는 그에 상응하는 만큼 감소할 것이다.

또한 찍어낸 돈은 직접 해외로 흘러나가 해당 통화의 매도 압력을 유발할 수 있다. 즉, 중앙은행이 채권을 매입하고 다른 주체들에게 현금을 제공했을 때 그들이 그 현금을 보유하거나 동일한 경제 내에서 자산을 매입/소비하지 않고 다른 통화를 매입할 가능성이 있다.

다음 표는 이런 일이 발생했을 때 나타나는 다양한 결과를 보여준다. 가로줄은 민간 부문의 대정부 대출 의향 추이를 보여준다(오른쪽으로 갈수록 민간 부문의 채권 보유가 줄어든다). 세로줄은 통화 공급에 대한 통화의 민감도를 나타낸다. 시장이 통화를 점점 더 열악한 가치 저장 수단으로 인식할수록 다른 주체들이 해당 통화를 덜 보유하려 할 것이므로 통화가 통화 공급에 더 민감해진다. 예를 들어 GDP의 1%에 해당하는 돈을 찍어내면 약 1%의 통화 약세가 발생한다고 가정해보자. 그러면 이 예에서 약 10%의 통화 가치 하락을 예상할 수 있다. **통화가 통화량(즉, M0)에 더 민감해지고 민간 부문의 대출 의지가 약화되면서 통화 약세가 점차 심화될 것이다.**

10년간 예상 환율 변화
민간 부문 최대 채권 보유량(정부 수입 대비 %)

		700%	600%	500%	400%	300%	200%	100%
M0가 1% 증가할 때 예상 환율 변동(GDP 대비 %)	0.0%	0%	0%	0%	0%	0%	0%	0%
	0.5%	0%	-5%	-13%	-21%	-28%	-34%	-40%
	1.0%	0%	-10%	-25%	-38%	-49%	-58%	-65%
	1.5%	0%	-15%	-35%	-52%	-64%	-73%	-81%
	2.0%	0%	-19%	-44%	-62%	-75%	-84%	-89%

☐ = 현재 사례에 해당하는 범위
기초 적자=GDP의 12%, 초기 본원통화(M0)=정부 수입의 110%
초기 부채/소득 비율=5.8배 가정

어느 정도의 금리 수준이 국가의 채무 부담을 감당 가능하게 만들까?

앞의 예시에서 우리는 채무가 복리로 불어나 감당하지 못하게 되는 과정을 살펴봤다. 이제 채무가 어떻게 지속 가능하게 관리될 수 있는지에 대한 수치도 보여줄 것이다.

채무가 많고 재정 적자가 큰 국가에서는 부채와 부채 상환 비용이 큰 문제가 될 것이며, 시간이 지남에 따라 얼마나 증가할지는 내 계산에서 보여준 것처럼 소득 성장률 및 인플레이션 대비 금리에 의해 결정된다.

중앙은행은 명목 금리를 명목 성장률 이하로 낮춤으로써 물가 상승률 및 소득 대비 채무 상환 비용이 상승하는 것을 막거나 감소시킬 수 있다. 지금 내가 다루는 것은 이러한 요인들이 중앙정부와 중앙은행의 재정 상태에 미치는 영향이다(물론 이는 경제의 모든 부분에 파급 효과를 미치겠지만, 지금은 일단 그 부분은 넘어가도록 하자).

이를 고려할 때, 우리는 정부의 채무 수준과 예상되는 재정 적자를 살펴보고, 미래의 수입 및 지출 추정치를 바탕으로 소득 대비 특정 수준의 채무 및 채무 상환액을 유지하기 위해(예: 채무 부담을 동일하게 유지하거나 감소시키기 위해 등) 필요한 금리 수준을 계산할 수 있다.

만약 내가 연준의 정책을 결정한다면 현재와 미래의 예상 적자 및 채무 수준을 살펴보고, 시간이 지남에 따라 채무 부담이 너무 커지지 않도록 금리를 설정할 것이다. 예를 들어 채무 상환액을 현재 수준으로 유지하는 데 필요한 금리 수준을 살펴보려 할 것이고, 이는 나의 금리 정책에 영향을 미칠 것이다.

또한 나의 재무상태표에 큰 손실을 주지 않는 연준의 금리 수준도 계산해볼 것이다.

이러한 사항들을 살펴보고, 과거에는 어떻게 작용했는지 함께 알아보자.

미래 부채 부담 결정 공식

참고로 이 방정식은 소득 대비 미래 부채 및 부채 상환액을 변화시키는 요소들을 보여준다. 이는 이 장의 시작 부분에서 자세히 설명했다.

$$\frac{\text{미래 부채액}}{\text{미래 수입액}} =$$

$$\frac{(\text{이자 제외 미래 비용} - \text{미래 수입액}) + \text{현재 부채액} \times (1 + \text{이자율})}{\text{현재 수입액} \times (1 + \text{성장률})}$$

　다음 표에서는 이 공식을 이용해 현재 미국의 소득 대비 부채 부담을 안정화하는 데 필요한 금리 수준을 추정한다. 또한 부채 부담을 안정화하기 위해 다른 가용 수단이 각각 어떻게 변해야 하는지도 보여준다. 정부 부채 부담을 안정화하기 위해 미국은 명목 금리가 약 1% 하락하고, 명목 경제 성장률이 평균 약 6.5%(CBO가 예상하는 3.9% 명목 성장률보다 약 2.5% 높은 추가 물가 상승률)를 기록하거나, 정부 수입이 11% 증대(즉, 세금 인상)해야 한다는 것을 알 수 있다. 물론 이러한 각각의 방식은 감당하기 어려울 정도로 너무 크므로 성공적으로 목표를 달성하기 위해서는 이러한 요인들의 적절한 조합이 필요할 것이다. 18장 '나의 3% 3단계 해결책'에서 감당 가능한 방식으로 부채 부담과 위험을 제한하는 목표를 달성하기 위한 최적의 조합을 제시하겠다.

향후 10년간 미국의 소득 대비 부채 안정화 방안

현재 중앙정부 부채(GDP 대비 %)	100%
현재 중앙정부 부채(정부 수입 대비 %)	583%
2035년 예상 부채(GDP 대비 %, CBO 예측)	118%
2035년 예상 부채(정부 수입 대비 %, CBO 예측)	648%
예상 명목 성장률(CBO 예측)	3.9%
예상 실질 성장률	1.9%
예상 물가 상승률	2.0%
예상 실효 명목 금리(CBO 예측)	3.5%
현재 금리 (3개월 및 10년 평균)	4.5%

만약 금리 인하만이 유일한 수단이라면…

부채 안정화에 필요한 금리	1.0%
현재 금리 대비 금리 변화	-3.5%
CBO의 예상 평균 금리 대비 금리 변화	-2.5%

만약 더 높은 물가 상승률만이 유일한 수단이라면…

부채 안정화에 필요한 물가 상승률	4.5%
필요한 물가 상승률 변화(현재 예상 물가 상승률 대비)	2.5%

만약 지출 삭감만이 유일한 수단이라면…

부채 안정화를 위해 필요한 지출 삭감 비율	12%
재량 지출 비중	47%

만약 세수 증대만이 유일한 수단이라면…

부채 안정화를 위해 필요한 세수 증대 비율	11%

2부

중앙정부와 중앙은행의 파산으로 이어지는 전형적인 순서

중앙정부와 중앙은행이 파산하는 기본적인 사건의 순서는 과거부터 반복적으로 발생해왔지만, 제대로 아는 사람은 별로 없다. 2부의 목적은 이를 잘 이해할 수 있도록 설명하는 것이다. 여기서는 전형적인 사례의 모델을 제시하고 중앙정부와 중앙은행의 파산 사례를 크게 두 가지 유형으로 나누어 각 유형이 발생하는 핵심적인 원인을 제시하겠다. 즉, 1) 해당 국가의 중앙은행이 발행할 수 있는 통화로 표시된 부채의 경우와 2) 중앙은행이 발행할 수 없는 통화로 표시된 부채의 경우다. 그다음 8장에서는 내가 '빅 사이클'이라고 부르는 5가지 힘의 개요를 설명하겠다. 이 빅 사이클은 통화 시스템, 국내 정치 질서 및 글로벌 지정학적 질서의 모든 주요 변화를 주도한다. 이 점을 명확히 한 후, 3부에서는 1865년부터 현재까지의 빅 사이클을 분석해 이것이 시대를 초월한 보편적인 틀과 어떻게 관련되어 있는지 검토할 것이다.

4장
전형적 순서

지난 100년간 중앙정부 그리고/또는 중앙은행이 파산한 35건의 주요 채무 위기를 시장 경험과 분석을 통해 살펴보면서 나는 대규모 부채 사이클이 어떻게 전개되는지 상당히 잘 이해하게 되었다. 그다음은 중앙정부와 중앙은행이 파산에 이르기 전과 후에 일반적으로 발생하는 세부적인 메커니즘을 통해 전형적인 진행 과정을 살펴볼 것이다. 4장은 정책 입안자와 투자자에게 이러한 위기를 처리하기 위한 틀을 제공하므로 가치가 있다고 생각하지만, 일반 독자에게는 내용이 너무 방대할 수 있다. 따라서 굵게 표시된 부분을 읽고 더 자세한 내용을 살펴볼지, 아니면 다음으로 넘어갈지 결정하기 바란다.

우선 중요한 결정 요인 한 가지를 설명하고 싶다. 그것은 경화hard money **사례와 불환 화폐**fiat money **사례의 차이다.**

경화 대 불환 화폐

내가 설명할 사례들은 크게 두 가지 유형으로 나뉘는데, 이 두 유형은 여러분이 잘 이해해야 한다고 생각한다. 이 두 가지 큰 유형은 경화 사례와 불환 화폐 사례다. 간단히 말해, 경화 사례는 정부가 찍어낼 수 없는 돈(예: 금, 은 또는 당사자들이 비교적 견고하다고 여기는 다른 통화, 예를 들어 달러)을 지급하겠다고 약속한 경우다. 역사적으로 정부가 갚을 수 없는 이러한 경화를 마련하는 것이 어려워질 때 정부는 거의 항상 약속을 어겼고, 약속이 깨지는 순간 돈의 가치와 그 통화로 표시된 부채 지급액은 급락했다.

정부가 경화로 돌아가지 않아 약속을 어긴 후에는 불환 통화 시스템이라고 불리는 체제를 갖게 된다. 이 경우 통화 가치는 중앙은행이 제공하는 신뢰와 인센티브에 기반한다. 대부분의 통화가 경화에서 불환 화폐로 전환된 가장 최근의 사례는 1971년 8월 15일에 발생했다. 당시 나는 뉴욕증권거래소에서 사무원으로 일하고 있었는데 그 사실에 놀랐던 것을 생생히 기억한다. 그 후 역사를 공부하면서 1933년 4월에도 똑같은 일이 일어났음을 알게 되었고, 그 작동 방식을 이해하게 되었다.

불환 통화 시스템에서 중앙은행은 주로 금리 조정, 부채 화폐화 능력, 통화 긴축 정도를 활용해 대출 채권자들이 계속해서 돈을 빌려주고, 부채 자산을 보유하도록 인센티브를 제공한다. 그리고 경화 체제에서 운영했던 중앙정부 및 중앙은행이 그랬던 것처럼 불환 통화 체제에서도 너무 많은 부채(사람들이 돈으로 바꿀 수 있다고 믿는 청구권이며, 물건을 사는 데 사용할 수 있으리라고 기대하는 것)를 만들어냈으므로 동일한 유형의 부채/신용의 역학관계가 작용했다. 즉, 중앙정부는 갚을 수 없을 정도로 많은 부채를 만들어내고 민간 부문에도 부채를 지도록 허용한다. 이는 부채 상환을 더 쉽게 만들기 위한 화폐 발행으로 이어지며, 결국 돈의 가치는 떨어지고 물가는 상승했다. 다만 불환 화폐의 경우에는 정부가 지폐를 경화 자산으로 바꿔주겠다는 약속을 어기는 순간, 가치가 한 번에 폭락하는 것이 아니라 점진적으로 하락한다.

예를 들어, 우리는 일본은행Bank of Japan의 공격적인 부채 화폐화 정책과 실질 및 명목 금리를 극도로 낮게 유지하는 정책에서 이런 현상을 명확히 볼 수 있었다. 이는 엔화와 엔화로 표시된 부채의 가치 하락을 초래했다. 2013년 초부터 일본 국채 보유자들은 금 대비 60%, 미국 달러화 표시 부채 대비 45%, 국내 구매력 기준 6%(평균 물가 상승률 1% 기준)의 손실을 입었다. 엔화는 불환 화폐이기 때문에 가치 하락은 갑작스럽게 일어나지 않고 점진적으로 진행되었다. 하지만 일본이 경화 체제를 유지했더라도 화폐화해야 할 부채가 과도했기 때문에 동일한 현상이 발생했을 것이다.

독자들은 앞으로 나올 차트에서 3개의 선을 볼 것이다. 파란색 선은 모든 사례의 평균을 보여주고, 빨간색 선은 고정환율 사례의 평균을, 초록색 선은 불환/변동환율 사례의 평균을 보여준다. 단순화를 위해 전체 평균선을 기준으로 역학관계를 설명하겠다.

참고로, 역사적으로 대규모 부채 사이클을 살펴보면 일반적으로 경화 체제와 불환 화폐 체제 사이를 왔다 갔다 했다. 왜냐하면 경화 시스템과 불환 화폐 시스템 각각의 특징 때문에 심각한 문제가 발생했고, 그 문제를 해결하기 위해 반대되는 통화 시스템으로 전환해야 했기 때문이다. 경화 체제에서는 통화 발행량이 실물 자산에 의해 제한되므로 계속해서 부채를 늘릴 수 없었고, 결국 대규모 평가절하로 인해 붕괴했다. 그리고 불환 화폐 체제에서는 부채/화폐가 안전한 부의 저장 수단으로서의 신뢰를 상실해 무너졌다.

최종 위기의 9단계

서문에서 나는 전형적인 부채 사이클을 언급했다. 이제 나는 중앙정부와 중앙은행 모두 파산하는 대규모 부채 사이클의 마지막 단계에 집중하려고 한다. 이 마지막 단계는 일반적으로 9단계로 진행된다. 보통 이 순서대로 발생하기는 하지만 내용과 시기에 따라 매우 큰 차이가 있을 수 있으며, 반드시 내가 설명하는 순서대로 진행되지는 않는다. 여기서 우리가 확인할 것은 위기로 이어지는 건강하지 못한 요인들과 위기에서 벗어나기 위해 고전적으로 취해지는 조치 등이다. 건강하지 못한 요인들이 많을수록 중앙정부와 중앙은행이 파산하는 '심장마비' 같은 위기가 발생할 가능성이 커진다. 국가가 파산하는 이유는 여러 가지다. 만성적인 과도한 지출 및 부채의 축적, 비용이 많이 드는 전쟁, 그리고 가뭄, 홍수, 전염병처럼 큰 비용이 필요한 사태 및 이런 사건들이 복합적으로 동시에 발생하는 경우 등 다양하다. 원인이 무엇이든 이 9단계는 위험 측정기가 된다. 왜냐하면 건강하지 못한 것들이 많을수록 부채/통화 위기의 가능성이 커지기 때문이다. **다음은 대규모 부채 사이클의 마지막 단계를 특징짓는 건강하지 못한 조건의 순서다.**

1. **민간 부문과 정부의 부채가 점점 증가한다.**
2. **민간 부문에 부채 위기가 발생하면 중앙정부는 민간 부문을 돕기**

위해 더 많은 부채를 진다.

3. **중앙정부는 자유시장의 부채 수요가 공급을 따라가지 못해 채무 압박을 겪는다.** 이는 부채 문제를 야기한다. 이때 a) 통화 및 재정 정책의 변화가 일어나 돈과 신용의 수급 균형을 회복시키거나, 아니면 b) 부채의 자기 강화적인 순매도가 발생해 심각한 부채 청산 위기가 진행되고, 소득 대비 부채 및 부채 상환 수준이 감소하는 사태가 발생한다. 정부 부채의 대규모 순매도는 심각한 위험 신호다.

4. **국채 매도는 동시에 a) 자유시장의 원리에 의거해 통화 및 신용의 긴축을 유발하고, 이는 b) 경기 약화, c) 외환 보유고 감소, d) 통화 가치 하락 압력으로 이어진다. 이러한 긴축은 경제에 매우 해롭기 때문에 중앙은행은 일반적으로 신용 경색을 완화하는 조치를 취하고 결국 통화 가치 하락을 초래한다.** 이 단계에는 장기 금리(채권 수익률)가 단기 금리보다 빠르게 상승하고 통화 가치가 낮아지는 현상이 동시에 나타나는 것이 특징이다.

5. **부채 위기가 발생하고 금리를 낮출 수 없게 되면**(예: 금리가 0%에 **도달하거나 장기 금리가 단기 금리 하락을 제한할 때) 중앙은행은 돈을 '찍어내(창조해)' 채권을 매입함으로써 장기 금리를 낮추고 신용 경색을 완화해 부채 상환을 용이하게 만든다.** 실제로 돈을 찍어내는 것은 아니며, 초단기 이자를 지급하고 시중 은행으로부터 준비금을 빌리는 것이다. 하지만 이런 조치에도 불구하고 부채 매도와 금리 상승이 계속되면 이는 중앙은행에 문제를 일으킨다.

6. **매도가 계속되고 금리가 계속 상승하면 중앙은행은 손실을 보게 된다. 왜냐하면 부채 자산 매입으로 받는 이자보다 부채에 대해 지불해야 하는 이자가 더 크기 때문이다.** 이러한 상황이 발생

하면 주목할 만하지만, 아직은 큰 위험이라고 할 수 없다. 하지만 중앙은행의 순자산이 엄청난 마이너스를 기록해 현금 흐름 부족을 메우기 위해 더 많은 돈을 찍어내야 하는 상황이 오면 이는 매우 심각한 상태다. 왜냐하면 이는 중앙은행이 죽음의 소용돌이 (금리 상승이 채권자들이 위기를 인식하게 만들어 부채 자산을 팔려고 하고, 그 결과 금리가 상승해 더 많은 돈을 찍어낼 필요로 이어지며, 이는 다시 돈의 가치를 하락시켜 부채 자산과 통화의 매도로 이어지는 악순환)에 빠졌다는 의미이기 때문이다. 내가 중앙은행이 '파산'했다고 말하는 것은 바로 이런 상황이다. 중앙은행은 돈을 찍어내기 때문에 겉으로는 채무 불이행을 하지는 않지만, 부채 상환금을 지불할 수 없기 때문에 이를 파산이라고 부른다. 이것이 대규모로 이루어지면 돈의 가치를 하락시키고 인플레이션으로 인한 경기 침체 또는 대공황을 초래한다.

7. **부채가 구조조정되고 자산 가치가 하락한다. 가장 이상적인 방식으로 관리할 수 있다면 재정 및 통화 정책을 담당하는 정부 당국은 소위 '아름다운 부채 축소'라는 정책을 펼 수 있다. 이는 부채 부담을 줄이는 디플레이션 방식(예: 부채 구조조정)과 인플레이션 방식(예: 화폐 발행을 통한 부채 상환)이 균형을 이루어 부채 축소로 지나친 디플레이션이나 인플레이션이 발생하지 않도록 하는 것이다.**

8. **이러한 시기에는 특별세 및 자본 통제와 같은 대범한 정책이 일반적으로 시행된다.**

9. **부채 축소 과정은 필연적으로 부채 부담을 줄이고 균형 상태로 돌아가게 만든다. 부채 및 부채 상환 수준은 어떤 식으로든 부채**

를 상환할 수 있는 소득 수준과 다시 맞춰진다. 경기 사이클의 끝 무렵에는 흔히 인플레이션으로 인한 불황이 발생해 부채 가치가 절하되고, 정부는 자산 매각을 통해 외환 보유고를 늘리며, 중앙은행은 자국 통화를 경화 또는 실물 자산(예: 금)에 연동해 급격히 하락하는 통화에서 상대적으로 안정적인 통화로의 전환이 이루어진다. 부채 축소 단계의 초기에는 해당 통화 및 그 통화로 표시된 부채를 보유한 사람에게 확실한 보상이 있어야 하고, 반면에 채무자에게는 부담이 가중되어야만 돈과 신용의 신뢰도를 재확립할 수 있다. 이는 대출 채권자에게는 보상을 제공하고 차입 채무자에게 벌칙을 부과함으로써 달성된다. 사이클의 이 단계에서는 매우 긴축적인 통화 정책과 매우 높은 실질 금리가 시행되는데, 이는 매우 고통스럽기는 하지만 어쩔 수 없이 거쳐야 하는 과정이다. 이러한 상황이 지속되면 돈, 신용, 부채, 지출 및 저축에 대한 수요와 공급은 필연적으로 다시 균형을 되찾게 된다. 그런데 부채가 중앙은행이 창출할 수 있는 통화로 표시되어 있는지 여부와 채무자와 채권자가 주로 국내에 있는지 여부에 따라 전개 방식이 크게 달라진다. 국내에 있다면 중앙정부와 중앙은행이 이 과정을 더 유연하게 통제할 수 있어 과정이 덜 고통스럽다. 하지만 그렇지 않다면 당연히 훨씬 더 고통스러워진다. 또한, 해당 통화가 널리 사용되는 기축통화인지 여부도 매우 중요하다. 기축통화일 경우 해당 통화와 해당 통화로 표시된 부채를 매수하려는 경향이 더 커지기 때문이다. 그렇지만 역사적으로 기축통화를 가진 정부는 과도한 차입을 통해 그 특권을 남용하다가 결국 그 특권을 잃는 경우가 많았다. 이는 그들의 몰락을 더욱 갑작스럽고 고통스럽게 만들었다는 점에 주목해야 한다.

다음 장들에서는 차트를 이용해 이러한 현상을 설명하겠다.

5장

민간 부문과 중앙정부의
부채 위기(단계1~4)

4장에서는 위기 전반에 걸쳐 나타나는 전형적인 과정의 순서를 설명했다. 이 장에서는 9단계 중 처음 4단계를 훨씬 더 자세히 다룰 예정인데 과거 사례에서 나타난 구체적인 지표와 역학관계를 보여줄 것이다. 이 부분은 투자 전문가, 정책 입안자 그리고 채무 위기의 진입과 진행 과정의 전형적인 순서, 시점 및 기타 세부 사항에 관심 있는 사람들에 매우 유용하겠지만 일반 독자에게는 너무 전문적인 내용일 수 있다. 2부의 대부분이 이런 수준이니 너무 어렵다고 생각되면 8장으로 건너뛰어도 좋다.

이어지는 페이지에서는 전형적인 부채 위기의 역학관계를 간략한 설명과 함께 차트로 보여줄 것인데 차트에서 파란색 선은 모든 사례의 평균을 나타내고, 빨간색 선은 고정환율 사례의 평균을 나타내며, 초록색 선은 변동(법정) 환율 사례의 평균을 나타낸다. 환율이 고정된 경우(이 경우 사태가 심화해 붕괴하는 과정이 더욱 명백히 드러난다)가 환율이 변동하는 경우(조정이 더 유동적이다)보다 위기 발생 시점과 특징이 더 확실히 나타난다는 것을 알 수 있을 것이다. 이는 고정환율의 경우 내부 압력이 해소되지 못하고 계속 축적되다 한꺼번에 터져나오는 반면, 변동환율의 경우에는 이러한 변화가 점진적으로 발생하기 때문이다.

단계1: 민간 부문과 정부의 부채가 점점 증가한다

이는 다음과 같은 고전적인 방식으로 나타난다.

- 위기가 발생하기 몇 년 전부터 정부는 만성적인 적자 지출의 결과 **부채가 점점 증가한다.** 일반적으로 **생산성 향상 투자에 대한 지출 비중은 감소하고 소비/사회 안전망에 대한 지출 비중은 증가해** 그만큼의 소득 증가 없이 부채만 증가하는 것을 볼 수 있다. 사람들이 대규모 사회 안전망에 너무 의존하게 되어 이를 삭감하는 것이 정치적으로 매우 민감한 문제가 되기도 한다(예: 오늘날의 브라질 또는 미국).

- **정부의 세수입으로 빚을 갚을 수 있는 능력에 비해 부채 수준이 높고, 정부 수입에 비해 부채 상환 부담 또한 높아** 필수적인 다른 항목에 대한 지출을 줄여야 한다는 압박이 시작된다. 이러한 비용을 충당하기 위해 정부는 민간 부문이 원하는 것보다 더 많은 부채를 발행해야 하며, 이는 금리 상승 압력의 원인이 된다(즉, 부채 상환 비용을 더욱 증가시킨다). 특히 대규모 채무 불이행/평가절하 사태 이후 변동환율 국가와 고정환율 국가에서 발생하는 결과가 매우 다르다는 점에 유의해야 한다. 이는 고정환율 시스템하에서 부

채 구조조정이 더 가혹하고 결정적이어서 급격한 반등의 발판을 마련한다는 사실을 반영한다. 변동환율 시스템하에서는 중앙은 행의 통화 발행으로 정부 지출이 계속되거나 심지어 가속화됨에 따라 부채가 점진적으로 증가한다. 다음 차트에서 X축의 숫자는 위기의 정점을 전후로 한 개월 수를 나타낸다.[22]

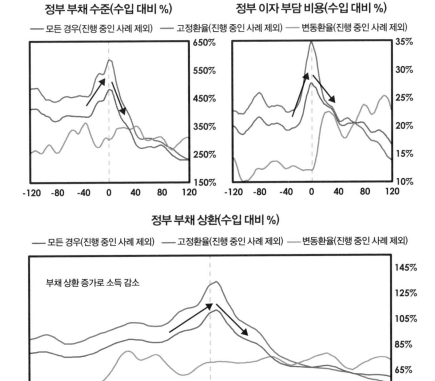

---

22 경기 상승기와 하강기에 정부의 재무상태표가 어떻게 변화하는지를 더 명확하게 보여주기 위해 이 차트에서는 아직 진행 중인 소수의 최근 사례(금융위기 이후의 미국, 유럽, 영국, 일본)는 제외했다.

127

- 다음 차트는 평가절하 이전 몇 년 동안 이루어진 일반적인 정부 차입금 규모(총액 기준 규모와 이자 지급 충당을 위한 차입을 제외한 규모)를 보여준다. 조사한 35개의 사례 중 31건에서 위기 직전까지 **정부가 대규모의 적자를 지속적으로 냈다**는 것을 확인할 수 있다.

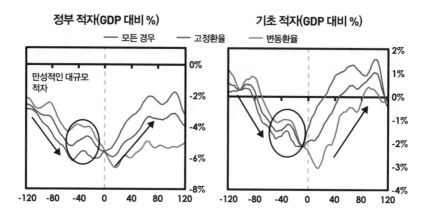

- 때로는 공공 부문의 재무상태표가 겉으로 보기에 별문제 없어 보일 수 있다는 점에 유의해야 한다. **공공 부문이 보증해야 하는 민간 부문의 과도한 차입이 있거나, 정부가 은행과 같은 파산을 용납할 수 없는 기관을 지원하기 위한 암묵적인 공공 부문 보증이 숨어 있는 경우가 이에 해당한다.** 그러므로 공공 부문 재무상태표를 볼 때는 숨겨진 문제까지 파악해서 봐야 한다.

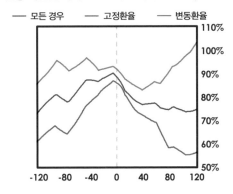

금융 기관을 제외한 민간 부문의 부채 수준(GDP 대비 %)

— 모든 경우   — 고정환율   — 변동환율

- **부채 증가는 이를 조달하기 위해 외국으로부터의 대규모 차입을 필요로 한다.** 이러한 차입은 자국 통화 차입(평가절하 위험을 증가시킬 수 있다) 또는 기축통화 차입(채무 불이행 위험을 증가시킬 수 있다)의 형태를 취할 수 있다. 외국 자본에 대한 의존도가 높아지면 그 자본이 이탈할 때 그 나라의 경제가 큰 어려움을 겪을 가능성이 커진다. 그렇다고 해서 경상수지 적자가 반드시 문제가 있다는 의미는 아니다. 자본이 국내로 유입된다는 것은 그만큼 국내 자본 시장이 매력 있다는 의미이기 때문이다. 그러나 위기에 대처하기 위해 정부가 많은 부채를 발행하고 돈을 찍어내야 하는 상황이 되어 국내 자본 시장의 매력이 떨어지면 외국인 투자자들이 자국 통화와 채권을 팔 가능성이 커져 국가의 취약성이 더욱 커진다. 다음 차트에서 볼 수 있듯이, 경상수지 적자와 쌍둥이 적자twin deficit(경상수지 적자와 재정 적자가 동시에 발생하는 상황-옮긴이)가 꾸준히 증가하는 현상은 경제 위기 발생 전에 나타나는 일반적인 패턴이다. 위기가 발생하면 자국 통화의 대규모 평가절하가 발생하고 부채로 자금을 조달하는 수요(수입품에 대한 수요 포함)가 줄어든

129

다. 그러면 앞에서 언급한 적자를 감소시키는 효과가 나타난다.

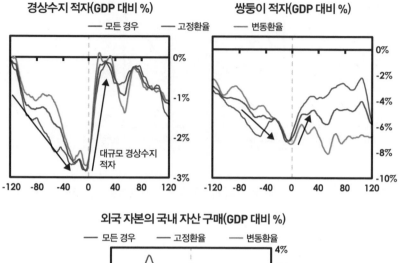

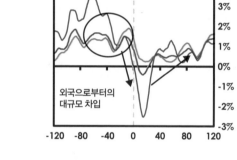

수년간 누적된 외국으로부터의 대규모 차입은 대외 부채를 증가시키고, 이는 외국 자본 이탈 시 국가 경제의 취약성을 증가시킨다. 다음 차트의 좌측은 순 대외 금융 자산NIIP 총액(해외에 보유한 자산에서 해외에 상환해야 할 부채를 뺀 금액)을, 우측은 당장 갚아야 할 대외 부채에 비해 얼마나 많은 유동 자산을 가지고 있는지 나타낸다. 화폐가 평가절하되면 일반적으로 국가가 대외 채무 상환 의무를 이행하는 데 사용할 수 있는 유동 자산이 매우 적게 마련이다.

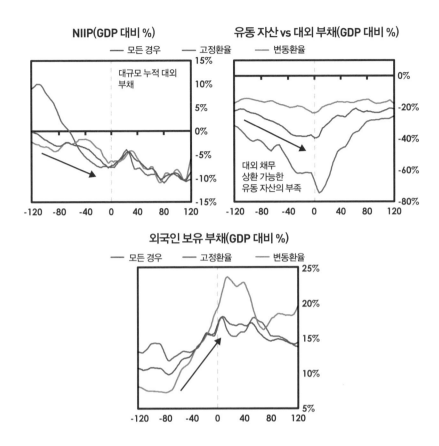

NIIP(GDP 대비 %)

— 모든 경우   — 고정환율   — 변동환율

대규모 누적 대외
부채

유동 자산 vs 대외 부채(GDP 대비 %)

— 고정환율   — 변동환율

대외 채무
상환 가능한
유동 자산의 부족

외국인 보유 부채(GDP 대비 %)

— 모든 경우   — 고정환율   — 변동환율

단계2: 민간 부문에 부채 위기가 발생하면
중앙정부는 민간 부문을 돕기 위해 더 많은 부채를 진다

일반적으로 채무 위기 발생 전에도 정부의 재정 상태가 어느 정도 취약
한 경우가 많지만, 민간 부문의 위기를 해결하기 위해 정부가 개입하면
서 정부 부채가 급격하게 증가해 재정 상태가 매우 심각한 수준으로 악
화하는 단계에서 발생한다. **민간 부문이 재정적 어려움을 겪을 때, 정
부는 민간 부문보다 훨씬 쉽게 돈과 신용을 얻을 수 있기 때문에 일반**

적으로 더 큰 역할을 한다. 이렇게 어려운 시기에는 정부가 차입하기 더 쉽다. 왜냐하면 중앙은행이 돈을 찍어 정부에 전달해 부채를 상환할 수 있다는 것을 모두가 알고 있고, 정부는 과세권을 가지고 있으므로 정부에 돈을 빌려주려는 경제 주체들이 많기 때문이다. 특히 이런 차입 능력은 가장 확실한 기축통화를 가진 정부에게 해당하는 이야기다. 왜냐하면 해당 부채/통화를 보유하려는 수요가 높기 때문이다.

그 결과, 채무 상황이 악화하고 정부가 개입하면 정부 부채는 민간 부채보다 더 빠르게 증가한다. 다음 차트에서 볼 수 있듯이, 위기 약 1년 전에 민간 부채 수준이 급락하는 동안 정부 부채 수준이 급증하고, 정부 부채 수준이 민간 부채 수준에 비해 훨씬 많이 상승하는 것이 일반적인 현상이다. 정부와 민간 부문 재무상태표에 대한 데이터가 모두 있는 21건 중 15건에서 이러한 패턴이 나타났다. 민간 부채가 급격히 감소하고 정부 부채가 급격히 증가하는 것은 단기적인 위기 징후다.

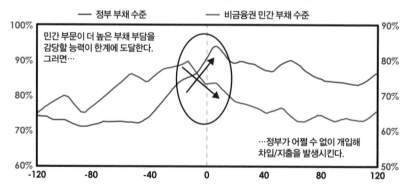

공공 부문 부채와 민간 부문 부채(GDP 대비 %)

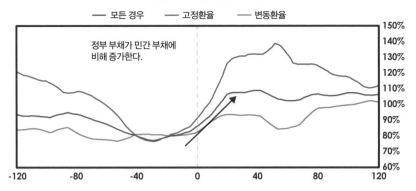

민간 부채 대비 정부 부채

— 모든 경우　　— 고정환율　　— 변동환율

정부 부채가 민간 부채에
비해 증가한다.

이 시기에 정부 부채 문제가 심화하는 경향이 있다. 다음 페이지에서
몇 가지 추가적인 조치를 제시하겠다.

정부 부채 규모는 1) 정부 수입, 2) 부채 상환에 사용할 수 있는 유형
자산(일반적으로 준비금 형태), 그리고 3) 경제 내 통화량에 따라 증가한
다. 여기서 경제 내 통화량은 부채를 조달하기 위해 (중앙은행이 결국 정부
에 더 많은 돈과 신용을 제공하기 전까지) 유동적으로 공급 가능한 화폐의 양
을 말한다.

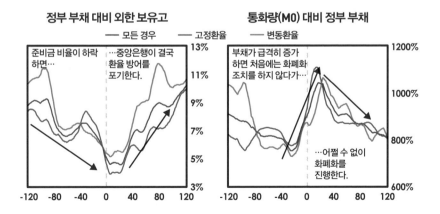

정부 부채 대비 외환 보유고　　　　**통화량(M0) 대비 정부 부채**

— 모든 경우　　— 고정환율　　　— 변동환율

준비금 비율이 하락
하면…

…중앙은행이 결국
환율 방어를
포기한다.

부채가 급격히 증가
하면 처음에는 화폐화
조치를 하지 않다가…

…어쩔 수 없이
화폐화를
진행한다.

단계3: 중앙정부는 자유시장의 부채 수요가
공급을 따라가지 못해 채무 압박을 겪는다

이러한 압박은 부채 문제를 야기한다. 만약 부채 순매도가 발생한다면 훨씬 더 심각한 문제를 초래하므로, 부채의 순매도는 대단히 심각한 경고 신호다.

중앙정부는 다음과 같은 때 재정적 어려움에 처하게 된다. 1) 채무와 채무 상환 비용이 재정을 압박해 다른 필수적인 분야에 대한 지출이 압박을 받을 때, 그리고 2) 정부 지출을 조달하기 위해 발행된 채권 자산을 보유한 사람들이 해당 자산을 매도하려 할 때다. 이는 금리 상승 압력을 가중해 정부의 차입 비용을 더욱 증가시키고, 고통스러운 지출 삭감이나 이런 비용을 충당하기 위한 추가적인 차입을 발생시킨다.

더 구체적으로 말하면, 소득에서 채무 상환액이 차지하는 비율이 매우 높아지면(예: 100%) 이는 심각한 경고 신호다. 왜냐하면 이는 a) 정부가 다른 중요한 분야의 지출을 줄일 수밖에 없고, 그리고/또는 b) 많은 차입과 채무 차환을 필요로 하지만, 채권자들이 이러한 상황을 인지하고 정부의 상환 능력을 우려해 대출을 꺼리거나 보유한 채권 자산을 매도할 수 있기 때문이다. 장기 부채 사이클에는 채무 상환액이 소득에 비해 너무 커지면 다른 지출을 압박하거나 경제 전체에 수요 부족 문제가 발생하는 시점이 있다. 내가 연구한 35건 중 25건에서 정부 채무 상환액이 정부 수입에서 차지하는 비율이 위기 직전에 급증하는 것을 확인했다.

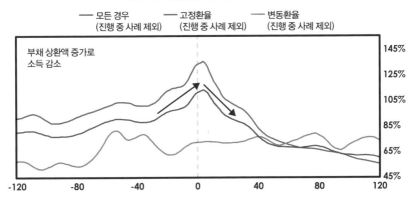

정부 부채 상환(수입 대비 %)

—— 모든 경우 (진행 중 사례 제외)　—— 고정환율 (진행 중 사례 제외)　—— 변동환율 (진행 중 사례 제외)

부채 상환액 증가로 소득 감소

- 정부가 축적해온 부채(그리고 취약한 민간 부문을 보완하는 과정에서 지속적으로 발생하는 적자)를 고려할 때 정부 부채와 부채 상환 부담은 계속 증가하는 추세에 있다. 다음 차트는 과거에 통화 가치가 하락했던 여러 나라의 사례를 통해 평가절하가 일어날 당시 정부의 부채 규모와 그 부채에 대한 이자 부담이 어떤 추세로 움직였는지를 보여준다. 최종 평가절하 시점에 정부는 만일 평가절하

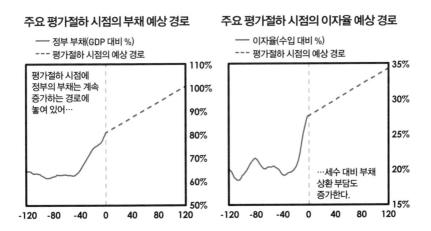

주요 평가절하 시점의 부채 예상 경로

—— 정부 부채(GDP 대비 %)
--- 평가절하 시점의 예상 경로

평가절하 시점에 정부의 부채는 계속 증가하는 경로에 놓여 있어…

주요 평가절하 시점의 이자율 예상 경로

—— 이자율(수입 대비 %)
--- 평가절하 시점의 예상 경로

…세수 대비 부채 상환 부담도 증가한다.

조치가 없었다면 부채가 계속해서 무한정 늘어나는 경로에 있었음을 알 수 있다.

이런 상황은 아직 미국에서는 발생하지 않았지만, 발생할 가능성이 커지고 있다. 유럽, 일본, 중국의 경우 GDP 대비 정부 이자 상환액은 미국의 절반 수준이다. 유럽과 중국은 정부 부채가 낮기 때문이고(다른 부문의 부채는 더 높지만), 일본은 오랫동안 금리가 매우 낮았기 때문이다. 그러나 이는 빠르게 변할 수 있으며, 특히 정부 부채가 매우 높은 일본의 경우(GDP의 약 215%) 금리가 상승한 상태로 만기가 연장되면 문제가 될 수 있다. 16장에서 살펴보겠지만 엄청난 규모의 정부 부채, 일본은행의 국채 매입 그리고 일본은행의 인위적인 초저금리 유지 정책은 국채 자산에 대한 끔찍한 수익률을 초래했는데, 이는 부채의 낮은 수익률과 통화 가치 하락 때문이었다.

점점 늘어나는 대규모 부채 부담과 자금 부족에 시달리게 되면 고전적인 그다음 단계는 문제점을 덮어두고 다음과 같이 **회계 속임수를 포함해 창의적인 자금 조달 방법을 모색하는 것이다.**

1. **정책 금융 기관 및 개발 은행을 활용**해 장부 외 자금 조달을 창출한다(아시아의 위기 상황에서 자주 사용되는 수법, 예: 일본 및 아시아 금융 위기).

2. **직접 지출 대신 지불 보증을 활용한다**(예: 1980년대 페루, 최근의 튀르키예). 정부는 특정 유형의 부채에 대한 손실 발생 시 지불을 보증한다고 발표해 차입을 장려한다. 이는 사실상 보조금이지만, 손실이 발생하기 전까지는 정부 지출에 나타나지 않으므로 정부에게

'무료'인 것처럼 오해를 불러일으킬 수 있다. 예를 들어 2017년 튀르키예 정부는 국제수지 압박 속에서 기업을 위한 지불 보증 프로그램을 도입했다.

3. **국내 주체, 특히 은행, 연기금, 보험사가 정부 부채를 매입하도록 요구하거나 강력하게 장려한다**(예: 최근의 튀르키예 및 브라질). 이는 정부 부채에 대해 극히 유리한 관련 규제를 신설하기도 하고(위험한 상품을 무위험처럼 보이게 한다), 때로는 수익률 곡선 yield curve(특정 시점에서 만기가 서로 다른 채권들의 수익률을 만기 순서대로 연결한 곡선-옮긴이) 및 자금 조달 금리 조작을 통해 매력적으로 보이게 만들기도 한다(제2차 세계대전 중 미국). 이는 사실상 우회적인 통화 금융 정책이다(은행이 단기 금리로 차입해 정부에 돈을 빌려주도록 장려하기 때문이다).

4. **국민에게 정부 자금 조달을 호소하는 애국 캠페인을 벌인다**(최근 튀르키예는 국민에게 달러를 팔고 리라를 구입할 것을 호소했으며, 제2차 세계대전 당시 각국은 정부 채권 매입을 호소했고, 1990년대 한국은 금 모으기 운동을 비교적 성공적으로 전개해 IMF 부채를 조기에 상환할 수 있었다).

5. **결코 실현되지 않을 미래의 지출 삭감 및 세금 증가로 지출에 대한 '지불'을 약속한다**(최근 브라질은 정부의 지출을 제한하기 위해 헌법을 개정했지만 필요할 때 빠져나갈 여지를 많이 만들어뒀다).

6. **해외 채권자에게 어려움을 호소해 호의를 요청하거나, 지정학적 중요성을 활용해 자금을 확보한다**(최근의 튀르키예, 그리고 제2차 세계대전 후 영국의 파운드 블록 형성).

7. **부채 만기를 단축한다.** 일반적으로 돈을 빌려주는 사람은 장기보

다 단기 대출을 더 선호하기 때문이다(나중에 더 자세히 설명하겠다).

8. **상황이 매우 심각해지면 자본 유출을 막기 위해 자본 통제를 실시한다.**

**단계4: 국채 매도는 a) 자유시장의 원리에 의거해 통화 및
신용의 긴축을 유발하고, 이는 b) 경기 약화, c) 통화 가치 하락 압력,
d) 중앙은행이 통화 방어를 시도함으로써 외환 보유고 감소로 이어진다**

이러한 긴축 정책은 경제에 너무나 해롭기 때문에 중앙은행은 결국 신용을 완화하고 동시에 통화 가치 하락을 용인한다.

이러한 사건들은 일반적으로 투자자와 저축자들이 해당 국가의 자산에서 이탈하는 행동을 가속해 통화 및 부채 위기를 임계점까지 몰고 간다. 일반적으로 중앙은행은 통화 긴축과 외환 보유고 매각을 통해 통화를 방어하려 하지만, 긴축의 고통스러운 경제적 영향과 부족한 외환 보유고 때문에 결국 정책 방향을 전환할 수밖에 없다.

내 생각에 상대적으로 중요한 위험 신호는 상환에 필요한 소득 대비 부채가 너무 많이 증가해 현명한 투자자들이 손실이 불가피하다는 것을 깨닫는 때다(왜냐하면 채무 불이행을 피하기 위해 정부가 대규모로 통화를 발행해 통화 가치가 하락하고 인플레이션이 발생하는 사태가 오거나, 그게 안 되면 바로 채무 불이행이 닥치기 때문이다).

대출 채권자가 (채무자가 부채 상환을 감당할 수 없거나 상환액이 충분하지 않다고, 즉 상환을 받아봐야 물가 상승률을 상쇄할 만큼 수익이 나지 않는다고 판단해) 적절한 상환을 받을 것이라는 믿음을 잃게 되면 부채 매수세가 매

도세에 비해 부족해질 것이므로, 부채 가격이 하락(즉, 금리 상승)해야 차입이 줄거나 저축이 늘어날 것이다.

전쟁 위협이 있거나 실제 전쟁이 발발하면 여러 제재 조치(예: 부채 자산 몰수), 과도한 차입, 채무 불이행, 그리고 평가절하 위험이 증가하기 때문에 상황이 더욱 악화한다. 전쟁 여부와 관계없이, 이때가 바로 파멸의 고리doom loop가 시작될 수 있는 시점이다. 즉, 금리 상승 압력이 경제를 약화하고 정부의 차입 필요성을 증가시키거나(또는 이 시점에서 정부가 지나치게 고통스러운 큰 폭의 세금 인상이나 지출 삭감을 실시해), 채권 시장에서 훨씬 더 큰 수급 불균형을 야기하고 금리에 더 큰 상승 압력을 가하는 것이다. 바로 이때 중앙은행이 '돈을 찍어내' 부채를 매입하는, 소위 양적 완화QE 정책으로 개입해 상황을 해결해야 한다.

다음 차트에서 보겠지만 이러한 시기에는 채권과 회사채 매수를 위한 외국 자금 유입이 동시에 급감하고(왼쪽 차트), 금리 인상과 신용 긴축을 통한 통화 방어 시도가 실패하면서 실질 금리가 급등하는 것을 확인할 수 있다(오른쪽 차트).

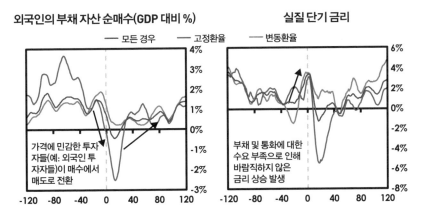

이 시기에 정부는 종종 채권이 시장에서 더 잘 팔리도록 하기 위해 발행하는 채권의 만기를 단축하기도 한다.

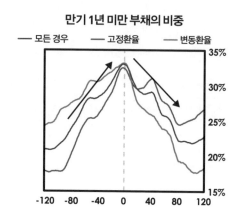

만기 1년 미만 부채의 비중

그러나 시장 참여자들이 이렇게 한계에 도달하고 있다는 것을 알게 되면 매도가 발생해 수급 균형이 무너진다. 그 불균형이 커지면 중앙은행은 a) 차입을 억제하고 다른 곳(예: 다른 투자 상품 구매)으로 흘러갈 돈과 신용을 정부로 돌리도록 금리를 올리거나, b) 수요 부족을 메우기 위해 돈을 찍어내 부채를 매입하는 정책 중 하나를 선택해야 한다. 논리적으로도 그렇고 과거 사례도 그렇고 중앙은행은 항상 a)보다 b)를 선택하며, 최선의 길은 a)와 b)의 균형을 맞추는 것임을 알 수 있다. 하지만 이런 수급 불균형이 매도를 유발해 경제가 약화한 상황에서 중앙은행이 돈을 찍어내 많은 부채를 매입하면 심각한 통화 가치 하락과 인플레이션이 발생하므로 비난받게 된다. 하지만 그렇게 하지 않아도 극도로 경색된 통화, 극도로 높은 금리, 그리고 매우 나쁜 경제 상황을 초래하기 때문에 역시 비난받는 딜레마에 빠진다.

이는 채무자가 느끼는 상환 압력이 매우 고통스러워지거나, 채권자가 부채를 보유하기 원하지 않을 때 발생한다(즉, 부채가 높은 실질 수익률을 제공하지 않거나, 채무 불이행 위험이 크다고 인식되거나, 중앙은행이 돈을 많이 찍어내 부채의 가치를 하락시킬 위험이 크기 때문이다). 이러한 상황은 정부 부채의 시장 가치가 지속적으로 하락하는 악순환을 낳게 되어 결국 부채 부담이 더 이상 과도하지 않을 정도로 부채가 충분히 소멸하거나, 부채 가치가 하락해서 균형점에 도착할 때까지 계속된다.

이러한 상황은 아직 미국, 유럽, 일본 또는 중국에서는 발생하지 않았다. **이제 이러한 역학관계를 더 자세히 살펴보자.**

- **통화 방어를 위한 정책으로는 긴축, 그리고/또는 외환 시장 개입이 있다. 하지만 긴축은 경제에 너무 해롭기 때문에 포기하고, 외환 시장 개입은 효과가 없고 비용이 너무 많이 들기 때문에 포기하므로 결국 부채/통화의 가치가 하락한다.**

투자자와 예금자들이 상황을 파악하고 구매력을 회복하지 못할 위험이 크다고 판단해 해당 국가의 자산과 통화를 포기하는 결정을 내리면 이 상황은 더 이상 지속될 수 없게 된다. 이는 중앙은행에 긴축 정책을 시행해야 한다는 압력을 더 가하지만, 그렇게 할 경우 용납할 수 없을 정도로 나쁜 경제적 결과를 초래할 가능성이 크다. **위기가 심화하는 이 단계의 몇 가지 위험 신호는 다음과 같다.**

- **해당 국가 부채 자산 매도와 중앙은행의 통화 방어를 위한 긴축 시도 때문에 금리가 상승한다.** 이처럼 침체한 상황에서 실질 금리의 증가는 이미 약화한 경제와 낮은 금리라는 해결책이 없는 부채 소용돌이에 직면한 정부에 너무 많은 압력을 가하기 때문에 지속 불가능하다.

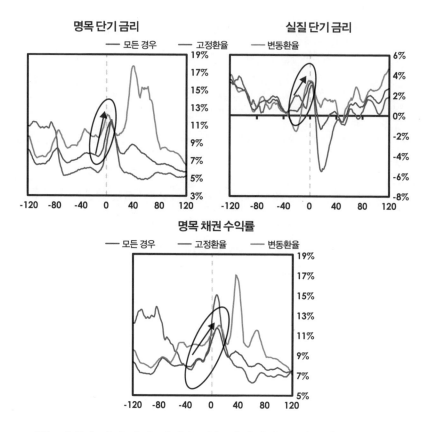

긴축 정책이 이미 약한 경제를 더욱 악화시키고, 결국에는 긴축 정책을 포기하고 통화 가치 하락을 용인하게 된다.

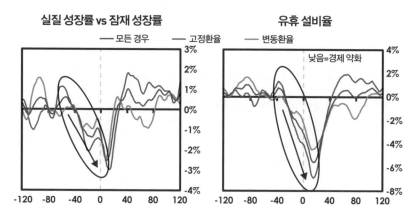

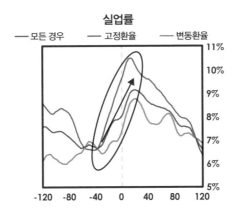

실업률

- 항상 그런 것은 아니지만, 위기 직전에는 **물가가 바람직한 수준보다 높아지는 경향이 있다.** 이는 중앙은행이 경기 침체에 대응하기 위해 금리를 낮추거나 돈을 푸는 등의 완화적인 통화 정책을 쉽게 사용할 수 없도록 발목을 잡는다.

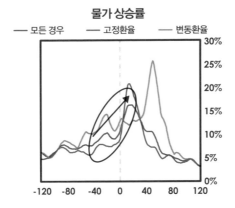

물가 상승률

- 경기가 침체하고 물가가 상승하면 통화 가치 하락 압력이 커진다. 이 단계에서는 변동환율 시스템을 채택한 경우와 고정환율 시스템을 채택한 경우 사이에 큰 차이가 나타난다. 고정환율 시스템의 정책 결정자들은 통화 가치 하락이 발생하지 않도록 노력한다. 사

실, 고인플레이션으로 인해 통화 가치가 하락해야 하는 시기에 실질적인 자국 통화의 가치가 상승하는 역설적인 상황에 처한다. 한편 변동환율 시스템에서는 경기 불황 속에서 사람들이 점진적으로 통화를 매도한다.

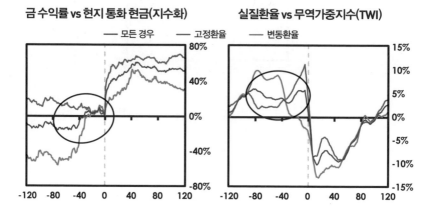

경화로 갚아야 하는 부채를 가진 국가의 경우 시장에서 채무 불이행 가능성이 크다고 평가하므로 **신용 스프레드(특정 채권의 수익률과 위험이 거의 없는 안전 자산〔일반적으로 해당 통화 발행국의 국채〕의 수익률 차이-옮긴이)가 상승한다.**

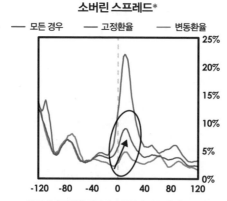

소버린 스프레드*

* sovereign spread, 한 국가가 발행한 채권의 수익률과 기준이 되는 다른 국가(주로 신용등급이 가장 높은 국가, 예를 들어 미국이나 독일)가 발행한 채권의 수익률 간의 차이-옮긴이

- **위험 자산의 가격에는 높은 위험 프리미엄이 반영되어**(즉, 매도세가 나타나) 경제에 하방 압력을 가한다.

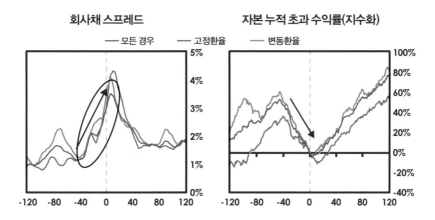

- **이 단계에서 중앙은행은 일반적으로 외환 보유고를 매각한다.** 정부의 부채는 개인이나 기업의 부채와 비슷하게 작용하지만, 정부는 자국 통화로 표시된 부채를 가지고 있는 경우 자국 통화를 발행할 수 있는 능력도 가지고 있으므로 이를 통해 부채를 상환할 수 있다. 또한, 개인이나 기업과 마찬가지로 수입이 모자랄 때를 대비해 정부도 저축해서 금융 문제를 예방할 수 있다. 이러한 이유로 정부를 포함한 모든 채무자의 위험성을 평가할 때, 그들이 보유하고 있는 유동성 저축의 양을 살펴보는 것이 중요하다. 외환 보유고는 정부가 가진 주요 유동성 저축의 한 형태다. 국부펀드 sovereign wealth fund(국가가 소유하고 관리하는 투자 펀드 - 옮긴이)도 마찬가지다. 유동성 저축의 규모와 그것이 얼마나 빠르게 소진되고 있는지, 그리고 고갈 시점에 얼마나 가까워졌는지를 관찰하는 것은 부채 문제의 발생 시점을 파악하는 데 중요하다. 이 과정에서 외

화를 팔고 자국 통화를 구매하는 경향을 주의 깊게 살펴보는 것이 좋다. 이는 통화 공급을 줄이는 형태로, 긴축의 일종이기 때문이다. 다음 차트에서 보듯이 이때 정부는 일반적으로 외환 보유고를 시장에 판매한다.

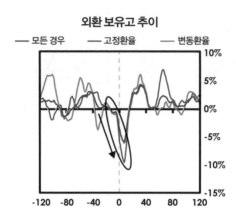

외환 보유고 추이

— 모든 경우　　— 고정환율　　— 변동환율

- 가장 심각한 경우는 외환 보유고가 일반적으로 중앙은행 부채(예: 저축자들이 보유한 통화량)에 비해 이미 낮아 중앙은행이 환율 방어에 사용할 수 있는 여력이 거의 없는 상황이다. 이러한 상황에서는 환율 방어가 실패할 것이 명백해지고, 이는 해당 통화에 대한 투기적 공격이 더욱 거세지며, 해당 통화로 표시된 부채의 처분이 늘어난다.

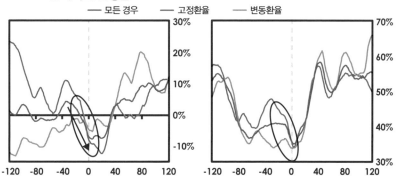

본원통화(M0) 대비 현 외환 보유고
vs 과거 20년 평균

본원통화(M0) 대비 외환 보유고

— 모든 경우　　— 고정환율　　— 변동환율

다음 표는 과거 중앙은행이 외환시장에 개입했을 때, 특히 그 개입이 시장에 유의미한 영향을 미쳤던 모든 사례를 중심으로 세부적인 내용을 보여준다. 여기서 알 수 있는 내용은 다음과 같다.

- **중앙은행이 외환 보유고를 매각해 개입하기 전에 해당 국가는 적절한 수준의 외환 보유고를 보유하고 있다**(일반적인 경우 GDP의 약 5% 수준이며, 통화 공급량과 미상환 정부 부채의 약 10분의 1을 충당할 수 있는 규모다).
- **자본 유출과 통화 약세를 막기 위해 개입 단계에서 중앙은행은 통화 방어를 위해 외환 보유고의 절반 이상을 지출하는 것이 일반적이다.** 이러한 매각의 상당 부분은 보통 비교적 짧은 기간에 집중된다. 예를 들어, 개입이 가장 극심했던 6개월 동안 중앙값 기준으로 외환 보유고는 49% 감소한다. 이후 중앙은행은 통화 가치를 유지하려는 외환 보유고 지출을 중단한다. 이는 그러한 노력이 실패할 것이라는 점을 깨닫고, 통화 가치 하락 전망보다 외환 보

유고가 고갈되는 것이 더 두렵기 때문이다.

- **통화 방어 단계에서 통화 가치는 일반적으로 하락한다**(반면 중앙값 기준으로 금 가격은 42% 상승한다). 다만, 일부 경우에는 중앙은행의 개입으로 통화 가치가 일시적으로 반등하는 데 성공하기도 한다.

- **중앙은행은 대략 2년 정도 방어하다**(물론 사례별로 차이는 있다) **포기한다.** 이 시점에서 외환 보유고는 통화량의 약 6%, 정부 부채의 약 3%에 불과하다. 중앙은행이 개입을 중단하면 통화 가치는 급락한다(중앙값 기준으로 금 가격은 추가로 51% 상승한다).

이미 있는 개입이 있었던 사례들을 대상으로 중앙은행이 외환 보유고 매각을 통해 개입한 내용 요약(1/3)

사례	고정환율 VS 변동환율	초기 대응능력 — 개입 전 외환보유고 수준 (GDP 대비 %)	(US달러 10억)	(광의통화(M2) 대비 %)	(정부 부채 대비 %)	환율 방어 기간 (개월)	6개월 집중 개입 (GDP 대비 %)	6개월 시점의 외환보유고 대비 %	환율 방어를 위한 총 외환 소진액 (GDP 대비 %)	초기 외환 보유고 대비 %	개입 기간 VS 현지환율 초과 수익률	개입 후 외환보유고 수준 (GDP 대비 %)	(US달러 10억)	(광의통화(M2) 대비 %)	(정부 부채 대비 %)	환율 초저점까지 VS 현지 환율 초과 수익률
중앙값(모든 경우)		5.1%	6.44	10%	11%	23	-2.6%	-49%	-3.3%	-62%	42%	1.9%	1.66	6%	3%	51%
고정환율		6.1%	4.98	10%	13%	19	-2.7%	-48%	-3.3%	-65%	42%	2.0%	1.66	6%	2%	41%
변동환율		4.4%	9.03	14%	11%	29	-1.9%	-57%	-3.8%	-58%	36%	1.7%	1.65	5%	3%	66%
아르헨티나: 1990년대 하이퍼인플레이션	고정환율	1.3%	5.16	--	3%	6	-2.6%	-50%	-2.6%	-50%	330%	2.0%	2.56	--	2%	--
아르헨티나: 2001년 고정환율포기	고정환율	8.7%	26.85	43%	25%	19	-6.8%	-47%	-14.1%	-65%	107%	7.9%	9.42	27%	6%	--
브라질: 1999년 고정환율포기	고정환율	8.5%	73.62	34%	21%	11	-5.2%	-49%	-6.7%	-56%	52%	5.2%	32.72	21%	10%	--
독일: 제2차 세계대전 후	고정환율	0.8%	0.25	2%	0%	64	-0.2%	-46%	-0.6%	-90%	107%	0.1%	0.02	0%	0%	--
프랑스: 제2차 세계대전	고정환율	30.9%	2.96	26%	29%	92	-8.2%	-48%	-7.0%	-84%	192%	1.1%	0.48	2%	2%	133%
영국: 대공황	고정환율	6.1%	1.34	10%	4%	15	-2.7%	-36%	-3.3%	-43%	40%	5.2%	0.77	7%	3%	3%
영국: 제2차 세계대전 후 평가절하	고정환율	6.2%	2.66	7%	3%	36	-1.0%	-21%	-2.4%	-38%	54%	4.7%	1.66	6%	2%	5%
영국: 제2차 세계대전	고정환율	14.7%	4.07	22%	11%	37	-3.7%	-66%	-12.8%	-89%	19%	1.5%	0.44	2%	1%	--
일본: 대공황	고정환율	4.0%	0.49	9%	15%	26	-3.0%	-55%	-5.1%	-67%	35%	2.7%	0.16	6%	6%	56%
일본: 제2차 세계대전	고정환율	5.1%	0.37	10%	13%	38	-2.5%	-58%	-2.4%	-81%	10%	0.6%	0.07	1%	1%	>500%

외환 보유고를 통한 중앙은행 개입이 중단되기 전에 통화 가치가 먼저 바닥을 친 경우에는 금 초과 수익률을 점선으로 표시했다. 중앙은행이 보유한 전체 외환 보유고 이상을 지출한 경우(예: 추가 외환 보유고를 빌리기 위한 통화 스와프 활용)에는 '<100%'로 표시했다.

이미 있는 개입이 있었던 사례를 대상으로 중앙은행이 외환 보유고 매각을 통해 개입한 내용 요약(2/3)

사례	고정환율 vs 변동환율	개입 전 외환 보유고 수준 GDP 대비 %	개입 전 외환 보유고 수준 US달러 (10억)	개입 전 외환 보유고 수준 광의통화(M2) 대비 %	개입 전 외환 보유고 수준 정부 부채 대비 %	환율 방어 기간 (개월)	6개월 집중 개입 GDP 대비 %	6개월 집중 개입 6개월 시작 시점의 외환 보유고 대비 %	환율 방어를 위한 총 외환 소진액 GDP 대비 %	환율 방어를 위한 총 외환 소진액 초기 외환 보유고 대비 %	개입 기간 중 금 VS 현지환율 초과 수익률	개입 후 외환 보유고 수준 GDP 대비 %	개입 후 외환 보유고 수준 US달러 (10억)	개입 후 외환 보유고 수준 광의통화(M2) 대비 %	개입 후 외환 보유고 수준 정부 부채 대비 %	환율 초과 잠가지금 VS 현지 환율 초과 수익률
멕시코: 1982년 하이퍼인플레이션	고정환율	1.6%	4.98	7%	5%	12	-1.8%	-57%	-2.7%	-65%	227%	1.7%	1.76	9%	3%	23%
멕시코: 테킬라 위기	고정환율	3.9%	20.89	18%	25%	11	-3.2%	<-100%	-6.4%	-128%	42%	-1.7%	-5.75	-9%	-7%	28%
튀르키예: 2001년 하이퍼인플레이션	고정환율	6.1%	18.44	26%	19%	5	-3.3%	-44%	-4.4%	-50%	27%	4.4%	9.24	19%	14%	16%
미국: 1971년 평가절하	고정환율	1.8%	18.61	3%	3%	23	-0.2%	-14%	-0.4%	-23%	-6%	1.2%	14.42	2%	2%	150%
미국: 대공황	고정환율	6.6%	5.15	9%	15%	14	-1.0%	-15%	-1.3%	-18%	-1%	6.1%	4.25	9%	12%	55%
아르헨티나: 2020년 채무 불이행	고정환율	5.9%	36.47	18%	11%	68	-5.0%	<-100%	-12.6%	-135%	163%	-3.2%	-12.93	-11%	-4%	43%
브라질: 1980년대 평가절하	고정환율	2.5%	7.13	18%	5%	6	-1.9%	-55%	-1.9%	-55%	42%	1.4%	3.18	10%	3%	-42%
브라질: 2002년 외환 위기	고정환율	6.9%	34.88	31%	11%	20	-5.5%	<-100%	-9.5%	-159%	10%	-3.5%	-20.63	-16%	-6%	- -
브라질: 2014년 외환 위기	고정환율	15.9%	371.27	44%	28%	33	-2.9%	-18%	-7.1%	-31%	16%	16.2%	255.62	44%	25%	10%
독일: 바이마르 공화국 경제 위기	고정환율	6.6%	0.59	7%	5%	63	-1.6%	-39%	-4.8%	-73%	>500%	1.9%	0.12	4%	2%	- -
프랑스: 1920년대 초 평가절하	고정환율	4.0%	1.15	7%	4%	77	-0.7%	-19%	-2.8%	-28%	48%	6.3%	0.83	6%	3%	133%
독일: 1970년대 말 평가절하	고정환율	4.7%	10.94	11%	11%	25	-1.0%	-29%	-1.9%	-43%	-4%	2.4%	6.21	7%	6%	110%
이탈리아: 1970년대 말 평가절하	고정환율	2.9%	6.67	4%	7%	15	-0.8%	-28%	-0.7%	-21%	-26%	2.4%	5.25	3%	5%	94%

외환 보유고를 통한 중앙은행 개입이 중단되기 전에 통화 가치가 전체 통화 바닥을 친 경우에는 금 초과 수익률 수치를 점선으로 표시했다. 중앙은행이 보유한 전체 외환 보유고 이상을 지출한 경우(예: 추가 외환 보유고를 빌리기 위한 통화 스와프 활용)에는 '<100%'로 표시했다.

이미 있는 개입이 있었던 사례들을 대상으로 중앙은행이 외환 보유고 매각을 통해 개입한 내용 요약(3/3)

사례	고정환율 vs 변동환율	초기 대응 능력				개입 단계						개입 후 단계				
		개입 전 외환 보유고 수준				환율 방어 기간	6개월 집중 개입		환율 방어를 위한 총 외환 소진액		개입 기간 중 금 VS 현지환율 초과 수익률	개입 후 외환 보유고 수준				환율 최저점까지 금 VS 현지 환율 초과 수익률
		GDP 대비 %	US달러 (10억)	광의통화(M2) 대비 %	정부 부채 대비 %	(개월)	GDP 대비 %	6개월 시작시점의 외환 보유고 대비 %	GDP 대비 %	초기 외환 보유고 대비 %		GDP 대비 %	US달러 (10억)	광의통화(M2) 대비 %	정부 부채 대비 %	
퇴르키예: 1994년 외환위기	고정환율	2.6%	6.44	22%	11%	4	-1.9%	-60%	-2.1%	-62%	31%	1.4%	2.47	14%	5%	47%
퇴르키예: 2018년 외환위기	고정환율	3.8%	30.34	8%	14%	41	-6.5%	<-100%	-10.2%	-293%	108%	-6.8%	-58.67	-15%	-30%	84%

외환 보유고를 통한 중앙은행 개입이 중단되기 전에 통화 가치가 먼저 바닥을 친 경우에는 금 초과 수익률을 점선으로 표시했다. 중앙은행이 보유한 전체 외환 보유고 이상을 지출한 경우(예: 추가 외환 보유고를 빌리기 위한 통화 스와프 활용)에는 '<100%'로 표시했다.

이 단계에 이르면 그 나라의 통화가 아무리 좋게 봐도 매우 위험하고, 최악의 경우 투자하거나 보유하기에 매우 나쁜 선택이라는 점이 비교적 명확해진다. 이런 상황에서 단순히 투자자들만이 그 나라의 부채와 통화를 떠나는 것이 아니라, 경제의 주요 참여자들(가장 중요한 은행, 기업, 가계)까지도 신중하게 위험을 줄이기 위해 그 부채와 통화에서 벗어나려는 움직임을 보인다. 다음은 내가 연구한 사례에서 관찰한 내용으로, 부채 사이클의 후반에 나타나는 전형적인 징후라고 생각하는 여러 역학관계다.

기업 재무팀의 행동

1. **국내 기업들은 해외 수익을 외화(즉, 달러)로 보관하기로 결정한다.** 과거에 그래왔던 것처럼 해외 수익을 자국 통화로 환전하지 않는다. 이들은 달러 가격은 비교적 안정적인 반면, 자국 통화로 환산한 수익의 변동이 심한 것을 보고 (전통적인 투자에서는 외화를 헤지해야 하지만) 자국 통화를 헤지해야 할 통화로 간주하기 시작한다.
2. **국내 기업들은 자국 통화 헤지 규모를 늘리기로 결정한다.** 이는 특히 경화 부채를 가진 기업들을 중심으로 이루어진다. 헤지 전략 중 하나는 자국 통화를 매도하고 외화를 매수하는 선도 계약을 맺는 것인데, 이는 선도 환율을 낮추고 현물 환율도 끌어내리는 효과가 있다.
3. 마찬가지로 **국내 자회사를 둔 외국 기업들은 현금을 즉시 국외로 인출한다.**

4. **기업들은 여러 위험을 겪으면서까지 해외 자회사를 유지할 필요가 없다고 판단한다.** 환율 변동으로 인한 손실, 정치적 불안정, 때로는 책임자의 경력 위험까지 감수하면서 얼마 안 되는 확장 기회를 좇는 것은 별로 의미가 없다고 생각하는 것이다. 그리고 새로운 해외 직접 투자FDI 프로젝트는 보류된다.

국내 은행의 행동

5. **정부 정책에 따라 부채를 매입해야 했던 은행들은 유동성이 고갈되면 해당 부채를 매도한다.** 이로 인해 최악의 위기 상황에서 부채 매도가 가속화된다.
6. **중앙은행이 경기 부양을 위해 사용하는 일부 정책(다중 금리, 자본 통제)이 때로는 의도와는 다르게 자금의 해외 유출을 부추길 수 있다.** 국내 은행과 기업들은 종종 자금을 해외로 이동시키는 시장을 조성하는 데 가장 유리한 위치에 있다. 같은 통화로 보관되더라도 국내 은행 시스템에서 자금이 유출될 때 은행들은 보유하고 있는 국채를 매도해 유동성을 확보할 수 있다.

해외 은행의 행동

7. **해외 대출 기관은 너무 골치 아픈 분야를 포기한다**(무역 금융, 운전 자본 마이너스 한도 등).

8. 종종 그들은 본사에 대한 자회사의 손실 위험을 감수할 가치가 없다고 판단될 때 자회사를 매각하거나 무상으로 양도한다(이 사업 부문에 관심을 기울이는 번거로움은 말할 것도 없다).

대형 국제 투자자의 행동

9. 역설적이게도, 차입이 계속 늘어날수록 늘어난 빚의 대부분은 팔고 싶어도 팔 수 없는 주체(예: 은행)가 보유하게 된다. 그리고 자산의 달러 가치는 하락한다. **유동성이 고갈되면서 현금화하기 어려운 자산을 싫어하는 대규모 외국 투자자들이 이탈한다.**

10. 대규모 정부 외환 보유고를 가진 국가들이 자국이 보유한 외환의 **통화 구성을 바꾸는 움직임이 나타나는데, 대체로 지정학적 고려 사항**이 이러한 결정에 큰 영향을 미친다.

11. 보통 대규모 국제 준비 자산 배분 기관은 보유 자산을 매도하고 싶어도 시장에 너무 큰 혼란을 야기할 수 있기 때문에 그렇게 할 수 없다. 대신 **이 기관들은 새로 확보하는 외환 보유고를 다른 통화로 축적하기 시작한다.** 이는 기존 보유 통화에 대한 수요를 감소시킨다.

12. 이와 관련해 해외 투자자들은 자산을 매도할 수는 없지만(유동성 부족) **만기를 연장하지는 않는다.**

외국인 투자자들의 자금 유출은 위기 상황에서 흔히 나타나는 현상이며, 이는 통화 가치 하락으로 이어진다.

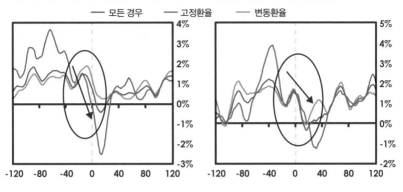

외국인의 부채 자산 매수(GDP 대비 %)　　외국인 대출 및 예금 순유입(GDP 대비 %)

— 모든 경우　　— 고정환율　　— 변동환율

국내 저축자의 행동

13. **국내 저축자들은 자산 다변화를 원하고, 어느 정도 인플레이션 헤지 자산에 베팅하기 시작해 자금 흐름이 그 방향으로 이동하기도 한다.** 그들은 은행 예금을 경화로 전환하고, 이는 은행이 외화를 매수하기 위해 자국 통화를 매도하도록 만든다.

14. **사람들은 인플레이션을 극복하기 위해 실물 자산을 구매한다.** 수입품이 이러한 실물 자산의 일부를 차지하므로 이는 통화 매도를 유도한다. 물론 이는 다시 인플레이션을 부추기고 상황을 악화시킨다.

15. **고액 자산가들은 재산을 보존하고, 증가하는 세금과 재산 몰수에 대한 우려 때문에 자금을 해외로 이동시킨다.**

16. **국내 저축자들은 해외 주식 보유를 더 신뢰할 수 있는 투자로 여긴다.** 이를 가능하게 하는 더 많은 상품이 등장한다.

17. **국내 은행이 불안해 보이므로 해외 은행 계좌를 개설하는 것이**

합리적인 행동으로 여겨진다. 은행들은 다른 통화로의 환전을 용이하게 만든다(단, 정부가 자본 통제를 시행하지 않았다는 가정하에만 가능하다. 정부는 보통 해외 은행 계좌 개설을 매우 어렵게 만들기 때문이다).

전통적인 투기 거래 심화

18. **시장에서 채권 자경단**bond vigilante**(중앙은행의 통화 정책으로 채권 가격이 불안정해지면 이에 항의하는 뜻으로 채권을 대거 매도해 가격을 폭락시키는 투자자-옮긴이)의 움직임이 나타나 국채를 팔기 시작하는 악순환이 시작된다.**
19. **투자 환경 악화로 주식 투자자들이 해당 국가에서 자금을 회수해 통화 가치에 부정적인 영향을 미친다.**

6장
중앙은행으로의 위기 확산
(단계5~6)

이 장에서는 내가 제시한 대규모 부채 사이클의 전형적인 흐름을 계속해서 살펴볼 것이다. 주로 문제가 중앙은행으로 확산하는 5~6단계에 초점을 맞출 예정이다.

단계5: 부채 위기가 발생하고 금리를 더 이상 낮출 수 없을 때(예: 0% 도달) 중앙은행은 돈을 '찍어내(창조해)' 채권을 매입해 신용을 완화하고 정부의 부채 상환을 용이하게 만든다

중앙은행은 실제로 돈을 '찍어내는' 게 아니다. 민간 은행으로부터 준비금을 빌리고, 그에 대해 초단기 이자를 지급하는 것이다.

궁극적으로 정부는 계획한 지출 우선순위들을 실행하기 위해서는 상당한 추가 자금이 필요하다는 사실을 피할 수 없다. 그러나 이 단계가 되면 자금 조달 금리가 정부가 감당할 수 있는 수준을 넘어서 큰 부담이 된다. 이는 투자자들이 해당 국가의 통화와 국채를 반사적으로 팔아치

우는 현상 때문에 발생한다. 자금 조달이 필요한 정부는 결국 중앙은행에 의존하게 되는데, 이는 문제를 중앙은행이 떠맡는 것과 마찬가지다.

역사적으로 이러한 시기에는 중앙은행이 많은 돈과 신용을 창출해 채권을 매입하는 경우가 많았다. 나는 이를 적신호로 보기는 하지만 중앙은행에 돈과 신용의 생산을 통제할 수 있는 힘이 있기 때문에 아직 심각한 신호는 아니다. 그러나 중앙정부와 그 부채의 경우는 압박을 피하기 어려울 것이다. 높은 부채 부담으로 인해 정부 지출의 점점 더 많은 부분이 부채 상환에 쓰이기 때문이다. 미국의 정부 재정 상황에 대한 자세한 논의는 뒤로 미루겠다.

더 구체적으로 말하면 중앙은행은 자산을 직접 매입하거나, 또는 채무이행 보증 및 각종 안전장치를 통한 간접적인 방식으로 **정부 재정(또는 시스템적으로 중요한 다른 기관의 재정)에 개입해서 어려움을 해결하기 위해 적극적으로 행동한다.** 중앙은행은 실제보다 높은 가격으로 매입한 자산에 대해 채무 불이행, 인플레이션 그리고/또는 금리 상승의 형태로 손실을 보는 경우가 많다. 이 단계에서 재무제표상의 손실은 정부에서 중앙은행과 해당 통화 보유자로 부담이 전가된다.

앞서 설명한 바와 같이, **정부 부채에 대한 수요가 충분하지 않으면 중앙은행은 다음 두 가지 선택에 직면하게 된다. a) 수요와 공급의 균형을 맞출 만큼 금리를 인상해 신용 수요와 지출을 모두 줄이거나, b) 돈을 찍어내 부채 자산을 매입하고 양적 완화 같은 수단을 통해 중앙은행의 자산과 부채의 총규모를 늘이는 것이다.** 이러한 상황이 장기간 지속되면 초기 단계의 적신호로 간주해야 한다. 또한, 정부가 장기 부채에 대한 수요가 충분하지 않을 때 발생하는 부채 만기를 단축하는 것도 초기 단계의 적신호로 간주해야 한다. 그리고 a) 총부채와 b) 정부 부채(시장에서 충분히 소화되지 못해 중앙은행이 매입한)가 모두 증가하는 경우에도 마찬가지로 적신호로 간주해야 한다. 뒤에 나올 차트를 보면 중앙은행의 채권 보유가 늘어나고, 정부 부채의 만기가 짧아지는 경향은 부채 위기가 발생하기 약 10년 전부터 서서히 시작되고, 위기 발생 이후에는 추세가 역전되는 것을 알 수 있다. 따라서 중앙은행이 채권 매입을 가속화하고 정부 부채 만기를 빠르게 단축하는지 주의 깊게 봐야 한다.

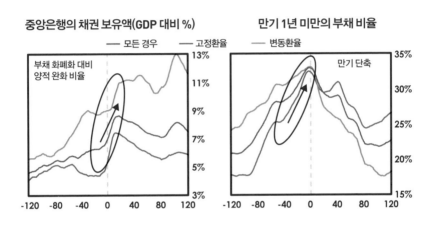

앞서도 논의했지만 시스템이 잘 작동할 때는 차입 채무자의 차입 수요와 대출 채권자의 대출 의향이 균형을 이룬다. 그러나 판매되는 부채에 대한 시장 수요가 충분하지 않아 민간 부문이 더 이상 감당할 수 없게 되면 중앙정부와 중앙은행이 더 많은 부채를 떠맡게 된다. 민간 부문이 그렇게 할 수 없을 때 정부가 이를 감당할 수 있는 이유는 채권자들이 금융 시스템이 불안한 상황에서도 (중앙은행은 부채를 갚기 위해 돈을 찍어낼 수 있는 힘이 있어 사실상 채무 불이행 위험이 없다고 여기므로) 중앙정부가 부채를 상환할 것이라고 믿기 때문이다. **문제는 중앙은행이 채무 불이행을 막기 위해 지나치게 많은 돈과 신용을 창출해서 화폐 가치를 떨**

어뜨려 상환하면 이것이 채권자에게 큰 위험이 되는 심각한 인플레이션을 유발할 수 있다는 것이다. 이런 일이 발생하면 나는 적신호로 보지만, 역사적으로 공급과 수요의 불균형이 실제로 문제가 되기 전에 이런 일이 자주 발생할 수 있으므로 아직 완전한 적신호는 아니다. 가장 최근의 예는 2008년에 시작되었다. 전에는 부채 화폐화라고 불렀지만, 이번에는 양적 완화라고 한다. 미국에서는 잠재 GDP의 18%, 총부채의 5%, 정부 부채의 16%에 해당하는 네 차례의 양적 완화가 있었다. 유럽에서도 잠재 GDP의 30%, 총부채의 10%, 정부 부채의 36%에 해당하는 네 차례의 양적 완화가 있었다. 일본에서는 잠재 GDP의 95%, 총부채의 22%, 정부 부채의 46%에 해당하는 세 차례의 양적 완화가 있었다.

중앙은행이 채권을 매입하면 민간 은행이나 일반 투자자가 매입할 때와 동일한 위험을 떠안는다. 유일한 차이점은 중앙은행은 부채를 화폐화하기 위해 돈을 찍어내고 손실을 덜 눈에 띄게 처리할 수 있다는 점이다.

더 구체적으로 말하면, 중앙은행이 (예를 들어 민간 은행으로부터) 채권을 매입하면 지불준비금 계좌에 새로운 금액이 입금되었다고 알리는 방식으로 대금을 지불한다. 그리고 중앙은행은 그 예금에 대한 이자를 민간 은행에 지급한다(우리가 은행에 돈을 맡기는 것과 크게 다르지 않다). 민간 은행이 자산에서 얻는 이자가 예금에 지급하는 이자보다 낮으면 어려움을 겪을 수 있는 것처럼 중앙은행도 마찬가지다. 중앙은행이 예금에 지급하는 이자율이 보유한 채권에서 얻는 이자율보다 높아지면 손실을 보고 현금 흐름이 마이너스가 된다. 만약 시가 평가 회계 방식을 사용한다면 채권에서 손실이 발생할 것이고, 은행 및 투자자와 마찬가지로 손실이 자본보다 커지면 순자산이 마이너스가 될 것이다. 실제로 이 단계에서는 아무도 크게 신경 쓰지 않지만, 앞으로 설명할 이유 때문에라도 신경 써야 한다.

단계6: 금리가 상승하면 중앙은행이 지급해야 하는 부채에 대한 이자가 매입한 부채 자산에서 받는 이자보다 높아지면서 중앙은행이 손실을 본다

이러한 상황이 발생하면 주목할 만하지만 그렇다고 완전한 적신호는 아니다. 하지만 중앙은행의 순자산이 크게 마이너스가 되어 자산에서 벌어들이는 돈보다 부채 상환에 나가는 돈이 더 많아 발생하는 현금 부족을 메우기 위해 계속해서 돈을 찍어내야 하는 상황에 이르게 되면 이는 심각한 위험 신호로 간주해야 한다. 이는 중앙은행의 죽음의 소용돌이 (즉, 금리 상승으로 인한 중앙은행의 재정 악화가 채권자들의 불안감을 야기하고, 이는 채권 매도로 이어져 금리 상승이나 추가적인 화폐 발행을 일으키며, 통화 가치 하락을 더욱 심화시켜 부채 자산과 통화의 매각을 가속하는 악순환)를 의미하는 완전한 적신호다. 이것이 내가 중앙은행이 파산한다고 말할 때 나타나는 현상이다. 중앙은행은 돈을 찍어내기 때문에 채무를 불이행하지는 않지만, 부채 상환금을 지불할 수 없게 된다. 돈 찍어내기가 대규모로 이뤄지면 이는 화폐 가치를 하락시키고 인플레이션형 침체 또는 불황을 초래한다.

이 단계에서 중앙은행은 일반적으로 어려운 상황에 처하게 된다. 취약한 경제와 재정적으로 취약한 정부를 지원하기에 충분히 완화적인 정책을 취해야 하는 동시에, 저축자와 투자자의 이탈을 막기 위해 충분히 긴축적인 정책을 유지해야 하는 필요성 사이에서 딜레마에 빠지게 된다. 이는 지속 불가능한 상황의 전형적인 특징으로 일반적으로 다음과 같은 방식으로 나타난다.

1. 중앙은행이 손실을 보고 순자산이 마이너스로 돌아선다.

중앙은행이 부채 자산을 대량 매입한 후 금리가 상승해 부채 가격이 하락하고, 중앙은행의 단기 자금 조달 비용이 매입한 부채 수익률보다 커지면 중앙은행은 매우 큰 손실을 보게 되어 마이너스 순자산을 기록하게 되는데, 이는 또 다른 위험 신호다. 그럼에도 불구하고 이러한 모든 위험 신호가 대규모 부채 사이클의 끝을 의미하는 것은 아니다. 단지 시스템의 재정 건전성이 약화하고 있다는 징후일 뿐이다. 중앙은행은 여전히 충분히 돈을 찍어내 통화와 신용을 넉넉히 공급하고 손실을 충당할 수 있기 때문에 아직 끝이라고는 할 수 없다. 하지만 정부가 재정의 건전성을 중요하게 생각하는 경우에는 중앙은행의 손실을 메우기 위해 중앙정부가 직접 자금을 투입해 중앙은행의 자본을 확충해야 할 수도 있다. 이러한 일이 발생하면 중앙정부는 더 많은 자금을 투자해야 하는데, 이는 세금 인상, 지출 삭감 그리고/또는 차입을 통해 이루어지므로 경제적 압박을 가중한다.

중앙은행이 많은 부채를 매입하면 부채 자산이 약속하는 돈의 가치가 하락하기 때문에 부채 가치도 하락한다. 또한 중앙은행이 지불해야 하는 단기 금리가 보유한 부채 자산에서 얻는 장기 금리보다 높으면 중앙은행은 손실을 보고 마이너스 순자산이 될 수 있다. 이는 처음에는 그렇게 심하지 않은 수준의 위험 신호다. 오늘날 여러 중앙은행이 마이너스 순자본(또는 그와 유사한 재무상태)을 가지고 있지만, 이는 운영에 큰 지장을 주지 않는다. 그러나 손실 규모가 커지면 훨씬 더 큰 문제를 야기하는 악순환이 시작될 수 있다.

중앙은행이 이렇게 부채를 매입하면 1) 그렇게 하지 않았더라면 창출되지 않았을 신용을 제공해서 금리를 낮게 유지할 수 있고, 2) 미래에 금리가 상승해 채권 가격이 하락하더라도 그 손실을 민간 부문이 아닌 중앙은행이 부담하게 된다는 장점이 있다. 이는 중앙은행이 손실을 보는 것이 정말로 문제가 되는지, 그리고 만약 그렇다면 그 이유는 무엇인지에 대한 질문을 제기한다. 답은 중앙은행이 손실을 보는 것이 민간 부문 투자자들이 손실을 보는 것이나 대출 기관에 대한 신용도를 유지하는 것보다 확실히 덜 중요하다는 것이다. **중앙은행이 부채에서 큰 손실을 보면 이는 대규모 부채 사이클이 끝나가는 시점이 임박했음을 나타내는 중요한 경고 신호로 보아야 한다.** 일반적으로 이 단계에서는 아직 위기가 발생할 이유는 없다. 왜냐하면 앞서 언급했듯이 작거나 중간 정도의 손실은 중앙은행에 심각한 영향을 미치지 않기 때문이다. 그러나 이러한 손실이 매우 큰 규모로 확대되면 중앙은행에 많은 현금 흐름이 필요하게 되고, 결국 중앙은행은 많은 돈을 찍어내는 수밖에 없다. 그리고 이는 통화 가치의 하락을 가져온다. 중앙은행은 예금자 이탈을 막기 위해 높은 이자를 지불해야 하지만(정부를 지원하기 위해), 자산에서는 거의 수익을 얻지 못해 결국 그 차액을 찍어내야 한다. 다음 표는 과거에 중앙은행이 막대한 손실을 보아 이를 메우기 위해 대규모로 돈을 찍어낼 수밖에 없었고, 그 결과 통화 가치가 지속적으로 하락하는 악순환을 겪었던 구체적인 역사적 사례들을 설명한다.

중앙은행이 막대한 현금 흐름 손실을 겪었던 역사적 사례

사례	시작일	종료일	기간 평균			손실 처리	찍어낸 돈의 소비 성향	사례별 결과		
			중앙은행 재무상태표 (GDP 대비 %)	중앙은행 현금 흐름 손실 (GDP 대비 %)	중앙은행 순보유고 (GDP 대비 %)			통화량 증가율(연간)	물가 상승률 (연간)	누적 외환 변동률
아르헨티나: 1980년대 말	88.1	90.12	31.5%	-3.3%	4.7%	돈 찍어내기	높음	107%	4927%	-97%
아르헨티나: 최근	19.1	22.12	34.0%	-3.5%	1.4%	돈 찍어내기	높음	50%	49%	-86%
페루: 1980년대 말	85.1	88.12	6.9%	-2.6%	2.5%	돈 찍어내기	높음	214%	246%	-100%
네덜란드 길더	1780	1796	5.8%	-3.3%	1.8%	돈 찍어내기	높음	27%	22%	-80%
튀르키예: 현재	23.1	2024 초	17.2%	-2.6%	-2.5%	돈 찍어내기	높음	20%	84%	-42%

소규모 재무상 태표에서 발생 하는 큰 손실 (막대한 부채 비용 대비 낮은 자산 수익률)

정부의 자본 투입 대신 화 폐화를 통한 손실 보전

예금자들의 과거 안 좋은 경험과 낮은 실질 금리 때문에 적어낸 통화를 팔고 다 른 통화를 구매

손실로 인해 대규모 평가절하 발생

2. **중앙은행은 통화 가치 하락에도 불구하고 자신의 부채와 다른 부채에서 발생한 손실을 화폐화하기 위해 돈을 찍어낼 수밖에 없다.**

이러한 상황에 직면하면 중앙은행은 궁극적으로 자신의 손실과 다른 주체들의 손실을 화폐화하기 위해 돈을 찍어낼 수밖에 없다. 이는 직접적으로 자산을 매입해 유동성을 공급하는 명시적인 방법과 채무 보증이나 안전망 제공을 통한 간접적인 방법이 있다. 중앙은행은 일반적으로 이러한 자산(종종 비싼 가격에 매입)에서 채무 불이행, 인플레이션 및/또는 금리 상승을 통해 손실을 보게 되며, 이는 결국 손실이 정부로부터 중앙은행 및 해당 통화 보유자로 이전되는 결과를 낳는다. **이 단계의 몇 가지 특징은 다음과 같다.**

- **정부 재정 지원 또는 부실 기업의 부채 상환을 위해 돈을 찍어냄에 따라 중앙은행이 보유한 자산과 부채의 총액이 늘어난다.** 다음 차트는 중앙은행의 국채 매입을 보여주지만, 중앙은행의 조치가 이보다 훨씬 광범위할 수 있다는 점에 주목할 필요가 있다(회사채 또는 주식과 같은 민간 자산 매입을 포함해 그 이상까지 다양하다). 또한 여기에는 부실 차입자에 대한 보증 및 안전망 조치 등이 포함되는데 이런 조치는 재무상태표에 항상 나타나지는 않지만, 중앙은행과 정부가 손실 보상 책임(예: 1933년 긴급 은행법 및 네덜란드 동인도 회사에 대한 암스테르담 은행의 안전망, 둘 다 결국 화폐화 조치를 했음)을 지기 때문에 부실 채무자를 간접적으로 지원할 수 있다.

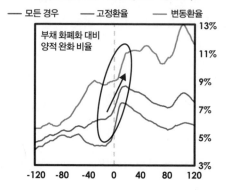

중앙은행 보유 채권액(GDP 대비 %)

― 모든 경우　　― 고정환율　　― 변동환율

부채 화폐화 대비
양적 완화 비율

13%
11%
9%
7%
5%
3%

-120 -80 -40   0   40   80 120

- **중앙은행이 통화를 방어하려고 시도하는 동시에 필요한 사람들에게 돈과 신용을 제공하기 위해 외환 보유고를 매각한다.** 그 결과, 중앙은행 자산 보유의 구성이 경화 자산(금 및 외환 보유고)에서 연성 자산(정부 또는 금융 기관에 대한 청구권)으로 이동한다. 투자자들은 통화를 방어하기 위한 중앙은행의 자원이 빠르게 감소하는 것을 확인하고 해당 통화에 대한 투매(특히 통화가 고정되었을 때)를 시작하며, 다시 중앙은행은 외환 보유고를 훨씬 더 빠르게 매각해 더 이상 환율 방어가 불가능해지는 사태에 이른다. 이러한 움직임은 변동환율 체제보다 고정환율 체제에서 훨씬 더 심하게 나타난다.

- **부채 화폐화와 외환 보유고 매각이 결합해 중앙은행의 경화 자산(외환 보유고) 대비 부채(통화) 비율이 감소하고 통화를 방어하는 중앙은행의 능력이 약화한다.** 이는 고정환율 체제와 변동환율 체제가 어떤 차이를 발생시키는지를 보여주는 또 다른 사례다. 고정환율을 채택한 국가들은 통화 공급의 신뢰도를 높이기 위해 더 많은 외환 보유고를 확보하고 있지만, 외환 보유고가 감소하기 시작

하면 바로 문제에 직면하게 된다. 또한, 환율 방어 단계에서 외환 보유고를 더 빨리 소진하는 경향이 있다.

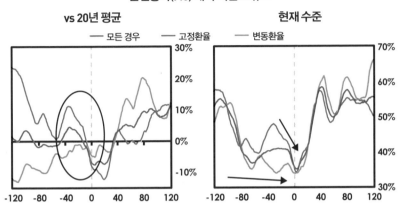

본원통화(M0) 대비 외환 보유고

고정환율 국가들은 일반적으로 외환 보유고 비율을 높게 유지하지만(평균적으로 본원통화의 50% 수준), 환율 방어 과정에서 외환 보유고가 점차 줄어들어 결국 환율을 평가절하할 시점에는 외환 보유고 수준이 본원통화의 3분의 1로 낮아진다.

7장
이전의 대규모 부채 위기가 진정되고 새로운 균형에 도달해 새로운 사이클이 시작된다(단계7~9)

시장의 힘과 정책 결정자들의 행동이 혼합되어 바닥을 다지고, 그로부터 상승세로 전환되기 시작하면 한 사이클이 끝난다. 이 장에서는 이러한 시기에 볼 수 있는 움직임과 지표들을 제시한다(4장에서 설명한 원형의 단계7~9).

단계7: 부채 구조조정과 평가절하

최선의 방식으로 관리하면(즉, '아름다운 디레버리징') 부채 부담을 줄이는 디플레이션 방식(예: 부채 구조조정을 통해)과 부채 부담을 줄이는 인플레이션 방식(예: 부채 화폐화를 통해)이 균형을 이루어 최악의 디플레이션이나 인플레이션 없이 부채 축소가 가능하다.

부채 부담이 너무 커지면 상당한 규모의 구조조정 그리고/또는 평가절하가 이루어져 부채 규모와 가치가 크게 줄어들게 된다. 이러한 변화는 별도의 관리 없이 저절로 발생하거나, 효과적인 관리를 통해 이루어질 수 있다.

통화 가치가 하락하면 남은 통화 및 부채 보유자들은 실질적으로 큰 손실을 본다. 이러한 구매력 손실은 지속적으로 발생하다가 투자자와 예금자들이 다시 통화를 보유하도록 유인할 만큼 충분한 신뢰도를 가진 **새로운 통화 시스템이 확립**되면 비로소 멈춘다. 일반적으로 이 과정에는 상당한 부채 탕감 및 재구조화가 포함된다.

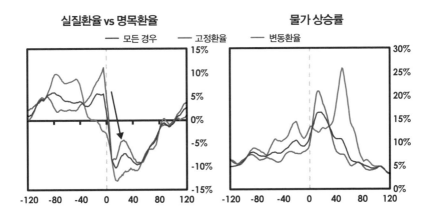

정부 부채는 금, 주식, 상품과 같은 실물 자산에 비해 가치가 더 하락한다. 어쩌면 이번에는 비트코인과 같은 디지털 통화가 수혜를 볼 수도 있다. 다음 차트는 사례 전반에 걸쳐 통화 및 부채 가치 하락의 평균치를 1) 금, 2) 상품, 3) 주식과 대비해 보여준다. **평균적으로 금은 통화 가치 하락 시작부터 통화가 최저점이 될 때까지 기간 중 해당 통화를 보유하는 것보다 약 60% 더 나은 성과를 보였다.** 고정환율 시스템과 변동(법정)환율 시스템 사례에서 나타나는 큰 차이에 주목하자.

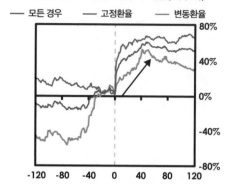

금 수익률 vs 현금 보유 수익률(지수화)

— 모든 경우　— 고정환율　— 변동환율

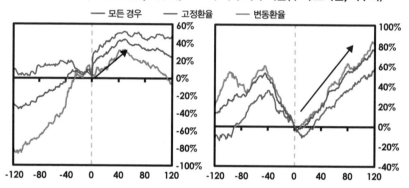

상품 지수 수익률(누적 초과분, 지수화)　　　주식 투자 수익률(누적 초과분, 지수화)

— 모든 경우　— 고정환율　— 변동환율

다음 표에서 사례별로 다양한 자산의 개별 수익률을 확인할 수 있다.

통화 평가절하 및 부채 탕감 시기의 자산 수익률(초과 수익률)(1/2)

	개별 자산(15% 변동성 기준)				자산 대비 부채/환율	
	금 (현지 통화 기준)	상품 지수 (현지 통화 기준)	주식	명목 채권	금 vs 채권 (동일 변동성)	주식, 금, 상품 vs 채권(동일 변동성)
평균 수익	81%	55%	34%	-5%	94%	71%
중간 수익률	66%	49%	3%	-2%	71%	38%
일본: 제2차 세계대전	282%	203%	100%	-53%	335%	260%
독일: 바이마르공화국 하이퍼인플레이션	245%	241%	754%	-99%	501%	516%
미국: 1971년 평가절하	185%	162%	-44%	-6%	191%	141%
이탈리아: 제2차 세계대전	173%	156%	92%	-28%	201%	154%
미국: 대공황	149%	70%	33%	19%	130%	68%
일본: 대공황	146%	73%	60%	30%	116%	72%
이탈리아: 1920년대 초 평가절하	126%	105%	-22%	-15%	141%	71%
미국: 1970년대 말 평가절하	109%	56%	3%	-33%	143%	104%
영국: 1970년대 말 평가절하	88%	23%	22%	19%	69%	37%
영국: 대공황	81%	-4%	-8%	26%	56%	2%
영국: 제2차 세계대전 후 평가절하	75%	57%	11%	19%	57%	38%
이탈리아: 1970년대 말 평가절하	73%	20%	-16%	-42%	114%	79%
프랑스: 1970년대 초 평가절하	73%	87%	43%	-11%	84%	59%
프랑스: 제2차 세계대전	71%	90%	11%	-14%	86%	66%
영국: 2008년 금융위기	71%	11%	24%	52%	19%	-4%
영국: 제2차 세계대전	66%	52%	8%	18%	49%	31%
튀르키예: 2018년 외환 위기	66%	40%	63%	-27%	144%	165%

이 표들은 통화 평가절하 시점부터 통화가 새로운 균형 상태에 도달할 때까지의 수익률을 보여준다(예를 들어, 미국 대공황의 경우 고정환율 포기 시점의 달부터 짧은 기간의 수익률을 표시했고, 평가절하가 더 길게 이어진 경우에는 평가절하 전체 기간에 대한 수익률을 표시했다). 개별 사례의 수익률 수치는 정확한 값이라기보다는 대략적인 수준으로 이해하면 된다. 시장 폐쇄, 채무 불이행 그리고 데이터 품질이 낮은 경우에는 수익률 및 변동성 조정을 정확하게 산출하기 어렵기 때문이다.

통화 평가절하 및 부채 탕감 시기의 자산 수익률(초과 수익률)(2/2)

	개별 자산(15% 변동성 기준)				자산 대비 부채/환율	
	금 (현지 통화 기준)	상품 지수 (현지 통화 기준)	주식	명목 채권	금 vs 채권 (동일 변동성)	주식, 금, 상품 vs 채권(동일 변동성)
미국: 2008년 금융위기	63%	2%	16%	55%	7%	-27%
멕시코: 1982년 채무 불이행	53%	73%	-27%	-81%	134%	131%
아르헨티나: 1990년대 하이퍼인플레이션	47%	54%	-	-	-	-
튀르키예: 1994년 외환 위기	46%	51%	-1%	-50%	97%	99%
멕시코: 테킬라 위기	40%	47%	-18%	-42%	82%	77%
일본: 2008년 금융위기+ 아베노믹스	38%	-21%	61%	49%	-11%	-22%
브라질: 2002년 외환 위기	31%	33%	-11%	1%	25%	15%
이탈리아: 유럽 재정 위기	28%	-2%	-16%	11%	17%	-6%
스페인: 유럽 재정 위기	28%	-2%	-15%	39%	-11%	-34%
브라질: 1999년 고정환율 포기	27%	16%	-3%	-6%	33%	26%
브라질: 2014년 외환 위기	25%	-11%	-14%	-2%	49%	24%
일본: 거품 붕괴 후 평가절하	23%	64%	6%	48%	-25%	0%
그리스: 유럽 재정 위기	23%	-13%	-50%	-49%	71%	30%
아르헨티나: 2001년 고정환율 포기	20%	14%	-4%	0%	21%	16%
튀르키예: 2001년 하이퍼인플레이션	13%	1%	-13%	22%	-9%	-22%

부채 재구조화 그리고/또는 평가절하 시기는 일반적으로 시장과 경제에 매우 어려운 시간이지만, 이 시간에는 부채 부담을 줄이고 개선의 토대를 마련할 수 있다. 전형적으로 위기 직전에는 본원통화 대비 부채 수준이 크게 상승해 민간 부문이 동일한 양의 본원통화 유통량으로 훨씬 더 많은 정부 부채를 떠맡아야 한다(이것이 많은 사례에서 처음에 금리 상

승 압력이 나타나는 이유 중 하나다). 결국 압력이 너무 커지면 중앙은행이 개입해서 부채를 화폐화하고 통화량이 늘어나면 부채 대비 통화 비율이 하락한다.

외환 보유고 대비 부채 비율은 처음에는 하락했다가 상승하는 것이 일반적이다. 이 단계에서는 부채 수준이 빠르게 증가하기 때문에, 그리고 환율 방어를 시도하면서 보유 외화를 매각하기 때문에 처음에는 부채 대비 외환 보유고가 감소하는 것을 볼 수 있다. 정책 입안자들이 환율 방어를 포기하고 평가절하를 용인하면 자국 통화로 표시된 부채 대비 경화 자산의 비율이 감소하고 국가의 경쟁력이 향상되어 경화로 더 많은 수입을 올릴 수 있게 된다.

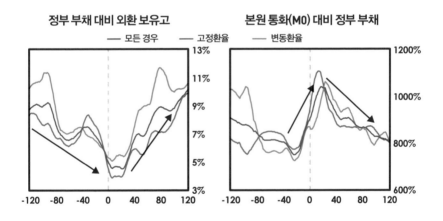

다음 차트는 정부 부채와 본원통화가 어떻게 나란히 변화하는지를 보여준다. 일반적으로 어떤 위기에 대한 대응으로 정부 부채가 먼저 증가하는 것을 볼 수 있다. 반면 본원통화는 대체로 변동이 없으며(실제로 중앙은행이 통화 방어를 시도하는 경기 순환 사이클에서는 통화 증가율이 둔화한다), 정부는 일반적으로 외환 통제나 환율 관리(예: 시장 환율과 다른 공식

173

환율 공표)와 같은 다양한 방법을 통해 상황을 통제하려고 시도한다. 이러한 통제는 시장 왜곡을 초래해 득보다 실이 많다. 중앙은행이 환율 방어를 포기하고 평가절하를 용인한 후에는 통화 발행 속도가 빨라지고, 이는 부채 대비 정부의 명목 소득을 개선하는 인플레이션을 유발한다. 이런 움직임은 고정환율 시스템과 변동환율 시스템 모두에서 대체로 유사하게 나타난다.

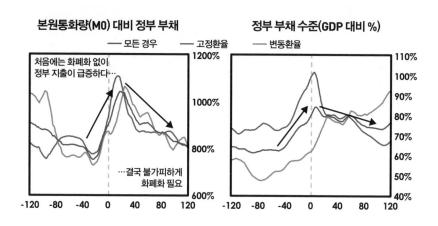

다음 3개의 차트는 정부 부채 대비 외환 보유고를 보여준다. 부채 대비 외환 보유고 감소는 주로 정부 부채 증가로 발생하지만, 통화 가치 폭락을 막기 위해 경기 사이클 후반에 외화를 매각해도 마찬가지 현상이 발생한다. 외화 매각이 멈추고 통화가 평가절하된 후에는 평가절하로 인해 남아 있는 경화 자산 대비 자국 통화로 표시한 정부 부채의 가치가 낮아지면서 일반적으로 비율이 개선되는 것을 볼 수 있다.

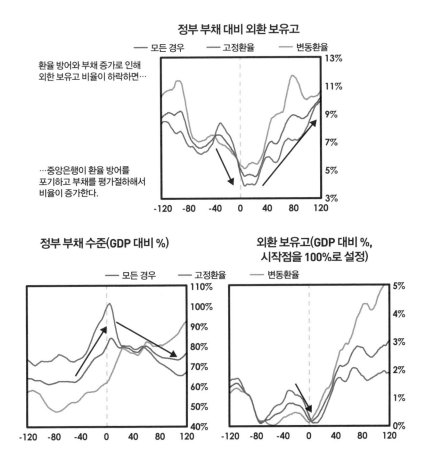

정부 부채 대비 외환 보유고

— 모든 경우   — 고정환율   — 변동환율

환율 방어와 부채 증가로 인해
외한 보유고 비율이 하락하면…

…중앙은행이 환율 방어를
포기하고 부채를 평가절하해서
비율이 증가한다.

정부 부채 수준(GDP 대비 %)

— 모든 경우   — 고정환율   — 변동환율

외환 보유고(GDP 대비 %,
시작점을 100%로 설정)

단계8: 이 시기에는 일반적으로 특별세 및
자본 통제와 같은 대범한 정책이 시행된다

이 시점에서 자금난에 시달리는 정부는 재정 수요를 충족하기 위해 세금을 인상하며, 가계와 기업은 이를 예상하고 가능한 한 많은 자산을 해외로 유출한다. 자금 유출을 막기 위해 정부는 종종 자본 통제를 시행하지만, 이때쯤이면 해당 국가의 통화를 다른 통화로 바꾸려는 욕구가 너무 커서 정부가 이런 흐름을 막기에는 역부족인 상황이 된다.

다음 차트는 여러 사례에 걸쳐 다양한 관점에서 세율을 보여준다. 예를 들어 최고 소득자에 대한 한계 소득세율과 상속세율 모두 평가절하 직전 몇 년 동안 약 10% 상승하는 것을 확인할 수 있다.[23]

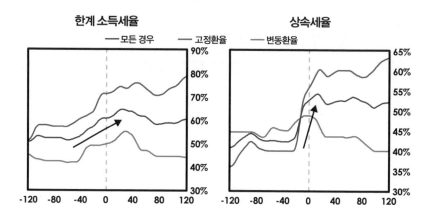

정부가 높은 세율을 부과할 때 그로 인해 자본이 국외로 빠져나가는 것을 막기 위해 자본 이동을 제한하는 정책을 함께 사용하는 경우가 많다. 다음 표에서 이것이 얼마나 흔한지 확인할 수 있다.

---

23 이 세율은 미국, 영국, 일본, 독일, 프랑스만을 포함한다.

엄격한 자본 통제 실시 여부(20년 단위)

	1900	1920	1940	1960	1980	2000
영국	실시	실시	실시	실시		
미국	실시	실시				
중국			실시	실시	실시	
독일	실시	실시	실시	실시		
프랑스	실시			실시		
러시아	실시	실시	실시	실시	실시	실시
오스트리아-헝가리	실시					
이탈리아		실시				
네덜란드				실시		
일본		실시		실시		

24

단계 9: 부채 축소 과정은 필연적으로 부채 부담의 감소로 이어져 경제가 균형 상태로 돌아간다

사이클의 종료 단계에서 인플레이션형 불황으로 인해 부채 가치가 하락할 때 정부는 자산 매각을 통해 외환 보유고를 늘리고, 중앙은행은 통화를 경화 또는 실물 자산(예: 금)에 연동해 급격히 변동하는 통화에서 상대적으로 안정적인 통화로 전환한다. 이 과정에서 매우 긴축적인 통화정책과 매우 높은 실질 금리를 유지하면 차입 채무자는 극심한 어려움

---

24 이 테이블에 모든 사례가 다 포함되어 있지는 않으며, 20년 단위로 확실한 증거가 있는 경우만 표시했다. 여기서 말하는 자본 통제란 투자자들이 자금을 다른 국가 및 자산으로 이동하거나 그 반대로 이동하는 행위를 제한하는 조치를 말한다(단, 경제 제재와 같이 특정 국가만을 대상으로 하는 표적성 조치는 포함하지 않았다).

을 겪고 대출 채권자는 높은 수익을 얻게 되며, 이는 부채 및 통화 매수로 이어져 결국 부채 및 통화를 안정시킨다.

이 단계에서 통화는 평가절하되었고 남은 통화 및 부채 보유자들은 실질적으로 큰 손실을 입었지만 채무자들의 부채 부담은 크게 완화되었다. 이제는 부채와 통화를 유지하고 안정화하는 데 그렇게 큰 노력이 필요하지 않다. 잘만 관리하면 정부는 때때로 국유 자산을 매각하거나, 긴축을 포함한 건전한 재정 정책을 요구하는 IMF 또는 기타 대출 기관을 통해 외환 보유고를 늘릴 수 있다.

이 단계에서 금리는 여전히 높다. 사실, 예상되는 물가 상승률 및 통화 가치 하락률에 비해 매우 높은 수준이다. 이는 중앙은행이 상황을 잘 관리한다면 해당 통화의 부채/돈을 다시 매력적인 투자 대상으로 만들 수 있고, 해당 통화로 된 부채의 가격이 비싸질 수 있다는 의미다. 이때가 되면 투자자와 예금자들이 다시 통화를 보유하도록 유인할 수 있는 충분한 신뢰성을 갖춘 **새롭고 더 안정적인 통화 시스템이 구축된다.** 일반적으로 이 단계 다음에는 상당한 부채 탕감 및 구조조정과 함께 경화로의 복귀 조치가 뒤따른다. 그리고 이 과정에는 일반적으로 국가의 재무상태표와 손익계산서를 개선하는 일련의 근본적인 조정이 필수적이다.

균형 상태로 전환하기 위해 일반적으로 필요한 5가지 전형적인 단계는 다음과 같다.

1. **정부 부채를 관리 가능한 수준으로 재구조화**함으로써 외환 보유고로 부채의 상당 부분을 충당할 수 있도록 하고, 정부의 부채 상

환 비용이 세입 증가율을 초과하지 않도록 한다. 이를 위해 외화 부채는 물론, 심지어 일부 자국 통화 부채에 대해서도 채무 불이행이나 구조조정이 필요할 수 있다.

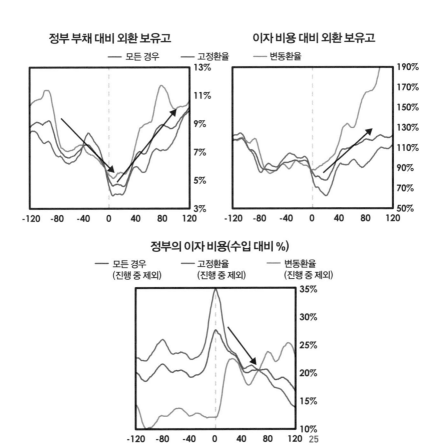

다음 두 차트는 여러 경제 위기 사례의 평균적인 데이터를 바탕으로, 통화 평가절하 이후 GDP 대비 국가 부채 수준의 변화 정도와 그 변화를 일으킨 주요 원인의 기여도를 보여준다. 여기서 평가절하 시점의 중앙 정부 부채는 평균적으로 GDP의 89% 수준임을 알 수 있다. 녹색 막대는 GDP 대비 부채 비율을 낮추는 요인을 나타내는데 평균적으로 중앙은행 매입이 7%, 인플레이션이 38%, 실질 GDP의 26% 성장, 재정 수지 흑자가 16%, 채무 불이행 또는 구조조정이 8%를 차지한다. 붉은색 막대는 GDP 대비 부채 비율의 상승 요인을 보여주는데. 지속적인 이자 지급이 76%를 차지한다. 이러한 요인들의 순효과로 평균적으로 부채는 GDP 의 89%에서 70%로 감소하며 적극적인 경기 부양책으로 인한 물가 상승과 실질 성장률 상승이 부채 부담 감소의 주요 요인이다. 다시 말해 자국 통화로 부채를 보유한 정부는 1) 중앙은행이 돈과 신용을 창출하고 물가를 높여 실질 성장을 촉진하고, 부채 구조조정을 통해 부채 상환액 대비 명목 소득 증가율을 높여 이자와 원금을 지급하고, 2) 채무 불이행 된 부채를 앞에서 나타난 금액만큼 구조조정한다. 이 차트는 모든 사례를 보여주지만, 특히 중앙은행이 발행할 수 있는 통화로 부채가 표시된 경우에 더욱 잘 해당한다. 대부분의 경우 부채 문제는 완전히 사라지지 않고 관리 가능한 수준으로 유지하면서 지속적으로 대처해 나가는 경향이 있다. 물론 이 수치들은 평균치이며 그 편차가 크기는 하지만 패턴은 상당히 일관적이다.

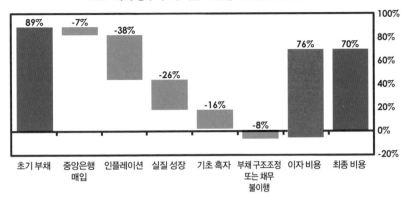

GDP 대비 정부 부채 비율의 전형적인 감소 원인

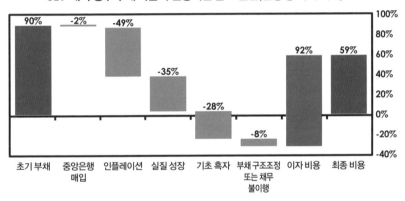

GDP 대비 정부 부채 비율의 전형적인 감소 원인(진행 중 사례 제외)

2. **근본적이고 고통스러운 재정 정책 조정**을 통해 중앙은행이 돈을 찍어 부채를 화폐화하지 않고도 국가 재정을 지속 가능하게 만든다. 중앙정부의 근본적이고 고통스러운 재정 정책 조정과 더불어 건전한 국제수지 조정이 요구된다. 일반적으로 정부가 낮은 금리로 차환해 이자 비용을 줄이면 기초수지 적자가 더 크게 개선된다.

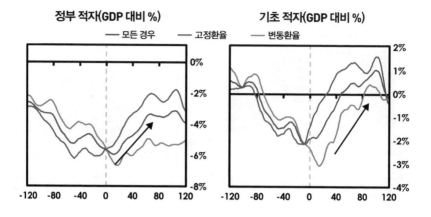

정부 적자(GDP 대비 %) 기초 적자(GDP 대비 %)

— 모든 경우 — 고정환율 — 변동환율

3. **이 과정에서는 일반적으로 통화를 방어하기 위해(기존의 통화가 붕괴되어 대체되는 경우 새로운 통화의 안정적인 정착을 위해) 충분한 양의 외환 보유고를 확보한다.** 통화 평가절하는 전반적으로 도움이 된다. 환율 하락이 명목 부채 대비 국가 외환 보유고의 가치를 증가시키고, 국가의 경쟁력을 향상해 수입 비용 대비 수출 수입을 늘리는 데 도움이 되기 때문이다. 이에 더해 외환 보유고를 더욱 확충하기 위한 정부의 자산 매각과 (이 시점에서는 여전히 대출 의향이 있는 몇 안 되는 주체 중 하나인) 공적 채권자(IMF, 세계은행, 각국 정부 기관 등 공적인 성격을 가진 채권자-옮긴이)로부터 간헐적인 차입이 일어나기도 한다. 또한 국영 기업 및 기타 자산도 매각되는데, 이는 외환 보유고 확보를 위한 자금을 충당하고 해당 기업의 효율성을 향상한다.

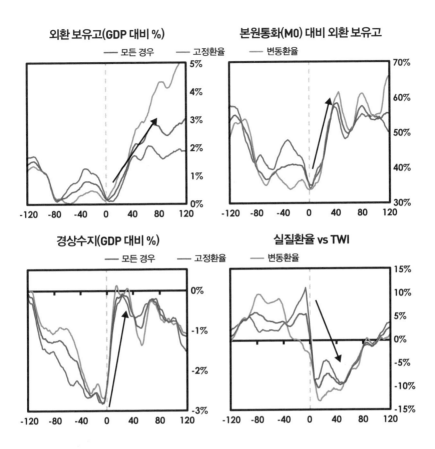

외환 보유고(GDP 대비 %)

— 모든 경우　— 고정환율

본원통화(M0) 대비 외환 보유고

— 변동환율

경상수지(GDP 대비 %)

— 모든 경우　— 고정환율

실질환율 vs TWI

— 변동환율

4. **높은 실질 금리.** 통화를 보유하는 데 따르는 위험을 충분히 보상
   할 수 있어야 한다. 다음 차트는 현지 통화 및 경화 표시 채권의
   명목 금리를 보여준다.

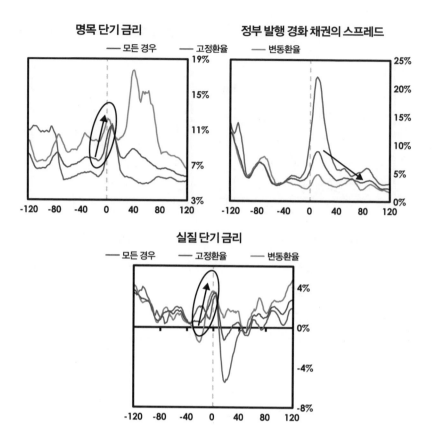

명목 단기 금리

━ 모든 경우　━ 고정환율　━ 변동환율

정부 발행 경화 채권의 스프레드

실질 단기 금리

━ 모든 경우　━ 고정환율　━ 변동환율

5. 새롭고 안정적인 통화의 지속 가능한 재정을 훼손할 수 있는 중
앙은행의 행위에 제약을 둔다.

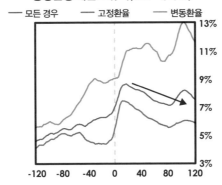

중앙은행 채권 보유액(GDP 대비 %)

이러한 조건들이 충족되면, 이때가 해당 국가의 통화와 채권을 보유하기에 가장 좋은 시기 중 하나다.

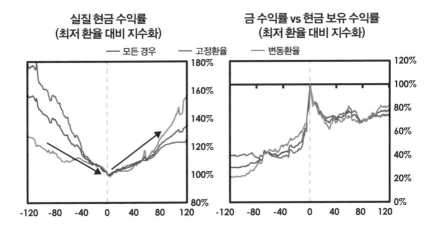

실질 현금 수익률
(최저 환율 대비 지수화)

금 수익률 vs 현금 보유 수익률
(최저 환율 대비 지수화)

이것이 내가 생각하는 전형적인 대규모 부채 사이클의 마지막 단계의 모습이다. 이제 다시 아주 거시적인 관점으로 돌아가서 지난 80년 동안 현재의 대규모 부채 사이클이 어떻게 전개되어왔는지 살펴보자.

8장
전반적인 빅 사이클

이 책에서 가장 중요한 장을 꼽으라면 바로 8장일 것이다. 왜냐하면 이장은 세계 질서를 극적으로 변화시키는 가장 크고 중요한 힘들을 다루고 있으며, 이러한 힘들이 어떻게 그리고 왜 빅 사이클 속에서 역사를 반복적으로 이끌어왔는지 보여주기 때문이다. 나는 이러한 사이클을 너무나 많이 봐왔기에 지금 일어나고 있는 일들을 지켜보는 것은 마치 이전에 여러 번 봤던 영화를 다시 보는 것 같은 느낌이 든다. 단지 사람들이 입고 있는 옷이 바뀌고, 사용하고 있는 기술이 더 현대적일 뿐이다. 내가 보는 것을 여러분도 봤으면 좋겠다. 또한, 과거에 무슨 일이 있었고 왜 일어났는지를 보면 이전에는 상상조차 할 수 없었던 발전들이 현재 어떻게 일어나고 있으며, 앞으로 어떻게 일어날 수 있는지 이해할 수 있을 것이다.

이 책은 주로 부채/신용/돈/경제 사이클에 무슨 일이 일어나고 있는지 이해하는 데 초점을 맞추고 있지만, 이러한 움직임을 고립시켜서는 이해할 수 없다. 왜냐하면 이러한 사이클은 다른 큰 힘들의 영향을 받

기 때문이다. 마찬가지로 다른 영역에서 무슨 일이 일어나고 있는지 이해하기 위해서는 부채/신용/돈/경제를 이해해야 한다. 이 힘들이 다른 대부분 영역의 발전에 큰 영향을 미치기 때문이다. 5가지 힘이 합쳐져 통화, 국내 그리고/또는 세계 질서의 급격한 변화를 초래하는 전반적인 빅 사이클을 만들어낸다. 이 사이클이 어떻게 작동하고 지난 500년 동안 어떻게 나타났는지에 대해 《변화하는 세계 질서》에서 포괄적으로 설명했지만, 600페이지짜리 책의 내용을 모두 여기에 담을 수는 없다. 대신 간략한 요약을 제공하겠다. 이를 통해 현재의 빅 사이클에서 무슨 일이 있었는지 다루는 3부와 미래를 예측하려는 4부로 넘어갔을 때 실제 역사적 사건들이 내가 말하는 대규모 부채 사이클과 전반적인 빅 사이클과 어떻게 맞아떨어지는지 비교하며 이해할 수 있을 것이다.

기관의 작동 원리

일어나는 모든 일에는 그렇게 되는 이유가 있기 때문에, 모든 것은 마치 영구운동 기관이 변하는 것처럼 보인다. 이 기관을 이해하려면 그 작동 방식을 이해해야 한다. 모든 것이 직간접적으로 다른 모든 것에 영향을 미치기 때문에 그 작동 방식은 매우 복잡하다. 때로는 국가가 파산하는 방식에 대해 이 책의 앞부분에서 설명했던 것처럼 복잡한 세부 내용을 자세히 설명하기도 하고, 때로는 간단하게 설명하려고도 했다. 그래서 이런 속담이 있는지 모르겠다. '어떤 바보도 복잡하게 만들 수 있지만, 단순하게 만드는 것은 천재의 몫이다.' 이 장에서는 빅 사이클을 간단하게 설명하려고 한다. 먼저 내 접근 방식을 설명하는 것으로 시작하겠다.

삶의 대부분을 글로벌 매크로 투자자로 살아오면서 나는 인과관계를 이해하고 모델링하려고 노력했으며, 내 모델을 이용해 시장에서 일어날 일에 베팅하곤 했다. **그렇게 하기 위해 지난 약 35년 동안 내가 내리는 결정과 똑같은 결정을 컴퓨터가 내릴 수 있도록 자동화된 전문가 시스템을 만들었다. 이러한 시스템은 다음과 같은 원칙에 기반한다.**

- **의사결정 시스템은 시대를 초월하는 보편적인 관계에 기반해야 한다. 즉, 모든 시간대와 모든 국가에서 일어나는 크고 중요한 발전을 (반드시 정확하거나 상세하게는 아니더라도) 설명할 수 있어야 한다. 만약 모든 시간대와 모든 국가에서 일어나는 큰 발전을 설명하지 못한다면 이는 중요한 영향 요인이 빠져 있으니 그 요인이 템플릿/모델에 추가되어야 한다는 의미다.**

내가 구축한 전문가 시스템은 말하자면 이전 시대의 인공지능이다. 현재 다양한 인공지능이 획기적으로 발전하면서 나를 포함한 우리 모두는 모든 것을 움직이는 인과관계를 이해하기 직전에 와 있다고 믿는다. 다만 아직은 이용 가능한 컴퓨터 및 AI 도구를 사용해 사람들이 과거에 일어난 일을 연구하는 오래된 방식으로 여전히 힘들게 작업해야 한다. 그렇기 때문에 내가 알고 있는 세상을 근본적으로 변화시키는 가장 중요한 원리들을 이해하고 설명하기 위한 미약한 시도로서 나는 깊이 있는 연구를 수행하고, 그 연구 결과를 바탕으로 설명을 만들어내고 있다. 지금부터 설명하려는 것은 이러한 과정의 결과다. 그러나 빅 사이클을 움직이는 힘이 너무나 크기 때문에 복잡한 세부 사항에 대해 걱정할 필요 없이 쉽게 잘 보고 이해 가능하다.

가장 넓은 수준으로 확대해보면 변화의 가장 중요한 5가지 동인은 다음과 같다.[26]

1. 부채/신용/돈/경제 사이클

2. 국내 질서 및 무질서 사이클

3. 외부 지정학적 질서 및 무질서 사이클(즉, 변화하는 세계 질서)

4. 자연재해(가뭄, 홍수, 전염병)

5. 인간의 창의성, 특히 새로운 기술

이러한 힘들은 서로 영향을 미치면서 가장 큰 사건들을 발생시키고 상승 추세선을 중심으로 시장과 경제를 움직이는 사이클을 만들어낸 다. 그리고 그 상승 추세선의 기울기는 주로 충분한 자원(예: 자본)을 가지고 다른 사람들(동료, 정부 관료, 변호사 등)과 협력해 생산성 향상을 가져오는 발명품과 제품을 만드는 실용적인 사람들(예: 기업가)의 창의성에 의해 결정된다.

단기적으로는(예: 1~10년) 단기 사이클, 특히 부채와 정치의 단기 사이클이 영향을 미치며, 장기적으로는(예: 10년 이상) 장기 사이클과 생산성의 상승 추세선이 훨씬 더 큰 영향을 미친다. 앞서 설명했지만 이러한 흐름을 내가 개념적으로 이해하는 방식은 다음과 같다.

---

26 이 동인 외에도 추가적으로 일하지 않고 부양 비용이 많이 드는 (왜냐하면 노년에는 의료비가 높기 때문에) 노인 인구의 증가, 선진국의 노동력 감소, 저개발국의 인구 급증, 그리고 실제로 생산적인 사람은 소수에 불과한 인구 통계학적 요소도 감안해야 한다.

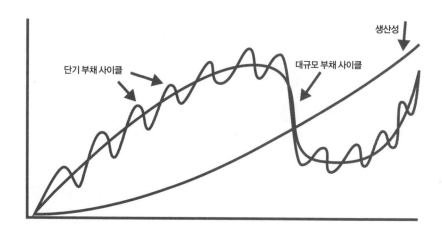

이제 이 5가지 힘에 대해 자세히 살펴보겠다. 이 힘들에 대해 읽으면서 이러한 힘들이 과거에 어떻게 작용했고 현재 어떻게 작용하고 있는지 생각해보기 바란다. 그렇게 하면 왜 "역사는 반복된다"라고 하는지 이해할 수 있을 것이며, 현재 일어나고 있는 일과 앞으로 일어날 가능성이 있는 일을 더 잘 이해하는 데 도움이 될 것이다.

전반적인 빅 사이클의 작동 방식:
5가지 큰 힘

우리는 제2차 세계대전이 끝날 무렵 시작된 전반적인 빅 사이클의 80년째에 접어들었으며, 이는 대체로 역사적 맥락에서 이 5가지 힘이 동시에 어떻게 상호 작용하는지 머릿속으로 그려봐야만 앞으로 일어날 극적인 변화를 제대로 상상하고 이해할 수 있다.

보다 구체적으로 말하면 다음과 같다.

1. 부채/신용/돈/경제 사이클

이 책 전체에 걸쳐 나는 대규모 부채 사이클에 영향을 미치는 가장 중요한 요소들(소득 대비 부채 상환액, 부채 수요 대비 신규 발행 부채 규모, 부채 자산 보유자들의 기존 부채 자산 보유 선호도 및 의향, 그리고 앞서 설명한 기타 요인 등)을 설명했다.

이미 이 대규모 부채 사이클에 대해 너무나 철저하게 다뤘기 때문에 독자들이 지겨울 수도 있다. 따라서 더 이상 많은 말을 하지는 않겠다. 다만 **전달하고 싶은 주요 요점들을 다시 한번 강조하겠다.**

- **항상 단기 사이클이 있었고, 앞으로도 그럴 것이라고 예상되며, 이러한 단기 사이클들이 시간이 지나면서 대규모 부채 사이클을 형성한다.**
- **평균적인 단기 부채 사이클은 일반적으로 약 3년의 오차를 두고 약 6년 정도 지속되었다**(6년이라는 듀레이션은 우리가 관찰해온 각 사이클의 지속 기간을 추정하는 데 필요한 여러 요인에 따라 달라진다).
- **평균적인 장기 대규모 부채 사이클은 일반적으로 약 80년 정도 지속되었으며 약 25년 정도의 오차가 있다**(80년이라는 듀레이션은 우리가 관찰해온 각 사이클의 지속 기간을 추정하는 데 필요한 여러 요인에 따라 달라진다).
- **이러한 부채 사이클은 내가 나머지 4가지 큰 힘이라고 부르는 요소에 의해 영향을 받기도 하고 영향을 미치기도 한다.**

이런 움직임을 간단히 요약하면 다음과 같다. 시대를 초월해 전 세계

적으로 대규모 부채 사이클의 변화와 큰 부채 및 경제 문제를 야기한 근본적인 원인은 현존하는 돈, 재화, 용역 및 투자 자산에 비해 지속 불가능할 정도로 많은 부채 자산과 부채 부담이 생성되었기 때문이다. 그리고 이는 항상 대규모 부채 위기와 뱅크런으로 이어졌다. **뱅크런이란 (본질적으로 가치가 없으며 단지 물건을 구매하는 데만 가치가 있는) 부채 자산을 실제 돈으로 바꾸기 위해 은행에 돌려주는 것을 의미하는데, 이 상황이 되면 은행은 이미 그 요구를 충족할 만큼 충분한 돈을 가지고 있지 않다.** 역사적으로 이러한 금융 자산 보유자들이 실제로 그것을 돈으로 바꿔 물건을 사려고 할 때 그들이 부채 자산에 저장되어 있다고 믿었던 구매력을 얻을 수 없다는 것을 알게 되면, 뱅크런이 점점 가속화되어 시장 가치와 부에 큰 변화를 일으킨다. 결국 부채의 채무 불이행, 재구조화 그리고/또는 화폐화를 통해 소득 대비 부채 부담이 줄어들고 새로운 균형에 도달하게 된다. 부채는 거의 항상 화폐화되는데, 이는 중앙은행이 부채 상환을 더 쉽게 하려고 많은 돈과 신용을 창출해 돈과 부채의 가치를 떨어뜨리는 경우가 거의 대부분이기 때문이다.

부채와 돈의 힘, 내부 질서의 힘, 외부 질서의 힘이 사이클의 후반부에 있을 때(즉, 부채가 많고 내부 및 외부 갈등이 많을 때) 이는 보통 큰 갈등과 통화 질서, 내부 질서 및 세계 질서에 곧 혁명적인 변화가 곧 온다는 말이다. **마치 생애 주기처럼 빅 사이클은 여러 단계를 거친다. 내가 단계5라고 부르는 이 후기 단계는 빅 사이클의 종말을 가져오는 불황과 전쟁 바로 직전에 위치한다. 나중에 설명하겠지만 나는 우리가 지금 이 후기 단계에 있다고 생각한다. 이 시기는 아직 우리 생애에는 일어나지 않았지만, 역사적으로는 여러 번 발생했던, 급진적이고 일반적으로 예상하기 어려운 변화의 시기다.** 이러한 시기에는 과거의 큰 변화 사례를 이해하고, 그것이 다시 일어날 수 있는지를 검토하는 것이 매우 중요하다.

나의 책 《변화하는 세계 질서》에서 그러한 여러 사례를 이미 살펴본 바 있다. 역사는 인과관계를 이해하고 현재 일어나고 있는 일과 앞으로 일어날 수 있는 일에 대한 관점을 제공하는 효과적인 지침이 될 수 있다. 그러므로 이러한 역사적 사례를 활용해 현재 상황에서 논리적으로 발생할 가능성이 있는 일을 생각해보면 된다.

그렇다면 현재 상황은 어떤가? 오늘날 미국 및 다른 모든 주요 국가는 막대한 과잉 부채에 시달리고 있으며, 이들 국가 내부적으로는 점점 더 민족주의적이고 분열된 질서가 나타나고 있다. 국가 간 관계는 점점 더 적대적으로 변하고 있으며, 파괴적이고 엄청난 손실을 입히는 자연재해가 발생하고 있고, 놀랄 만큼 새로운 기술들이 계속해서 등장하고 있다.

현재와 비슷한 상황이 과거에도 있었다는 것을 알게 되면 우리는 과거에 일어났던 일들을 참고해 현재 상황에서 미래에 어떤 예상치 못한 일들이 일어날 수 있는지 상상력을 발휘해볼 수 있다. 예를 들어 과도한 부채라는 유사한 상황에 직면했을 때 (미국을 포함한) 여러 국가가 다음과 같은 이례적인 조치를 취하는 것을 여러 번 볼 수 있었다.

- **(과거 영국이 그랬던 것처럼) 다른 나라에게 자국 부채를 매입하도록 큰 압력 행사**
- **(1941년 미국이 일본에, 그리고 최근 러시아에 그랬던 것처럼) 선택적으로 부채를 동결하거나 '적성국'의 자산 몰수**
- **(히틀러 집권 후 독일이 그랬던 것처럼) 만기 연장 그리고/또는 부채 부담을 줄이기 위해 부채를 화폐화해 채무 불이행 및 부채 구조 조정 실시**

- 자산의 해외 유출을 막기 위해 몰수세를 부과하고 자본 및 외환
  통제 실시
- 정부 자산의 재평가 및 관리
- 새로운 유형의 화폐 창출

분명히 말하지만, 나는 이러한 종류의 일들이 일어날 것이라고 단정
하는 것이 아니며, 사실 그렇게 될 가능성을 언급하는 것조차 망설여진
다. 잘못하면 과장된 두려움을 불러일으키고, 이는 부적절하고 과도한
행동을 유발할 수 있기 때문이다. 그러나 훌륭한 의사가 심각한 질환을
앓고 있는 환자에게 정확한 상태를 알려주는 것처럼, 과거 사례가 우리
에게 알려주는 것을 전달하지 않으면 내 책임을 다하지 못하는 것 같은
생각이 든다.

2. 내부 질서 및 무질서의 사이클

**국가에는 내부적으로 평균 약 6년(±3년의 오차)간 지속되는 단기적인
정치적 변동이 있으며, 이는 시간이 지남에 따라 약 80년(±25년의 오
차)간 지속되는 국내 질서의 장기적 변화로 이어진다.** 다시 말하지만,
이러한 기간이 고정되어 있다는 의미는 아니다. 지속 기간은 매우 가변
적이지만, 한 가지 확실한 것은 이러한 사이클은 항상 발생했으며 앞으
로도 계속 발생한다는 점이다. 그 지속 기간은 우리가 관찰하고 활용할
수 있는 여러 영향 요인에 의해 결정된다.[27] 이것들은 국가 내부에 존재
하며 통치 시스템, 즉 내가 '질서'라고 부르는 것에 갈등과 변화를 초래

하는 사이클이다. 이러한 권력 투쟁은 모든 정부 시스템, 모든 유형의 조직, 심지어 가족 내에서도 기본적으로 동일한 방식으로 작동한다. 그 이유는 투쟁이 인간 본성에 내재해 있기 때문이다.

그렇다면 어떻게 작동할까?

간단하다. 영원한 것은 아무것도 없다. 이는 권력에 오른 지도자와 통치 시스템을 중심으로 구축된 질서도 마찬가지다. **질서의 변화는 가장 큰 힘을 가진 사람들이 무엇을 할지 결정하면서 발생한다. 기존 질서를 운영하지 않은 사람들이 운영하는 사람들보다 더 많은 힘을 얻고 체제를 바꾸고 싶어 할 때 질서가 바뀐다.** a) 강력한 집단이 질서를 바꾸고 싶어 하는데, b) 어느 쪽이 더 강력한지 명확하지 않으면 싸움을 통해서만 결정될 수 있고, 이때 싸움이 일어난다. 반면에 강력한 집단이 a) 질서를 바꾸고 싶어 하지 않거나, b) 바꾸고 싶어 하는 강력한 집단이 기존 집단보다 훨씬 강해서 큰 싸움 없이도 변화가 일어날 때는 싸움이 일어나지 않는다.

민주주의 국가에서는 경제 상황이 나쁘면 일반적으로 정치적 변화가 일어나므로 선거 주기가 경제 주기와 대략적으로 일치한다. ● 새롭게 대중의 선택을 받아 권력을 잡은 지도자가 등장한 초기(예를 들어 새로운 대통령의 취임 후 첫 100일 동안) 밀월 기간에는 대체로 낙관론이 존재한다. 이때는 위대한 변화와 대규모 개선에 대한 꿈이 존재하며 아직 새로운 지도자가 현실을 어떻게 형성하고 처리하는지에 대한 비판이 본격화되기 전이다. 시간이 지남에 따라 일반적으로 지도자가 당선되기 위해 했던 큰 약속들은 이행하

---

27 《변화하는 세계 질서》 5장 '내부 질서와 혼란의 빅 사이클'에서 자세히 다뤘다.

기 어려워지고 나쁜 일들이 발생해 실망감이 커지며 비판가와 야당은 더 대담해지고 지지율은 하락한다. 이 모든 것은 권력을 유지하기 위한 싸움을 더 어렵게 만들고 종종 권력을 유지하기 위해 더 극단적인 행동으로 이어진다.

이러한 역학관계가 이 책을 쓰는 2025년 3월 현재 미국에서 작용하고 있다. 상황이 어떻게 전개될지는 주로 시장과 경제를 형성하는 단기 및 장기 부채/신용/돈/경제 사이클이 어디에 있는지에 달려 있지만, 외생적 사건(가뭄, 홍수, 전염병 그리고 큰 국제적 또는 국내적 갈등) 또한 중요할 수 있다.

국가 내의 모든 통치 질서는 한 유형에서 다른 유형(예를 들어 민주주의에서 독재주의로, 그리고 독재주의에서 민주주의)으로 변화한다. 그리고 각 주요 유형의 질서는 다양한 형태로 나타날 수 있으며 그중 일부는 잘 운영되고 일부는 그렇지 못하다. 이제 민주주의가 실패할 때 일어나는 일을 살펴보자.

● 민주주의가 실패하면 독재주의가 등장한다.

역사를 통해 질서가 어떻게 변화해왔는지 연구하는 과정에서 일반적으로 공화정 스타일의 대의민주주의에서 독재주의로의 변화가 어떻게 일어나는지 볼 수 있었다. 이러한 변화는 고대 로마의 율리우스 카이사르(기원전 49~44년), 프랑스의 나폴레옹 보나파르트(1799~1815년), 이탈리아의 베니토 무솔리니(1922~1943년), 독일의 아돌프 히틀러(1933~1945년), 일본의 군부 지도자들(1931~1945년), 스페인의 프란시스코 프랑코(1936~1975년), 튀르키예의 레제프 타이이프 에르도안(2016년부터 현재까지)을 포함한 다른 많은 국가의 지도자들이 독재적인 지도자가 되는 과정에서 잘 드러난다. 플라톤이 기원전 375년경에 쓴 《국가》도 참고가 되었다. 이 책은 민주주의가 어떻게 독재주의로 변하는지에 대한 귀중한 설명을 제공한다.

대부분의 경우 공화정 스타일의 대의민주주의에서는 부와 가치관의 격차가 커지고, 경제 사회적 상황이 악화하며 취약한 지도력은 분열되어 있다. 이러한 민주주의는 본질적으로 반대되는 파벌 간의 타협에 의존하는데, 이러한 시기에는 타협이 무너지므로 문제를 해결할 수 없다. 따라서 반대편은 법과 타협이라는 시스템을 따르는 대신 어떤 대가를 치르더라도 승리하기 위해 싸우려 한다. 일반적으로 이는 강경 우파, 취약한 중도, 강경 좌파 사이의 격화되는 포퓰리즘 갈등으로 이어진다. 특히 경제적 어려움이 있는 시기에는 갈등이 증가해 통제권을 장악하기 위한 싸움으로 이어진다. 권력을 쟁취하기 위한 싸움이 발생하는 방식은 대체로 유사한 패턴을 보이는데 그 이유는 뒤에서 설명할 논리적 이유 때문이다.

플라톤도 지적했고, 내가 한 역사 연구에서도 드러났듯, 일반적으로 민주주의 지도자들은 장기적으로 국가를 강하게 만들고 더 심오하고 전체적인 문제를 해결하는 어려운 일보다는 유권자들이 당장 얻을 수 있는 혜택이나 일시적인 어려움 해소에 초점을 맞춘다. 역사적 기록에서 내가 읽어낸 것은 특히 큰 번영과 도전 과제가 거의 없었던 시기 이후에 지도력이 약화되고, 부패하며, 타락하게 되는 양상이다. 플라톤은 민주주의가 약화되고 타락해 정의와 덕을 잃으면 정점을 지나 쇠퇴하기 시작한다고 주장했다. 이러한 시기는 일반적으로 만연한 부패, 불평등 그리고 제도의 효과적인 기능 실패로 특징지어진다. 사회의 시스템이 많은 사람의 요구를 더 이상 충족시키지 못하게 되면 정당성을 잃게 마련이다. 플라톤이 이를 관찰하기 훨씬 이전에 중국(기원전 1046년 이전)에서도 이러한 역학관계를 알고 이를 '천명을 잃었다'라고 표현했다. 바로 이런 때, 이러한 이유로 질서가 무너지는 것이다.

● **무질서한 시대에는 법보다 금융, 정치, 군사력이 더 중요하며, 약하고 무질서한 집단주의보다 권위주의가 더 효과적이다.**

플라톤은 민주주의에서 독재주의로의 혁명적인 변화를 이끄는 사람을 '선동가demagogue'라고 불렀다. 선동가들은 대중의 의견을 조종하고, 감정을 자극하며, 특이한 수단을 사용해 권력을 얻는다. 그들은 일반적으로 포퓰리즘적 정서를 선동하고, 복잡한 문제에 대해 쉬운 해결책을 약속하며(진실을 외면하고, 논리적인 토론을 거치지 않은 채), 선전과 협박을 사용해 권력을 획득하고 강화한다. 그들은 일반적으로 상당한 교육 수준을 갖춘 사람들이며, 영향력이 큰 사람들을 주위에 모은다. 선동가가 정치적으로 강경 우파일 경우, 그들과 그들을 지지하는 사람들은 일반적으로 과거에는 부유하고 힘 있는 귀족 계층이었고, 산업 혁명 이후에는 부유한 자본가 계층인 사람들이 많았다. 이들은 훌륭한 지도자는 기업 운영에서 그렇듯 강력한 지도력을 필요로 하며, 최고위층 내부의 단결과 협력이 필요하다는 믿음을 가지고 있다. 선동가가 좌파일 경우, 일반적으로 서민층으로부터 대중적인 지지를 얻는다. 우파든 좌파든 이러한 포퓰리스트 지도자들이 권력을 얻게 되면, 일반적으로 선전, 강압, 권력 집중과 같은 전술을 사용해 적들과 그 적들을 보호하는 민주적 제도를 공격한다. 그리고 문제를 해결하기보다는 악화시키는 비효율적인 관료주의를 지지하는 적들을 약화한다. 이는 민주주의가 결국에는 더 중앙 집권적이고 독재적인 형태의 정부로 대체되는 결과를 낳는다.

선동가의 접근 방식은 강력한 CEO가 기업을 운영하는 방식과 비슷하다. 실제로 일부 강력한 CEO는 선동가처럼 경영한다고 말할 수 있으며, 따라서 그들이 정부를 운영한다면 같은 방식으로 운영할 것이라고 예상할 수 있다. 두 경우 모두 그들은 통제권을 장악하고 급격한 개선을 위해 급진적인 변화를 일으키는 사람들이다. 그러나 문제는 그들에 대한 통제 장치가 없으며 정권 교체가 언제 이뤄질지 모른다는 점이다. 기업에는 강력한 이사회와 외부 규제 기관의 통제와 같은 강력한 감독 및 통제 기능이 있다. 정부의 경우 그러한 통제는 감독 기능과 권력 분립으로부터 나온다. 통제받지 않을수록 지도자들은 더 독재적으로 될 가능성이 크다. ● **"권력은 부패하고, 절대 권력은 절대적으로 부패한다."** 1887년 역사가이자 정치가인 액튼 경Lord Acton이 한 이 말은 그 원칙을 적절하게 보여준다.

새롭게 등장한 질서 속에서는 법보다 금융 및 정치 권력이 더 중요하며, 약하고 무질서한 집단주의보다 권위주의가 더 효과적이다.

대부분의 경우 민주주의에서 독재주의로의 이행은 민주주의의 규칙과 절차 내에서 이뤄지며, 보통 3~5년 정도의 기간에 걸쳐 점차 극단적으로 변한다. 이러한 지도자들은 일반적으로 통화, 정치, 지정학적 질서에 급격한 변화를 일으키며, 매우 민족주의적이고 군국주의적이며 팽창주의적이고 독재적 성향을 띠게 된다. 앞에서 언급된 바와 같이 로마의 카이사르, 프랑스의 나폴레옹, 독일의 히틀러, 이탈리아의 무솔리니 등이 그 예다.

현재 세계적으로 나타나는 거대한 정치적 변화(특히 강경 우파로의 이동)는 과거 민주주의에서 독재주의로의 변화를 야기했던 근본적인 원인들과 동일한 이유로 발생하고 있다. 이는 나의 책《변화하는 세계 질서》에서 자세히 설명했지만, 현재 상황을 주의 깊게 관찰하는 사람이라면 충분히 인지할 수 있을 것이다.

3. 국제 질서 및 무질서 사이클
(변화하는 세계 질서)

국가들이 서로를 대하는 방식은 매우 중요하며, 이 또한 일정한 주기를 가지고 변화한다.

국가 내부적으로 질서의 시대(조화, 생산성, 번영의 시대)와 무질서의 시대(거대한 갈등, 파괴, 불황의 시대)가 존재하고 이 두 시대 사이의 큰 주기적인 변동이 있는 것과 같은 이유로 국가 간에도 질서의 시대(조화, 생산성, 번영의 시대)와 무질서의 시대(거대한 갈등, 파괴, 불황의 시대)가 존재한다. 무질서의 시대는 한 국가 또는 여러 국가가 새로운 국제 질서를 주도할 권력을 차지할 것인지를 놓고 경쟁과 갈등이 격화할 때 나타난다. 그러나 효과적인 글로벌 통치 체제는 존재한 적이 없기 때문에 국제 사회는 무질서와 갈등에 더 취약하다.

빅 사이클의 일부로서 자신의 이익을 위해 싸우고 강자가 약자를 이기는 정글의 법칙/적자생존이 지배하는 일방주의unilateralism**와 전 세계적 조화, 평화 공존, 평등주의를 추구하는 다자주의**multilateralism **사이를 오가는 큰 변화가 있었다. 역사적으로 다자주의가 존재했던 유일한 시기는 사람들이 싸움에 지쳤고, 질서를 강제할 수 있는 지배적인 강대국이 존재했던 전쟁 직후였다. 사실, 인류 역사의 대부분은 잔혹하고 파괴적인 일방주의가 일반적이었다. 조화와 평화로운 공존, 공동선을 추구하는 다자주의가 존재했던 시대는 극히 드물었으며, 결코 오래가지 못했다.** 그 예로 끔찍한 30년 전쟁 이후인 1648년에 비로소 유럽에서 중요한 조약(베스트팔렌 조약)이 체결되었는데, 이 조약은 국가들 사이에는 명확한 국경이 있으며, 전쟁으로 상대방의 영토를 뺏지 않고 그 국경을 지키겠다는 약속을 담고 있었다. 이전까지는 전쟁을 통한 쟁취가 일반적인 규범이었다. 물론 이렇게 싸우지 않겠다는 약속 또한 완전히 지켜진 것은 아니며, 간헐적으로만 효과를 발휘했을 뿐이다.

또 다른 예는 제1차 세계대전 이후인 1913년에 새롭게 강력해진 미국의 대통령이 된 프린스턴대학 출신의 이상주의적 이론가 우드로 윌슨Woodrow Wilson이 순진하게도 미국 통치 시스템을 모방한 세계 통치 시스템, 즉 국제연맹League of Nations을 창설한 것이다. 국제연맹은 오래가지 못했고, 제2차 세계대전을 막지 못했다. 종전 후에야 미국 중심의 새로운 세계 질서가 등장해 UN, IMF, 세계은행, 세계보건기구, 세계무역기구, 국제사법재판소, 세계지식재산기구 등 다자간 기구들이 창설되었다. **이러한 기구들은 글로벌 협력, 경제 안정, 집단적인 문제해결을 목표로 삼았다. 미국은 타의 추종을 불허하는 경제력과 군사력을 활용해 이 자유주의 국제 질서의 핵심 축이 되었고 민주주의, 자유시장, 인권을 장려했다. 결함이 없었던 것은 아니지만 이 시스템은 지금까지 상대적인 안정을 유지하며 또 다른 세계대전을 억제해왔다.**

과거에는 여러 나라가 협력해 조화로운 관계를 유지하고, 평화롭게 공존하며, 모든 국가가 평등한 지위를 갖는 다자주의가 우리 모두가 바라는 이상적인 국제 질서였다. 하지만 이제는 역사적인 맥락에서 볼 때 충분히 이해할 수 있는 이유로 인해 **다자주의는 무의미해지고 일방주의가 부상하고 있다.** 그 결과, 다자간 기구들의 힘은 빠르게 약화하며 주요 강대국들의 손으로 넘어가고 있다. 나는 현실주의자들이 이상적인 글로벌 협력이 약화하고, 각국이 자국의 이익만을 추구하는 일방주의와 힘의 논리가 국제 질서를 지배하는 방향으로 나아가고 있다는 냉혹한 현실을 직시해야 한다고 생각한다. ● **강자가 약자를 잡아먹는** 경우가 점점 더 많아지고 있다. 이런 식의 사태 전개는 모두 현재 우리가 처한 빅 사이클에서 전형적으로 나타나는 현상이다.

다자주의에서 일방주의로의 전환은 처음에는 충격적이지만, 빠르게 받아들인다. 예를 들어 이 글을 쓰기 불과 몇 달 전만 해도 도널드 트럼프의 그린란드, 캐나다, 파나마 운하에 대한 발언은 상상조차 할 수 없는 것으로 여겨졌을 것이다(이는 러시아가 자국의 이익이 평화적으로 보장되지 않는다고 보고, 이를 방어하기 위해 군사력으로 우크라이나를 침공한 것과 마찬가지다).

그러한 시기에는 ● **상황이 빠르게 변함에 따라 동맹 관계가 자주 빠르게 변하고, 신의보다는 이익이 더 중요해진다.**

미래를 상상하는 데 도움을 얻으려면 우리는 역사의 교훈에 세심한 주의를 기울여야 한다. 국가 간에 국경이 존재하지 않았던 역사의 대부분 기간 중 공통의 이해관계를 가진 사람들의 집단(즉, 부족)은 다른 부족으로부터 부를 빼앗거나 자신들의 것을 방어하기 위해 싸웠다. 승리한 자들은 부유해지고 더 문명화되었지만, 일반적으로 더 타락하고 나약해져 결국 더 강한 야만인들에게 무너졌다. 그리고 그 야만인들은 더 강해지는 법을 배운 후세대에 의해 무너졌다. 로마 제국의 부상과 갈리아인에 의한 멸망 같은 왕조들의 흥망성쇠 이야기, 그리고 그와 운명을 함께한 지도자가 그 예시다. 문명사회가 발전과 쇠퇴를 반복하는 동안 외부의 강력한 야만 세력이 등장하는 시기가 있었고, 특히 문명사회가 내부적으로 약해진 시기에 야만 세력과의 충돌은 발전된 문명을 멸망시키는 주요 원인이 되었다.

● **역사는 문명이 지나치게 발전하면 나약해지고 퇴폐 풍조에 빠져 결국 강력한 야만성에 패배한다는 것을 반복적으로 보여준다.**

이런 현상이 현대에는 비즈니스에서 혁신적인 아이디어/수단을 통한 '경쟁'의 형태로 나타나며, 이는 창조적 파괴로 이어진다. 우리는 이러한 경쟁을 지켜보는 것을 좋아한다. 그것은 마치 로마 콜로세움에서 벌어지는 검투 경기와 같다. 경쟁에 참여하는 것을 사랑할 수도 있다. 솔직히 말해서, 나는 경쟁에 참여하는 것을 선호하고 비실용적인 이상주의를 혐오한다(하지만 무엇보다 실용적인 이상주의를 사랑한다). 그러나 이러한 현상이 파괴적으로 나타나면 정치, 국제 관계, 환경 문제(특히 기후 변화), 기술 발전 등 다른 영역에서는 협력 부족과 갈등을 심화시켜 심각한 결과를 초래할 수 있으며, 이는 심히 우려스러운 바다.

4. 자연재해(가뭄, 홍수, 전염병)

역사를 통틀어 자연재해는 전쟁보다 더 많은 사람을 죽였고, 앞서 언급된 요인들보다 더 많은 질서를 무너뜨렸다. 객관적인 데이터는 **가뭄, 홍수, 전염병은 증가하고 있으며 그 비용 또한 증가하고 있다는 것을 보여준다. 이러한 현상이 발생하는 원인에 대해서는 논쟁이 있지만, 발생하고 있다는 사실은 논쟁의 여지가 없다. 인류의 환경 오염 및 환경 파괴, 높은 인구 밀도, 전 세계적인 긴밀한 접촉(해외여행의 증가로 인해 발생), 토지 개발로 인한 다른 생물종과의 긴밀한 접촉(동물로부터 인간에게로 질병 전파) 등이 모두 원인이라는 것 또한 논쟁의 여지가 없다.** 우리는 뉴스를 통해 이러한 일들이 정기적으로 발생하는 것을 보는데, 가장 최근에는 로스앤젤레스 산불이 있었다. **또한 이러한 문제들은 앞으로 더욱 악화될 것이 거의 확실하다.**

다른 요인들과 마찬가지로 이 힘 또한 다른 주요 힘들과 얽혀 있다. 예를 들어 선진국으로의 이주 문제(기후 변화로 인한 이민 압력)와 저개발국의 생활환경 문제(가뭄, 홍수 및 기타 변화를 극복하기 위한 국민들의 고군분투)는 파괴적인 자연재해 증가로 인해 더욱 악화하고 있으며, 거의 모든 국가가 부채 문제에 직면해 있다는 점을 고려할 때 기후 변화 완화 또는 극복에 충분한 자금이 투자될 여력이 없다.

5. 인간의 창의력, 특히 새로운 기술

기술, 특히 인공지능 분야에서 엄청난 발전이 일어나고 있으며, 이는 좋든 나쁘든 모든 영역의 사고방식에 극적인 영향을 미칠 것이다.

  역사를 통틀어 기술 발전은 생활 수준과 기대 수명을 향상했고, 경제적 및 군사적 강국이 탄생하는 원인이 되었으며, 전쟁에서는 엄청난 파괴를 불러일으키는 데 사용되었다. 기술 발전은 다른 4가지 힘과 밀접하게 관련되어 있다. 기술 발전은 건전한 금융, 경제 및 사회적 여건이 조성되면 그렇지 않은 경우보다 더 빠르게 발전한다. 그러나 그 발전이 과도한 신용 확장에 의존할 경우 금융 거품과 붕괴를 일으킨다. 예를 들어 네덜란드 제국이 쇠퇴하기 시작한 1720년의 남해회사 거품 South Sea Bubble, 1830년대와 1840년대의 철도 광풍 Railway Mania, 1870년대와 1890년대의 전기 및 유틸리티 거품(전류 전쟁 War of the Currents), 그리고 1990~2001년의 닷컴 버블과 통신산업 붕괴는 모두 주요한 삶의 질과 생산성을 향상하는 기술의 엄청난 발전이 부채 거품과 붕괴뿐만 아니라 인류에게 매우 유익한 변화를 가져온 사례들이다.

지금까지 빅 사이클에 대한 설명은 이 정도면 충분하다고 생각한다. 이는 제2차 세계대전이 끝난 1945년 현재의 빅 사이클이 시작된 이후 전개된 사건들을 살펴보는 3부에서 다룰 역학관계를 더 잘 이해하는 데 도움이 될 것이다. 또한 4부에서 미래를 예측할 때 내가 취하는 관점을 이해하는 데도 도움이 될 것이다. 그러나 넘어가기 전에 빅 사이클 속에서 발생하는 다양한 문제와 어려움들을 해결하는 방식에 가장 결정적인 영향을 미치는 마지막 원칙 하나를 이야기할 필요가 있다. 그 원칙이란,

● **가장 크고 중요한 힘은 사람들이 서로를 대하는 방식이다.**

**　사람들이 서로 싸우기보다는 문제와 기회에 함께 대처한다면, 최상의 결과를 얻을 수 있다. 불행히도 기술은 많이 발전했지만 인간 본성은 크게 변하지 않기 때문에, 이는 여전히 인류의 능력 밖의 일일 가능성이 크다.**

3부

과거에 대한 고찰

앞에서 설명한 대로 현재 일어나고 있는 일들을 지켜보는 것은 시대와 배경만 바꿔 전에 여러 번 본 영화를 다시 보는 것과 마찬가지다. 왜냐하면 이러한 모든 빅 사이클은 유사한 방식으로 전개되기 때문이다. 앞 장에서 나는 그 고전적인 영화가 전형적으로 어떻게 전개되는지에 대해 설명했다. 3부에서는 미국, 중국, 일본 및 전 세계적으로 나타났던 빅 사이클을 포함해 지난 180년간 발생한 가장 중요한 사례들이 어떻게 전개되었는지 보여주겠다. 약 150페이지에 걸쳐 지난 2세기 동안 발생한 사건의 포괄적인 개요를 얻고, 이러한 빅 사이클이 전개되는 과정을 1부와 2부에서 설명한 빅 사이클 템플릿과 비교할 수 있을 것이다.

9장에서는 1945년 이전 80년간의 빅 사이클을 매우 간략하게 살펴보겠다. 그런 다음 이어지는 장들에서는 제2차 세계대전 종전부터 2025년 3월 이 책을 쓰는 시점까지 일어난 일들을 자세히 설명하겠다. 3부의 마지막 부분에는 동일한 기간의 중국과 일본의 빅 사이클을 각각의 장으로 다루었다. 이러한 모든 사례와 통화 시스템, 내부 통치 질서 및 외부 통치 질서에서 발생하는 빅 사이클을 확인한 후에는 독자들도 빅 사이클의 패턴이 반복해서 작동하는 것을 알게 되었을 것이므로, 4부에서 현재 발생하는 일과 앞으로 일어날 수 있는 일을 예측하기 위해 그것을 사용할 수 있을 것이다.

과거를 보면
미래를 알 수 있다

역사를 설명하기 전에 알아두면 도움이 될 두 가지 원칙을 알려주겠다.

- 큰 사건들이 어떻게, 그리고 왜 전개되었는지 알고 싶다면 작은 사건들에 지나치게 집중하지 않도록 주의하라. 가까이서 정확하게 보려고 하는 사람들은 정확성을 찾는 데 몰두하기 때문에 가장 중요한 큰 흐름을 놓치는 경향이 있다. 그러므로 큰 흐름을 찾을 때는 그것에 주의를 기울이자.
- 일어나는 모든 일은 그것이 일어나도록 만드는 이유가 있으므로, 변화를 이끄는 인과관계를 이해하고 설명하려고 노력해야 한다. 그리고 그것들로부터 과거의 변화를 설명하고 실제로 일어나고 있는 일과 일치하는 논리적 템플릿/모델을 만들고, 일치하지 않는다면 그 이유를 이해하고 해결하기 위해 노력해야 한다.

내가 주장하는 바는 이전에 설명된 과정과 사이클은 모든 시대에 걸쳐 모든 국가에서 발생했지만, 그중 어느 것도 완전히 똑같지는 않았다는 것이다. 그러므로 그 과정과 사이클, 그리고 그것들이 우리에게 제공하는 템플릿을 보려면 가장 크고 중요한 변화에 주의를 기울여야 한다.

큰 흐름의 중요성을 강조하기 위해 나는 그것들을 단순화된 방식으로 설명하는데 일부 사람들은 "그건 정확하지 않아!"라고 말할 수도 있고, 또 그들의 말이 맞을 수도 있다. 하지만 나는 가장 중요한 것들에 집중하기 위해 의도적으로 이 템플릿을 정확하지 않은 방식으로 전달하고 있다.

이 책을 읽으면서 시대를 초월한 보편적인 템플릿은 수천 년 동안 모든 국가에서 본질적으로 동일한 방식으로 작동해왔다는 점을 명심하기 바란다. 세부적인 내용에 너무 얽매이지 않고 큰 흐름에 집중하면 이러한 보편적인 원리를 더 잘 이해할 수 있을 것이다.

9장
1865년부터
1945년까지 요약

이 장은 빅 사이클이 과거에 어떻게 전개되었는지를 설명하는 여러 장 중 시작 부분으로, 1865년부터 1945년까지의 80년을 10페이지 분량으로 매우 간략하게 다룬다. 이 장을 읽으면 독자들은 이 시기에 무슨 일이 일어났는지, 그리고 내 템플릿이 그것을 얼마나 잘 설명하는지 알 수 있을 것이다. 이 장과 이어지는 장들에서 독자들은 전형적인 대규모 부채 사이클과 더불어 통화와 국내 정치 그리고 국제 지정학적 질서를 변화시킨 전형적인 국내 및 국제 사이클을 보게 될 것이다. 또한 이러한 사이클은 종종 대규모의 전쟁으로 시작되거나 끝나면서 중요한 전환점을 맞이한다. 전쟁이 끝나면 기술 혁신과 생산성이 크게 증가하게 되고, 곧이어 많은 사람이 부채를 이용한 투기적 활동에 참여해 빈부격차가 심해진다. 그리고 거품이 형성되었다가 어느 순간 붕괴하게 되면 부와 권력을 차지하려는 새로운 싸움으로 이어진다. 이는 새로운 국내 및 국제 간 전쟁을 일으키고, 새로운 승자와 패자를 만들어 새로운 질서와 다음 빅 사이클을 만들어낸다.

1945년으로부터 80년 전 미국에서는 막 남북전쟁이 끝났다. 빅 사이클은 일반적으로 전쟁 후에 시작된다는 점을 고려할 때, 이 시점부터 과거의 경제 및 사회적 변화를 살펴보는 것이 적절할 것 같다.

1865년부터 1918년까지

미국 남북전쟁은 경제, 정치, 사회적 결정 권한을 둘러싼 근본적인 갈등이었으며, 특히 노예 제도가 중요한 쟁점이었다. 그러한 갈등이 늘 그렇듯 비용이 매우 많이 들었고, 그 비용은 갚을 수 없을 정도로 커진 부채로 충당해야 했다. 미국 정부의 부채는 GDP의 2%에서 40%로 증가했으며, 이자 지급만으로도 예산의 절반 이상을 차지할 정도였다. 이 금액에는 전쟁 후 채무 불이행을 선언한 남부 연합국의 부채는 포함되지 않았다. 전쟁 시작 시 달러는 온스당 20.67달러의 가격으로 금에 연동되어 있었다. 전쟁 중 미국 정부는 달러 보유자들이 달러를 금으로 바꿀 수 없도록 조치해 사실상 채무 불이행을 선언한 것이나 다름없었다. 금과 연동되지 않은 지폐(그린백이라고 불렸다)를 발행해 돈의 가치가 폭락했다. 이 지폐로 표시된 금의 가격은 온스당 약 250달러로 급등했으며, 인플레이션율은 1865년에 80%로 상승했다.

여기서 명심해야 할 시대를 초월하는 보편적인 원칙은 다음과 같다.

● **부채 상환에 필요한 돈의 양에 비해 부채가 너무 많은 시기에는 존재하는 돈의 양을 늘리거나 부채의 양을 줄여야 할 필요성 때문에 정부는 약속을 깨고 a) 돈과 신용의 양을 늘리거나, b) 부채의 양을 줄이거나(예: 구조조정을 통해), c) 경화(예: 금)의 자유로운 소유 및 이동을 막는 몇 가지 조치를 조**

합해 시행한다. 그러한 시기에 사람들은 악화에서 양화로 재산을 옮기려 하고 정부는 이를 막기 위해 양화의 자유로운 보유 및 이동을 금지하는 조치를 내리기도 한다.

화폐 가치 하락, 채무 불이행, 통화 부양책은 소득 대비 부채 부담을 줄였고, 남북전쟁이 끝난 후에는 커다란 생산성 향상과 부채를 활용한 투자가 이어졌다. 그리고 이는 결국 이어서 설명할 또 다른 거품과 붕괴를 유발했다.

모든 것이 전형적인 패턴에 따라 움직였다.

1870년부터 1914년까지 전쟁이 끝나고 부채 부담이 줄어들면서 제2차 산업혁명으로 생산성이 크게 늘기 시작했다. 늘 그랬듯이 부채와 자본으로 자금을 조달한 거대한 기술 투자 붐이 일어나 엄청난 경제 발전과 빈부 및 가치관의 격차가 생겼고, 결국 거대한 내부 갈등을 야기해 거품과 붕괴로 이어졌다. 동시에 전 세계적으로 유사한 상황이 전개되면서 새롭게 강력해진 국가들이 기존 강대국과 기존 세계 질서에 도전했고, 이는 결국 전쟁으로 이어졌다.

이렇게 엄청난 생산성의 도약을 가능케 한 기술 발전의 사례로는 미국 서부와 동부를 개척하고 연결한 철도, 교량, 고층 건물, 철도 건설에 사용된 철강 생산, 전기(예: 토머스 에디슨의 전구 발명과 혁신적인 전력 배전 개선), 알렉산더 그레이엄 벨의 전화 발명, 이러한 발전을 촉진한 석유 생산, 그리고 자동차의 발명과 광범위한 보급 등이 있었다. 언제나 그랬듯이 **위대한 새로운 발명품들이 뛰어난 제품으로 출시되면서 이를 고안하고 상업화한 사람들이 막대한 부를 얻게 되어 상당한 빈부격차가 나타났다. 부자들은 그들의 사업 방식과 사치스러움 때문에 점점 더 많은 원성을 샀고**(당시 이들을 **"강도 귀족**robber baron**"**이라고 불렀고, 그 시대는

"도금시대Gilded Age"라고 불렀다), 이런 상황은 결국 20세기 초의 전형적인 좌우익 계급 갈등으로 발전했다.

이 시기에는 중앙은행이 없었고 달러는 민간 은행에 금으로 고정되어 있었다. 그 결과, 부채로 인한 불황이 발생했을 때 이를 완화하기 위한 통화 발행이 없었으므로, 어떤 불황은 매우 심각했으며 장기간 지속되기도 했다. 예를 들어 대규모 부채 불황은 1873년의 공황Panic of 1873으로 이어졌고, 이는 장기 불황Long Depression과 1896년까지 지속된 여러 국가적·지역적 공황의 시작을 알렸다. 1893년과 1907년에도 유사한 부채 공황이 있었다. 금본위제를 고수하느냐 마느냐는 주요 정치적 쟁점이 되었고, 대통령 후보였던 윌리엄 제닝스 브라이언William Jennings Bryan은 "당신들은 인류를 금 십자가에 못 박아서는 안 됩니다"라고 선언하기도 했다. 결국 이러한 호황과 불황의 심각성, 특히 1907년에 발생한 공황으로 인해 정부는 경기 변동에 보다 효과적으로 대처하기 위한 수단으로 1913년에 연방준비제도라는 중앙은행 시스템을 만들었다.

1900년부터 1914년 사이에는 전형적인 빅 사이클의 후기 증상들이 모두 나타났다. 과도한 부채가 발생했고, 부유한 기업 엘리트/자본가로 이루어진 우파와 저임금 노동자 및 사회주의/무정부주의자로 이루어진 좌파 간의 국내 정치적 갈등이 발생했다. 자본주의 대 마르크스주의는 미국과 유럽 양쪽 모두에서 벌어진 경제적/이념적 갈등의 핵심이었고, 양 진영의 극단적 추종자들은 타협보다는 죽을 때까지 싸우려고 했다.

미국에서는 윌리엄 매킨리William McKinley 대통령이 무정부주의자에게 암살당하고 진보적인 시어도어 루스벨트Theodore Roosevelt가 대통령이 되면서 진보적인 성향으로의 움직임이 있었다. 이 시기 전후로 무정부주의자들은 여러 세계 지도자를 암살했다. 유럽에서는 새롭게 부상하는 독일과 그 동맹국들이 영국과 그 동맹국들(그중 프랑스가 가장 강력했다)로 이루어진 기존 세력에 도전했다. 아시아에서는 일본이 러시아와의 전쟁에서 승리해 이 지역을 지배하는 제국주의 강국이 되었다. 이 시대에는 세계가 훨씬 덜 연결되어 있었고, 외국은 훨씬 멀리 떨어져 있는 것처럼 느껴졌기 때문에 자신의 지역에서 일어나는 일이 세계 반대편에서 일어나는 일보다 훨씬 더 중요했다. 그러나 20세기 초에 이르러 세계는 점점 더 가까워졌고, 미국은 점차 세계적인 강국이 되었다.

그러다 1914년 오스트리아-헝가리의 프란츠 페르디난트Franz Ferdinand 대공이 암살당하면서 **제1차 세계대전이 시작되었다.**

전쟁의 세부적인 진행 상황은 생략하겠다. 하지만 이 전쟁으로 인해 앞에서 설명한 전형적인 방식으로 세계 질서가 변화했으며, 그 변화 중 하나가 미국이 전 세계에서 가장 부유하고 가장 큰 채권국으로 부상했다는 것은 말해야겠다. 미국은 전쟁 자금 조달과 전쟁 물자 제조 및 판매에 큰 역할을 했지만, 늦게 전쟁에 참여했기 때문에 막대한 전쟁 비용을 지출하거나 전쟁으로 인한 피해를 크게 입지 않고 세계 최고의 금융 강국이 되었다. 미국은 전쟁으로 이익을 얻었지만, 다른 승전국인 영국과 프랑스는 오히려 빚더미에 앉아 휘청거렸으며 패전국들은 엄청난 피해를 입었다. 독일은 엄청난 빚을 지게 되었고 오스트리아-헝가리 제국과 오스만 제국은 완전히 파괴되어 분열되었다. 독일은 전쟁 자금을 마련하기 위해 빌린 돈을 채권국에도 갚아야 했고(독일은 전쟁 후 바로 채무를 갚을 수 없는 상태에 빠졌다), 승전국들에도 배상금을 지불해야 하는 이중의 빚에 시달렸다. 독일 경제는 이러한 부담으로 인해 1933년 히틀러가 채무 불이행을 선언할 때까지 어려움을 겪었다.

러시아에서는 제1차 세계대전 동안 (자신의 부와 특권을 유지하려 하는)

부유한 귀족들과 (분노에 차 더 많은 것을 원하는) 가난한 대중 사이에 갈등이 발생했다. 이는 내전으로 폭발했고, 국내 질서가 극적으로 변화해 마르크스-공산주의 국가가 되었다. 이후 러시아는 1922년에 우크라이나, 벨라루스, 중앙아시아 일부 지역을 점령해 소비에트 연방을 건국했다. 전쟁의 승전국과 동맹을 맺었던 일본은 아시아를 지배하는 강국이 되었다.

그리고 1918년 전쟁이 끝날 무렵 대규모 팬데믹이 발생했다.

그 모든 것이 끝난 후에 승전국들이 모여 새로운 세계 질서가 어떤 모습일지 결정했다. 이제 운송 및 통신 기술의 발전으로 인해 세계가 더욱 상호 연결되고 있다는 것이 분명해졌다. 제1차 세계대전은 이전의 지역 전쟁과 달리 최초의 진정한 전 세계적인 전쟁이었기 때문에 당연히 세계 통치가 어떻게 작동해야 하는지에 대한 질문이 처음으로 제기되었다. 앞 장에서 설명한 대로 윌슨 대통령은 미국의 대표적인 통치 방식을 모방해 질서 있는 세계를 만들고자 열망했다. 이는 국제연맹의 창설로 이어졌지만, 다음 대규모 전쟁을 막는 데는 실패했다. 우리는 아직도 싸우지 않고도 누가 원하는 것을 얻을지 결정하기 위한 세계 통치 시스템을 찾지 못하고 있다.

1918년부터 1945년까지

그 후 1918년부터 1930년경까지 서구 사회는 비교적 평화로운 시기를 맞이했으며, 기업가들의 혁신적인 제품 개발과 활발한 투자 활동 덕분에 큰 발명과 생산성 증가가 있었다. 하지만 이러한 성장은 과도한 부채와 투자/투기에 의존했고, 이는 결국 심각한 빈부격차와 경제 거품 형성으로 이어져 경제 불안을 야기했다.

더 구체적으로 말하면, 1920년대는 광란의 20년대Roaring '20s라고 불렸는데, 이는 빠른 경제 성장과 기술 혁신 덕분에 초기에는 높은 생산성과 생산적인 대출이 이루어졌다. 그리고 그 결과, 소득이 충분히 증가해 경제 발전을 지속시키고 좋은 투자 수익을 제공하는 긍정적인 사이클이 나타났기 때문이다. 대량 생산 제품으로 출시되어 세계를 크게 발전시킨 위대한 발명품에는 자동차, 비행기, 라디오, 텔레비전, 유성 영화, 냉장고, 약품 및 의약품 등 많은 품목이 있다. 언제나 그렇듯이 처음에는 생산적인 대출과 투자로 시작했지만, 나중에는 큰 거품으로 성장했다. 1929년에 채무 불이행과 주식시장 붕괴로 거품이 터지고 대공황이 발생했다. 이 사건은 단순한 경제 위기를 넘어 부채, 돈, 경제력이라는 요소들이 국내 정치와 국제 관계에 깊숙이 영향을 미쳐 기존의 통화 시스템, 정치 체제, 지정학적 질서까지 변화시켰다.

이러한 부채/주식시장/경제 붕괴를 보면서 어떤 원칙이 떠올라야 할까? 몇 페이지 앞에서 언급했던 바로 그 원칙이다.

● 부채를 갚는 데 필요한 돈의 양에 비해 부채가 너무 많아지면 존재하는 돈의 양을 늘리거나 부채의 양을 줄여야 할 필요성이 생긴다. 그러면 정부는 약속을 깨고 다음과 같은 조치를 취한다. a) 돈과 신용의 양을 늘리거나, b) 부채의 양을 줄이거나(예: 구조조정을 통해), 그리고/또는 c) 경화(예: 금)의 자유로운 소유 및 이동을 막는 것이다. 이러한 시기에는 악화에서 양화로 사람들의 재산이 이동하는 현상이 나타나고 정부는 이를 막으려 한다. 이는 종종 양화의 자유로운 소유와 이동을 금지하는 결과로 이어진다.

일련의 조치를 통해 프랭클린 D. 루스벨트 대통령은 금의 사적 소유를 불법화하고, 지폐 소지자가 요구할 경우 은행에서 금으로 바꾸어 준다는 약속을 이행하지 않았으며, 1달러당 금 1/20.67온스였던 공식 환율을 1달러당 금 1/35온스로 변경해 통화 가치를 약 40% 절하했다. 그는 또한 미국인들이 달러를 해외로 유출하는 것을 막았고, 외국 은행 계좌 보유를 금지하는 등 엄격한 외환 통제를 시행했다.

이 시기에는 미국만이 통화 정책을 바꾸고 부채 문제에 급진적으로 접근한 것은 아니었다. 1865년과 1945년 사이에 내가 설명할 수 있는 것보다 훨씬 더 많은 국가가 파산했다(즉, 내가 기술한 방식으로 채무 불이행을 하거나 부채 가치를 크게 절하했다). 그러나 일부 사례는 제시할 수 있다.

- 미국 남북전쟁 중 금본위제를 포기하고 전쟁 후 화폐 가치 절하
- 미국 외 여러 국가가 대공황기에 금본위제를 포기하고 화폐 가치 절하
- 독일 바이마르 공화국, 베르사유 조약으로 부채 구조조정
- 중국과 러시아의 과거 부채 부인
- 1935년 중국의 은본위제 포기 및 지폐를 통화로 채택
- 그리스, 화폐 가치 하락으로 초기 유럽 통화 동맹에서 축출(1908년)

원래 1930년대에는 극우파(파시스트)와 극좌파(공산주의자)가 자국 내 권력 장악을 위해 각자의 방식으로 싸웠다. 1920년대와 1930년대에 몇몇 비효율적으로 운영되고 갈등이 끊이지 않던 대의제 정부들(스페인, 이탈리아, 일본, 독일)이 혼란을 수습하기 위해 선동적인 지도자를 내세워 우익 독재 체제(파시즘)로 전환했다. 현재 미국과 여러 다른 나라에서 우리가 보고 있는 것처럼 이러한 우파 정부로의 전환은 좌파와의 대립을 불

러왔고 다자주의에서의 후퇴, 합의 파기, 그리고 강력한 일방주의적 지도자의 출현으로 이어졌다. 예를 들어 히틀러는 독일이 지불하기로 합의한 부채에 대해 채무 불이행을 선언함으로써 베르사유 조약을 파기했다. 독일과 일본 모두 더욱 민족주의적이고 팽창주의적이 되어 유럽, 아프리카, 아시아에서 영토를 침범했다(이 시기 일본에 대한 더 자세한 내용은 16장에서 볼 수 있다). 이처럼 부상하는 강대국들은 대부분 이전의 주도적인 세계 강대국이었던 영국, 프랑스, 네덜란드의 희생을 바탕으로 성장했다. 이전의 강대국들은 모두 지나치게 영토를 넓혀 전 세계에 널린 식민지를 제대로 방어할 능력이 없었다. 원칙적으로 ● **어떤 국가가 약해지면 적대적인 국가는 이들의 약점을 이용해 이익을 얻는다.** 이렇게 되면서 국가 간의 갈등이 증가했고, 결국 제2차 세계대전으로 이어졌으며, 그 후 우리가 현재 후반 단계에 있는 다음 단계의 세계 질서가 시작되었다.

《변화하는 세계 질서》에서 훨씬 더 완전하게 다루었듯이 제2차 세계대전으로 이어지는 시기에 전 세계 국가들은 군사 전쟁을 하기 전에 모든 전형적인 책략과 상황 전개를 활용했다. 여기에는 경제 전쟁, 금융자산 동결, 군비 증강 등이 포함된다. 전쟁이 시작되자(1939년 독일의 폴란드 침공과 1941년 일본의 진주만 공격으로) 재래식 무기 사용과 동시에 전쟁을 승리로 이끈 강력한 신무기가 비밀리에 개발되어 사용되는 등 모든 일반적인 전쟁의 양상이 전개되었다. 그런 다음 패전국의 무조건 항복은 승전국들의 회담과 새로운 통화, 국내 정치, 외부 지정학적 질서로 이어졌다. 전쟁의 전리품은 승리한 연합군에게 돌아갔고, 패배의 벌칙은 베르사유 조약에 명시된 대로 주축국에게 주어졌다. 언제나 그렇듯 이러한 결정들은 세계 질서를 재편했고, 그 뒤로 수십 년 동안 전 세계에 영향을 미쳤다.

다음으로 제2차 세계대전 종전 후부터 2025년 3월 이 책을 쓰는 시점까지 일어난 일들을 더 자세히 살펴보겠다. 대규모 부채 사이클이라는 맥락에서 사이클의 진화를 설명하고 이것이 다양한 통화 체제를 거치면서 어떻게 변화했는지 보여주겠다. 동시에 대규모 부채 사이클이 다른 4가지 힘과 결합해 전반적인 빅 사이클을 어떻게 형성했는지도 보여줄 것이다.

10장
1945년부터 현재까지
대규모 부채 사이클 요약

이 장은 1945년에 시작된 대규모 부채 사이클에 대한 매우 간략한 개요다. 이 장에서 나는 이미 책의 앞부분에서 제시한 일반적인 부채 사이클의 틀을 바탕으로 경제 내의 명확한 인과관계를 분석해 설명할 것이다. 만약 시장과 경제를 움직이는 관계와 그것들이 1945년 이후 어떻게 움직여왔는지에 관심이 있다면 이 장이 매우 흥미로울 것이다. 만약 그러한 것들에 관심이 없다면, 이 장을 건너뛰고 현재 대규모 부채 사이클의 통화 정책 단계를 설명하는 11~14장으로 넘어가도 상관없다.

1949년에 태어나 평생의 대부분을 글로벌 매크로 투자자로 살아오면서 나는 앞으로 설명할 내용의 대부분을 직접 경험하고 연구했다. 따라서 앞으로의 설명을 통해 독자들이 과거의 경제 흐름을 더 생생하게 이해하도록 돕기 위해 개인적인 경험을 이야기하고, 특히 성공보다는 실패로부터 얻은 값진 교훈들을 공유해 독자들에게 실질적인 도움을 주고자 한다. 지난 80년의 이야기가 펼쳐지는 것을 보면 5가지 힘이 거의 동시에 극단에서 극단으로 움직이는 것을 관찰할 수 있을 것이다. 각 10년

이 이전 10년과 유사하기보다는 반대되는 경향이 있었다는 데 주의해야 한다. 각 10년의 끝에서 시장과 투자자의 심리는 동일한 추세가 지속될 것이라고 예상하는데, 사실 그 시기야말로 펀더멘털을 잘 이해하고 논리적으로 발생 가능한 예상치 못한 발전에 대해 대중과는 반대로 베팅해야 할 중요한 시점이었다.

이제 제2차 세계대전 종전 이후에 새로운 세계 질서가 시작되고 무슨 일이 일어났는지 살펴보겠다. 대규모 부채 사이클이라는 틀에서 일어난 일을 설명하겠지만 다른 4가지 힘 또한 크게 변동했고, 부채 사이클과 상호 작용해 영향을 미쳤다는 것을 알게 될 것이다. 5가지 힘이 때로는 작은 파도로, 때로는 큰 파도로, 때로는 서로 강화하고, 때로는 서로 상쇄하며, 때로는 큰 파도가 합쳐져 완벽한 폭풍을 만드는 것처럼 움직이는 것을 보게 될 것이다. 다시 말하지만 부채 사이클의 힘에 대해 명심해야 할 주요 사항은 다음과 같다.

● 일반적으로 경기 부양을 원하면 중앙은행은 금리를 낮추거나 훨씬 더 많은 돈과 신용을 창출해 더 많은 지출과 부채를 발생시킨다. 이러한 경기 부양은 경기 사이클의 확장 단계를 연장하는 효과가 있으며, 소득 대비 부채 자산 및 부채를 증가시켜 부채 자산과 부채 부담을 더욱 불안정하게 만든다. 역사는 중앙은행이 더 이상 금리를 낮출 수 없고, 경기 부양을 원하면 돈을 찍어 부채, 특히 국채를 매입한다는 사례를 보여준다. 그러면 정부는 돈과 신용이 생겨 채무 불이행을 막을 수 있고, 수입보다 더 많은 돈을 계속 차입할 수 있다. 하지만 이런 상황은 부채 자산과 부채 규모가 너무 커져서 균형을 맞추기 어려워지는 시점에 이르게 되는데, 이 시점에서는 부채 구조조정 그리고/또는 부채 화폐화가 반드시 발생해야 한다.

현재의 대규모 부채 사이클에 대한 간략한 개요

과거에 무슨 일이 있었는지 설명하기 전에 1900년 미국부터 시작해 몇 개의 차트를 통해 대규모 부채 사이클을 보여주고 싶다. 그때부터 현재까지의 전체 기간을 보면 더 넓은 관점을 갖게 될 것이다. 다른 나라들도 자체적인 빅 사이클을 겪었지만, 이 빅 사이클이 진행되는 동안 전 세계의 돈과 부채 시장은 결국 미국 달러 부채 시장이었기 때문에 미국 달러 부채 차트에 집중했다.

미국에서는 1945년부터 2024년 사이에 12번의 완전한 단기 부채 사이클이 있었고, 현재는 13번째 사이클의 약 3분의 2 지점을 지나고 있다. 이 사이클의 기간은 평균 약 6년이며, 이런 단기 부채 사이클이 누적되어 하나의 대규모 부채 사이클이 된다. 이 기간 동안 다음 차트에서 보듯 중앙정부의 소득 대비 부채 비율이 지속적으로 상승하고 중앙은행의 재무 상태가 악화한다. 달리 말하면, 미국과 그 신용 시장은 장기 부채 사이클의 레버리지 확대 단계에 도달했으며, 도중에 몇 번의 짧은 부채 축소 기간이 있기는 했지만 아직 부채 축소 단계에 진입하지는 않았다. 이 차트들은 큰 그림을 보여준다. 대부분의 사람은 이러한 큰 그림에 보이는 흐름을 간과하는데 이는 단기적인 작은 변동에 집중하기 때문이며, 이러한 단기적인 변동은 이 차트에는 나타나지도 않는다.

첫 번째 차트는 1900년 이후 GDP 대비 미국 민간 부채의 수준을 보여준다. 1945년에 시작된 현재의 대규모 부채 사이클을 명확히 볼 수 있다. 2008년 민간 부채(GDP 대비 비율)가 정점을 찍고 그 후에 약간 감소한 추세에 주목하자. 이러한 감소는 미국 중앙정부와 미국 중앙은행이 민간 부문을 돕기 위해 대대적으로 개입했기 때문에 발생했으며,

이는 그다음 두 차트에 잘 나와 있다. 앞서 설명한 바와 같이 이는 빅 사이클 후기 단계가 시작할 때 전형적으로 나타나는 현상이다.

미국 민간 부채 수준(GDP 대비 %)

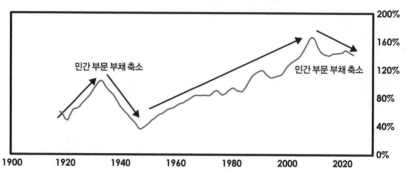

미국 중앙정부 부채 수준(GDP 대비 %)

다음 차트는 GDP 대비 미국 정부의 부채를 보여주는데 점들은 CBO의 10년 및 20년 후 예상치를 나타낸다. 차트에서 볼 수 있듯이 빅 사이클 패턴에 따라 변화하고 있으며, 현재 1946년 이후(제2차 세계대전 종전 무렵) 가장 높은 수준이고, 앞으로 훨씬 더 높아질 것으로 예상된다.

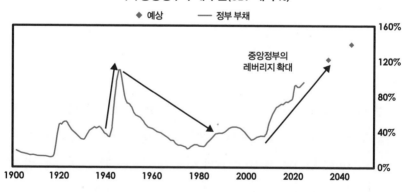

이제 두 차트를 하나로 합쳐서 서로 어떤 관계가 있는지 알아보자. 이

렇게 하면 민간 및 공공 부문 부채 수준이 어떻게 관련되어 있는지 알수 있다. 가장 중요한 것은 민간 부문이 부채를 줄일 때 정부가 더 많은부채를 떠안는 경향이 있다는 것이다. 예를 들어 2008년 이후 GDP 대비 정부 부채 비율은 급격히 증가한 반면, GDP 대비 민간 부채 비율은감소한 것을 볼 수 있다. 이는 민간 부문에 더 많은 지원을 제공하기 위해 중앙정부가 더 많은 빚을 졌기 때문이다.

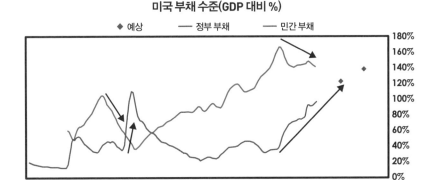

미국 부채 수준(GDP 대비 %)

다음 차트는 정부 수입 대비 중앙정부 부채 상환액의 비율을 보여준다. 차트를 보면 현재 약 100%이며 15년 후에는 약 150%로 증가할 것으로 예상된다. 이것이 무엇을 의미하는지 시각화하기 위해 매년 갚아야할 부채 상환액이 매년 벌어들이는 돈보다 50% 더 많다고 상상해보자. 너무 힘들어서 상상하기 어렵다. 그렇다면 이런 상상이 현실이 되려면어떤 일이 발생해야 할까? 정부가 1) 만기가 도래하는 부채를 차환하고, 2) 재정 적자를 메우기 위해 국채를 새로 발행해서 판매하고, 3) 기존 부채 보유자들이 그것을 팔지 않아야 한다(즉, 정부에 돈을 빌려주는 사람들은위험이 감당할 만하므로 계속해서 돈을 빌려주기를 원해야 한다).

미국 중앙정부 부채 상환(수입 대비 %)

— 전체 — 이자 지급액의 비율 — 원금 상환액의 비율

원금 상환액 증가
(이자가 아직 낮기는 하지만
증가 예상)

부채 상환액
증가

일어나는 모든 일에는 발생하는 원인이 있으므로 이러한 인과관계를 이해하고 분석하면 현재 상황을 파악하고 미래를 예측하는 데 도움이 되는 지표로 사용할 수 있다. 이해를 돕기 위해 이러한 지표를 몇 개 더 공유하겠다.

다음 차트는 10년 만기 국채 금리와 3년 이동 평균 물가 상승률을 보여준다. **● 금리와 물가 상승률 사이의 관계는 중요하다. 왜냐하면 금리가 물가 상승률보다 높으면 저축해 높은 이자율의 혜택을 볼 유인이 생기고, 금리가 물가 상승률보다 낮으면 돈을 빌리는 것이 실질적으로 이득이 되고, 인플레이션이나 저금리 시대의 경제 성장의 혜택을 볼 수 있는 자산을 보유하는 것이 유리해진다.**

채권 수익률은 예상 물가 상승률과 예상 실질 채권 수익률의 두 부분으로 구성된다. 둘 다 부의 저장 수단으로서, 그리고 자금 조달 비용으로서 돈과 부채의 가치에 영향을 미치는 데 중요하다. 이 빅 사이클의 상승 국면에서 1981년까지는 모든 단기적인 채권 수익률은 오르락내리락했지만(경기 침체, 경기 부양, 강력한 성장, 인플레이션 상승 시기에 발생해 통화 및 신용 긴축을 초래하고, 다시 경기 침체와 채권 수익률 하락으로 이어진 사이클에서 발생하는 수익률의 변동), 그 저점은 이전 사이클의 저점보다 높았다. 또한 1981년부터 2020년까지는 단기적인 채권 수익률 변동 폭이 점차 줄어들면서 전반적인 채권 수익률 수준이 지속적으로 하락하는 추세를 보였다. 이러한 하락은 명목 이자율이 거의 0%에 도달하고 실질 이자율이 상당한 마이너스를 기록하는 상황까지 이어졌다. 이는 장기적으로 인플레이션에 대한 기대감이 낮아지는 큰 흐름을 반영하며 실질 이자율은 이러한 변화하는 인플레이션 기대감을 중심으로 한 움직임을 반영한다. 명목 금리도 중요하지만, 실질 금리는 재무부 채권이 부의 저장 수단으로서 얼마나 매력적인지를 나타내는 지표이기 때문에 훨씬 더 중요하다.

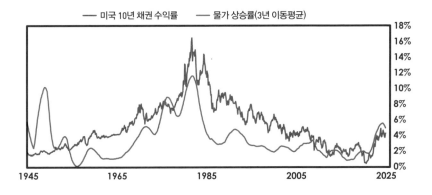

다음 차트에서는 10년 만기 실질 채권 수익률을 볼 수 있다. 1997년 이후에 나는 10년 만기 물가연동채권Treasury inflation-protected bond(물가 상승에 따라 원금과 이자가 증가하는 채권-옮긴이)의 실질 수익률을 사용하고 있다. 나에게 실질 채권 수익률은 자본 시장에서 주시해야 할 가장 중요한 숫자다. 왜냐하면 그것은 당신의 부에 대해 확실히 얻을 수 있는 실질 수

익률(인플레이션 위험과 채무 불이행 위험이 없는)[28]을 보여주기 때문이며, 이는 모든 자본 시장의 가장 기본적인 금리다. 그 금리보다 더 많은 수익을 얻으려면 다른 사람보다 더 영리해야 한다. 훨씬 더 중요한 것은 그것이 **차입 채무자가 되는 것이 나은지, 아니면 대출 채권자가 되는 것이 나은지를 보여주는 가장 좋은 단일 지표라는 것이다.** 예를 들어 실질 금리가 낮을 때는 돈을 빌리는 것이 훨씬 쉬우며, 실질 금리가 높을 때보다 돈을 빌려 이익을 내기가 쉽다. 따라서 실질 금리는 중앙은행이 신용 및 경제 활동을 조절하는 데 사용하는 훌륭한 도구 역할을 한다. 실질 채권 수익률은 지난 100년 동안 평균 약 2%였으며, 이는 차입 채무자에게 너무 낮지도 않고 대출 채권자에게 너무 높지도 않은 금리다. 이 2%에서 크게 벗어난 기간은 과도하게 싸거나 과도하게 비싼 신용/부채 시기였으며, 이는 부채 사이클의 큰 변동성을 야기하는 주요 원인이 되었다.

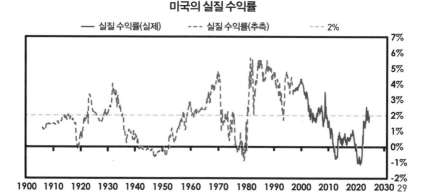

미국의 실질 수익률

― 실질 수익률(실제)　--- 실질 수익률(추측)　--- 2%

---

28 세금이라는 변수만 없다면 실질 채권 수익률이 투자자가 실제로 얻을 수 있는 수익률을 완벽하게 나타내는 지표가 될 것이다.

명목 채권 수익률을 물가연동채권의 실질 수익률과 비교해보면 시장이 예상하는 인플레이션율인 손익분기 인플레이션율breakeven inflation rate(명목 채권과 물가연동채권에 투자했을 때, 투자 기간 동안 평균 인플레이션율이 어느 수준이 되어야 두 투자의 실질 수익률이 같아지는지를 나타내는 값-옮긴이)도 확인할 수 있다. 만약 인플레이션이 시장의 예상보다 높거나 낮을 것으로 생각한다면 이 손익분기 인플레이션율과 반대로 베팅해 수익을 낼 수 있다. 하지만 시장을 이기기는 매우 어렵기 때문에 더 나은 예측 방법을 가지고 있지 않다면 그 인플레이션율을 단순하지만 꽤 괜찮은 추정치로 사용할 수 있다. 시장 가격에서 '할인된(시장에서 예상하는)' 인플레이션율과 확정할 수 있는 할인된 실질 금리를 모두 확인할 수 있기 때문에 채권 수익률과 가격은 이 두 가지 중요한 요인으로 구성되어 있다고 생각한다. 나는 항상 단순히 국채 금리만 보는 것이 아니라 이 두 가지 요인을 주시하며 종종 그 두 가지 요소, 즉 인플레이션율과 실질 금리를 별개로 생각하고 거래한다. 그들의 과거 추정 가격은 다음 차트에 나와 있다.

---

29 물가연동채권 시장이 존재하지 않아 직접적으로 관찰할 수 없었던 기간에 대해서는 설문조사 기반의 인플레이션 기대치와 최근 인플레이션율을 사용해 실질 수익률과 손익분기 인플레이션율을 추정했다.

미국 추정 및 실제 금리

— 명목 금리   — 실질 수익률 추정치 및 실제치   — 손익분기 인플레이션율 추정치 및 실제치   - - - 2%

나는 항상 10년 만기 금리와 그 두 가지 구성 요소에 대해 생각한다. 그것이 모든 자본 시장의 가장 중요한 지표이기 때문이다. 나는 또한 오랫동안 이 문제에 깊이 관여해왔다. 미국에 물가연동채권 시장이 없던 시절, 나는 해외 물가연동채권에 투자하면서 환율 변동 위험을 없애는 통화 헤지 전략을 사용해 미국 물가연동채권과 유사한 효과를 냈다. 이렇게 하게 된 계기는 록펠러 재단의 뛰어난 투자자인 데이비드 화이트 David White가 매년 5%를 기부해야 하는데 그 자금을 조달하는 가장 확실한 투자 방법이 무엇인지 내게 물었던 것에서 비롯되었다. 그 질문으로 인해 나는 해외 물가연동채권에 레버리지를 활용하고, 환율 위험을 헤지하는 방식에 대해 생각하게 되었다. 그 결과, 브리지워터는 세계 최대의 글로벌 물가연동채권 관리 회사가 되었다. 그리고 나는 래리 서머스가 미국 재무부 장관으로 재직할 때 그와 함께 미국 재무부 물가연동채

---

30 물가연동채권 시장이 존재하지 않아 직접적으로 관찰할 수 없었던 기간에 대해서는 설문조사 기반의 인플레이션 기대치와 최근 인플레이션율을 사용해 실질 수익률과 손익분기 인플레이션율을 추정했다.

권TIPS 시장 설계 작업에 참여하도록 초청받았다. 그 이후로 우리는 실제 채권 수익률을 보여주어 투자자들이 투자 방향을 결정하는 지침으로 삼거나 직접 투자할 수 있는 시장을 갖게 되었고, 이는 내 모든 투자 결정의 기초가 되었다. 나는 전 세계에 존재하는 물가연동채권 시장이 잠재력에 비해 훨씬 저평가되어 있으며, 제대로 활용되지 못하고 있다고 믿는다. 나는 그것들을 지표로 주시하고 부의 저장 수단으로 사용한다.

● **단기 금리와 장기 금리의 관계(즉, 수익률 곡선)는 매우 중요하다. 왜냐하면 단기 금리가 장기 금리에 비해 높을 때 이는 통화가 긴축되었음을 나타내며, 현금을 보유하고 대출해주는 것이 차입이나 다른 자산에 대한 투자보다 더 매력적이기 때문이다.**

다양한 자산의 매력도 변화는 명목 금리 수익률 곡선, 즉 10년 만기 명목 국채 수익률과 명목 단기 금리 간의 차이[31]에 영향을 미치며, 이는 통화의 긴축 또는 완화 정도가 변화하는 추세를 반영하며 채권 대비 현금 보유의 매력도에도 영향을 미친다.[32] 이는 대출 기관이 장기 부채를 보유하기 위해 일반적으로 더 높은 금리를 요구하고, 장기 금리가 단기 금리보다 높을 때 대출에 대한 보상과 유인을 제공하기 때문이다. 중앙은행은 신용 증가를 억제하고 경제 수요를 둔화시키고자 할 때 장기 금리에 비해 단기 금리를 인상하고, 경기 부양을 원할 때는 그 반대로 행동한다. 1) 실질 수익률이 높고, 2) 수익률 곡선이 거의 평평하거나 역전되면 통화와 신용이 긴축되는데, 이는 일반적으로 대출 기관에 유리하

---

31 수익률 곡선을 측정하는 방법으로 나는 단기 금리에서 장기 금리를 뺀 값과 단기 금리를 장기 금리로 나눈 값, 이 두 가지 모두를 살펴본다.
32 수익률 곡선은 일반적으로 우상향하는 형태를 띠며, 단기 금리는 장기 금리보다 약 1% 낮아 장기 금리의 약 70% 수준이다.

고 차입자에게 불리한 환경이다. 반대로 3) 실질 수익률이 낮고, 4) 수익률 곡선이 비교적 우상향할 때 이는 일반적으로 차입자에게 유리하고 대출 기관에 불리한 환경이다. 중앙은행이 이러한 것들을 극단적으로 변화시키면 차입자와 대출 기관 모두에게 극도로 좋거나 나쁜 환경이 조성되어 많은 변동성을 야기하며, 이는 경제에 혼란을 주고 고통과 비효율성을 초래한다.

나는 연준이 통화 정책에 영향을 미치기 위해 금리를 사용하는 방식이 지금처럼 극단적이고 변동성이 커서는 안 된다고 생각한다. 만일 내가 통화 정책을 운용한다면, 나의 목표는 장기 실질 금리를 차입자와 대출 기관 모두의 필요를 균형 있게 맞추고 부채 거품과 붕괴를 조장하지 않는 수준에서 비교적 안정적으로 유지하는 것이 될 것이다. 이는 실질 국채 수익률을 약 2%로 유지하고, 약 1% 정도의 변동 폭을 유지하며, 수익률 곡선의 기울기를 a) 단기 금리가 장기 금리보다 약 1% 낮고, b) 단기 금리를 장기 금리로 나눈 값이 각각 약 2% 및 약 50%의 오차 범위 내에서 약 70%가 되도록 한다는 의미다.

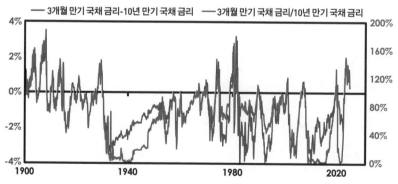

수익률 곡선

— 3개월 만기 국채 금리-10년 만기 국채 금리   — 3개월 만기 국채 금리/10년 만기 국채 금리

정책을 수립할 때 실질 금리와 수익률 곡선이 갑자기 크게 변하거나 예측 불가능하게 움직이는 것을 줄이는 방향으로 정책을 설정한다면, 경제 전반의 변동성이 줄어들 것이다. 그렇게 하면 차입 채무자와 대출 채권자(그리고 그들의 행동에 영향받는 모든 것)에게 피해를 덜 주고, 그들이 더 나은 계획을 세울 수 있도록 해줄 것이다. 다시 말해, 정부가 보다 일관된 정책을 펴면 차입 채무자와 대출 채권자는 합리적인 실질 금리를 예상할 수 있다는 것을 알게 될 것이고, 이는 양측 모두에게 수용 가능해 각자의 활동을 계획할 수 있게 해줄 것이다. 차입 금리가 비교적 확실하고 합리적인 수준에서 유지되면 대출 시장과 경제 전반은 그 금리 수준에 맞춰 안정적으로 운영될 것이다. 또한, 그러한 금리를 설정하는 것은 차입자와 대출자 모두에게 더 안정적인 자금 조달 비용과 실질 수익률을 제공해 더 안정적인 자본 시장을 만들고 더 안정적인 경제 상황을 조성해 자본 시장과 경제 운영의 효율성을 향상할 것이다. 이제 금리와 그것이 경제에 미치는 영향을 다시 들여다보자.

지금까지 국채 금리의 큰 그림만 보여줬지만, 그것은 개인, 기업, 지방정부가 빌리는 금리가 아니다. 그렇기 때문에 신용 스프레드를 주시하는 것이 도움이 된다. 다음은 1920년부터의 Baa 회사채(신용 평가 기관 무디스로부터 투자 등급 중 가장 낮은 단계인 'Baa' 등급을 받은 기업이 발행한 채권-옮긴이)의 평균 신용 스프레드를 보여주는 차트다.

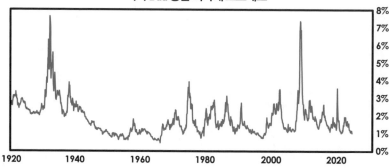

미국 Baa 등급 회사채 스프레드

부채에 대한 이자 금액은 빌린 금액과 이자율에 따라 결정되는데, 채무 상환액은 이자와 원금 상환액을 합친 금액이다.

앞서 말한 미국 중앙정부의 총채무 상환액(원금 상환액+이자 지급액)이 정부 수입에 비해 얼마나 되는지, 그리고 그중 원금 상환액과 이자 지급액이 각각 얼마나 되는지를 보여주는 차트를 다시 살펴보겠다. 채무 상환액은 1950년부터 2000년까지 대체로 평탄했다. 이는 그 기간 동안 정부 부채 수준이 수입에 비해 대체로 평탄하거나 약간 감소했으므로 원금 상환액 또한 대체로 평탄하거나 약간 감소했기 때문이다. 정부 부채에 대한 평균 이자율이 서서히 상승하면서 이자 지급액은 1950년부터 1990년까지 약간 증가했지만, 그 후 정부 부채에 대한 평균 이자율이 서서히 하락하면서 1990년부터 대략 2022년까지는 감소했다.

다음 차트에서 나는 향후 10년 및 20년에 대한 CBO의 추정치를 바탕으로 채무 상환액의 증가 예상치를 점으로 표시했다. 중앙정부의 부채 수준이 이미 높은 데다 빠르게 증가할 것으로 예상되며, 이 높은 부채에 대한 이자율 또한 상승할 것으로 예상하기 때문에 예상되는 그림은 가까운 과거와는 매우 다르다. 이는 정부 수입 대비 정부 채무 상환액의 큰 증가를 야기할 것이며, 중앙은행이 추가적인 차입으로 자금을 조달하지 않는다면 상당한 지출 압박을 초래할 것이다. 바로 이것이 문제다.

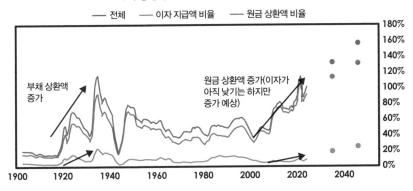

중앙정부는 누구에게 돈을 빌렸을까? 많은 부분을 중앙은행과 민간 은행으로부터 빌리고, 약 3분의 1 정도는 외국인 투자자로부터 빌린다.

미국 국채를 많이 보유하고 있던 민간 은행과 미국 국채의 외국 매입자/보유자들은 금리 상승으로 인해 채권 가격이 하락해 손실을 보았고, 재정적으로 보았을 때 과도한 비중으로 미국 부채를 보유하고 있다고 판단하고 있다. 또한 일부는 미국 정부가 제2차 세계대전 이전 일본에 채무를 이행하지 않았던 것처럼 자신들에게도 채무를 불이행할지를 우려해 매도자로 전환했다. 미국 국채를 가장 많이 보유한 외국 주체들이 그렇게 많은 양을 매입한 이유는 달러가 세계적으로 가장 널리 사용되고 인정받는 통화이며, 세계에서 가장 강력하고 신뢰할 수 있는 국가의 통화이므로 구매력을 저장하는 데 가장 적합하다고 판단했기 때문이다. 다시 말해 달러가 세계 강대국의 주요 기축통화이기 때문에 그렇게 많은 양을 매입한 것이다.

앞으로 미국 정부의 달러 표시 부채 공급이 증가할 것으로 예상되는 반면(마지막 차트에 나타난 것처럼), 그에 대한 수요는 예전만큼 크지 않을 수 있다. 따라서 대규모 매입자/보유자들이 과거에 했던 것처럼 엄청난 양의 미국 국채를 매입하지는 않을 것이다. 특히 다음과 같은 사태가 발생해 수요의 주요 기반이 약화할 경우 더욱 그렇다. 그런 사태란 a) 미국 정부가 무책임하게 부채와 국내외 정책 문제를 처리하는 경우, b) 미국 정부가 채무 불이행으로 그들에게 제재를 가하겠다고 위협하는 경우, c) 채권 보유로 인한 수익률이 좋지 않은 경우, 그리고/또는 d) 미국이 경제적 및 지정학적 중요성을 잃는 경우 등이다.

1980년부터 2008년까지는 부채 수준이 계속 증가했음에도 불구하고 금리 인하만으로 채무 상환 부담을 감당할 수 있었다. **그러나 2008년에 금리가 (1933년 이후와 마찬가지로) 거의 제로에 가까워지자 채권에 대한 민간 시장의 수요가 공급을 충족하기에 불충분했고, 이에 중앙은행이 개입해 돈을 찍어내 채권을 매입해 장기 금리에 하방 압력을 가했다. 역사적으로 그런 사례는 딱 두 번 있었는데, 한 번은 1929~1933년 부채 위기로 인한 대공황에 대응해 1933년 이후 금리가 0%에 도달했을 때였고, 다른 한 번은 2008년 부채 위기로 인한 대침체에 대응해 금리가 0%에 도달했을 때였다**(다음 차트에서 작은 동그라미는 돈을 찍어내기 시작하고 금리가 0%에 도달한 시점을 나타낸다). 이 차트에 표시된 기간을 연구하지 않았다면 나도 몰랐을 것이고, 브리지워터도 이 기간을 잘 넘기고 성공하지 못했을 것이다. 이것이 바로 내가 처음으로 대규모 부채 사이클이 어떻게 작동하는지 발견하게 된 계기이다.

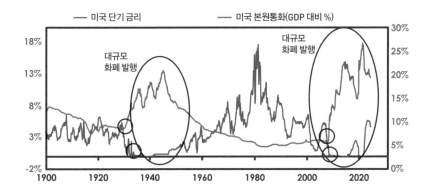

중앙은행의 경우 연방준비제도 및 다른 중앙은행들의 부채 자산에서 발생하는 수익이 부채 상환에 필요한 비용보다 낮아지고 있으므로 최근의 긴축에서 발생한 소폭의 금리 인상은 연방준비제도에 소폭의 운영 손실을 초래했다(다음 차트의 파란색 선). 만약 연방준비제도가 보유하고 있는 채권 자산에 시장가 평가 방식을 적용한다면 장부상 손실은 약 7,000억 달러에 달할 것이며, 이 금액은 미국 GDP의 약 2.5%에 해당하는 규모다(빨간색 선). 이는 상당히 큰 금액처럼 보이지만 중앙은행의 자금 조달 능력에 비하면 비교적 작은 규모다. 그러나 이는 경고 신호이며, 미국 부채가 위험 자산으로 인식되어 대규모 매도가 발생한다면 심각한 문제가 될 것이다. 앞서 설명했듯이 자체 통화를 발행할 수 있는 미국과 같은 국가의 경우, 이는 a) 명목 및 실질 금리의 감당할 수 없는 상승으로 이어져 신용 경색과 심각한 경기 수축을 초래하거나, b) 중앙은행의 대규모 통화 발행 및 부채 매입과 신용 제공으로 이어져 부채와 통화의 가치 하락을 초래할 것이다. 또한 중앙은행이 큰 손실을 보거나 경제 상황이 악화하면, 중앙은행의 독립성이 의심받을 가능성이 커질 것이다. 한편 자국 통화가 아닌 기축통화로 표시된 부채를 가진 국가들

의 경우, 상황은 훨씬 더 나쁠 것이다.

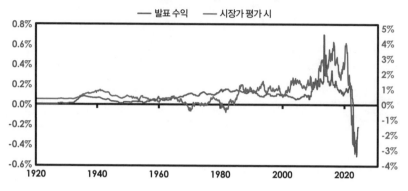

미국 중앙은행 수익(GDP 대비 %)
— 발표 수익   — 시장가 평가시

전 세계적인 부채 부담 증가

이 개요 장에서는 미국의 부채 상황에 초점을 맞췄다. 이어지는 차트에서 볼 수 있듯이 이는 미국만의 문제가 아니다. 향후 수십 년 동안 선진국 전반에 걸쳐 부채 부담이 상당한 수준으로 증가할 것으로 예상된다. 앞으로 정책을 어떻게 수립하고, 시장에서 어떻게 거래해야 할지를 이해하기 위해서는 이러한 역학관계가 어떻게 전개될지 파악하는 것이 중요하다.

3부의 나머지 부분에서는 1945년 이후 미국의 대규모 부채 사이클 전체를 살펴볼 예정이다. 이는 미국 달러가 과거에도 그랬고, 현재도 여전히 지배적인 기축통화로서 대부분의 국제 거래가 달러로 표시되고, 대부분의 저축이 달러로 이루어지고 있기 때문이다. 그런 다음 15장과 16

국가별 부채 수준(GDP 대비 %)

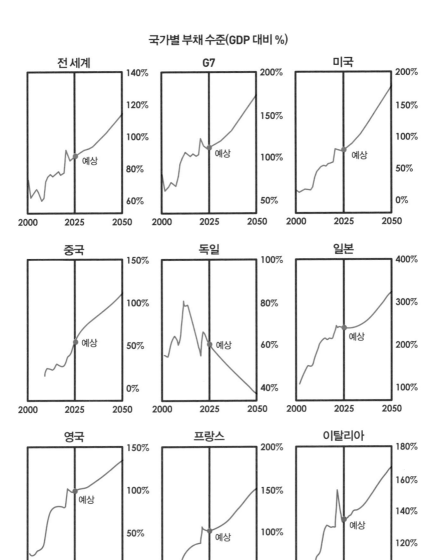

33 출처: 블룸버그 경제연구소. 주: 부채는 국내총생산(GDP)의 비율로 표시했다.

장에서 중국과 일본의 대규모 부채 사이클을 자세히 다룰 것이다. 내가 볼 때 지난 80년간의 미국, 거품 붕괴 이후의 일본, 그리고 내가 살펴본 기타 사례들 모두 전형적인 대규모 부채 사이클로, 이는 앞에서 설명한 방식으로 작동한다고 생각한다. 따라서 이를 잘 이해하는 것이 모든 국가의 투자자와 정책 입안자들에게 매우 중요하다고 생각한다. 특히 지금처럼 일부 국가들이 자국에서 대규모 부채 사이클의 후반 단계에 접어들고 있으며, 이로 인해 심각한 결과를 겪을 가능성이 크기 때문에 더욱 중요하다. 또한, 미국의 대규모 부채 사이클과 그것이 미국 달러 자산 및 부채에 미치는 영향 역시 다른 국가들에 중요한 영향을 미칠 가능성이 크다.

이제 장기 부채 사이클의 각 단계를 거치면서 어떤 일이 일어났는지 살펴보겠다. 앞에서 설명한 부채/신용 템플릿과 비교해 사건들이 어떻게 전개되었는지 명확히 하기 위해, 1945년 이후 기간을 4단계로 나눌 것이다. 이 4단계는 1945년 이후 부채와 신용의 역학관계를 주도해온 4가지 주요 통화 체제를 나타낸다. 1945년부터 시작하는 이유는 그 시기가 새로운 통화, 지정학적 질서, 그리고 많은 국가의 국내 정치 질서가 시작된 때이기 때문이다.

11장

1945년부터 1971년까지 – 연동(경화) 통화 시스템

독자들에게 현재의 통화, 국내 및 국제 질서가 1945년에 시작된 이후부터 현재까지의 과정을 담은 이 장과 다음 세 장을 꼭 읽어보기를 권한다. 나는 우리가 이러한 질서와 현재 빅 사이클의 끝자락에 가까워졌다고 믿는다. 이 장들을 읽고 나면 과거에 일어났던 일들과 현재 상황 사이의 유사점을 강하게 느끼고 빅 사이클의 리듬을 잘 이해하게 될 것이라고 확신한다. 그렇게 되면 우리는 미래를 내다볼 수 있을 것이다.

설명한 바와 같이 제2차 세계대전은 이전의 세계 질서를 종식하고 현재 우리가 속한 세계 질서로의 전환을 가속했다. 언제나 그렇듯이 전쟁의 가장 큰 승자들, 이 경우에는 미국, 영국 및 그들의 동맹국, 그리고 소련 및 그들의 동맹국들이 새로운 세계 통화 시스템을 포함한 새로운 세계 질서의 규칙을 결정했다. 물론 처음부터 미국과 그 동맹국, 그리고 소련과 그 동맹국 사이에 분열이 있기는 했었다. 1944년, 미국, 영국 및 그들의 동맹국들은 브레튼우즈 체제Bretton Woods system라고 불리는 것을 만들었다(뉴햄프셔주 브레튼우즈에서 탄생했기 때문이다). 이 시스템은 금에 연동된(즉, 경화) 통화 시스템이었다. 나는 이러한 유형의 통화 시스템을 통화 정책 0 Monetary Policy 0이라고 이름 붙였다. 이것이 대규모 부채 사이클이라는 경제적 상황에 대응하기 위한 통화 시스템/접근 방식 중 첫 번째 유형이기 때문이다.

통화 정책 0(이하 MP0) 시스템은 수천 년 동안 존재했던 대부분의 이전 통화 시스템과 유사한데 이 시스템하에서는 '지폐'가 은행(이 경우에는 중앙은행)에 보관된 실물 화폐(금)와 연동된다. MP0 시스템에서는 통화를 주면 지정된 실물 자산(대부분 금)을 정해진 가격으로 구매할 수 있으며, 이러한 능력 때문에 통화 공급이 제한적이라고 여겨진다. 통화 공급이 너무 많아지면 가격이 하락해야 하기 때문이다. 통화가 담보로 하는 품목(예: 금)에 비해 통화가 너무 많아지면 사람들이 통화를 그 품목으로 교환해 중앙은행이 보유한 금의 양은 줄어들고, 시중에 유통되는 통화의 양은 여전히 많아져 불균형이 심해질 것이다. 이러한 파멸적 상황에 대한 두려움 때문에 이 시스템하에서는 통화 창출을 제한하고, 따라서 돈의 가치가 떨어지지 않도록 하는 것이다. 하지만 이 시스템의 문제는 역사적으로 장기간 유지되지 못하고 결국 붕괴하고 만다는 점이다. 실물 자산과의 연동에도 불구하고 정부는 여전히 과도하게 많은 돈을 만들고, 과도한 부채 증가를 허용해 보관된 자산(예: 금)보다 훨씬 많은 교환 청구가 일어나기 때문이다. 이러한 결과는 거의 항상 사람들이 금 교환을 요구하는 '뱅크런'과 실물 자산 인도 약속의 파기로 이어진다.

브레튼우즈에서 수립된 금본위제 MP0 시스템은 1971년까지 지속되었으며, 그 기간 동안 달러는 그 자체로는 큰 가치가 없는 종이 화폐였지만 금과 고정된 비율로 교환될 수 있었기 때문에 '진짜 돈'으로 간주되었다. 다른 통화들은 합의된 공식 환율로 달러와 교환할 수 있었고,

이 환율은 변동이 가능했다. 이 27년 동안 소규모 단기 부채/경제 사이클이 다섯 번 있었는데, 이는 이 기간 동안 소득 대비 부채 비율이 전반적으로 증가하는 추세 속에서 나타난 작은 변동이었다. 이제 이 기간이 어떻게 전개되었는지, 그리고 5가지 주요 힘에 무슨 일이 일어났는지 설명하겠다.

이전의 모든 통화 시스템과 마찬가지로 브레튼우즈에서 수립된 시스템은 고유한 특징을 가지고 있었다. 당시 미국이 세계 금 보유량의 약 3분의 2를 보유하고 있었고, 금은 미국 재무부가 보관하고 있었기 때문에 달러가 세계의 기축통화가 되었다. 다른 나라들은 자체 통화를 가지고 있었으므로 미국 중앙은행에서 금을 얻으려면 달러를 구매한 다음 그 달러를 사용해 금을 구매해야 했다. 오직 각국 중앙은행만이 금을 구매할 수 있었고, 개인은 달러로 금을 구매하는 것이 금지되었다. 사실 미국과 대부분의 다른 나라에서는 정부가 신용 시스템을 구축하기 위해 사람들이 부채 자산에 저축하기를 원했고, 부채 자산이 금과 경쟁하는 것을 원하지 않았기 때문에 시민들이 금을 소유하는 것은 불법이었다.

이 시스템은 미국과 미국을 중심으로 뜻을 같이하는 다른 나라들도 참여할 수 있도록 설계되었고, 미국은 다른 나라들도 참여하기를 원했다. 영국은 전쟁으로 인해 금융 및 기타 영향력이 약화해 이 새로운 세계 질서에서 종속적인 세력이 된 반면, 미국은 전쟁에 늦게 참전해 훨씬 부유해졌다. 소련은 브레튼 우즈 협정에서 탈퇴해 미국 주도의 시스템과는 독립적인 자체 통화 시스템과 운영 방식을 가지고 있었다.

주요 지정학적 경쟁은 자본주의 민주주의 국가인 미국과 공산주의 독재 국가인 소련 사이에서 벌어졌다. 미국은 경제적으로나 군사적으로 소련보다 훨씬 강력했기 때문에 마셜 플랜 같은 금융 지원 프로그램을 통해 특히 유럽의 동맹국 재건을 도울 수 있었다. 이러한 프로그램은 냉전 시대에 특히 중요했던 동맹 관계를 강화하기 위해 시행되었다. 미국은 부유했고, 세계 기축통화를 보유했으며, 전 세계 GDP의 약 절반을 차지했으므로 동맹국에 대한 이러한 지원을 쉽게 제공할 수 있었다. 다른 나라들이 저축하기를 원했던 기축통화를 보유함으로써 미국은 엄청난 구매력을 갖게 되었지만 결국 안 좋은 결과를 낳고 말았다.

당시 일본과의 전쟁에서 연합국의 일원이었던 중국은 '백년국치百年国耻**'라는 시기를 겪으며 파괴되고 무력한 나라로 전락했다. 이 시기에는 외세가 중국의 여러 지역을 점령했고, 상황은 극도로 악화했으며, 정부 시스템 전체가 붕괴했다.** 대략 1839년부터 제2차 세계대전이 끝날 때까지 이어진 약 100년 동안 일본은 1895년에 대만을 점령했다가 전쟁이 끝난 후 연합국에 의해 중국에 반환하기도 했다. **1945년부터 1949년 사이에 중국은 강경 우파인 국민당과 강경 좌파인 중국 공산당 사이의 전형적인 내전을 겪었다. 전쟁의 여파로 공산당은 국민당을 대만으로 몰아내고 러시아 공산당과 연대했으며, 미국은 중국과 멀어졌다.** 당시 내전의 양 당사자 모두 중국은 하나이며, 그 하나의 중국에 대만이 포함된다는 데 동의했다. 하지만 누가 통치할 것인지를 두고 다투었다. 이 문제에 대한 논쟁은 오랫동안 곪아왔고, 심화하고 있으며, 이는 미국과 중국이 가진 힘 때문에, 그리고 오늘날 석유 생산보다 훨씬 더 중요한 반도체 생산의 중심지인 대만으로 인해 특히 더 중요해졌다.

전쟁 직후, 특히 정부 지원을 받는 자본가들의 투자를 받은 미국의 과학자들과 기업가들을 중심으로 혁신적인 사람들이 계속해서 엄청난 영향을 미칠 새로운 기술들을 개발했다. 예를 들어 1956년에는 '인공지능AI'이 발명되었고, 1957년에는 최초의 인공위성이 발사되었다. 1950년대

중반에는 인터넷의 기반 기술이 개발되었다. 물론 경제, 정치, 지정학, 환경에 큰 영향을 미친 발명은 너무나 많아서 여기서 자세히 다룰 수는 없다.

영국은 막대한 부채를 지고 있었고 경제적, 군사적으로 빠르게 상대적 쇠퇴를 겪고 있었기 때문에 앞서 설명한 전형적인 방식으로 채권과 통화 가치가 급격하고 지속적으로 하락했다. 이런 영국의 사례는 현재 미국의 상황을 이해하는 데 중요한 참고 자료가 된다. 전쟁 직후 영국은 많은 빚을 졌고, 유지할 여력이 없는 40개국 이상의 식민지와 군사 기지를 가지고 있었다. 모든 단계를 반복해서 설명하지는 않겠지만 대영제국은 지나치게 확장된 부채 문제를 해결하기 위해 1949년에 통화 가치를 인위적으로 30% 평가절하했다. 그 뒤로도 몇 년 동안 부채 보유자들에게 큰 손실을 입히는 일련의 평가절하가 이어졌다. 통화와 국채 가치가 떨어지는 현상은 빚이 많고 경제가 약해지는 나라에서 흔히 나타나는 전형적인 모습이었다. 부채 상환에 어려움을 겪었고, 어쩔 수 없이 해외 영토를 잃게 되면서 영국이 쇠퇴하고 있다는 것을 전 세계에 분명히 보여주었고, 이는 영국 부채와 통화를 보유하지 않으려는 욕구를 강화해 더욱 하락하게 만들었다. 가장 분명한 예로 1956년 이집트가 수에즈 운하를 점령하자 영국 국채의 충성스러운 보유자들은 그 채권을 팔지 않을 수 없었다. 1967년 또 다른 금융위기가 닥치자 다시 한번 대규모 평가절하가 단행되었다. 이 위기는 영국 국채와 파운드화가 더 이상 안전한 가치 저장 수단으로 여겨지지 않고 버려지는 결과를 낳았다. 1976년에는 영국의 재정 상태가 너무 악화해 IMF에 금융 지원을 요청해야 했다. 영국 파운드화의 가치 하락과 대영제국의 쇠퇴는 역사적으로 기축통화가 그 지위를 잃고 몰락하는 과정을 보여주는 가장 최근의 대표적인 사례로, 《변화하는 세계 질서》에 자세히 설명되어 있다.

1960년대 초반 미국에서는 단기적으로 돈이 풀리고 신용이 활발하게 공급되는 경제 확장 국면에 접어들어 미국 시장과 경제에 큰 도움이 되었다. 하지만 1965~1966년 물가가 3.8%로 상승하고 연준이 통화 정책을 긴축하면서 1929년 이후 처음으로 수익률 곡선이 역전되는 사태가 발생했다. 이러한 사건들로 인해 1968년에 물가 상승률을 반영한 S&P 500 지수가 최고점을 찍은 후, 그 뒤로 약 25년 동안 1968년 수준을 회복하지 못했다. 이처럼 오랜 기간의 부진은 이 연구의 앞부분에서 설명한 빅 사이클의 영향 때문이었다. 그리고 1969~1970년에는 경기 침체가 닥쳤다. 그 오랜 기간 끔찍했던 주식 및 채권 시장의 부진과 엄청난 금 및 기타 인플레이션 헤지 자산의 호황은 주로 부채(채무자의 현금 인도 의무)가 실제 존재하는 실물 화폐의 양에 비해 너무 많아서 정부나 중앙은행이 돈을 새로 찍어내고 통화 가치를 낮추는 정책을 시행했기 때문이었다. 이런 상황 덕분에 나는 특정 시장 상황에만 의존하는 투자가 아니라, 어떤 시장 환경에서도 살아남고 수익을 낼 수 있는 능력을 갖추는 것이 중요하며, 그런 능력을 키우기 위해 기술을 습득해야 한다는 것을 깨달았다. 또한 자신의 경험에만 기반해 빅 사이클을 무시하고 주식을 장기 보유하는 것만이 최선의 투자 방법이라고 생각하는 대부분의 투자자와는 매우 다른 사고방식을 가질 수 있었다.

1960년대에는 또한 몇 차례 손에 땀을 쥐게 하는 정치적·지정학적 갈등이 있었는데, 특히 1962년 쿠바 미사일 위기는 세계에서 가장 강력한 두 나라를 핵전쟁 직전까지 몰고 갔다. 당시 나는 13살이었고, 존 F. 케네디 대통령이 상황을 설명하는 대국민 연설을 보면서 핵전쟁이 일어날지, 어느 나라가 물러설지 궁금해했던 것을 생생하게 기억한다.

당시 나는 지정학적 재앙의 가능성이 시장에 큰 영향을 미칠 것이라고 확신했지만, 며칠 후 주식시장은 내가 생각했던 것만큼 나쁘게 움직이지 않았다. 소련은 미국을 겨냥해 쿠바에 배치했던 미사일을 철수했고, 미국은 소련을 겨냥해 튀르키예에 배치했던 미사일을 철수했다. 이를 통해 양국은 실제로는 서로 양보했음에도 불구하고, 자국민들에게 승리했다고 주장할 수 있었다.

이 사건은 또한 벼랑 끝 외교brinkmanship diplomacy가 실제로 어떻게 작동하는지, 그리고 (갈등으로 인한 피해가 용납할 수 없을 정도로 큰) 드라마 속에서 시장이 어떻게 반응하는지에 대해 첫 번째 교훈을 주었다. 1963년 11월 케네디 대통령이 암살당했지만 이 역시 시장과 경제에 미친 영향은 미미했다. 그 후 미국에는 민권 운동이 벌어졌고 '총(베트남 전쟁)'과 '버터(미국 내 사회보장 프로그램)'에 대한 막대한 지출이 있었다. 이처럼 엄청난 수많은 사건에도 시장에 큰 동요가 없는 것을 보고 나는 왜 그 사건들이 시장에 더 큰 영향을 미치지 않았는지를 깨달았고, 가격과 경제에 실제로 영향을 미치는 것과 그렇지 않은 것을 구별하는 능력을 얻을 수 있었다. 이 모든 중요한 요소를 자세히 다루지는 않겠지만, 시장에 중요한 것은 투자를 통해 얻는 현금이라는 것을 말하고 싶다. 따라서 전쟁 위협과 같은 큰 정치적 사건도 그러한 현금 흐름에 영향을 미치기 시작할 때까지는 크게 중요하지 않다. 그러므로 나는 투자 관점에서 오늘날 신문의 헤드라인을 장식하는 사건에 대해 걱정하지 않으며, 여러분도 그렇게 하기를 바란다. 또한 대부분의 이러한 전 세계적인 위협이 생각했던 것만큼 위태롭지 않다는 것을 알게 되었다. 왜냐하면 대부분의 국가 지도자는 파국을 초래하기보다는 벼랑 끝에서 한 걸음 물러서는 선택을 하기 때문이다. 그러나 분명히 말하자면, 국제 분쟁이 공급망과 통화 가치에 영향을 미치는 경우도 있고, 지도자들이 물러서지 않아 상황이 폭발해 매우 심각한 결과를 초래하는 드문 경우도 있기는 하다. 가능성이 작지만 발생 가능한 위험에 대비해 보험을 드는 것처럼 나는 이런 사건에도 대비할 수 있는 방법을 찾는다.

1960년대에는 중국과 소련의 관계에서도 큰 지정학적 변화가 있었다. 그들의 관계는 '우호적인' 국가에서 '적대적인' 국가로 바뀌었고, 이는 중국과 미국의 관계를 '적'에서 '친구'로 바꾸는 엄청난 지정학적 변화를 가져왔다. 그 결과, 1971년 헨리 키신저의 비밀 중국 방문과 1972년 초 닉슨 대통령의 방문이 있었고, 이는 1976년 마오쩌둥 사후 중국의 개방을 위한 발판을 마련했다. 앞서 언급한 기술 발전과 마찬가지로, 이러한 사건의 전개는 마치 당장에는 눈에 띄지 않지만, 장기적으로 엄청난 변화를 가져올 씨앗과 같았다. 당시에는 크게 중요해 보이지 않았지만, 실제로는 매우 중요했다.

1945년부터 1971년까지 미국은 과도한 지출을 했고, 특히 1960년대 베트남 전쟁과 '빈곤과의 전쟁war on poverty**' 프로그램에 많은 재정을 투입하면서 주로 차입을 통해 지출을 충당했다. 그 결과, 실물 화폐(금)를 지급하겠다는 교환 약속은 중앙은행이 보유한 금의 양을 훨씬 초과했다. 당시에는 나쁜 재정 상황이 천천히 악화해 결국 파국으로 이어질 때까지는 크게 중요해 보이지 않았지만, 실제로는 매우 중요했다.** 1950년대와 1960년대 초반에는 대부분의 국가가 저축으로 달러를 축적하고 싶어 했기 때문에 상품과 서비스의 대가로 이러한 '지폐' 달러를 기꺼이 받아들였다. 그 결과, 미국은 자유롭게 과도한 지출을 할 수 있었다. 또한 그 기간 동안 다른 국가들, 특히 독일과 일본은 전쟁으로 인한 큰 손실로부터 점차 회복해 경제적인 경쟁력을 갖추게 되었고, 이는 미국의 국제수지 악화를 초래했다. **1960년대 후반에는 지폐를 보유한 사람들이 실물 화폐(금)로 바꾸려고 하면서 미국과 영국의 중앙은행에서 뱅크런이 발생하는 것을 볼 수 있었고, 그 결과 미국 중앙은행의 금 보유량은 꾸준히 감소했다.**

독자들은 아마도 다음 원칙을 기억할 것이다. ● **부채 상환에 필요한 돈의 양에 비해 부채가 너무 많은 시기에는 존재하는 돈의 양을 늘리거나 부채의 양을 줄여야 할 필요성 때문에 정부는 약속을 깨고 a) 돈과 신용의 양을 늘리거나, b) 부채의 양을 줄이거나(예: 구조조정을 통해), c) 경화(예: 금)의 자유로운 소유 및 이동을 막는 몇 가지 조치를 조합해 시행한다. 그러한 시기에 사람들은 악화에서 양화로 재산을 옮기려 하고, 정부는 이를 막으려고 해서 양화의 자유로운 보유 및 이동을 금지하는 조치가 내려지기도 한다.**

미국 중앙은행의 실물 화폐(금) 고갈을 목격한 당시 프랑스 대통령 샤를 드골Chrles de Gaulle은 1965년에 공개적으로 통화 시스템 개혁을 추진했다. 다른 달러 보유자들도 이를 알아차리고 금으로 바꾸려는 움직임은 더욱 가속화되었고, 미국의 지출과 적자는 줄어들지 않았다. 결국 미국 중앙은행의 뱅크런 사태도 역사적으로 다른 중앙은행이 겪었던 뱅크런의 결말과 유사했다. 앞서 설명한 이유로 미국 정부 채권 매각은 경제가 약화하는 동시에 금리 상승과 통화 가치 하락을 야기했다. **미국 중앙은행은 약속된 가격으로 지폐를 금으로 교환해줄 의무를 이행하기에 충분한 실물 화폐(금)를 보유하고 있지 않았다.**

1971년 8월 15일 일요일 밤, 닉슨 대통령은 텔레비전에 출연해 미국은 더 이상 달러를 금으로 바꿔주는 정책을 시행하지 않겠다고 발표했다. 이는 우리가 알던 통화 시스템의 종말을 의미했다. 그 즉시 통화 가치가 하락하고 물가는 상승했으며, 앞서 설명한 이유로 부채 상환이 훨

씬 쉬워졌다. 당시 나는 대학을 졸업하고 경영대학원에 입학하기 전 여름 방학 동안 뉴욕증권거래소에서 사무 보조로 일하고 있었다. 우리가 알던 통화 시스템에 근본적인 변화가 발생하고, 달러와 금을 바꿀 수 없는 조치가 내려지는 것을 보고 엄청나게 크고 나쁜 일이라고 생각했기 때문에 주식시장이 크게 하락할 것이라고 예상했다. 그러나 그다음 주 월요일은 그해 시장 최고의 날이었고, 주식은 3% 이상 상승했다.

전에는 통화 평가절하를 경험해본 적이 없었기 때문에 그것이 어떻게 작동하는지 몰랐다. 이로 인해 나는 역사를 공부하게 되었고, 1933년에도 루스벨트 대통령이 동일한 이유(보유한 금보다 더 많은 금 지급 약속을 했는데 뱅크런이 발생하면서 금과 통화 부족 사태 발생)로 동일한(약속된 환율로 달러를 금으로 교환해주겠다는 약속을 불이행하는) 조치를 취했으며, 그 결과(평가절하, 주식과 금 가격의 폭등) 역시 똑같았다는 것을 알게 되었다. 유일한 차이점은 루스벨트가 당시만 해도 귀했던 텔레비전이 아니라 라디오로 발표했다는 점이었다.

두 사례 모두에서 통화와 실물 화폐의 연결이 끊겼다는 것은 중앙정부가 더 이상 달러를 금으로 바꿔줘야 할 의무가 없어졌다는 것을 의미하며, 따라서 중앙은행은 더 많은 돈과 신용을 창출할 수 있게 되었다. 이로 인해 부채 상환과 경제 부양이 더 쉬워졌고 주식, 금, 상품 가격의 상승과 경제 회복으로 이어졌다. 그때 나는 중앙은행이 많은 돈과 신용을 창출하면 돈과 신용의 가치가 하락하고, 대부분의 물가가 상승한다는 것을 알게 되었다. 이 두 가지 사건에서 이런 일이 발생하는 것을 본후 나는 역사상 거의 모든 유사한 경우에서 유사한 일이 일어났다는 것을 알게 되었다. ● **감당하기 어려울 정도로 고통스러운 큰 부채 문제가 있을 때 중앙은행은 채무자들이 부채를 더 쉽게 갚을 수 있도록 돈을 '찍어내' 배포**

할 것이고, 이는 다른 자산에 비해 돈과 부채의 가치를 떨어뜨린다는 원칙을 배웠다. 덕분에 나는 고통스러운 손실을 피해 많은 돈을 벌 수 있었다.

12장
1971년부터 2008년까지 – 불환 화폐와 금리 중심 통화 정책

1971년 8월 통화 시스템의 붕괴는 돈의 가치와 시스템 작동 방식에 변화를 가져왔다. 즉, 금과 연동된 시스템이 (중앙은행이 금리 조정을 통해 부채/신용/통화 증가를 촉진하고 억제할 수 있는) 불환 화폐 시스템으로 대체된 것이다. 나는 이러한 유형의 통화 시스템(즉, 불환 화폐가 금리 변화를 통해 관리되는 시스템)을 통화 정책 1 MP1이라고 부른다.[34] 통화 정책 유형 간에 이러한 구분을 두는 이유는 이것들의 작동 방식이 매우 다르기 때문인데, 그 차이점을 이해하는 것이 중요하다. MP1 통화 시스템과 MP0 시스템의 가장 중요한 차이점은 a) 차입 채무자에게 대출 채권자가 제공하는 돈과 신용의 양이 주로 돈의 비용(즉, 금리)에 의해 결정되며, b) 경화(예: 금)와의 연동에 의해 제약받지 않는다는 것이다. 통화와 신용 발

---

[34] 장기 부채 사이클의 후반 단계에는 두 가지 다른 유형의 통화 정책이 있는데, 이를 통화 정책 2(MP2)와 통화 정책 3(MP3)이라고 부른다. 이에 대해서는 이 책의 뒷부분에서 간략하게 다룰 예정이지만 더 알고 싶다면 《금융위기 템플릿》에서 자세히 설명하고 있으니 인쇄본을 구매하거나 economicprinciples.org에서 PDF 형태로 찾아보기 바란다.

행의 제약이 사라지고 연준이 당시 상황에 대해 적극적인 통화 긴축 정책을 펼치지 않으면서 통화량이 과도하게 증가했고, 경제 침체와 물가 상승이 동시에 나타나는 전형적인 스태그플레이션이 발생했다.

1971년부터 1982년까지: 스태그플레이션과 긴축, 그리고 정치적 좌파에서 우파로의 이동

1971년부터 1982년까지의 10년은 5가지 큰 힘의 순환이 어떻게 상호 작용해 전반적인 빅 사이클을 만들어내는지 보여주는 좋은 예다. 이 기간 동안 대규모 부채 사이클은 정치 및 글로벌 갈등 사이클과 영향을 주고받았다.

우선 부채/돈/경제 사이클부터 살펴보자. 닉슨 대통령이 MP0 통화 시스템을 종료시키고 MP1 시스템으로 전환하자, 중앙은행과 중앙정부는 제약이 줄어든 점을 이용해 돈을 찍어냈다. 1971년부터 1981년 말까지 연방준비제도이사회는 통화 공급량을 100% 증가시켰고, 일부 은행 계좌와 현금성 자산을 포함하는 광의의 통화 공급량(M2라고 함)은 180% 증가했다. 상품 및 서비스 가격(소비자물가지수CPI 기준)은 약 140% 상승했으며, 주가지수는 약 30% 상승했고, 금 가격은 약 10배 상승했다. 주가는 실질 구매력 기준으로는 45% 하락했다. 물론 채무자들은 훨씬 더 풍부하고 저렴해진 달러로 부채를 갚을 수 있었기 때문에 이익을 얻었고, 채권자들은 약속받은 돈의 가치가 줄어들었기 때문에 손해를 보았다. 그 10년 동안 10년 만기 국채 보유자는 물가 상승률을 감안했을 때 약 40%의 손실을 보았고, Baa 회사채 보유자는 물가 상승률을 감안했을 때 약간의 마이너스 수익률을 기록했다.

다시 말해 1971년부터 그 후 몇 년 동안 연준은 훨씬 더 많은 돈과 신용을 창출해 부채 위기에 대처했으며, 이는 채무자에게는 부채 부담을 덜어주었고 채권자에게는 구매력의 저하로 큰 손실을 안겨주었다. 결과적으로 차입을 장려하고 대출을 억제하는 상황이 조성되었다. 이러한 10년간의 부채 화폐화 과정은 내게 큰 인상을 남겼고, 다양한 시장 상황에 적응해 수익을 낼 수 있는 능력을 키우는 것이 필수적이라는 중요한 교훈을 얻었다. 나는 주식형 자산으로 수익을 얻었던 환경에서만 살아온 현재 투자자들이 큰 실질 수익률을 얻기 위해 이런 자산에만 투자하는 지금과 같은 방식은 잘못된 접근 방식이라고 생각한다.

오늘날의 달러와 1945~1971년 기간의 달러 간 가장 중요한 차이점은 오늘날의 돈은 1971년 이래 계속 불환 화폐였다는 점이다. 이는 (미국 달러가 세계의 지배적인 교환 매개체이자 가치 저장 수단이기 때문에 본질적으로 세계의 중앙은행인) 연준이 과거보다 훨씬 자유롭게 돈과 신용을 창출할 수 있다는 것을 의미한다. 다른 중앙은행들도 비슷한 방식으로 돈과 신용을 창출할 수 있으므로, 다른 모든 교환 매개체와 가치 저장 수단에 영향을 미친다. 앞서 설명한 이유로 그렇게 하는 것이 정부가 부채 부담을 완화하고 인플레이션을 통해 모르는 사이에 사람들의 부를 쉽게 몰수하는 방법이다. 덧붙여 말하자면, 불환 화폐 시스템은 역사 전반에 걸쳐 존재해왔으므로 과거의 사례를 연구하는 것은 그러한 시스템이 어떻게 작동하는지에 대한 귀중한 교훈을 제공하며, 이는 부채 사이클이 진행됨에 따라 우리가 처한 시스템이 어떻게 될지를 알 수 있는 단서를 제공할 수 있다.

금-달러 기반 시스템은 1971년에 붕괴했지만, 미국은 경제, 군사 및 다른 분야에서도 여전히 지배적인 세계 강국이었다. 그리고 전 세계 대부분의 무역과 자본 거래는 달러로 이루어졌으므로, 1970년대에 달러가 매우 형편없는 가치 저장 수단이었음에도 불구하고 달러는 정부, 기업 및 사람들이 저축하고 싶어 하는 세계 최고의 통화로 남아 있었다.

1971~1982년 기간에는 차입 채무자가 되는 것이 유리했는데, 이는 1971년 8월에 시작된 큰 평가절하가 즉각적인 인플레이션 효과를 가져왔기 때문이다. 동시에 지정학적 갈등도 환경을 형성하는 데 중요한 역할을 했다.

더 구체적으로 말하자면, 1971년 금과의 연결 고리 해제 후 대규모 통화 완화 정책은 인플레이션을 촉발했다. 동시에 1973년에는 대영제국과 식민주의가 붕괴하면서 중동 지역에 큰 지정학적 변화가 있었다. 제한된 공급량(즉, 석유)을 쫓는 돈이 더 많아짐에 따라 중동 국가들은 이를 이용해 1차 '오일 쇼크'를 일으켰고, 이는 인플레이션을 더욱 부추겼다. 항상 그렇듯 이는 이권 싸움이었다. 더 구체적으로 말하자면, 식민 지배를 받던 당시 중동(및 다른 지역)의 여러 국가는 자신들을 다스리던 서구 열강을 몰아내고 식민지 자산에 대한 국유화를 추진하고 있었다. 사우디아라비아, 이란, 이라크, 리비아는 당시 전 세계 석유 시장을 지배하던 '세븐 시스터즈Seven Sisters(7대 주요 석유 회사)'가 소유한 대부분의 석유 자산을 국유화했으며, 1973년 10월에는 아랍과 이스라엘 간에 전쟁이 발발했다. 이러한 사건들로 인해 석유 가격이 크게 상승했다.

한편 부채/신용/돈/경제 사이클은 석유 가격 변화로부터 이익을 얻었는지 손해를 보았는지에 따라 국가별로 다르게 전개되었다. 원자재 생산국, 특히 신흥국들은 호황을 누렸고 빌린 돈으로 투자나 소비를 늘려 거품이 발생한 반면, 미국은 부채를 조달하기 위해 더 많은 돈과 신

용을 창출했다.

자연스럽게 유럽, 미국 및 기타 지역의 달러가 상품을 생산하는 개발 도상국에 대출되기 시작해 이들 국가의 부채 거품을 만들었다. 1970년대 초에는 특히 유럽 국가들을 중심으로 많은 달러가 축적되어 유로달러 시장Eurodollar market이라고 불리는 금융시장이 형성되기도 했다. 그 시장의 달러들은 수익 창출을 위해 결국 시장에 공급될 수밖에 없었다. 앞서 설명한 통화 평가절하로 인해 전 세계적으로 인플레이션이 높았기 때문에 상품 가격이 높았고, 따라서 상품을 생산하는 신흥국에 대출하는 것이 수익성이 높다고 판단했다. 그래서 미국, 유럽 및 일부 일본 은행은 신흥국에 자금을 빌려주고 이들의 성장을 일으켰고 거품을 만들었다. 원자재 추출 산업에 많은 투자가 이루어졌지만 공급 과잉으로 결국 가격 하락의 원인이 되었으며, 이는 특히 1980년대에 돈이 부족해졌을 때 더욱 하락세가 심해졌다.

이 기간 초반인 1971~1974년에는 돈이 풀렸고, 인플레이션과 경제 활동이 증가했으며, 석유 수출국들은 석유 수출 금지 조치를 취해 석유 가격을 상승시키고 인플레이션을 유발했다. 따라서 1973년 말부터 1974년까지 연준은 돈과 신용을 긴축하고, 금리를 인상해 수익률 곡선을 역전시켰다. 그 결과, 시장과 경제는 심각한 하락세로 빠져 곧 경기 침체로 이어졌다. 이것으로 단기 부채 사이클이 끝났고, 언제나 그렇듯이 또 새로운 사이클이 시작되었다.

다음 사이클도 같은 방식으로 전개되었다. 경기 침체 이후 정부나 중앙은행의 경기 부양 정책으로 인해 돈을 빌리기 쉬워지고 신용이 확대되었으며, 그 결과 경제 활동이 활발해지고 인플레이션이 발생했다. 이 와중에 국내 정치적 및 국제 지정학적 요인으로 인해 두 번째 오일 쇼

크가 발생했다. 이란에서는 팔레비 왕조가 무너지고 미국 대사관이 점거되면서 권력을 잡은 세력에 의해 미국인 인질들이 억류되는 사태가 벌어졌다. 이것이 오늘날까지 이어지는 이란과의 갈등의 시작이었다. 이 사태는 미국에 인플레이션과 굴욕감을 동시에 안겨주었다. 다음 차트는 1971년부터 1981년까지의 평균 금리(90일 만기 국채 금리와 10년 만기 국채 금리의 평균)와 소비자 물가 상승률을 보여준다. 보다시피 1970년대에는 금리가 인플레이션율보다 더 느리게 상승해 실질 금리는 마이너스까지 낮아지기도 했다(특정 시점에는 -4%까지 하락했는데, 그 이전 평균은 2%였다). 정부의 개입으로 물가 상승률보다도 낮은 이러한 금리는 차입 채무자에게는 매우 유리했고, 대출 채권자에게는 매우 불리해 차입과 구매를 부추겼다. 이는 물가를 상승시키고 금리도 뒤따라 상승하게 만들었다. 결국 인플레이션이 너무 심각해져 변화가 불가피해졌고, 이는 반대의 결과를 초래했다. 이 차트에서 두 번의 단기 부채 사이클을 명확하게 확인할 수 있다. 이 차트의 수직선은 1980년 1월을 나타낸다.

미국 금리와 인플레이션

—— 헤드라인 CPI*   —— 미국 평균 금리(3개월 및 10년 만기 국채 금리 평균)

* 소비자가 체감하는 전반적인 물가 상승률 - 옮긴이

257

수익률 곡선

― 3개월 만기 국채 금리-10년 만기 국채 금리   ― 3개월 만기 국채 금리/10년 만기 국채 금리

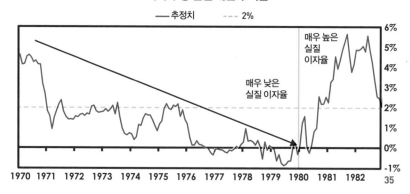

미국 추정 실질 채권 수익률

― 추정치   --- 2%

매우 높은
실질
이자율

매우 낮은
실질 이자율

다음 차트에서는 몇 가지 다른 형태의 실질 금리를 확인할 수 있을 것이다.

---

35 인플레이션 연동채권 시장이 존재하지 않아 관찰할 수 없었던 기간에 대해서는 설문 조사한 인플레이션 기대치와 최근 인플레이션을 사용해 실질 수익률과 손익분기 인플레이션율의 대략적인 추정치를 표기했다.

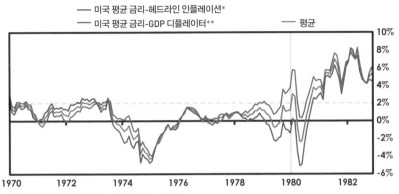

실질 금리 유형

— 미국 평균 금리-헤드라인 인플레이션*
— 미국 평균 금리-GDP 디플레이터** — 평균

동시에 노동자들과 노동조합의 힘이 강해졌고, 이는 임금 인플레이션을 상승시키고 기업 이익을 압박했다. 다음 차트에 나타난 바와 같이 민간 소득 대비 노동 소득의 비율은 1965년 68%에서 1980년 미국 역사상 최고치인 74%로 증가했다. 이러한 변화는 부채 사이클과 함께 진행된 정치 사이클에 영향을 미치기도 하고 받기도 했다.

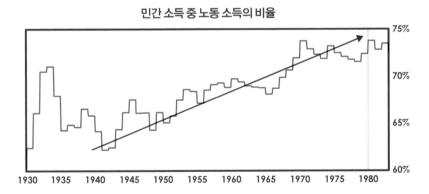

민간 소득 중 노동 소득의 비율

더 이상 참을 수 없었다. 높은 인플레이션과 약달러, 안 좋은 경제 상황, 기업에 불리한 환경, 그리고 지정학적 위기 등이 맞물려 유권자들의 인내는 바닥을 드러내고 있었다.

부채/돈/경제, 국내 정치 그리고 국제 지정학적 추와 질서는 극단으로 치달았고, 이에 따라 큰 변화가 이루어지면서 상황은 역전되었다. 거의 모든 것이 반대 방향으로 움직였다. 더 구체적으로 말하자면 마음대로 날뛰는 인플레이션에 대한 반작용으로 1979년에 폴 볼커Paul Volcker가 연방준비제도이사회 의장으로 임명되자, 그는 통화 정책을 매우 완화적인 수준에서 (헬무트 슈미트Helmut Schmidt 독일 총리의 표현에 의하면) '예수 그리스도 탄생 이후' 가장 긴축적인 통화와 최고 수준의 금리로 전환했다. 그리고 일반적으로 좌파 성향 정부하에서 발생했던 끔찍한 상황에 대한 반작용으로 로널드 레이건Ronald Reagan, 마거릿 대처Margaret Thatcher, 헬무트 콜Hlemut Kohl과 같은 우파 성향 지도자들이 권력을 잡았다. 다시 말해, 어려운 상황에 대한 국민의 불만이 국가 지도자와 집권당에 대한 불만으로 이어졌는데, 이는 부채/경제 및 정치적 변화가 비슷한 시기에 나타날 때 발생하는 일반적인 현상이다.

다음 차트는 CPI 물가 상승률(인플레이션의 단순 대리 지표), 3개월 및 10년 금리의 평균(금리의 단순 대리 지표), 그리고 수익률 곡선(3개월 금리에서 10년 금리를 뺀 값, 통화 정책 긴축 정도의 단순 대리 지표)을 보여준다. 이 차트를 통해 1970년대의 두 번의 단기 신용 사이클과 1980년대 초에 새롭게 나타나는 사이클을 확인할 수 있다. 1980년경 인플레이션과 싸우기 위해 통화가 매우 긴축적으로 운용되었음을 알 수 있다.

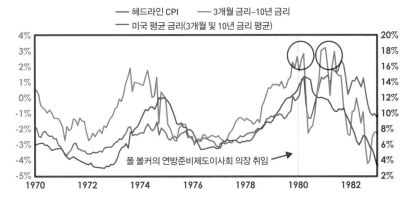

미국 금리와 인플레이션

| ── 헤드라인 CPI | ── 3개월 금리-10년 금리 |
| ── 미국 평균 금리(3개월 및 10년 금리 평균) | |

폴 볼커의 연방준비제도이사회 의장 취임 →

이때는 통화 긴축, 높은 실질 금리, 인플레이션의 하락 외에도 노동 정책이 자유주의에서 보수주의로 전환하는 분위기가 있었다. 영국에서는 대처, 미국에서는 레이건, 독일에서는 콜(모두 온건 보수주의자)이 임금 인플레이션과 노동조합에 강력히 맞서 싸워 노동 소득의 비중을 줄였고, 이는 인플레이션을 낮추고 기업 이익을 증가시켰다. 이들 보수 지도자는 소득세와 법인세를 인하하고 더욱 강경한 외교 안보 정책을 추구했다.

새로운 이란 지도부는 레이건이 취임하면서 말한 석방하지 않으면 심각한 결과가 있을 것이라는 경고에 반응해 인질들을 석방했다. 한편 대처는 아르헨티나와 전쟁을 벌여 승리했다. 전쟁은 아르헨티나가 영국이 통제하는 작고 특별할 것 없는 식민지 섬인 포클랜드 제도를 점령하려는 시도 때문에 일어났다. 그리고 레이건은 소련과의 냉전을 가속했고, 이는 결국 소련의 붕괴로 이어졌다.

미국 중앙정부와 중앙은행의 강력한 조치는 돈과 권력의 흐름, 그리고 기타 모든 것의 방향을 바꾸었다. 시장은 강한 정책을 신뢰했고, 금

리 하락, 인플레이션율 하락, 높은 실질 금리, 이익 폭의 개선, 그리고 세율 하락의 조합을 좋아했다. 그것은 자본가들에게는 더할 나위 없는 기쁨이었다. 나는 정책 변화와 그로 인해 사회 전반의 분위기가 긍정적으로 바뀌었던 것을 생생하게 기억한다. 특히 이러한 지도자들이 어려운 일(매우 고통스러웠지만)을 하기 위해 적극적으로 투쟁할 의지가 있었다는 점에 깊은 인상을 받았다.

이 모든 정책의 결과, 1980년대는 1970년대와는 정반대였다. 즉, 디스인플레이션 성장이 이어져 선진국에서는 주가 및 채권 가격이 상승했지만, 신흥국에서는 부채 거품이 붕괴하면서 인플레이션형 불황으로 이어지는 현상이 나타났다.

이 기간 내내 나는 금융시장에 깊이 참여했고, 그 변화를 이끈 요인들을 주의 깊게 관찰하면서 독자적인 통찰력을 얻게 되었다. 그리고 이를 통해 훌륭한 투자 기회를 발견하고 경제 현상의 작동 원리를 설명할 수 있는 능력을 키웠다. 그렇다고 해서 내가 처음부터 이러한 큰 움직임 뒤에 숨겨진 모든 메커니즘을 완전히 이해했던 것은 아니다. 예를 들어 1982년 같은 경우 나는 완전히 틀렸다. 큰 부채 위기가 미국 은행, 주식시장 그리고 미국 및 세계 경제에 큰 부채 문제를 일으킬 것이라고 예상했었다. 내 예상이 틀렸던 이유는 신흥 시장에서 미국 시장으로의 엄청난 글로벌 자금이 이동할 것을 예상하지 못했고, 연방준비제도와 규제 당국이 강력하게 미국 은행을 보호한다는 걸 알지 못했기 때문이다. 그 실패로 인해 나는 자금 흐름을 주시하고 그 방법을 배워야 한다는 것과 위험을 줄이기 위해 수익을 희생하지 않고 다각화하는 방법, 그리고 항상 겸손해야 한다는 것을 커다란 대가를 치르고 배울 수 있었다. 그 고통스러운 경험에서 (다른 많은 경험과 마찬가지로) 많은 교훈을 얻었으므로 결국 내게 커다란 도움이 되었고, 이는 이후 30년 이상 나와 브리지워터의 성과를 근본적으로 향상했다.

정치, 지정학, 기술 발전에 큰 영향을 미쳤던 시장과 경제의 이러한 모든 큰 움직임은 부채/돈/자본의 흐름에 의해 주도되었다. 이러한 이유로 나는 자본 흐름 전문가가 되기로 결심했다.

1971~1972년부터 1981~1982년까지의 10년은 이전에 설명한 전형적인 틀에 따라 전개된 매우 고통스럽고, 매우 고전적인 부채 재조정 및 부채 화폐화의 10년이었다. 항상 그렇듯이 그 뒤를 이은 10년은 그 이전의 10년과 유사하기는커녕 정반대였다.

1982년부터 1990년까지: 물가 상승률 하락, 강력한 경제 성장, 그리고 레버리지 증가로 부채 위기가 연속 발생하며 여전히 MP1 통화 시스템으로 운영

1979~1982년의 통화 정책 변화로 인해 투자 환경은 1970년대 초반처럼 차입 채무자에게 유리했던 환경에서 1980년대처럼 대출 채권자에게 유리한 환경으로 바뀌었다. 다음 차트에 나타난 바와 같이 이는 인플레이션율을 낮추었고, 그 결과 명목 이자율은 하락했지만 실질 이자율은 비교적 높은 수준을 유지했다. 그다음 차트는 앞의 차트를 업데이트해 1990년까지의 이자율과 인플레이션율을 보여주므로 1980년대가 1970년대와 얼마나 달랐는지 확인할 수 있을 것이다. 1970년대의 10년간의 물가 상승, 명목 이자율 상승, 낮은 실질 이자율 시대를 종식한 통화 정책 변화는 1980년대의 물가 하락과 상대적으로 높은 실질 이자

율 환경을 조성했으며, 이는 장기간의 금리 하락으로 이어졌다. 이러한 변화와 함께 이윤 폭이 확대되면서 1980년대는 1970년대와 유사하기는 커녕 정반대였다. 강력한 성장과 물가 하락, 금리 하락이 이어졌고, 미국 및 대부분의 선진국에서 주식 및 채권 시장의 상승이 동반되었기 때문에 시장과 경제에 거의 완벽에 가까울 정도로 이상적이었다. 1980년대 초반부터 1990년대 초반까지 물가는 크게 하락했고, 금리와 신용 경색은 훨씬 크게 완화되어 대출 채권자에게는 매우 좋고 차입 채무자에게는 매우 나빴던 환경에서 차입 채무자에게는 약간 유리하고 대출 채권자에게는 약간 불리한 환경으로 바뀌었다.

미국 금리와 인플레이션

──── 헤드라인 CPI ──── 미국 평균 금리(3개월 및 10년 금리 평균)

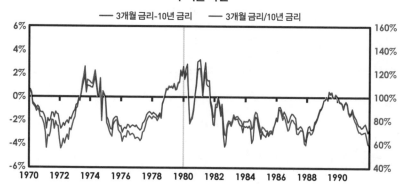

수익률 곡선

──── 3개월 금리-10년 금리 ──── 3개월 금리/10년 금리

미국 금리, 인플레이션, 채권 수익률

—— 미국 평균 금리-헤드라인 인플레이션
—— 3개월 금리-10년 금리   —— 미국 실질 채권 수익률

미국 실질 채권 수익률

---

36 인플레이션 연동채권 시장이 존재하지 않아 관찰할 수 없었던 기간에 대해서는 설문 조사한 인플레이션 기대치와 최근 인플레이션을 사용해 실질 수익률과 손익분기 인플레이션율의 대략적인 추정치를 표기했다.

37 위와 동일

미국 추정 실질 금리

— 미국 평균 금리- 헤드라인 인플레이션   --- 장기 평균(2%)
— 미국 평균 금리-GDP 디플레이터

10%
8%
6%
4%
2%
0%
-2%
-4%
-6%

1972　1974　1976　1978　1980　1982　1984　1986　1988　1990

1980년대에는 앞서 설명한 긴축 통화 정책과 달러 부족(부채) 상황으로 인해 1985년 플라자 합의Plaza Accord가 있기 전까지는 달러 가치가 상승했다. 플라자 합의는 달러 가치를 하락시키기로 한 합의였는데, 대규모 경상수지 적자와 달러 수요 증가가 지속 불가능했기 때문에 어쨌든 달러 가치는 하락했을 것이다.

이 기간 동안 금리와 인플레이션은 크게 변동했으며, 당시에는 그 변화가 매우 크게 느껴졌다. 그러나 (앞 차트에서 볼 수 있듯이) 전반적인 흐름은 분명했다. 1980년대에는 1980~1982년의 긴축 통화 정책의 결과로 물가가 하락했고, 그 후 명목 이자율도 이를 따라 하락했지만 실질 이자율은 상대적으로 높은 수준을 유지했다. **이러한 높은 실질 금리는 대출 채권자에게는 매우 유리했고, 차입 채무자에게는 매우 불리했다. 그리고 물가 상승률이 하락하기 시작하면서 명목 이자율이 하락하면 미래 현금 흐름을 평가하는 데 사용되는 할인율이 낮아지고 금리 하락으로 차입이 쉬워졌기 때문에 채권 및 주식 가격에는 매우 좋았다. 이 모든 것이 경제 활동에 긍정적인 영향을 미쳤다. 또한 물가 상승률 하락**

과 함께 미국 시장과 경제에 이상적인 환경을 조성했다.

그러나 이러한 부의 이전은 어디에서 나왔을까? 이는 고금리 부채와 부채 자산을 보유한 차입 채무자, 특히 달러로 차입하고 수입은 현지 통화로 얻는 신흥 시장 차입 채무자와 그들에게 돈을 빌려준 사람들(특히 미국 다국적 은행)로부터 나왔다. 그들이 겪었던 순환은 전형적이었다. 높은 이자율은 달러 부채 상환 비용을 증가시켰을 뿐만 아니라 달러 강세를 부추기는 데도 기여했다. 자체적으로 발행할 수 없는 부족한 외화(미국 달러)로 표시된 부채와 부채 자산을 가진 국가들은 채무 불이행 문제에 직면한 반면, 자체적으로 통화를 발행할 수 있는 국가들은 통화 발행으로 인해 통화 가치가 폭락했다. 다시 말해 이는 그들이 발행할 수 있는 통화의 인플레이션과 빚을 지고 있지만 발행할 수 없는 통화의 디플레이션을 야기했다.

1970년대 후반의 부채 거품은 1980년대에 양쪽 모두를 고통스럽게 하는 대규모 긴축과 끔찍한 부채 축소로 이어지면서 전형적인 부채 위기로 바뀌었다. 많은 신흥국을 포함해 부채 위기에 직면한 국가들은 이 20년이 넘는 기간 동안 통화 가치와 현지 통화 표시 부채의 가치를 떨어뜨린 대규모 부채 화폐화로 인해 인플레이션 불황을 포함하는 전형적인 완전한 부채 사이클을 경험했다. 반면, 화폐화할 수 없는 외화 부채에서는 디플레이션 채무 불이행 문제가 나타났다. 그 사이클은 2부에서 제시된 틀에 따라 진행되었다. 이들 국가의 부채 위기는 흔히 '잃어버린 10년lost decade'이라고 불리는 결과를 가져왔는데, 이는 해당 국가에 인플레이션 경제 침체가 발생하고 대출을 연장한 은행이 채무자와 부채 구조조정을 협상하는 결과로 나타난다. 결국 2부에서 설명했지만, 1991년에 현지 통화 부채는 평가절하되고 외화 부채는 재조정되는 전형적인 방식으로 부채 위기가 마무리되었다. 또한 사이클이 끝날 무렵, 과도하게 부채를 진 대부분의 정부는 외환 보유고를 늘리기 위해 국유 자산을 매각하고 국내 통화를 달러에 연동해 대규모 부채 사이클을 완료했다.

물론, 모든 나라는 자신만의 독특한 경제 순환을 겪었으며, 이 책에서는 그중에서도 특히 중요한 중국과 일본의 사례를 15장과 16장에서 자세히 분석할 예정이다. 한편 이 시기에는 모든 국가의 빅 사이클에 엄청난 영향을 미친 중요한 지정학적 변화도 있었다.

1980년대에는 소련의 쇠퇴, 중국의 부상, 빈부격차 확대로 인해 지정학적 환경이 변화했다. 이러한 변화들은 주로 소련의 불충분한 재정 및 경제 시스템 때문에 발생했다. 더 구체적으로 말하면 미국은 소련보다 경제력과 생산성 면에서 훨씬 우월했기 때문에 거의 모든 면에서, 특히 군사력 측면에서 소련을 압도했다. 이는 소련의 부채, 경제, 통화, 정치 및 지정학적 붕괴로 이어졌으며, 1989년 말 베를린 장벽 붕괴와 1991년 12월 소련의 공식 해체를 불러왔다.

1978년 덩샤오핑이 중국의 권력을 장악한 이후 1980년대에 큰 변화가 있었고, 이는 현재까지 변화하는 세계 질서를 형성하는 데 큰 영향을 미쳤다. 덩샤오핑의 등장은 중국식 자본주의 경제 시스템의 시작이자, 대규모 부채/신용/통화/경제 사이클의 시작을 알렸다. 이전에는 중국에 부채/신용/저축/경제 활동이 거의 없었다. 덩샤오핑은 외국 자본가들의 돈과 재능을 끌어들인 중국의 '개방' 및 '개혁' 정책을 통해 이를 변화시켰다. 순수하고 극단적인 공산주의에서 시장 지향적이고 자본주의가 가미된 '공산주의'로의 전환은 중국과 나머지 세계에 큰 영향을 미쳤다. 그 변화는 중국이 다른 곳보다 훨씬 낮은 비용으로 무역 가능한 상품을 대량 생산할 수 있었기 때문에 중국을 역사상 가장 큰 무역 및 제조 강국으로 이끌었다. 뒤에서 살펴보겠지만 이는 중국과 다른 국가들에 큰 영향을 미쳤다. 중국과의 관계와 금융시장에 대한 지식 덕분에 나는 이 기간 동안 중국의 엄청난 변화에 기여하면서 가까이서 지켜볼 수 있었다. 15장에서 중국 빅 사이클의 전개에 대해 더 자세히 설명하겠지만 지금은 중국이 매우 생산적이 되어 매력적인 가격의 상품으로 세계를 압도하고 막대한 돈을 벌었다. 그리고 미국인과 다른 사람들에게 중국 상품을 구매할 수 있도록 막대한 돈을 빌려주었다는 것만 이야기하고 넘어가겠다. 그래서 미국인들은 상품을 얻었고 중국인들은 미국인들의 채권을 얻었는데, 누가 더 나은 거래를 했는지 아직도 파악하려고 노력 중이다.

1980년대의 가장 중요한 발명품은 노트북 컴퓨터, 리튬 이온 배터리, 인터넷, 사고방식의 디지털화, 앱, DNA 프로파일링이고, GPS, 비디오 게임기, 마이크로프로세서, 위성 TV에서 큰 발전이 있었다. 여전히 주로 미국인들이 발명가이자 투자자 역할을 했고, 다른 국가들은 주요 생산국이었다. 가장 중요한 것은 1980년대에 자본가들의 지원을 받는 기업가들에 의한 기술 개발이 인터넷 개발로 이어졌고, 이는 1991년 월드 와이드 웹 출시와 1990년대 닷컴 버블의 출현으로 이어졌다는 것이다. 이에 연준이 급격한 부채 기반의 닷컴 기업에 대한 투기를 억제하기 위해 통화 긴축을 단행하자 2000년에 닷컴 버블 붕괴 사태가 벌어졌다.

1990년부터 2000년까지:
추가적인 디스인플레이션과 레버리지 확대, 그리고 거품 형성

간단히 말해, 모든 10년이 그렇듯, 1990년대는 당대에는 거대해 보였지만 지금 돌아보면 거의 기억나지 않는 많은 발전이 있었다. 내가 독자들에게 너무 시시콜콜한 정보까지 제공하고 있는지, 아니면 부족한지 잘 모르겠다. 내게는 당시 이러한 사건들이 전개될 때 매 순간이 영원처럼 느껴졌다. 하지만 이제는 그 사건들을 기억하기 위해 애쓰고 있으며, 덕분에 ● **모든 것은 가까이에서 볼 때 더 크게 보인다**는 원칙을 갖게 되었다. 이 원칙은 내가 상황을 객관적으로 보고 변화에 대처하는 데 도움이 되었다.

돌이켜보면, 그 변화를 잘 헤쳐나간 것이 기쁘다. 이는 내가 이 연구에서 배우고 전달하려고 노력한 덕분이라는 것을 안다. 나는 여러분에게 이러한 사건들을 빅 사이클의 맥락에서 보여주어 여러분이 상황을 객관적으로 보고, 5가지 큰 힘이 어떻게 작용하고 상호 연관되는지 이해할 수 있기를 바란다. 간단히 말해 이 책에는 내가 강조하고 싶은 변화를 기술해놓았다.

1980년대 중반과 1990년대 초반에는 통화 긴축과 풍부한 상품 공급으로 인해 상품 생산자들은 낮은 가격에 판매해야 했다. 더 구체적으로 말하자면, 1970년대/1980년대 초반의 상품 생산 투자는 공급 과잉 상태에 빠졌다. 동시에 통화가 경색되고 달러 표시 부채를 가진 생산자들이 압박을 받았다. 이러한 요인들로 인해 1980년대 중반 주요 상품 가격은 폭락했고 1990년대 내내 비교적 낮은 수준을 유지했다. 이는 상품 생산자들에게로 흘러가는 돈과 신용의 흐름을 말라붙게 했다. 일반적으로 그렇듯이 부채/신용/돈의 하락세에서 비롯된 이러한 큰 금융/경제 변화는 국내 및 국제 질서에도 큰 변화를 가져왔다. 예를 들어, 이러한 통화 긴축과 강달러 상황 덕분에 1986년부터 1991년까지 유가는 배럴당 평균 약 20달러에 머물렀다. 이렇게 매우 낮은 유가는 소련에 엄청나게 부정적인 영향을 미쳐 소련의 붕괴에 기여했고, 이는 세계 질서를 크게 변화시켰다.

소련의 붕괴는 세계화 시대를 열었다. 이 기간 동안 놀라운 신기술들이 개발되었는데, 가장 중요한 것은 와이파이, 스마트폰, 전자상거래였으며 GPS, 비디오 게임 그리고 아마도 가장 중요한 인공지능 분야에서 더 큰 발전이 이루어졌다. **모든 빅 사이클에서와 마찬가지로 이러한 큰 발명들은 부채를 통한 자금 조달과 주식 발행이라는 금융 활동과 밀접하게 연관되어 있다(예를 들어 증기 기관과 철도를 떠올릴 수 있다). 기술 발전은 과도한 기대감과 흥분을 불러일으켰고, 이는 1995년부터 1999년 사이에 거품으로 이어졌다. 이 거품으로 경제가 과열되고 물가가 상승하자 중앙은행(즉, 연준)은 긴축적인 통화 정책을 폈고, 결국 2000년 3월 거품은 붕괴되었다.** 그 결과, 시장과 경제에 단기적인 경기 하강이 나타났고 금리 인상으로 인해 돈을 빌리기 어려워지고 경제 활동이 둔화하자 물가 상승 압력이 줄어들었다. 그러자 연준이 늘 하듯 통화를 풀어 경제를 살리는 정책을 폈다.

경쟁력이 높고 노동 비용이 낮은 국가, 특히 아시아 국가들의 경우 상품 가격 하락과 결합한 이 세계화 시대는 1980년대 중반부터 1990년대 중반까지 지속되는 호황을 만들어냈다. 중국은 1990년대에 세계무역기구wto에 가입하려고 준비했으며, 이는 후에 중국의 저렴한 상품이 세계 시장에 쏟아져 나오면서 중국이 매우 부유해지고 재정적 · 경제적으로 강력해지는 계기가 되었다. 늘 그렇듯 호황은 부채 거품을 만들어 냈다. 1997~1998년에는 그 거품이 터지면서 아시아 금융위기가 발생했다. 이 위기로 태국, 인도네시아, 말레이시아, 한국이 큰 타격을 입었지만, 이 위기는 마치 전염병처럼 주변 아시아 국가들에까지 부정적인 영향을 미치며 지역 전체의 경제를 어렵게 만들었다. 항상 그랬지만 이런 부채/경제 위기는 정도의 차이만 있을 뿐 모든 해당 국가에서 내부적인 사회적, 정치적 갈등을 야기했다. 이러한 위기는 과거에 발생했던 다른 금융 위기와 마찬가지로 예측 가능한 패턴을 따랐으며, 위기가 닥치기 전에 여러 가지 경고 신호들이 이미 나타나고 있었다.

유럽에서는 국가들이 하나의 경제 단위로 기능하고 다른 경제 블록과 경쟁할 수 있는 규모를 갖춰야 할 필요성과 유럽 경제 블록이 조율된 통화 정책을 가져야 할 필요성으로 인해 주요 유럽 국가들은 환율 메커니즘 Exchange Rate Mechanism(ERM)**을 도입해 통화를 연동했다.** 하지만 각기 다른 통화 정책을 가진 개별 통화들을 인위적으로 묶어두는 시스템은 지속 가능하지 않았기 때문에 이 ERM은 결국 붕괴되었다. ERM은 통화 작동 방식을 이해한 사람들에게 1990년대의 큰 투자 기회 중 하나였다. 유럽 각국은 개별 통화와 개별적인 중앙은행을 포기하고 1999년에 하나의 통화(유로)와 하나의 중앙은행(유럽중앙은행)을 탄생시켰다. 역사적으로 오랫동안 서로 싸워왔고, 문화적·언어적으로도 매우 다르고 독립적인 국민을 하나로 통합하는 것은 상상하기 어려울 정도로 큰 도전이었다. 그럼에도 불구하고 이들은 경제 및 정치적 통합을 선택했다. 이는 당시의 세계화된 국제 질서 속에서 각 국가가 개별적으로 운영된다면 경제적으로나 지정학적으로 생존 가능한 강국이 될 수 없다고 판단했기 때문이다. 오늘날 EU는 여전히 분열된 연합으로 남아 있으며 경쟁력 또한 약화하고 있다.

또한 이 기간 동안 미국에서는 클린턴 대통령이 막대한 예산의 적자를 흑자로 전환하는 데 성공했는데, 이는 우리가 경제 상황을 어떻게 잘 처리해야 하는지를 생각하는 데 도움이 될 기억할 만한 여러 사례 중 하나다.

2000년부터 2008년까지:
거품 붕괴에서 부채 축소, 부채 재확대, 새로운 거품 형성,
그리고 그 붕괴로 인한 글로벌 금융위기와 부채 화폐화

● 투자자들은 일반적으로 뛰어난 기업이 유망한 산업 분야에 속해 있다면 그것이 곧 훌륭한 투자 대상이라고 잘못 생각하는 경향이 있다. 이는 그들이 투자하기 위해 지불해야 하는 가격에 충분한 주의를 기울이지 않기 때문이다. 그러한 사고방식이 만연하고, 사람들이 돈을 빌려서라도 그런 주식을 구매할 때 거품이 만들어지고, 중앙은행이 긴축 통화 정책을 펴고 금리가 상승하면 거품이 터진다. 이것이 2000년에 일어난 일이다. 2000년 3월, 기술주 중심의 나스닥 지수가 약 80% 하락하면서 부채/자산 거품은 붕괴했다. 설상가상으로 2001년 9월 11일에는 세계무역센터와 펜타곤이 공격을 받아 '테러와의 전쟁'이 시작되어 아프가니스탄, 이라크와의 전쟁이 개시되었다. 이 두 사건 모두 (주로 첫 번째 사건이) 단기 부채 순환을 위축시키는 데 기여했다.

다음 차트는 이러한 변화를 잘 보여준다. 거품 시기(1)에는 실업률이 상당히 낮은 수준으로 떨어졌고, 주가는 거품 수준까지 상승했지만 이 두 가지 모두 2000년대 초반(2)에 반대로 움직였다. 이러한 현상은 경기 침체로 이어졌고, 이로 인해 물가 상승률이 하락했고 신용을 완화하는 정책을 시행해 다음 단기 부채 사이클이 시작되면서 경기가 회복되었다 (3). 2006년부터 2007년까지는 또 다른 전형적인 거품이 형성되었는데 이는 주택담보대출 분야에서 가장 두드러졌지만, 은행과 기업에도 거품 이 존재했다.

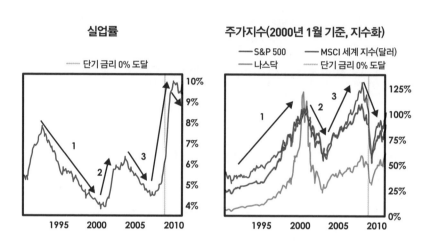

실업률

주가지수(2000년 1월 기준, 지수화)

이것들은 MP1 시대의 마지막 두 번의 단기 부채 사이클이었다. 1981년(금리가 '예수 탄생 이후 최고 수준'에 도달했을 때)부터 2008년(금 리가 0%에 도달했을 때)까지 27년 동안 빅 사이클 안에는 네 번의 단기 부채/신용/경제 사이클이 있었다. 이 기간 동안 금리의 최고점과 최저 점은 이전 사이클의 최고점과 최저점보다 낮았고, 이런 추세는 금리가 0%에 도달하면서 끝났다. 이는 중앙은행의 통화 정책이 금리 변화로 시행되던 MP1 통화 시대가 끝나고, 양적 완화 중심의 통화 정책(MP2) 으로 대체되었다는 의미다.

제1차 세계대전 종전부터 제2차 세계대전 종전으로 새로운 통화 시스템이 시작될 때까지인 1918년부터 1945년까지의 빅 사이클을 연구한 결과, 브리지워터에서는 다음과 같은 규칙을 투자 시스템에 포함했다. 즉, 심각한 부채 위기로 인해 금리가 0%에 가까워지는 상황에서는 중앙 정부와 중앙은행이 과거 대공황 때처럼 매우 강력한 경기 부양책을 내놓기 전까지 경기 침체가 지속될 가능성이 크다고 판단하고, 이에 맞춰 투자한다는 전략을 세웠다. 우리는 이를 잘 알고 있었기 때문에 2008년 금융위기를 잘 넘길 수 있었고, 고객으로부터 외면받지 않았다. 나 또한 역사 연구를 통해 실질 및 명목 금리의 하락이 대출 채권자에게 유리했던 상황에서 차입 채무자에게 유리한 상황으로 전환되면 부채/소득 수준이 상승할 수 있다는 것을 알게 되었다. **이런 금리의 하락 추세와 부채 부담의 증가는 다음 장에서 살펴볼 통화 정책의 주요 전환을 위한 환경을 조성했다.**

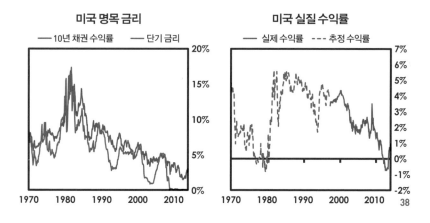

38 인플레이션 연동채권 시장이 존재하지 않아 관찰할 수 없었던 기간에 대해서는 설문 조사한 인플레이션 기대치와 최근 인플레이션을 사용해 실질 수익률과 손익분기 인플레이션율의 대략적인 추정치를 표기했다.

MP2 시대를 자세히 설명하기 전에 2000년대에 작용한 다른 주요 힘들을 간략히 언급하겠다. 2000년 닷컴 버블 붕괴에도 불구하고 인터넷 기술 산업과 그것이 세계에 미치는 영향은 계속해서 빠르게 성장하고 발전했다. 2000년대 중반에는 소셜 미디어가 시작되었다(예: 2004년 페이스북, 2005년 유튜브). 2007년에는 아이폰이 출시되어(전화, 카메라, 앱의 다양한 도구들을 모두 갖춘) '만능 기기'를 탄생시켰다. 이 시기는 인터넷과 컴퓨터가 삶의 거의 모든 측면에 영향을 미치는 시대였다. 이 시기의 발전은 다른 어떤 나라보다 미국의 앞선 시스템이 훨씬 더 주도적인 역할을 했지만, 이 무렵 중국도 효과적으로 모방하고 경쟁하기 시작했다. **중국과 다른 신흥 시장 생산자들은** 1990년대와 2000년대의 일상용품(의류, 장난감, 가전 제품 등)부터 현재의 전기 자동차와 첨단 기술 제품에 이르기까지 **거의 모든 것을 생산하는 데 있어 경쟁력이 더욱 높아졌다.** 이는 많은 돈을 벌어들인 중국 판매자들과 좋은 가격의 구매로 이익을 얻은 미국 및 다른 나라 구매자들에게는 매우 좋은 일이었지만, 미국과 유럽의 많은 제조업 노동자에게는 일자리를 잃게 만드는 결과를 초래했다.

미국은 또한 중국 기업들이 벌어들인 돈을 미국의 적자를 충당하기 위해 다시 미국에 빌려주는 덕분에 도움을 받았다. 예전에 일본 기업과 고객들에게 발생한 것과 똑같은 방식이 중국에도 작용된 것이다. 즉, 중국은 미국인들에게 상품을 판매해 돈을 벌고, 벌어들인 돈으로 미국 국채를 구입해 다시 미국인들에게 빌려주는 방식이었다. 이전의 일본과 마찬가지로 중국은 벌어들인 상당한 금액을 외환 보유고로 쌓았고 달러가 세계 주요 기축통화였기 때문에 미국 국채를 대량으로 매입했다. 이는 미국 정부가 (적어도 지금까지는) 큰 후유증 없이 적자와 부채를 늘릴 수 있게 했고, 동시에 글로벌 상품의 인플레이션을 낮게 유지하는 데 기여해 중앙은행들이 통화 정책을 완화적으로 유지하고 주식시장을 강세장으로 이끌 수 있었다. **이러한 역학관계는 생산 수단을 소유한 자본가들에게는 유리하지만, 일자리를 잃은 노동자들에게는 좋지 않았다.**

이라크와 아프가니스탄에서 전쟁이 있기는 했지만, 주요 강대국 간의 큰 전쟁은 없었다. 그러나 갈등의 씨앗은 뿌려지고 있었다. 유럽연합과 북대서양조약기구NATO는 계속해서 더 많은 동유럽 국가를 받아들이고 러시아 국경으로 더 가까이 동진했다. 그리고 중국이 훨씬 부유해짐에 따라 지정학적 강국으로서 미국에 필적하기 시작하면서 긴장이 고조되었다.

또한 자연재해로 인한 위험이 증가했다. 1990년대에 글로벌 정책 대응이 필요한 영역으로 처음 주목받기 시작한 기후 변화는 2005년 뉴올리언스를 강타한 허리케인 카트리나와 같은 **파괴적인 기상 이변을 야기하기 시작했다.** 기후 변화의 영향은 시간이 지남에 따라 점점 더 많은 비용을 초래했다. 이 기간 동안 국제 보건 당국은 2002~2003년의 사스SARS와 2009년의 신종 인플루엔자H1N1를 포함한 새로운 바이러스 발생을 감시했다. 둘 다 예상만큼 파괴적이지는 않았지만, 앞으로 더 심각하고 파괴적인 전염병이 발생할 수 있다는 것을 암시하는 징후와 같은 것이었다.

이 시기 미국의 정치 상황은 중도 우파 성향의 조지 W. 부시 대통령이 이끌었고, 하원과 상원은 공화당이 근소한 차이로 장악하고 있었다. 공화당 의원들과 의회 의원들은 현재 글을 쓰는 시점보다 훨씬 더 자주 당파를 초월해 소신에 따라 투표했으며, 정부는 훨씬 더 초당적이었다.

13장
2008년부터 2020년까지 –
불환 화폐와 부채 화폐화

2008년에는 대규모 부채 축소, 즉 글로벌 금융위기가 있었다. 이 위기는 과도한 부채로 자금을 조달한 주택담보대출/부동산 부문에서 시작되었으며, 1930년대 대공황처럼 모든 국가의 거의 모든 사람에게 빠르게 영향을 미치며 광범위한 부채 문제로 확산했다. 주택담보대출/부동산 부문에서 시작된 부채 위기는 과도하게 차입한 은행, 기업, 개인의 붕괴뿐만 아니라 금융 자산과 실물 경제의 붕괴로 이어졌다. 2009년 말에 실업률은 10%에 달했고, 주요 주가지수는 2007년 최고치 대비 50% 이상 하락했다.

2008년 말, 금리 중심 통화 시스템(MP1)은 금리가 0%에 도달했기 때문에 더 이상 돈과 신용을 창출하는 데 사용될 수 없었다. 그리고 그 수단을 더 이상 사용할 수 없게 된 중앙은행은 돈을 찍어 직접 자산을 구매해 부족한 채권 수요를 보충했다. 그 결과, 중앙은행이 대량의 부채를 매입하고 돈을 찍어낸 자금으로 신용을 제공하는 (기본적으로 돈을 찍어내 부채를 화폐화하고 양적 완화[39]를 실시하는) 새로운 통화 시스템(MP2)이 기존의 금리 중심 통화 정책(MP1)을 대체했다. MP2에서 중앙은행은 불충분한 민간 시장 대출을 보충하기 위해 정부와 시장에 돈과 신용을 창출하고 제공한다. 이는 2008년에 시작되었으며 1933년(즉, 75년 전) 이후 처음으로 이러한 통화 정책이 사용된 것이다. 부채를 화폐화하려는 이러한 움직임은 역사 전반에 걸쳐 발생했는데, 이는 장기 부채 사이클의 후기 단계에 있다는 징후다.

대규모 부채 사이클의 이 단계 동안 중앙은행은 민간 투자자보다 더 큰 규모로 부채를 구입해 주요 소유자(즉, 주요 채권자)가 된다. 중앙은행은 가치가 하락한 부채 보유로 인한 손실을 개의치 않고, 압박받는 것을 걱정하지 않기 때문에 돈을 찍어 부채를 구매함으로써 부채 위기를 계속 방어할 수 있다. 재정 상태가 좋지 않더라도 정부와 민간 부문이 필요한 재화와 서비스를 구매할 수 있는 능력을 유지하도록 하기 위해 많은 돈을 잃고 순자산이 마이너스가 되더라도 그렇게 할 의지와 능력이 있다. 중앙은행의 재무상태표에서 부채 자산 규모가 증가하는 것을 보면 중앙은행이 현금이나 신용을 제공하고 그 대가로 부채를 매입했음을 알 수 있으며, 이는 중앙은행이 시장에 유동성을 공급하고 경제를 안정시키려고 노력했다는 증거다. 미국, 유럽, 일본 중앙은행은 각각 중앙정부 부채의 약 15%, 30%, 40%를, 총부채의 약 5%, 10%, 20%를 보유하고 있다. 다음 차트에서는 미국에서 이 과정이 어떻게 진행되었는지 확인할 수 있다. 0% 금리 하한 도달 시점과 연준 재무상태표의 통화

---

39 부채 화폐화와 양적 완화는 약간의 차이는 있지만 본질적으로 동일하다. 둘 다 중앙은행이 국채를 매입해 부채 문제를 줄이고 경제 활동을 촉진하는 것을 목표로 한다. 양적 완화(QE)의 경우 중앙은행은 민간 투자자로부터 채권이나 기타 증권을 매입하는 반면, 부채 화폐화는 중앙은행이 정부로부터 직접 채권을 매입한다. 일반적으로 큰 차이는 없지만, 은행 시스템이 손상된 경우에는 차이가 있을 수 있다.

미국 금리와 인플레이션

연준의 자산 총액(GDP 대비 %)

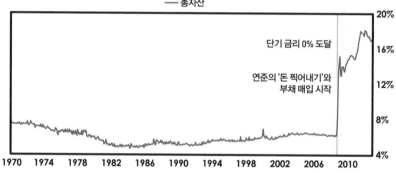

수익률 곡선

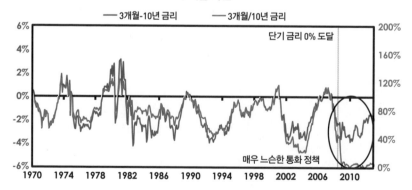

발행 확장 시점을 눈여겨보자. 연준이 대공황 때보다 훨씬 더 신속하게 문제에 대응했기 때문에 시장과 경제는 빠르게 반등할 수 있었다.

지난 100년간 실질 채권 수익률은 평균 약 2%였다(다음 차트에서 점선으로 표시). 이는 차입 채무자에게 너무 낮지도 않고, 대출 채권자에게 너

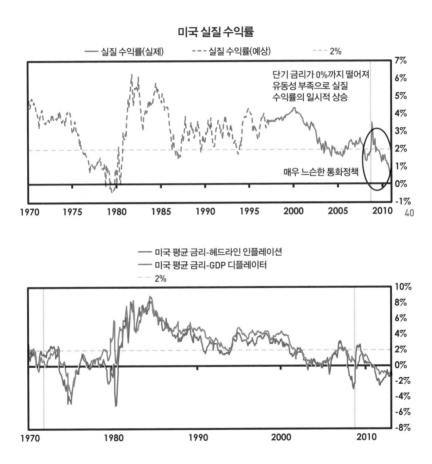

---

40 인플레이션 연동채권 시장이 존재하지 않아 관찰할 수 없었던 기간에 대해서는 설문 조사한 인플레이션 기대치와 최근 인플레이션을 사용해 실질 수익률과 손익분기 인플레이션율의 대략적인 추정치를 표기했다.

무 높지도 않은 수준이다. 이 2%에서 크게 벗어난 기간은 과도하게 저렴하거나 과도하게 비싼 신용/부채 시대로, 대규모 부채 사이클의 변동에 크게 기여했다.

이 새로운 MP2 시대(2008~2020년)에는 두 번의 단기 부채/신용/경제 사이클이 있었다. 각 사이클에서 부채 창출 규모와 부채 화폐화 규모는 이전 사이클보다 항상 더 컸다.

미국 본원통화(GDP 대비 %)

2008년 미국에서 시작된 위기는 글로벌 위기로 확산되었고, 사실상 모든 선진국 중앙은행이 미국을 따라 MP1에서 MP2로 전환했다(여타 신흥국 중앙은행도 마찬가지였다). 이러한 조치들은 금융 자산 가격을 상승시키고 대출 채권자의 수익률을 하락시켰으며, 차입 채무자는 유리한 조건에 돈을 빌릴 수 있었다. 정부 시스템을 통한 경기 부양적 통화정책은 금융 자산을 가진 부유층에게 더욱 유리하게 작용했다. 정부의 은행 구제는 시스템이 부유층에게 유리하다는 인식을 심화시켰고, 특히 문제를 일으킨 것처럼 보이지만 아무런 처벌 없이 많은 돈을 번 부유한 자본가들에 대한 적대감을 고조시켰다. 궁극적으로 미국은 공공 부채가 계속 증가하는 상황에서도 민간 부문 부채 문제를 관리하고 경제 회복을 끌어낼 수 있었다(이는 사실상 문제를 뒤로 미루는 것이며, 18장에서 더 자세히 다룰 예정이다).

미국 내 일자리는 중국 및 기타 외국산 제품의 지속적인 수입 증가와 새로운 기술의 등장으로 감소하고 있다. 이러한 요인들은 중산층의 공동화를 심화했고, 이는 '엘리트/자본가'와 '프롤레타리아' 간의 긴장을 고조시켰다. 중국은 미국 부채 자산을 대량으로 보유하게 되었고, 미국은 경쟁력이 없는 산업에서 많은 일자리를 잃었다. 이는 미국 내에서 빈부격차와 가치관의 차이, 반중 감정, 심각한 정치적 및 사회적 양극화를 야기했다. 경제적으로 어려운 사람들은 '엘리트'와 그들이 통제하는 시스템이 미국 노동자들의 희생을 발판으로 이익을 극대화하고 있다고 믿었다. 이는 2008년 부채/경제 위기, 그리고 정부가 금융 기관을 구제하고 일반 대중보다 금융 자산 보유자들에게 더 큰 혜택을 줬다는 사실과 함께 국내 갈등을 심화시키는 커다란 원인이 되었다. **그 결과, 금융 위기로 인해 우파 포퓰리즘(예: 티파티 운동**Tea Party movement**, 정부의 과도한 지출과 간섭에 반대하며 재정 책임, 정부 역할 축소, 자유시장을 핵심 가치로 내세웠던 조세 저항 운동-옮긴이)과 좌파 포퓰리즘(예: 월가 점령 시위)이 부상했다.**

대부분의 국가, 특히 미국에서 빈부와 가치관의 격차가 커짐에 따라 정치적, 사회적으로 우파와 좌파 간의 갈등이 더욱 심화되었다. 미국에서는 특히 대학 교육을 받지 못한, 비도시 지역에 거주하는 백인 인구 사이에서 우파 포퓰리즘이 부상하며 2016년 도널드 트럼프가 당선되었다. 이는 미국의 국내 질서와 세계 질서에 대한 접근 방식에 심각한 변화를 초래했고, 변화의 진정한 의미를 이해하기까지는 상당한 시간이 필요할 것이다(그리고 내가 이 글을 쓰는 2025년 3월에도 여전히 완전히 이해하지 못하고 있다). 이러한 변화에 대해서는 14장 말미에 더 자세히 설명하겠다. 그러나 간단히 말하면, **트럼프 대통령은 국내, 국제, 경제, 정치 및 지정학적 질서를 훨씬 더 공격적이고, 하향식/권위주의적이며, 우파적, 국가주의적, 보호무역주의적, 군국주의적 방향으로 전환했다. 대립적이고 비협력적인 (그리고 다자간 기구의 붕괴와 일방주의 증가에도 반영된) 정책으로 특징지어지는 이러한 변화는 역사적으로 국제적인 갈등과 전쟁으로 이어졌던 시기의 특징과 유사하며, 특히 제1차 및 제2차 세계대전 직전의 상황과 흡사하다.**

트럼프의 당선은 기업과 개인에 대한 대규모 감세, 세 명의 보수 성향 대법관 임명, 정부 규제 대폭 축소, 다른 국가들과의 무역 및 군사 지원 협정 재협상, 높은 관세, 이민 제한과 같은 우파적 정책으로 이어졌다. 소득세와 법인세 인하 그리고 규제 완화는 주가 상승과 경제 성장에 기여해 실업률은 2019년 말까지 50년 만에 최저치인 3.5%로 떨어졌다. 그러다가 1918~2020년 스페인 독감 이후 첫 번째 주요 글로벌 팬데믹인 코로나바이러스감염증-19(이하 코로나-19)가 2020년 초에 창궐했다.

관심 있는 독자를 위해 이러한 발전 상황과 그 결과는《변화하는 세계 질서》에 더 자세히 설명해놓았는데 현 상황은 1930년대 초반의 상황과 유사하다고 할 수 있다. 이는 빅 사이클을 이해한다면 예상하지 못할 일은 아니다.

대규모 부채, 정치, 지정학적 사이클과 그들 간의 관계는 매우 전형적인 방식으로 전개되어왔으며, 그 결과 정해진 방식으로 전반적인 빅 사이클에 영향을 미쳤다. 우리가 봤고 현재 보고 있는 것은 이러한 3가지 빅 사이클이 자연에서 비롯된 큰 혼란(즉, 팬데믹과 기후 변화) 및 특히

인공지능과 같은 기술의 큰 발전과 함께 진행되고 있다는 것이다(인공지능은 한편으로는 생산성을 크게 향상하지만 다른 한편으로는 매우 파괴적일 수 있다).

유럽에서는 내가 앞에서 제시한 템플릿과 매우 유사하게 상황이 전개되었다. 하지만 2012년 유럽은 유로존의 17개국으로 구성되어 있었고, 일부는 채무국이고 일부는 채권국이었기 때문에 그 해결 과정이 더 험난했다. 과도한 부채를 지고 있었고, 부채가 스스로 발행할 수 없는 통화(유로)로 표시되었던 국가들은 내가 앞에서 설명한 방식 그대로 고통을 겪었다. 유럽중앙은행은 전형적으로 예상되는 방식으로 위기에 대응했다. 이제 그리스를 사례로 그 순환이 어떻게 진행되었고 유로에 묶여 자체 통화를 발행할 수 없었던 심각한 채무국들에게 무슨 일이 일어났는지를 설명하겠다. 그 사이클이 얼마나 템플릿과 유사하게 전개되었는지 보여주기 위해 일반적으로 발생하는 일을 다시 설명한 다음 실제로 발생한 일을 보여주겠다.

1. **민간 부문과 중앙정부가 심각한 부채에 시달리게 된다.** 2008년 금융위기 이전 10년간 그리스의 총부채는 GDP 대비 약 90% 증가해 160%에서 250%로 늘어났다. 그 배경에는 그리스의 유로존 가입이 있었다. 이는 그리스의 국가 부채 자산을 훨씬 더 안전하게 보이게 만들었고(평가절하 위험도 없고 유럽중앙은행의 안전망 속에서 관리), 유로존 전역에서 자본이 유입되면서 모든 부문에서 부채가 증가했다.

2. **민간 부문이 부채 위기를 겪고, 중앙정부는 이를 도우려다 더 깊은 부채의 늪에 빠진다.** 2008년 금융위기가 닥쳤을 때 그리스 정

부는 경기 부양책과 더 큰 재정 적자로 대응해 부채를 늘렸다. 부
채를 화폐화할 수 없었기 때문에 이는 부채 위기를 완화하기보다
는 악화시켜 그리스는 심각한 불황에 빠졌다.

3. **중앙정부는 부채에 대해 시장에서 원하는 만큼의 수요가 발생하
   지 않아 자금 조달에 어려움을 겪고, 결국 정부의 부채 문제를 야
   기한다.** 부채 위기는 2009년 말 심각한 공공 부문 부채 위기로 확
   대되었고, 그리스 정부는 자체 부채와 재정 적자를 상당히 축소
   보고해왔음을 인정했다.

4. **정부 부채를 매각하면 a) 자유시장 주도의 통화 및 신용 긴축이
   발생하고, 이는 b) 경제 약화, c) 통화 하락 압력, d) 중앙은행이
   통화 방어를 시도함에 따른 외환 보유고 감소로 이어진다.** 단순히
   보기에도 감당하기 힘든 부채 부담과 회계 부정으로 인해 외국인
   투자자들은 그리스 부채를 기피해서 매도했으며, 그리스는 불황
   과 유사한 상황을 극복하기 위해 더 많은 경기 부양책이 필요했지
   만 어쩔 수 없이 긴축 정책을 추진해야 했다. 이는 불황을 더욱 심
   화시켰고 세수 감소로 인해 국가 재정은 더욱 악화했다. 그 결과,
   그리스 부채의 대규모 매도세가 나타나 금리가 더욱 상승하고 부
   채 문제가 악화되었다. 2012년이 되자 그리스의 단기 금리는 70%
   이상으로 급등했다. 그리스 부채는 GDP 대비 약 70%가량 추가
   로 증가했는데, 이는 긴축 정책이 효과를 보지 못하고 GDP가 감
   소한 결과다(나는 이를 '끔찍한 부채 축소ugly deleveraging'라고 부른다).

5. **부채 위기가 발생하고 금리를 더 이상 낮출 수 없을 때(예: 0%에
   도달했을 때) 중앙은행은 신용을 완화하고 부채 상환을 용이하게
   하기 위해 돈을 '찍어내(창출해)' 채권을 매입한다.** 실제로 문자

그대로 돈을 찍어내는 것은 아니고, 초단기 이자를 지급하고 민간 은행으로부터 준비금을 빌리는 것이다. 유럽중앙은행은 엄청난 양의 위기 자금 발행과 부채 매입을 통한 개입으로 미국 연준과 마찬가지로 자산과 부채를 늘렸다. 그러나 그것만으로는 충분하지 않았고, 재정적으로 더 안정적인 유럽 국가들은 그리스에 대한 구제 금융을 비난하며 어떤 식으로든 그 비용을 떠맡게 될 것을 우려했다. 때문에 이는 정치적으로 매우 민감한 문제가 되었다.

6. **금리가 상승하면 중앙은행은 손실을 보게 되는데, 이는 중앙은행이 부채로 인해 지불해야 하는 이자율이 중앙은행이 매입한 부채 자산에서 받는 이자율보다 크기 때문이다.** 하지만 이번 경우에는 이러한 역학관계가 나타나지 않았다. 이는 일반적으로 중앙은행이 고정금리로 상당한 정부 부채를 매입하고, 단기 변동금리를 지불하는 은행 준비금을 통해 자금을 조달한 후, 통화 가치 하락이나 인플레이션 문제로 인해 단기 금리를 인상해야 할 때 발생한다. 이는 중앙은행에 마이너스 순이자 마진을 발생시키고 중앙은행이 손실을 충당하기 위해 계속 돈을 찍어내도록 강요한다. 유럽 부채 위기의 경우, 우리는 중앙은행이 상당한 정부 부채를 매입하고 은행 준비금 창출을 통해 자금을 조달하는 것을 확인했지만, 그 기간 동안 유럽 전체는 인플레이션 문제나 통화 가치 하락을 겪지 않았다. 따라서 유럽중앙은행은 금리를 인상할 필요가 없었고 마이너스 순이자 마진 문제도 겪지 않았다.

7. **부채가 구조조정되고 평가절하되어 채무 부담이 줄어든다.** 그리스가 부채 구조조정이 필요하다는 것이 분명해졌고, 유럽중앙은행이 그리스에 지출한 돈은 손실로 이어질 가능성이 높았다. 심

지어 그리스가 유로존을 탈퇴할 가능성도 있었다. 한편, 그리스의 극도로 경색된 신용 상황은 경제를 붕괴시키고 있었다. 결국, '트로이카(유럽중앙은행, IMF, 유럽위원회)'라고 불리는 기관들이 구제금융과 함께 부채 구조조정을 설계했다. 2012년에 이뤄진 이 재구조화는 GDP의 약 50%에 해당하는 금액만큼 채무 부담을 줄였다.

8. **특별세가 부과되고 자본이 국외로 유출되거나 자본 통제가 시행된다.** 눈치 빠른 시민들이 그리스 은행에서 돈을 빼내면서 뱅크런이 발생했다. 돈이 필요해지자 새로운 세금이 도입되었고, 결국 2015년에는 자본 통제가 시행되었다.

9. **그리스의 통화 시스템은 심각하게 평가절하된 통화에서 안정적인 통화로 전환이 이뤄진다.** 이 구조조정은 위기의 가장 심각한 단계를 끝내기에 충분해서, 그리스는 유로존에 남았다. 명시적인 구조조정을 통한 부채 감축은 일반적으로 더 고통스럽고 시간이 많이 걸리는 방식이다. 그리스는 회복하는 데 몇 년이 걸렸지만, 모든 국가가 그랬듯이 결국 회복했다. 만약 그리스와 다른 과도한 부채를 진 국가들이 통화를 찍어낼 수 있는 능력이 있었다면, 이전에 그런 상황에 처한 국가들이 그랬던 것과 마찬가지의 길을 걸었을 것이다.

자세히 다루지는 않지만, 기타 주요한 사건들을 간략하게 언급하면 다음과 같다.

- 국제 관계와 관련해 경제적으로나 지정학적으로 큰 변화들이 있었으며, 이는 1933~1938년 사이(그리고 그 이전 수많은 유사한 기간)

에 발생했던 것과 유사하게 여러 동맹 및 적대 구조가 나타났다. 이에 대해 더 자세히 알고 싶다면 《변화하는 세계 질서》를 참조하기 바란다.

- 기후 변화가 많은 관심을 받기 시작했다. 2015년에는 파리 협정이 체결되어 지구 온도 상승 폭을 섭씨 2도 이하로 유지하려 했다. 기후 변화는 매우 많은 비용이 들고 인간과 자연의 모습을 변경할 거대한 힘이다.

- 새로운 기술과 관련해 컴퓨터 칩은 빠르게 발전했으며, 암호화폐가 탄생했고, 자율 주행 자동차가 출시되기 시작했으며, 영화 스트리밍이 더욱 보편화되었고, 4G(그리고 이후 5G) 무선 통신이 시작되었으며, 재사용 가능한 로켓 발사체가 사용되기 시작하는 등 많은 발전이 있었다.

14장
2020년 이후 −
팬데믹과 대규모 재정 적자의 화폐화

2020년, 코로나-19 팬데믹이 전 세계를 강타했다. 미국과 다른 여러 나라에는 통화 정책이 재정 정책으로부터 독립적이어야 하며, 물가 상승률 목표와 (미국의 경우) 경제 성장 목표를 추구해야 한다는 정부의 재정 관리 원칙이 존재한다. 그러한 독립성과 독립적인 권한이 없다면 통화 공급이 정치화되고 통화 가치의 하락이 발생할 것이기 때문이다. 하지만 빅 사이클의 후반에 이르러서는 거의 모든 신성불가침한 규칙이 필연적으로 시험받고 무너지기 시작하는 것이 현실이다.

나는 이러한 경제적 영향 때문에 불가피하게 발생하는 통화 정책의 변화를 '통화 정책 3 MP3'이라고 부른다. MP3은 중앙정부와 중앙은행이 협력하고 조율한 방식으로 움직일 때 발생하며, 정부에는 대규모 재정 적자가 나타나고 은행은 이를 화폐화한다. 이러한 역학관계는 금리 변화 MP1와 양적 완화 MP2가 더 이상 대부분의 사람이 처한 상황을 개선하는 데 효과적이지 않고, 자유시장 자본주의 시스템이 제 역할을 하지 못할 때 필연적으로 발생하기 마련이다. 당연히 자본주의 시스템은 재정적으로 부유하고 금융 자산을 보유하고 있으며 차입 능력이 있는 사람들에게 자본을 제공하고, 가진 것이 없고 가장 많이 고통받는 사람들에게는 자본을 제공하지 않는다. 이는 2008년부터 시작된 현상이다. 그러나 코로나-19 팬데믹으로 인해 돈과 신용을 만드는 것뿐만 아니라 특정 개인과 조직에게 그것을 전달해야 할 필요성이 생겼다. **역사적으로 MP3은 매우 어려운 경제 상황과 심각한 빈부격차가 존재해 금리 변동이나 양적 완화만으로는 필요한 것을 달성할 수 없던 경우에 사용되었다. MP3은 일반적으로 장기 부채 사이클의 후반부에 발생했다. 이번 경우에는 두 번의 큰 파동으로 나타났다.**

다음은 이전에 제시되었던 주요 차트 중 일부를 내가 글을 쓰는 지금 시점까지 업데이트한 것이다. 이 차트들은 2020년 이후에 일어난 일과 그것을 대규모 부채 사이클 내에서 큰 그림으로 조망하는 데 매우 유용하다. 1945년으로 거슬러 올라가는 장기 차트에 나타난 맥락에서 보면 주간, 월간, 심지어 연간 변화조차 사소해 보인다. 이 차트들이 여러분이 더 중요하고 큰 그림을 이해하는 데 도움이 되기를 바란다.

부채 수준과 부채 상환

중앙정부는 예산을 집행하고 많은 돈을 분배해서 민간 부문의 부채 부담을 덜어주는 동시에 스스로는 훨씬 더 많은 부채를 떠안게 된다. 다음 차트에서 회색 수직선은 통화 정책 유형이 바뀌는 시점을 나타낸다.

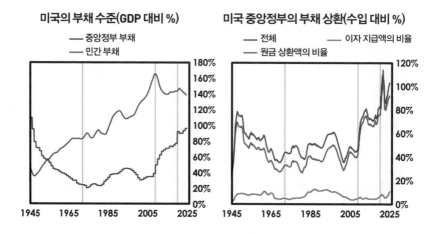

미국의 부채 수준(GDP 대비 %)

— 중앙정부 부채
— 민간 부채

미국 중앙정부의 부채 상환(수입 대비 %)

— 전체
— 원금 상환액의 비율
— 이자 지급액의 비율

통화 정책과 중앙은행의 건전성

연준의 돈 찍어내기와 정부 부채 매입은 2008년부터 2021년 말까지 크게 증가했으며, 그 후 연준은 인플레이션에 대응하기 위해 긴축을 시작했다. 이는 인플레이션이 심해지면 중앙은행이 시행하는 고전적인 대응 방식이었다. 다음 오른쪽 차트에서 볼 수 있듯이, 긴축과 금리 인상은 연준이 매입했던 모든 채권에서 손실을 보게 만들었다.

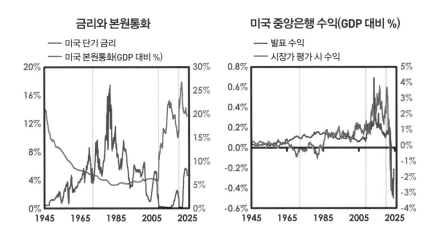

금리와 본원통화

— 미국 단기 금리
— 미국 본원통화(GDP 대비 %)

미국 중앙은행 수익(GDP 대비 %)

— 발표 수익
— 시장가 평가 시 수익

금리

금리 인상은 상당했지만, 인플레이션 상승 폭보다는 작았다(왼쪽 차트).
하지만 이는 실질 채권 수익률을 장기 평균치인 약 2%까지 끌어올렸다
(오른쪽 및 다음 페이지 차트).

미국 금리와 인플레이션

— 헤드라인 CPI
— 미국 평균 금리
　(3개월 및 10년 금리 평균)

미국 금리

— 미국 10년 채권 수익률
— 미국 단기 금리

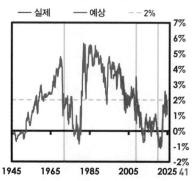

실질 채권 수익률

— 실제 — 예상 -- 2%

2%에 선을 그은 이유는 경험상 실질 금리가
그보다 훨씬 높으면 돈을 빌리는 비용이 상당
히 비싸지고, 훨씬 낮으면 싸기 때문이다.

금리 분석

수익률 곡선이 역전되고 실질 수익률이 약 2%로 상승함에 따라, 할인된
10년 기대 인플레이션율(시장 참여자들이 향후 10년간의 평균 인플레이션율을
어떻게 예상하는지를 나타내는 지표-옮긴이)은 약 2%로 안정적인 상태를 유
지했다. 이러한 움직임은 긴축 정책을 반영한 것이다.

---

41 인플레이션 연동채권 시장이 존재하지 않아 관찰할 수 없었던 기간에 대해서는 설문 조사한 인
플레이션 기대치와 최근 인플레이션을 사용해 실질 수익률과 손익분기 인플레이션율의 대략적인
추정치를 표기했다.
42 위와 동일

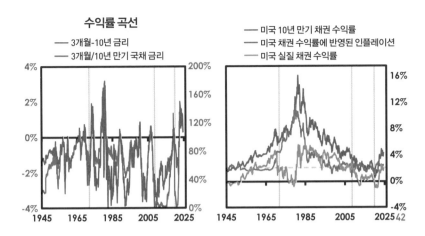

부와 소득의 변화

노동 소득 분배율은 1950년대 이후 최저 수준으로 계속 하락했으며 대학 교육을 받지 못한 미국인들의 부와 소득 점유율 또한 계속 감소해 빈부와 가치관 격차 문제가 더욱 심화되었다.

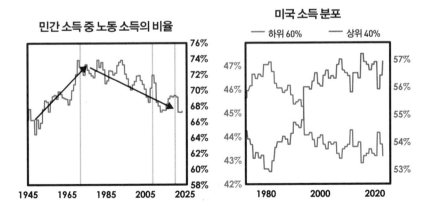

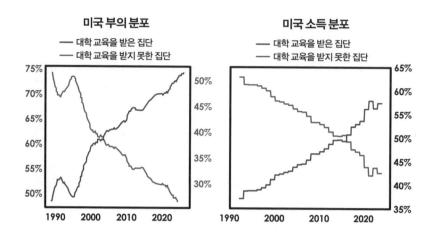

미국 부의 분포	미국 소득 분포
— 대학 교육을 받은 집단 — 대학 교육을 받지 못한 집단	— 대학 교육을 받은 집단 — 대학 교육을 받지 못한 집단

이 기간 동안 미국민과 정당은 훨씬 더 분열되고 극단화되었으며, 2020년에는 트럼프가 이끄는 보수 공화당에서 바이든이 이끄는 진보 민주당으로 정권이 교체되었다.

이제 나는 빅 사이클의 관점에서 벗어나 장기적인 빅 사이클 내에서 일어나고 있는 단기적인 사이클로 시야를 좁혀 2020년부터 현재(즉, 2025년 3월)까지 일어난 일들을 더 자세히 살펴보겠다. 수십 년에 걸친 거시적인 관점에서 몇 년이나 몇 개월에 불과한, 상대적으로 미시적인 관점으로 이동하는 것은 혼란스러울 수 있다. 마치 크고 중요한 힘에서 작고 중요하지 않은 힘으로 이동하는 것처럼 보일 수 있지만, 꼭 그렇지는 않다. 왜냐하면 큰 장기적인 변화가 작은 단기적인 변화에 영향을 미치는 것처럼, 작은 단기적인 변화도 큰 장기적인 변화에 영향을 미치기 때문이다. **가장 중요한 사건은 2020년부터 현재까지 이어진 팬데믹으로, 심각한 경제 위축을 초래했다. 대규모 재정 및 통화 부양책(MP3)이 이어졌으며, 이는 인플레이션과 시장을 부양하고 부를 재분배했고, 물가 상승률 급등을 불러왔다. 이러한 물가 상승률 급등으로 인해 긴축**

정책이 실행되면서 인플레이션이 억제되고 비교적 온건한 완화 정책으로 이어졌다. 이 시기에 정치적 양극화가 심해지고 우경화되면서 트럼프 대통령이 재선에 성공해 복귀했다. 또한 기후 변화와 기술 발전이라는 큰 변화가 동시에 일어났다.

조금 더 구체적으로 이야기하면 다음과 같다.

- 단기 부채 사이클 완화는 a) 코로나-19로 인한 경제 위기, b) 심각한 빈부격차, 그리고 c) 민주당 대통령이 당선되고, 민주당이 상·하원 모두를 장악하면서 나타난 좌파적인 정책 등과 같은 요소들의 조합에 대한 대응으로 2020년에 시작되었다. 완화 정책은 막대한 정부 지출 증가로 나타났다. 대규모 재정 적자가 이어졌고 자유시장의 대출 채권자들이 구매할 수 있는 규모를 훨씬 초과하는 채권이 발행되었다. 중앙은행, 특히 연준은 채권 매입/화폐화에 나설 수밖에 없었다. 시중 은행 및 일본의 기관 투자자와 같은 다른 투자 주체들도 미국 국채를 대량으로 매입했다. 이러한 부양책은 부채/신용/통화/지출의 양을 크게 증가시켰다. 이러한 대규모 MP3 유형의 재정 및 통화 정책의 특징은 중앙은행이 찍어낸 돈으로 부채를 매입하기 때문에 정부는 원하는 대로 돈을 빌리고 사용할 수 있다. 이에 대한 더 자세한 설명은 《금융위기 템플릿》 또는 economicprinciples.org의 데이터를 참고하라. 이것이 2020~2021년에 일어난 일이다. 언급한 바와 같이, 아직 우리 세대에는 그렇지 않지만 이런 일은 유사한 이유로 역사적으로 반복해서 발생해왔다.

- **2020~2021년의 부채 화폐화는 2008년의 대규모 부채 화폐화/양적 완화(1933년 이후 처음) 이후 4번째[43]이자 가장 큰 규모의 대규모 부채 화폐화였다.** 2008년 완화 사이클 시작부터 명목 국채 수익률은 3.7%에서 0.5%로 낮아졌고, 실질 국채 수익률은 1.4%에서 -1%로 낮아졌으며, 민간 부문의 명목 및 실질 채권 수익률은 신용 스프레드가 축소되면서 훨씬 더 많이 하락했다. **돈과 신용이 본질적으로 자유롭고 풍부해졌기 때문에 차입 채무자에게는 매우 좋은 환경이 되었고, 대출 채권자에게는 끔찍한 환경이 되면서 차입 광풍과 새로운 거품 형성을 초래했다.** 내가 개발한 거품 지수는 2010년 18%에 불과했지만 2020년 말 75%로 상승했다. 이는 현재 수익성이 거의 없는 기업이 미래에 잘될 것이라는 기대감과 투기적 매수 열풍에 기반한 주식 발행 그리고/또는 차입을 통해 자금을 조달하고 과대평가되는 현상을 보여준다. 1970~1772년의 니프티 피프티 Nifty Fifty(1960년대와 1970년대 초 미국 주식시장에서 높은 성장을 기록했던 50개의 대형 종목) 버블, 1989~1990년의 일본 버블, 그리고 1999~2000년의 닷컴 버블이 이와 유사했다. 2008년 이후 몇 년 동안의 금리 하락으로 인해 금리는 더 이상 하락할 수 없을 정도로 낮아졌고, 이는 주식에 큰 혜택을 주었다. 만약 금리가 하락하지 않았더라면 주식 가격은 어느 정도까지만 상승했을 텐데, 금리 하락 때문에 그보다 75% 더 높은 수준까지(금융위기 이전 최고점 대비) 상승한 것으로 추정된다. 또한 기술의 발전과 세계

---

43 앞에 있던 세 번의 양적 완화 다음에 코로나-19 봉쇄 기간 중의 양적 완화를 말함

화의 결과로 이익 마진이 평균적으로 거의 2배로 증가하는 등 기업의 이익이 크게 늘었으며, 법인세와 개인 소득세가 인하되어 자산 가격 상승에도 도움이 되었다. **2009년 위기 이후 최저점부터 2024년 2분기까지 미국 가계의 금융 자산의 명목 가치(즉, 장부상 가치)는 32조 달러에서 99조 달러로 3배 증가했다.**[44]

- 2020년의 부채/신용/통화 급증은 인플레이션 상승을 초래했으며, 이는 코로나-19로 인한 공급망 문제와 외부 갈등(이 장의 끝에서 언급할 5가지 주요 힘 중 세 번째)과 같은 요인들이 더해지면서 더욱 심각해졌다.

- 큰 폭의 인플레이션 상승으로 인해 연준은 단기 부채 사이클을 긴축하는 정책을 시행하게 되었고, 만기가 돌아오는 채권을 다시 사들이지 않고 상환해 연준의 자산 규모를 줄이는 결과를 가져왔다. **연준(및 다른 중앙은행들)이 단기 부채 정책 기조를 완화에서 긴축으로 변경한 결과, 명목 및 실질 금리는 차입 채무자에게 압도적으로 유리하고 대출 채권자에게 불리한 수준에서 보다 정상적인 수준(예: 2% 실질 채권 수익률)으로 회복했다.** 긴축이 시작되자 미국 국채의 명목 수익률은 0.5%에서 4% 이상으로 상승했고, 실질 수익률은 약 -1.1%에서 약 2.5%로 상승해 대부분의 자산 가격, 특히 이익이 별로 없거나 마이너스인 자산, 그리고/또는 신규 자본 조달이 필요한 자산의 가격이 큰 타격을 입었다. 당연히 그러한 변화는 거품 상태에 있던 자산 가격에 특히 큰 타격을 주었

[44] 여기서 가계 순자산은 총 가계 금융 자산과 총 가계 부채의 차이(연방준비제도 자료 사용)

다. 거품 지수는 75%(상당한 거품)에서 35%(거품 아님)로 하락했고, 지수 내 거품 주식의 가격은 평균 75% 하락했다. **그 결과, 미국 주식 및 채권의 명목 가치는 약 12% 하락했고, 실질 가치는 거의 18% 하락해 2009년 이후 가장 큰 폭의 하락을 기록했다.** 현금(즉, 단기 국채와 같은 단기 현금성 상품 투자)이 '쓰레기'에서 '매력적인 것'으로 바뀌고, 단기 명목 및 실질 금리가 대출 채권자에게 더 매력적이고 차입 채무자에게는 덜 매력적인 수준으로 인상되었다. 또한 수익률 곡선이 역전되면서 투자 자산에 대한 미래 현금 흐름의 현재 가치가 낮아졌고, 긴축 속도가 느렸던 다른 국가들의 통화 대비 달러화가 강세를 보이는 매우 고전적인 효과를 가져왔다. 다시 말해, 연준이 빠르게 금리를 인상한 결과 미국 달러화로 보유한 현금은 다른 투자 자산, 다른 나라 통화로 표시된 현금 및 금과 비교했을 때 상대적으로 더 매력적인 투자 수단이 되었다. 이는 통상적으로 상업 및 주거용 부동산과 같은 금리 민감 부문뿐만 아니라, 현금 흐름이 낮거나 마이너스인 거품 기업(상장 및 비상장 모두, 다만 상장 기업이 더 심함)에 타격을 줬다. 예를 들어, 당시 뜨거웠던 'FAANG(미국 주식 시장에서 높은 성장률과 영향력을 보여온 페이스북(현 메타), 애플, 아마존, 넷플릭스, 구글(현 알파벳)의 머리글자를 따 만든 용어-옮긴이)'과 기술주 중심의 나스닥은 최고점 대비 각각 약 45%, 33% 하락했다. 비상장 자산(사모펀드, 벤처캐피털 및 부동산 자산)은 평가절하를 받아들이는 데 큰 저항이 있었기 때문에 그에 상응하는 수준으로 평가절하되지 않았다. 자산 가치 하락을 인정하고 기업 가치를 낮춰 자금을 조달하는 일이 해당 시장의 기업과 벤처캐피털 및 사모펀드 운용사 모두에게 너무 고통스러웠기 때문에 오늘날까지 매도자와 매수자가 가격에 합의하지 못하고 거래량이 급감하는 교착 상태가 지속되고 있다. 그러나 이는 그렇게 심각하게 경제를 약화하지는 않았는데, 민간 부문이 아닌 중앙정부가 더 많은 부채를 졌고, 민간 부문이 아닌 중앙은행이 그 부채를 매입하고 보유해서 손실을 감당했기 때문이다. 또한, 인플레이션은 상품 및 서비스 분야뿐 아니라 임금 및 기타 비급여 보상 분야에서도 발생했다.

- **그러자 인플레이션은 하락했지만 물가는 높은 수준을 유지했고, 연준과 다른 중앙은행들은 통화 정책을 완화해 전반적으로 자산 가격을 떠받쳤다. 인공지능 및 관련 기업이 새로운 인기 분야가 되었고, 산업 혁명과 디지털 혁명을 일으켰지만 결국 금융 거품을 야기했던 분야들이 그랬던 것처럼 우리의 경제와 삶을 크게 향상할 것으로 예상된다. 이러한 변화와 함께 주식, 기업, 국가의 명암이 크게 갈렸다.** 또한, 세계 자본 시장은 새로운 투자 상품의 출시로 변화하고 있지만, 이러한 변화의 근본적인 방식은 과거에 우리가 경험했던 것과 크게 다르지 않다. 예를 들어, 우리는 사모 신용 시장의 발전과 같은 새로운 유형의 대출을 보고 있는데, 이는 1970년대 후반과 1980년대 초반의 정크본드 시장(더욱 맞춤화되고, 증권화되지 않고, 유동성이 낮고, 초기 단계 기업을 포함하기는 하지만)의 현대적 버전이라고 할 수 있다. 이 유형의 대출에 막대한 양의 자금이 유입되면서 신용 스프레드가 낮게 유지되고, 이는 투기적인 사업 활동에 자금을 공급하는 결과를 낳았다.
- **빈부와 가치관에 대한 우파 포퓰리스트와 좌파 포퓰리스트 간의 내부 갈등은 대부분의 민주주의 국가, 특히 미국에서 그 강도가**

더욱 심해졌다. 미국에서는 우파와 좌파 간의 정치적 분열이 더욱 극심해졌고, 앞서 설명한 미국 중앙정부와 중앙은행의 대규모 재정 및 통화 부양책으로 인한 큰 폭의 물가 상승은 상품, 서비스 및 금융 자산 가격의 폭등으로 이어졌다. **2024년 선거에서 이러한 인플레이션과 바이든 대통령의 인지 능력 저하와 같은 다른 요인들로 인해 a) 우파/자본주의/사회 보수적인 도널드 트럼프와 공화당이 b) 좌파/사회주의/사회 자유주의적인 카멀라 해리스와 민주당을 상대로 결정적인 승리를 거뒀다. 이로써 트럼프에게는 중앙정부와 국가 전체의 대대적인 개혁을 단행하고 중국 및 그 동맹국과 일종의 전쟁을 준비할 수 있는 권한이 생겼다.** 덕분에 트럼프가 근소한 차이로 패배했을 경우 발생했을지 모를 큰 갈등도 피할 수 있었고, 미국의 국내 질서에 큰 변화가 시작되었다.

- **기후 변화는 계속 진행 중이다.**
- **인공지능을 비롯한 다양한 기술 발전은 경제적 부의 분배뿐만 아니라 사회적, 정치적 권력 구조에도 근본적인 변화를 일으키고 있다.**

이것이 지금까지의 이야기다.

5가지 큰 힘:
부채, 내전, 국제 전쟁, 자연재해, 기술

우리는 매일 이 5가지 힘에 대한 뉴스를 접한다. 과거부터 현재까지의

사건들을 연결해보면 이 힘들이 빅 사이클의 틀 안에서 진화하고 있는 것을 볼 수 있다. 이 틀에 대해서는 내 책과 변화하는 세계 질서에 대한 40분 및 5분짜리 영상과 economicprinciples.org에서 자세히 설명해 놓았다. 정부 부채는 분명히 중요하면서도 점점 더 심각해지는 문제다. 우파/자본가/MAGA 지지자들과 좌파/사회주의자/공산주의자/깨어 있는 사람들 사이의 내전은 아직까지는 비폭력적인 방식이지만 계속 격화되고 있으며, 최근 미국 선거에서는 우파가 좌파를 분명히 이겼다. 이러한 변화는 중요한 국내 질서/무질서 사이클을 1930년대로 회귀시켰다. 이와 관련해 강대국 간의 국제적 갈등, 특히 미국과 그 동맹국, 그리고 중국과 그 동맹국 간의 갈등이 동시에 심화하고 있다. 마찬가지로 자연재해의 힘, 특히 기후 변화가 심화하고 있으며, 인공지능을 포함한 기술은 좋든 나쁘든 우리가 상상할 수 없는 큰 영향을 미칠 것이다. 언제나 그랬던 것처럼 상호 관련된 5가지 거대한 힘들이 빅 사이클을 앞으로 나아가게 하고 있다. 가장 중요한 것은 미국 내부의 싸움과 미국과 중국 간의 외부 싸움이 기술 전쟁과 경제 전쟁(예: 군비 증강의 필요성)으로 점차 확산할 가능성이 크다는 점이다. 앞서 설명한 이유들로 인해 지금의 상황은 1930년대와 매우 유사해 보인다.

중국이 매우 중요하므로 1945년(새로운 세계 질서가 시작된 해)과 1949년 (중국의 새로운 국내 질서가 시작된 해)부터 시작되는 중국의 전체 빅 사이클을 간략히 다루겠다. 그런 다음 일본의 빅 사이클을 살펴보고, 특히 일본의 대규모 부채 사이클이 어떻게 전개되었는지에 초점을 맞출 것이다. 이는 귀중한 교훈을 얻을 수 있는 좋은 사례 연구가 될 것이다.

15장
1945~1949년부터 현재까지
중국의 빅 사이클 개요

이 장에서는 빅 사이클이 중국에서 어떻게 전개되어 현재에 이르렀는지 설명한다. 독자들은 15분이면 이 장을 읽을 수 있을 것이다. 나는 중국에서 많은 시간을 보냈고, 40년이 넘는 기간 동안 몇몇 지도자를 포함해 많은 사람과 매우 긴밀한 관계를 맺었기 때문에 중국의 빅 사이클은 미국의 빅 사이클만큼이나 생생하게 느껴진다. 이 장은 시간을 들여 읽을 가치가 있다고 생각한다.

중국의 역사를 빅 사이클이라는 틀 안에서 설명하기 위해 새로운 세계 질서와 중국 국내 질서가 시작된 1945~1949년 이후의 주요 사건들을 중심으로 요약하고, 그 이전의 역사도 간략하게 언급할 것이다.

1945년 이전

먼저 서기 600년까지 거슬러 올라가는 중국의 빅 사이클을 보여주는 다음 차트를 보자. 이 차트는《변화하는 세계 질서》에서 설명한 국력 지표를 사용해 추정한 중국의 상대적 국력의 변화를 보여준다. 이를 보면 중국 역사상 가장 거대한 빅 사이클을 알 수 있다. 이 사이클을 연구한 결과, 그것이 내가 이미 이론화해 책과 영상으로 설명한 '빅 사이클'이라는 일반적인 국가 발전 모델과 일관성을 보인다는 것을 발견했다.

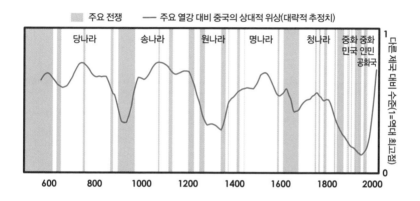

다음 차트는 1865년부터 현재까지 중국의 대규모 부채 사이클을 나타낸다. 1865년은 백년국치 시작 후 26년이 흐른 시점이다. 중국인들은 1839년 1차 아편전쟁으로 시작해 1949년 마오쩌둥과 중국 공산당이 권력을 잡고 중화인민공화국이 건국되면서 끝난 110년간의 치욕과 약탈의 기간을 백년국치라고 부른다. 보다시피, 막대한 부채가 쌓였다가 사라지고 다시 쌓이기를 반복했다. 늘 그렇듯 국내외 전쟁(1945~1949년) 기간은 부채 소멸 기간이었다. 새로운 질서가 수립된 이후 부채가 다시 쌓이기 시작했다. 이 기간 동안 중국의 돈과 부채는 좋은 가치 저장 수단으로 여겨지지 않았기 때문에 신용 및 기타 자본 시장을 구축하기 어려웠다. 그러다가 1989년 주식과 채권 시장이 본격적인 성장 궤도에 오르면서 중국인들은 자본 시장을 구축하기 시작했다. 나는 이 모든 과

정에 깊이 관여했기 때문에 자세히 설명할 수 있다.

중국의 총부채(GDP 대비 %)

백년국치를 포함한 이전의 빅 사이클에 대해 자세히 논의하지는 않겠지만 백년국치라는 시기가 현재 중국의 지도자들이 외국 세력을 어떻게 바라보고, 국내 문제를 어떻게 생각하는지에 매우 깊은 영향을 줬기 때문에 간략하게나마 언급하고자 한다. 백년국치의 굴욕은 중국의 지도자들에게 뼛속 깊이 새겨져 있고, 외세가 자신들의 이익을 위해 싸우는 방식이 그 시기 동안 중국에 자행한 방식과 대체로 유사하다고 생각한다. 그들은 중국이 자국민을 보호하고 다른 강대국들에게 유린당하지 않기 위해서는 무엇보다 경제적, 군사적 힘을 가져야 한다고 느낀다. 더 구체적으로 말하면, 중국 지도자들은 미국을 자국의 이익을 위해 세계 질서를 통제하는 패권국으로 간주하며, 직접적인 이해관계가 없는 특정 지역에 대한 중국의 영향력 확대를 막으려 한다고 생각한다. 나는 어느 쪽의 관점이 진실에 더 가깝다고 주장하는 것이 아니다. 그저 일어난 일을 설명하고 양쪽의 관점을 간략하게 언급하는 것뿐이다.

중국의 지도자들은 대만 문제에 대한 미국의 개입을 1960년대 소련의 대쿠바 영향력 확대에 대한 우려보다 훨씬 더 부당하고 심각한 간섭으로 여긴다. 중국의 입장에서 대만은 제2차 세계대전 종전 이후 모든 세계 강대국에 의해 '명백하고 일관되게' 중국의 영토로 인정받아왔으며, 중국 본토에서 불과 150km 떨어져 있기 때문이다. 중국의 지도자들은 대만을 제2차 세계대전 이후 중국에 반환되었지만, 중국 내전으로 인해 국민당과 그 지도자인 장제스가 장악한 후 아직 중국으로 완전히 통합되지 못한 중국의 일부로 간주한다. 1971년 유엔 총회는 중국 본토의 중화인민공화국을 '유엔에서 중국을 대표하는 유일한 합법 정부'로 인정하고 '하나의 중국' 정책에 힘을 실어줬다. 그 정책은 오직 하나의 중국만이 존재하며, 대만은 중국의 일부라고 주장한다.

따라서 결국에는 중국이 대만과 남중국해 일부를 장악할 것이라는 데는 의문의 여지가 없다. 반대로 대부분의 미국인은 중국을 미국과 기존의 미국 주도 세계 질서에 대한 커다란 위협으로 간주한다. 또한 중국인들이야말로 자국민을 독재적으로 통제하고 자본주의/민주주의/아브라함계(즉, 유대교/기독교/이슬람교) 접근 방식과 거대한 이념 전쟁을 벌이는 위협적인 공산주의자라고 생각한다. 미국과 중국의 지도자들은 이 갈등을 마지막이자 가장 거대한 문화적/종교적/경제적 그리고 잠재적으로 군사적 전쟁으로 간주한다. 물론 이는 간단한 이야기가 아니며 양측의 논리와 입장이 다르므로(이야기가 자칫 샛길로 셀 수 있기에) 여기서 자세히 다루지는 않겠다. 나는 단지 중국인의 사고방식과 행동 방식에 큰 영향을 미치는 중국 지도자들의 관점을 명확히 알리고 싶을 따름이다. 덧붙여서, 중국 지도자들은 중국 문명의 장구한 역사를 잘 알고 있기 때문에 그들은 '빅 사이클'을 확실히 인식하고 있다는 점도 말하고 싶다.

가장 중요한 것은 지난 50년 동안 중국이 역사상 다른 어떤 나라보다

큰 규모로 국력을 강화했다는 것이다. 이로 인해 중국은 미국에 필적하는 강대국이 되었고, 그 결과 미국과 중국은 역사적으로 흔히 나타나는 강대국 간의 갈등기에 접어들었다. 다음 두 차트는 내가 계산한 1825년부터의 상대적 국력과 1963년부터의 미-중 갈등 지수를 보여준다. 왼쪽 차트에서 볼 수 있듯이 중국의 상대적 국력은 '백년국치'를 거치며 크게 하락한 후 다시 큰 폭으로 상승해 현재 미국과 비슷한 수준에 올라왔다. 이것이 미국과 중국 그리고 각자의 동맹국 간의 전형적인 강대국 갈등을 야기하고 있다.[45]

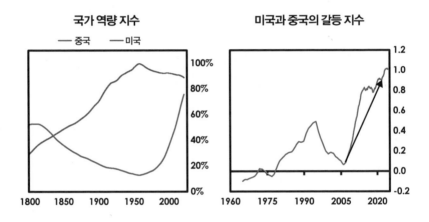

1945년 이후

다음은 1945년 이후 중국에서 일어난 일에 대한 간략한 설명이다.

---

45 중국 관련 분석 결과를 도출한 방법에 대해 자세히 알고 싶으면 economicprinciples.org를 방문하기 바란다.

제2차 세계대전이 끝나고 현재와 같은 새로운 세계 질서가 창조되었지만, 중국에서는 1949년에 국공내전이 종식되고 난 후 현재와 같은 새로운 국내 질서가 만들어졌다.

1949년부터 1970년대까지 중국은 혁명 지도자 마오쩌둥과 그의 수석 행정관인 저우언라이가 이끄는 엄격하게 고립된 공산주의 국가였다. 이 기간 내내 중국이 제2차 세계대전과 국공내전으로부터 느리게 회복된 이유는 개인의 노력에 대한 전무한 보상, 저축과 부의 축적을 막는 경직된 공산주의 경제 정책, 마오쩌둥과 공산당의 권력 유지를 위한 가혹한 통제, 그리고 세계로부터의 고립으로 인해 개방 시 누릴 수 있는 여러 혜택을 누리지 못했기 때문이다. 빅 사이클을 보면 내전으로 정치 권력을 획득한 사람들은 자신이 언제 당할지 모른다는 두려움 때문에 일반적으로 권력을 공고히 하기 위해 반대파를 억압한다. 중국 왕조에서는 지도자가 은밀하고 폭력적인 방식으로 자주 교체되었기 때문에, 중국의 통치자들은 그러한 권력 찬탈의 가능성을 항상 잠재적인 위협으로 여겨왔다. 이런 의심은 마오쩌둥의 생애 내내 계속되었다. 그에게는 많은 적이 있었는데, 가장 심각한 위협은 중국 내부의 자본가들과 중국 외부의 소련(1950년대 후반부터)이었다. 1949년부터 1976년까지 중국의 모든 정책 결정과 행동은 마르크스-레닌주의 공산주의라는 이념과 '양귀洋鬼(외국인 특히 유럽인)'를 배척하는 고립주의 정책에 의해 결정되었다. 마오쩌둥의 통치 기간 동안 중국의 발전은 세계의 다른 지역에 비해 뒤처졌고, 특히 대약진 운동과 문화대혁명 기간 동안 엄청난 고통이 있었다.

외세와의 관계에서 마오쩌둥의 가장 큰 두려움은 1960년대와 특히 1970년대에 점점 더 위협적으로 변했던 소련이었다. 역사적으로 늘 그래왔고 '내 적의 적은 나의 친구'라는 격언에도 나타나듯이 공동의 적은 국가들을 하나로 묶었다. 이 시기 미국과 중국의 공동의 적은 소련이었다. 덕분에 헨리 키신저의 첫 중국 방문과 곧 이어진 닉슨 대통령의 방문이 가능할 수 있었다. 헨리 키신저와 그 회담에 참여했던 지차오주冀朝铸(중국의 외교관 겸 통역가-옮긴이)를 모두 알았기 때문에 나는 당시 회담의 배경과 논의 사항에 대해 직접 들을 수 있었고, 1972년 그들이 '우정'을 시작하는 계기가 된 양측의 최우선 고려 사항은 소련이라는 공동의 적이라는 것을 확신한다.

그리고 마오쩌둥과 저우언라이가 1976년에 사망했다.

12장에서 설명한 바와 같이 덩샤오핑은 1978년에 권력을 잡았고, 그의 '개혁' 및 '개방' 정책으로 거의 모든 것이 바뀌었다. 이 정책은 훨씬 더 자유로운 시장 기반 경제 시스템을 도입함으로써 외국의 인재와 자본을 유치해 중국인들이 새로운 기회를 포착할 수 있도록 했다. 그는 "부자가 되는 것은 영광스럽다"라는 말로 개혁개방 정책의 특징을 분명히 했으며, 시장 자본주의로의 방향 전환에 대한 질문을 받았을 때 "흰 고양이든 검은 고양이든 쥐만 잘 잡으면 된다"라고 대답하기도 했다. 이는 시장 자본주의 시스템이 '쥐를 잘 잡을 수(즉, 부를 창출할 수)' 있으며, 먼저 부유하고 강력해진 다음 '공동부유共同富裕'를 향해 나아가는 것이 최선이라는 인식에서 비롯된 것이다. **이런 정책은 중국에 엄청난 경제 발전을 가져다줬고, 그 결과 중국뿐만 아니라 전 세계에 엄청난 변화를 일으켰다. 중국은 가난하고 약한 나라에서, 보다 자본주의적이고 매우 강력한 나라로 변모했다.**

나는 1984년부터 현재까지 이 모든 것을 가까이에서 지켜봤고, 중
국과의 교류를 통해 중국 시장과 경제 발전을 위해 함께 일하는 친구가
되면서 중국 지도자들의 눈으로 사물을 볼 수 있게 되었다.

내가 맨 처음 중국에 간 것은 '창구 회사(자본주의 방식으로 외부와 거래할
수 있었기 때문에 이렇게 불렀다)'였던 중국국제신탁투자공사CITIC의 초청을
받은 1984년이었다. 그들은 내게 세계 자본 시장에 대해 가르쳐달라고
요청했다. 당시 중국은 돈이 거의 없었기 때문에 나는 돈을 벌거나 그들
의 시장에 참여하기 위해 간 것이 아니었다. 처음에는 호기심 때문에 갔
고, 현재까지 계속 중국에 가고 있는 이유는 사람들과 문화가 좋고, 그
나라의 시장과 경제 발전에 좋은 영향을 미칠 수 있었기 때문이다. 이는
내게 귀중한 가르침과 많은 즐거움을 줬는데, 그 즐거움을 전부 다 설명
하려면 너무 길어져 도저히 엄두가 나지 않을 정도다. 내가 지금부터 설
명하려는 것은 내 경험을 통해 느낀 것이다. **나는 강력한 경제 개혁과
대외 개방의 조합이 중국을 다음과 같이 변화시키는 것을 지켜봤다.**

1. 전형적인 비생산적 공산주의 국가에서
2. 효율적인 '사회주의 시장 경제'로 이어졌고
3. 자본 시장의 발전과 중국식 자본주의 형태를 거쳐
4. 전형적인 부채 거품이 형성되었고
5. 자국 통화로 부채가 표시되고 대부분의 채무자와 채권자가 자국
   시민인 국가들이 겪는 전형적인 부채 폭발로 이어졌으며
6. 전형적인 강대국 갈등으로 연결되었다.

더 구체적으로 말하면, 중국이 빅 사이클의 전형적인 상승 국면을 경

험하면서 중국 인민들은 극심한 가난에서 벗어나 삶의 질이 크게 개선되었다. 많은 사람이 개인적으로 큰 부를 얻었고, 국가 전체로서도 막대한 부와 국제적인 영향력을 얻었다. 동시에 부채가 크게 증가했고, 자본시장이 발전하면서 상당한 빈부격차와 거품이 생겨났다. **나는 중국이 빈곤과 지정학적 약점으로 힘들었지만 시장/부채 개혁과 개방 정책을 수립해 막대한 부와 지정학적 영향력을 얻는 것을 지켜봤다. 이로 인해 부와 기회의 격차가 극심해지고, 국내외적 분쟁이 확대되는 과정 또한 세밀하게 목격했다.**

덩샤오핑 시대에 나는 빅 사이클이 다음과 같이 펼쳐지는 것을 자세히 관찰할 수 있었다.

- 중국은 저렴한 노동력과 높은 생산성을 바탕으로 가격 경쟁력이 뛰어난 공산품을 전 세계에 공급할 수 있었다.
- 대부분의 국가, 특히 미국에게 중국산 제품 수입은 가격과 조건 모두 매력적이었다. 중국이 수출로 얻은 수익의 상당 부분을 그 상품을 구입한 미국인들에게 대출해줬기 때문이다.
- 중국의 소득, 부, 영향력은 크게 증가했다. 동시에 미국은 과도하게 차입했고 쇠퇴하기 시작했다.

2008년, 미국은 대규모 부채 위기를 겪었고, 이로 인해 중국은 자국 부채 자산의 상당 부분이 상환될지 알 수 없게 되자 미국의 재정 건전성에 의문을 품게 되었다. 나는 그 상황의 한가운데 있었는데, 중국이 그 부채 위기를 품위 있고 이해심 있게 처리했다는 점을 강조하고 싶다.

2008년, 세계 권력의 변화를 반영해 G7보다 현실적으로 대표성을 갖춘 강력한 국가들로 구성된 G20 국가들은 글로벌 금융위기에 대처하기 위해 첫 번째 정상회담을 개최했다. 그들은 매우 적극적인 경기부양책을 시행하기로 합의했고, 이에 따라 중국과 거의 모든 국가가 신용 공급을 늘렸다. 그 결과, 경제 상황이 개선되었지만 동시에 빈부격차가 커지고 소득 대비 부채 수준이 높아지는 부작용이 발생했다. 앞서 설명한 것처럼, 미국에서는 빈부격차가 심해지고 경제 성장에서 소외된 사람들의 고통이 커지면서 일자리 부족 문제를 중국의 탓으로 돌리는 분위기가 생겨났다. 가장 큰 타격을 입은 사람들은 나중에 도널드 트럼프를 지지했던 대학 교육을 받지 못한 남성 노동자들이었다. **동시에 미국 기업들은 중국에서 공정하게 경쟁할 수 없으며, 중국이 미국인의 지적 재산을 훔치고 있다고 불평했다.**

중국의 기술과 힘은 계속해서 성장했고, 이는 중국의 군사력 강화, 국제적 영향력 확대, 기술 경쟁력 확보로 이어졌다. 이러한 모습이 다른 국가들에게는 위협적으로 비치기도 했다. 2009년, 중국은 남중국해 경계를 표시한 고지도를 제시하며 자국 영토의 적절한 경계가 다른 국가들이 주장하는 것보다 훨씬 넓다고 주장했다. 2016년 상설중재재판소는 중국의 주장을 기각했지만, 이 분쟁은 오늘날까지 계속되고 있다.

시진핑 주석과 새로운 지도부는 2012년에 권력을 잡았다. 그들은 경제 개혁과 부패 척결을 목표로 삼았다. 내 전문성과 오랜 신뢰관계 덕분에 나는 3차 전체 회의(최고위층 임명 후 열리는 새 정부의 대규모 정책 계획 회의)에서 이러한 문제에 대한 논의에 참여할 수 있었다. 여기서 나는 주요 이슈들이 논의되고 그에 대한 생각을 공개적으로 교환하는 매우 개방적이고 협력적인 환경을 경험했다. 또한 부패를 척결하고 개혁을 추진하는 방법에 대한 논의의 질이 진실하고 훌륭하다고 느꼈다. 중국을 개선하려는 강력한 신진 지도자들의 큰 열망과 열정이 있었고, 나는 그것을 도울 수 있어서 기뻤다. **경제 개혁이란 경제를 더욱 시장 주도적으로 현대화하는 것이었다.** 예를 들어, 당시 5대 주요 은행은 화폐 발행권을 보유한 정부가 암묵적으로 지불 보증한 국영 기업에 돈을 빌려줬고, 중소기업에 대한 대출은 거의 없었다. 지도부는 이를 바꾸고 싶었고 대출, 대여, 투자 접근성을 개선한 자본 시장을 만들려고 했다. 나는 이와 밀접하게 관련되어 있었기 때문에 그 일을 책임진 사람들이 어떻게 생각하고 무엇을 했는지 잘 알고 있다. 시진핑 주석의 첫 5년 임기 대부분 기간 중 a) 외부 의견에 대한 개방성, b) 자본 시장 구축 및 개혁을 위한 조치를 취함으로써 경제를 더욱 시장 지향적으로 개혁하겠다는 강력한 의지, c) 부패 척결을 위한 강력한 조치가 관찰되었다. 이런 일을 해야 할 이유를 알고 있는 사람들이 고위 지도자로 선택되었다. 물론 그 방법에 대한 논쟁이 있었고, 변화로 인해 이익을 얻는 사람이나 피해를 입는 사람도 있었으며, 이 때문에 분열이 야기되기도 했다. **시진핑은 권력을 잡은 후 강력한 경쟁자(보시라이)를 즉시 숙청했고, 부패 척결과 경제 개혁을 위한 강력한 조치를 실행했다.**

시진핑 주석의 첫 임기 후반에는 '핵심 지도력core leadership**'으로의 전환을 통해 그를 중심으로 정치 권력을 공고히 하려는 움직임이 있었다.** 미국의 정치가 잔혹하다고 생각할지 모르지만, 중국의 정치에 비하면 약과다. 시진핑 주석의 두 번째 임기 시작과 함께 이뤄진 지도부 교체 과정에서 중국 정치의 냉혹함이 매우 뚜렷하게 나타났다.

그때까지의 성과는 정말 놀라웠다. 어떤 기준으로 보더라도 인류 역사상 가장 위대한 성과라고 할 수 있었다. 내가 처음 중국에 가기 시작

한 1984년 이후로 중국의 1인당 소득은 20배 증가했고, 평균 수명은 12년 늘어났으며, 빈곤율은 81%에서 1% 미만으로 떨어졌다.

2014년, 러시아는 우크라이나로부터 크림반도를 합병했다. 이에 대해서는 나중에 논의할 기회가 있을 것이다. 여하튼 당시 러시아와 중국은 서로를 싫어하고 불신했지만, 공동의 적 때문에 서로에게 끌렸고 공생적인 경제 관계를 맺을 수 있다는 것을 알게 되었다.

2015년, 시진핑 주석은 중국이 특정 산업을 부상시키고 지배해야 할 필요성을 설명하는 2025 계획을 발표했다. 중국인들은 이를 야심 찬 청사진으로 생각했지만, 미국인들은 위협적인 것으로 여겼다. **중국은 더 이상 '힘을 숨길 수' 없었다.** 또한 중국은 세계 무역에서 영향력이 커지고, 국부가 증가하며, 지정학적으로 강력하게 부상하고, 지적 재산을 '훔치면서' 다른 국가에게 더욱 위협적인 존재가 되었다. **이때부터 미국인들은 경제 문제의 원인을 중국 탓으로 돌리기 시작했고 중국을 더 큰 위협으로 여겼다.**

한편 미국에서는 중산층의 일자리 감소가 값싼 중국 수입품의 증가와 국제 사회에서 더욱 강경해진 중국의 태도 때문에 발생했다는 인식이 퍼지면서 중국에 대한 감정은 긍정에서 부정으로 바뀌었다. 2017년 **트럼프 대통령이 권력을 잡고 2018년 시진핑 주석이 두 번째 임기를 시작하면서 강대국 간의 갈등이 본격적으로 시작되었고,** 이는 무역 협상에서 시작해 힘의 시험과 일종의 냉전으로 발전했다. 표면화되고 있던 고전적인 강대국 간 갈등은 당시 중국 지도자들에게는 명백해 보였다. 중국의 한 고위 지도자는 내게 유엔, 세계무역기구, 세계보건기구, 세계은행, 국제통화기금과 같은 기존의 다자간 세계 질서를 바꾸고 싶은 마음이 전혀 없다고 말했다. 이 지도자는 세계 질서의 변화와 다자주의에 대한 위협은 중국 때문이 아니라, 미국의 이익을 국제 사회보다 우선시하고 중국을 봉쇄하는 것을 최우선 과제로 삼은 트럼프 행정부의 일방적인 '미국 우선주의'의 결과라고 주장했다. 이때부터 러시아와 중국은 점점 더 미국을 공동의 위협으로 인식해서 더욱 긴밀하게 협력하기 시작했다.

2019~2020년, 코로나-19가 발생했다. 이 시점부터 중국의 부채 거품이 점점 커지고 빈부격차는 더 벌어졌으며, 미국과의 관계가 악화되었다. 대규모 부채/금융, 내부 질서, 외부 질서, 자연재해의 힘이 동시에 겹치면서 전형적인 위험 상황이 벌어졌다. 또한, 대만 문제는 (지금도 여전히) 매우 큰 논란의 대상이었다. 중국은 '하나의 중국' 통일 약속이 이행되기를 기대했지만, 오히려 대만 독립을 향한 움직임이 더 많이 나타났기 때문이다. 특히 전 세계에 공급하는 첨단 컴퓨터 칩의 대부분이 대만에서 생산되던(지금도 마찬가지다) 상황에서 칩 생산을 통제하는 국가가 전 세계에서 가장 강력한 기술을 통제하는 것이기 때문에 문제는 더욱 심화되었다. 시진핑 주석은 현재 중국이 겪는 국내외적 갈등과 불안정성을 역사적 관점에서 분석하고, 앞으로 100년 동안 중국이 큰 위기를 겪을 수 있다고 경고했다.

2018년, 시진핑은 정치국 상무위원 7명 중 4명을 자신의 측근으로 배치해 핵심 수장으로서 더욱 강화된 권력을 바탕으로 두 번째 5년 임기를 시작했다.

2020년에 코로나-19로 인해 중국 대부분이 봉쇄되자, 그 방식에 대해 내부에서 불만이 발생했다. 그리고 시진핑 두 번째 임기의 절반을 약간 넘긴 2021년, 중국 국내의 부채 거품 문제가 터졌다. 시진핑은 '공동부유'의 중요성을 강조했고, 부유한 기업 지도자들이 정치적 영향력을 행사하는 것을 싫어했기 때문에, 투자자들이 중요하다고 생각하는 법치주의와 전통적인 재산 보호와 일치하지 않는 다소 자의적인 조치를 취했다. 지도부는 또한 일부 억만장자 기업 지도자들과 그들의 사업을 억눌러 지나치게 나서지 말 것을 경고했다.

2022년 10월, 시진핑의 세 번째 임기 초기에 중국 지도부는 개혁 지향적인 세계주의자에서 반대 세력을 더욱 엄격하게 통제하는 충성스럽고 애국적인 공산주의자로 바뀌었다. 그리고 내부 갈등과 국제적인 강대국 갈등이 더욱 심화함에 따라 자유시장 지향적인 방식에서 보다 마오쩌둥식 공산주의로 전환되었다.

현재 중국은 1) 전통적인 공산주의 경제 정책으로 전환하는 동시에 대규모 부채 위기를 겪고 있으며, 2) 대통령/주석이 지시하는 더욱 엄격하고 독재적인 정책으로 내부 갈등이 제거되고 있으며, 3) 미국과의 국제적인 갈등이 증가하고 전 세계에 큰 변화가 일어나는 가운데, 중국이 이 변화를 주도하는 데 점점 더 큰 역할을 하고 있으며, 4) 기후 변화가 일어나 중국에 큰 영향을 미칠 가능성이 크며, 5) 미국과 함께 어느 쪽도 절대 질 수 없는 기술 전쟁을 벌이고 있다. 동시에 많은 분야, 특히 상품을 매우 저렴하게 판매할 수 있도록 기술 기반 제조 분야에서 큰 발전을 이루고 있으며, 전 세계 인구의 85%를 차지하는 신흥 개발국들이 중국의 새로운 고객으로 떠오르고 있다.

이 글을 쓰는 2025년 3월 시점에 미국에서는 트럼프 2기 행정부가 출범했으며, 다음과 같은 문제들에 직면해 있다. 1) 부채 문제가 더욱 심각해지고 있으며, 2) 국내 갈등이 심화하자 트럼프 행정부는 반대 세력과 좌파 정책을 억압하기 위해 더욱 엄격하고 거의 독재적인 정책을 시행 중이며, 3) 중국과 그 지지 세력과의 국제적 갈등이 고조되는 가

운데, 트럼프 행정부의 '미국 우선주의' 정책으로 인해 미국은 세계 리더로서의 역할에서 벗어나 급변하는 세계 정세 속에서 민족주의적 가치를 추구하는 참여자로 변모하고 있으며, 4) 기후 변화가 미국에 큰 영향을 미칠 가능성이 커졌으며, 5) 미국은 중국과 그 어느 쪽도 절대 패배할 수 없는 기술 전쟁을 벌이고 있다. 양국이 물밑에서 치고받는 공격은 점점 더 악랄해지고 있다.

현재 우리는 두 강대국이 서로 대립하고, 동맹국들은 그들의 이념에 따라 줄을 서는 모습을 보고 있다. 이는 세계가 비슷한 빅 사이클의 단계에 있었던 1930년대와 매우 유사하다. 동시에 트럼프 대통령이 시진핑 주석을 '14억 인구를 철권으로 통치하는 위대한 지도자'라고 묘사하면서 미국은 중국과의 관계 개선을 모색하고 있다. 향후 미국과 중국, 그리고 전 세계에서 벌어지는 일은 이 두 강대국과 그들의 완전히 다른 접근 방식 및 시스템의 상대적 강점을 시험하는 또 다른 시험대가 될 것이다. 이들의 전쟁은 다행히 아직 군사적 대결로 이어지지는 않고 있지만, 역사상 가장 막강한 강대국 간의 갈등으로 발전할 조짐을 보이고 있다. 몇 년 전에 중국의 한 고위 지도자가 이 두 진영의 전쟁 방식이 어떻게 다른지 설명한 적이 있다. 그에 따르면 서구 국가들은 정면으로 맞붙는 지중해식 전쟁 방식을 따르지만, 중국은 약 2500년 전에 쓰인 《손자병법》이 묘사한 것처럼 훨씬 더 미묘하고 기만적인 접근 방식을 사용한다. 오랜 세월 동안 중국과의 긴밀한 접촉을 통해 나는 중국 지도자들이 중국 국민과 외부 세계를 대하는 방식에 영향을 미치는 시대를 초월한 원칙에 대해 배웠다.[46]

46 시대를 초월한 지도 원칙은 크고 웅장하다는 의미의 '대(大)'와 통일, 조화, 협력을 의미하는 '동(同)'이 결합한 '대동(大同)'으로 그 기원은 고대 중국(공자가 활약하던 시기)으로 거슬러 올라간다. '대동'은 좋은 것들은 모든 사람에게 공유되어야 하고, 지도층은 자신의 이익이나 특정 집단의 이익이 아닌 공공의 선을 위해 집단을 운영해야 하며, 자원은 공평하게 분배되어야 하고, 사람들은 조화롭게 살아야 한다는 의미다. 이는 그들이 어떤 대가를 치르더라도 얻으려고 노력하는 필수적인 것들이다. 사람들은 어떤 방식으로 이를 위해 노력할까? 그 접근 방식은 1) 유교(명확한 위계질서와 도덕적 리더십을 통해 조화를 이루는 사상으로, 지도자는 자신의 이익보다 사회의 안녕을 우선시하고 교육, 능력주의, 가족, 상호 존중하는 관계, 부계적 통치를 우선순위로 하며 기원전 500년경에 탄생했다)와 2) 법가(도덕보다 매우 엄격한 법치주의와 실용주의를 강조한다. 기원전 250년경에 형성되었다)에 나타나 있다. 중국에서는 국가를 위계적인 가족처럼 운영한다(예: 중국어 '국가'라는 단어는 나라를 뜻하는 '국(國)'과 가족을 뜻하는 '가(家)'라는 두 글자로 이루어져 있다). 다소 영향력은 작지만 도교는 모든 것의 조화와 본질을 강조하고, 불교는 사람과 모든 것 사이의 조화, 있는 그대로의 수용, 그리고 물질주의의 가치 부족을 강조한다. 이러한 원칙과 그것들이 중국 인민 사이에 얼마나 뿌리 깊게 자리 잡고 있는지를 이해함으로써 나는 그것들을 이해하지 못했을 때보다 지도부의 관점과 그들의 시스템을 더 잘 이해할 수 있었다. 예를 들어, 나는 그들이 왜 마르크스주의(그들에게는 공동부유를 의미한다), 독재적 리더십, 사회 구성원들이 자신의 위치를 알고 지도자를 충실히 따르는 것(그들은 질서가 존재하기 위해 필수적이라고 믿는다)을 (지도자가 국민을 실망시키지 않는 한) 선호하는지 이해할 수 있었다. 지도자가 국민을 실망시키면 큰 혼란이 발생해 지도자/황제가 '천명(天命)'을 잃고 축출되어 왕조/질서가 바뀐다. 그리고 나는 그들이 자본주의와 개인주의를 그들의 신념에 반하는 것으로 여기는 이유를 이해할 수 있었다. 둘 다 사람들을 분열시키고 불화와 혼란을 초래하는 이기심으로 보기 때문이다. 나는 중국식 접근 방식과 미국 또는 서구식 접근 방식에 대해 내가 어떻게 생각하는지에 대해 언급하지 않겠다. 다만, 인류는 역사가 기록된 모든 시간 동안 이 두 가지 접근 방식의 상대적 장점(즉, 개인의 이익과 민주주의로 대표되는 자본주의와 공동 이익과 독재로 대표되는 공산주의 간의 상대적 장점)으로 고통을 겪어오면서 그들의 다양한 버전 사이를 왔다 갔다 했다고 생각한다. 또한 사람들이 서로 어떻게 지내야 하는지에 대한 중국의 핵심 가치가 일반적으로 인식되는 것보다 기독교가 옹호하는 핵심 가치와 더 유사하며, 이 둘은 자본주의가 극단으로 치달았을 때 자본주의의 핵심 가치와 상당히 다르다고 생각한다. 또한 자본주의가 다른 접근 방식보다 (사회 전체에 걸쳐 고루 나타나는 방식의 번영을 포함해) 번영을 창출하는 데 훨씬 더 효과적인 접근 방식이었다는 것을 알고 있지만, 그 접근 방식은 우리가 이 책에서 포괄적으로 살펴보고 있는 호황과 불황을 반복적으로 만들어낸 빅 사이클 방식으로 작동하는 경향이 있었다.

중국과 5가지 힘

중국에서 일어난 일을 나의 5가지 힘에 대한 템플릿과 비교한 압축적인 요약은 다음과 같다.

1. **부채/경제적 힘**은 소득 대비 중국의 부채 증가로 이어졌지만 2009년(글로벌 금융위기에서 벗어날 때)까지 유동 자산 대비 부채는 증가하지 않았다. 그 후 부채, 특히 지방정부, 기업, 부동산의 부채가 증가하다가 2021년에 거품이 터졌으며 이는 경제 주체가 부채 축소를 시작한 계기가 되었다. 일본과 마찬가지로 중국의 부채 대부분은 현지 통화로 표시되어 있어 '아름다운 부채 축소'를 설계할 수 있다. 하지만 일본은 실패했고, 중국이 이를 잘 관리할 수 있을지도 아직 알 수 없다. 하지만 현재로서는 중국이 이에 대한 대처가 늦었고, 1990년대 일본과 가장 유사한 대규모 부채 사이클의 후반부에 있는 것으로 보인다. 동시에 중국은 부채에 전혀 얽매이지 않은 매우 경쟁력 있는 혁신적인 부문을 가지고 있다.

2. **내부 갈등 및 내부 정치적 힘**은 정부가 사회 전반에 대한 통제를 강화하고 공포 분위기를 조성하도록 만들었다. 이는 의사결정 속도를 늦추고 경제를 냉각시켜 자본과 인력 흐름을 저해하는 등 중국의 경제 둔화에 기여했다. 중국은 마오쩌둥-마르크스주의 공산주의 정책으로 약 절반 정도 되돌아갔다. 동시에 중국의 정책은 공포를 조성하고, 상황을 정리한 다음 새로운 질서를 구축하는 것으로 잘 알려져 있다.

3. **외부 갈등의 힘**은 미국과 전형적인 강대국 간의 갈등으로 이어져

무역, 자본, 인력 흐름을 저해하고 군사적 준비 및 위험을 증가시켰다.

4. **자연재해의 힘**은 2019년 후반에 시작되어 2022년까지 계속된 코로나-19 팬데믹 문제의 형태로 나타났으며, 지도부가 이를 처리하는 방식에 대한 국민의 불만을 가중시켜 결국 정부의 통제가 강화되는 결과를 낳았다. 중국은 또한 놀라운 창의력, 정부 주도 경제 정책, 첨단 제조 능력을 활용해 태양광 및 풍력 발전에서 큰 발전을 이뤄 세계에서 가장 비용 효율적인 생산국이 되었지만, 이에 대해서는 다음 기회에 다루겠다.

5. **기술적 힘** 덕분에 중국과 미국 모두 여러 신기술, 특히 첨단 AI 분야에서 발전을 이룰 수 있었다. 중국은 초고성능 칩 개발에서 미국에 뒤처진 것으로 보이지만, 저비용 AI 및 첨단 제조업, 특히 로봇 공학 분야에서 탁월한 성과를 내고 있다. 중국은 또한 여러 기술 분야에서 상당한 경쟁력을 확보하고 있다.

한마디로 최근 몇 년 동안 5가지 주요 힘 중 4가지(즉, 부채/경제, 내부 갈등, 외부 갈등, 자연재해)가 중국에게 위협이 되어가고 있으며, 5번째인 기술적 힘에서는 중국이 전반적으로 발전을 이루고 있지만 미국과의 경쟁에서 일부 분야에서는 뒤처지고, 다른 분야에서는 앞서나가는 그림을 보여주고 있다. 4부에서는 내가 미래를 어떻게 생각하는지에 대해 말하겠다.

부록: 몇 가지 차트로 보는 중국의 대규모 부채 사이클

중국의 부채 상황을 잘 보여주는 여러 차트를 제시하겠지만, 자세한 분석과 해설은 생략하겠다. 왜냐하면 지금으로서는 이야기가 길어질 가능성이 있기 때문이다. 또한, 모든 부채가 제대로 계산된 것은 아니므로, 이 차트들은 대략적인 방향만 보여주는 지표로 참고하기 바란다.

보다시피 중국은 대규모 부채 사이클의 특정 단계에 와 있는데, 중앙정부가 아닌 부문의 부채 부담이 과도해져 문제가 되었고 중앙정부와 중앙은행이 이를 관리해야 한다. 다행히 대부분의 부채는 현지 통화로 표시되어 있고, 대부분의 채무자와 채권자가 국내에 있으므로 중앙정부와 중앙은행은 그렇지 않은 경우보다 이 상황을 훨씬 더 잘 관리할 수 있다. 그러나 중국의 통화(위안화)는 널리 보유되는 기축통화가 아니므로 효과적인 부의 저장 수단이 아니다. 이상적으로는 중국 정책 입안자들이 아름다운 부채 축소를 신속하게 설계할 수 있는 능력과 용기를 모두 갖춰야 한다. 그러나 앞서 설명했듯이 이러한 부채 조정은 처음에는 매우 고통스럽다. 왜냐하면 부의 큰 변화를 일으키고, 제대로 균형을 맞추지 못하면 단순히 부채 부담을 옮기는 것으로 끝나거나, 장기적으로 중앙정부의 부채 부담을 악화시키거나, 자본 시장과 그를 통해 경제 전반에 큰 피해를 줄 정도로 통화 가치를 심각하게 하락시킬 수 있기 때문이다. 다음 장에서 다룰 일본의 사례는 중국 정책 입안자들(그리고 다른 정책 입안자, 투자자, 사업가들)에게 몇 가지 귀중한 교훈을 제공할 것이다.

보다시피 중국 경제가 원하는 만큼 성장하지 못하고 있는 상황에서도 부채가 계속해서 증가해 새로운 최고치에 도달하고 있다. 이는 최근 수십 년 동안 일본에서도 나타난 현상이다.

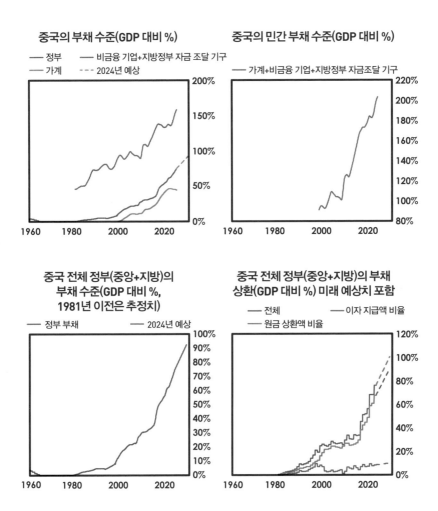

중국의 부채 수준(GDP 대비 %)

—— 정부　　—— 비금융 기업+지방정부 자금 조달 기구
—— 가계　　--- 2024년 예상

중국의 민간 부채 수준(GDP 대비 %)

—— 가계+비금융 기업+지방정부 자금조달 기구

중국 전체 정부(중앙+지방)의
부채 수준(GDP 대비 %,
1981년 이전은 추정치)

—— 정부 부채　　—— 2024년 예상

중국 전체 정부(중앙+지방)의 부채
상환(GDP 대비 %) 미래 예상치 포함

—— 전체　　—— 이자 지급액 비율
—— 원금 상환액 비율

다음 왼쪽 차트는 10년 만기 국채 수익률 수준을 1년 및 3년 평균 헤드라인 인플레이션 수치와 비교해 보여준다. 실제로는 상품 및 투자 자산의 디플레이션이 이 차트에 표시된 것보다 더 심각했다. 한편 오른쪽 차트에 표시된 것처럼 실질 국채 수익률은 약 0.5%이므로 a) 정상적인 환경에서는 상대적으로 매력적이지 않다. 반면에 b) 자산 가격이 하락하는 디플레이션 상황에서는 여전히 상대적으로 매력적이지만, c) 다른

국가, 특히 미국 달러 채권 시장의 금리에 비하면 매력적이지 않다.[47] 마지막 차트에서 보듯 명목 정부 채권 금리가 0에 가까워지고 있으므로 다른 '비전통적인' 재정 및 통화 정책이 사용될 가능성이 크다.

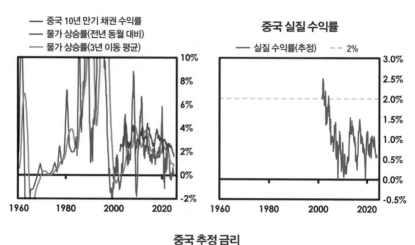

---

47 중국은 인플레이션 연동채권이 없기 때문에 명목 수익률과 시장의 10년 기대 인플레이션 추정치를 기반으로 실질 수익률 추정치를 표시했다.

다음 차트에서 볼 수 있듯이 2025년 2월 말 기준으로 수익률 곡선의 역전 현상이 나타났다. 이제 투자자들은 장기 투자를 꺼리고 단기적으로 안전한 현금 보유를 선호하게 되고, 정부의 통화 정책이 효과를 발휘하기 어려워진다. 1장에서 이미 내 생각을 전달했으므로 반복하지 않겠다. 또한 다양한 유동성 측정 지표(예: 사회 융자 총액, 통화 공급량, 금융 부문의 총대출)는 실질적인 경제 활동의 반등을 일으키지 않고 계속 증가하고 있으며, 이는 돈이 많이 풀려도 실제 경제 활동으로 이어지지 않는다는 또 다른 신호다.

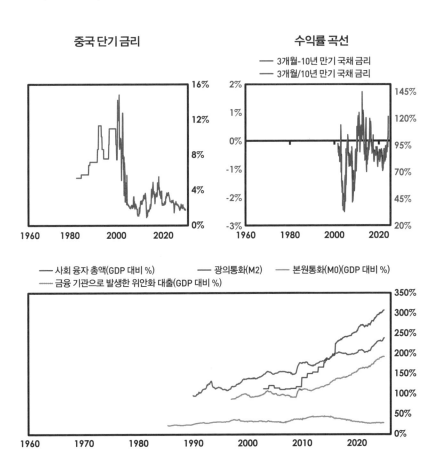

이전 차트들은 모두 중국의 부채 문제에 초점을 맞추었지만, 이 장을 마무리하면서 다음을 명확히 하고 싶다.

부채 문제는 중요한 문제이며, 중국 정책 결정자들이 이를 잘 처리하지 못할 경우 일본 경제가 그랬던 것처럼 중국 경제에 심각한 부담이 될 수 있다. 다시 말해 만약 중국 지도자들이 효과적인 부채 축소를 끌어내지 못한다면 이는 큰 문제가 될 수 있다. 하지만 다행히도 그들은 자신의 통화로 표시된 부채를 가지고 있고, 대부분의 채무자와 채권자가 자국민이라는 점에서 이를 효과적으로 처리할 수 있는 능력이 있다. 그러나 나는 부채 문제로 어려움을 겪는 부문 외에도 혁신적인 기술 개발이나 새로운 산업 분야에서 성장하는 부문들이 존재하며, 그것들이 앞으로 몇 년간 중국 내외에서 확실히 생존 가능하다는 점과 중국 자산이 현재 매우 저평가되어 있다는 점을 다시 한번 강조하고 싶다. 중국 정책 입안자들은 우리와 마찬가지로 일본의 사례와 그 교훈을 다룬 다음 장을 읽는 것이 도움이 될 것이다.

16장
일본의 사례와 교훈

이 장에서는 앞서 설명한 템플릿을 이용해 막대한 부채를 안고 있는 기축통화국인 일본이 부채 문제를 어떻게 처리했는지 보여준다. 이를 들여다보면 일본의 대규모 부채 사이클이 이 책에서 설명된 일반적인 원인과 결과의 관계에 따라 예상할 수 있는 방식으로 전개되었다는 것을 알 수 있다. 그러나 특히 흥미로운 점은 20년 이상 일본 정책 입안자들은 아름다운 부채 축소를 실행하기 위해 해야 할 일을 정반대로 했다는 것이다. 즉, 9년 동안 부채 구조조정을 하지 않았고, 23년 동안 이자율을 인플레이션율 및 명목 성장률 이하로 낮추지 않았다. 이 일본 사례 연구는 경제의 작동 방식에 관심 있는 사람들에게 매우 흥미로운 이야기를 제공하지만, 약간 기술적인 내용이 포함되어 있으니 원하지 않는 독자들은 10분만 투자해서 굵게 표시된 주요 내용만 읽기 바란다.

일본의 이야기는 중국의 이야기와 마찬가지로 1945년에 시작된 빅 사이클 이전의 빅 사이클까지 거슬러 올라가는 매우 흥미로운 이야기다. 일본의 역사를 빅 사이클이라는 맥락에서 정확하게 파악하기 위해 1945

년부터 시작된 새로운 세계 및 국내 질서를 요약하고 1945년 이전에 일어난 일들은 간략하게 살펴보겠다. 이렇게 하는 이유는 중국의 이야기와 마찬가지로, 1945년 이전 100년 동안의 빅 사이클을 간단하게라도 다루지 않으면 1945년 이후 일본의 이야기를 제대로 이해할 수 없기 때문이다.

1945년 이전

1945년 이전 약 100년 동안의 일본 역사를 간략하게 설명하겠다. 이를 알면 그 이후에 일어난 일을 이해하는 데 도움이 될 것이다. 고전적인 상승과 하락의 빅 사이클이 그 기간 동안 어떻게 반복되었고, 그 이후 1945년부터 현재까지 어떻게 이어져 왔는지 관찰하기 바란다.

간단히 말해서, 서양의 강대국이 일본에게 '거래'를 요구하고 위협하고 착취하기 전까지, 일본은 중국과 마찬가지로 나머지 세계와 고립되어 높은 문명을 이루고 만족하며 살고 있었다. 외세의 압력이 중국의 '백년국치'와 유사한 굴욕적인 시기를 일본에 안겨줬고, 이는 일본 내부 질서 붕괴를 초래해 당시 세계 질서에도 영향을 미쳤다.

1853년, 미국 해군 제독 매튜 페리와 그의 함대가 도착하면서 압력이 시작되었고, 이는 도쿠가와 막부 아래 250년간 지속되었던 일본 국내 질서의 몰락으로 이어졌다. 서양의 강대국이 일본보다 더 큰 힘을 가지고 있다는 것이 분명했으므로 그들의 군사적 우월성으로 인해 당시 일본에 존재했던 국내 질서와 통화 질서가 붕괴되었고, 이는 새로운 질서로 대체되었다. **일본인들은 외국에서 도입한 현대적인 접근 방식이 더**

낮다는 것을 깨닫고, 1868년에 서구 강대국의 접근 방식을 적극 모방한 새로운 형태의 정부를 수립했다.

새로운 국내 질서는 의회와 새로운 황제(메이지)를 가진 입헌 군주제였다. 이는 교육, 경제 및 군사 분야에서 서구 스타일을 도입해 일본의 근대화로 이어졌다(푸치니의 웅장한 오페라 〈나비 부인〉은 이 메이지 시대를 배경으로 한 작품이다). 이러한 개혁과 개방 정책 덕분에 일본은 강대국이 될 수 있었고, 중국의 덩샤오핑은 약 100년 후 이와 유사한 개혁과 개방 정책을 실행해 일본과 비슷한 결과를 얻었다. 새로운 질서 아래에서 일본은 청일전쟁(1894~1995)과 러일전쟁(1904~1905)에서 승리하면서 아시아의 두 경쟁국을 물리쳤고, 1910년에는 한국을 점령하고 병합했다. 제1차 세계대전 기간에는 영국과 동맹을 맺고, 독일이 유럽에서 전쟁을 치르는 틈을 이용해 아시아의 독일 영토와 일부 중국 영토를 탈취했다. 제1차 세계대전이 끝났을 때 일본은 승전국이었기 때문에 중국 내 독일 영토와 산둥성에 대한 공식적인 통제권을 받기도 했다.

1912년부터 1926년까지 일본의 국내 통치 질서는 의회 민주주의였다. 그러나 경제적인 어려움에 봉착하고, 부채/경제 위기와 민주주의 기능 상실이라는 전통적인 조합은 대중의 신뢰를 붕괴시켰다. 이는 경제 자원 및 영토 확보를 위한 민족주의, 군국주의, 확장주의로 특징되는 전형적인 극우 세력의 권력 장악으로 이어졌다. 1921년 일본의 총리가 젊은 민족주의자에게 암살당하는 사건이 발생했고, 1929년 주식 시장 붕괴 이후 민족주의적 군부가 권력을 장악했다. 그들은 권력을 공고히 하기 위해 새로운 정권은 반대파를 억압하고 좌파와 민주화 운동가들을 침묵시키기 위해 법을 이용했다(예: 1925년 '치안 유지법'). **대공황은 경제 상황을 더욱 악화시켰고, 1937년부터 1940년까지 모든 정당이**

해산되었으며, 군부가 정치 권력을 독점하고 국가를 통제하게 되었다. 다시 말해, 역사의 흐름에서 늘 나타나는 전형적인 각본대로 전개되었다.

새로운 민족주의적, 군국주의적 일본은 지정학적 이익을 확보하기 위해 중국의 만주 지역을 침탈했고(1931년), 더 많은 중국 영토를 점령했다(1937년). 이후 오늘날 미-중 갈등이 일어난 것과 유사하게 미국과 갈등을 빚었고, 이는 미국이 무역 제재를 가하는 결과를 낳았다. 미국, 영국, 네덜란드는 일본 자산을 동결하고 일본으로의 석유 수출을 차단함으로써 일본 경제와 안보에 타격을 주는 수출 제한 조치를 내렸다. 이러한 조치는 일본이 진주만에서 미국 해군 함대를 공격하는 결과를 낳았고, 이는 미국과의 전쟁으로 이어졌다. 그러나 미국은 평화와 전쟁 모두에 사용될 수 있는 강력한 기술인 원자력을 비밀리에 발명했고, 일본은 패배했다. 일본의 제2차 세계대전 패망으로 인해 일본 화폐와 부채 시스템은 파괴되었고, 1945년부터 1952년까지 미국의 지배를 받으며 재건 과정을 거쳤다.

다음 차트는 1870년까지의 총부채 대비 GDP 비율을 나타내는데 1945년 이전의 대규모 부채 사이클과 그 이후의 사이클을 모두 볼 수 있다. 차트에서 볼 수 있듯이 전쟁 전후의 1930~1945년 기간에 급격한 부채 증가가 있었고, 1970년까지는 부채 소멸로 낮은 수준이 유지되다가 1989~1990년의 부채 붕괴로 이어진 큰 부채 거품이 나타났다. 그리고 최근까지 부채 비율이 지속적으로 상승해왔다. 이것이 1870년 이후의 대규모 부채 사이클의 모습이다. 대규모 부채 사이클을 볼 때 늘 그렇듯, 단기 부채 사이클이나 경제 사이클은 잘 보이지 않는다.

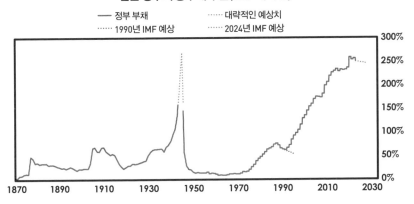

일본 정부의 총부채 수준(GDP 대비 %)

— 정부 부채 ⋯⋯ 대략적인 예상치
⋯⋯ 1990년 IMF 예상 ⋯⋯ 2024년 IMF 예상

1945년 이후

요약해서 말하면 1945년부터 1990년까지 일본은 세계에서 두 번째로 큰 경제 강국으로 성장했지만, 그 과정에서 엄청난 부채가 축적되어 1989~1990년에 거품이 터졌다. 그 결과, 일본에 엄청난 장기 침체가 발생했다. 이제 부채 거품 붕괴부터 현재까지의 과정을 살펴보겠다. 이 시기야말로 우리의 주된 관심 대상인 대규모 부채 사이클을 이해하는 데 가장 중요한 시기다. 이 대규모 부채 사이클을 연구하면 교훈을 얻을 수 있으며, 특히 현재의 미국, 중국 및 유럽 사례를 이해하는 데 매우 중요하다. 나는 빅 사이클의 부채 축소 부분에 초점을 맞추고 있으므로 1945~1990년은 다루지 않고 1990년 이후 기간에 초점을 맞출 것이다.

1990년 이후의 대규모 부채 사이클

1990년부터 2013년까지 일본 정부의 부채 문제 처리는 정확히 해서는 안 될 일을 보여주는 전형적인 사례였다. 일본은 거의 모든 부채가 자국 통화로 표시되었고, 다루기 어려운 채무자-채권자 관계의 대부분이 일본 당사자 간의 관계였으며, 일본이 세계의 순 채권국이었기 때문에 아름다운 부채 축소를 실행할 능력이 있었음에도 불구하고 오히려 정반대되는 행동을 했다. 더 구체적으로 말하자면, 정책 입안자들은 부채 구조조정을 하지 않아 부채가 은행 및 회사의 재무상태표에 남았고, 이들을 '좀비 기관zombie institutions'으로 만들었다. 그리고 경직된 고용 및 비용 정책을 고수해 효과적으로 비용을 절감하고 적응할 수 없도록 만들었으며, 명목 성장률과 인플레이션보다 높은 금리를 유지했다. 그러다 1995년에 디플레이션이 심화되고, 금리가 거의 0%에 가까워지자 일본 정부는 비로소 본격적으로 부채 화폐화 정책을 시행하기 시작했다. 거의 20년 동안 다양한 재정 및 자유시장 정책을 펴고 통화를 자극하기 위해 부채를 매입했지만 아름다운 부채 축소를 성공적으로 안착시키기에는 턱없이 부족했다. 결과적으로 2013년 중반까지 일본의 기업과 사람들은 이 부채 위기를 극복하기 위한 재정적 조건을 제대로 갖추지 못했기 때문에 지속적인 디플레이션과 경제 침체를 겪을 수밖에 없었다. 일본 정부는 1999년(부채 거품이 터진 후 9년 동안)까지도 부실 채권 문제를 처리하지 않다가 마침내 은행에 부채 구조조정을 명령하고 막대한 자본을 투입했으며, 2013년에는 부채를 화폐화하고 금리를 명목 성장률 및 인플레이션율보다 상당히 낮게 유지했다. 게다가 일본의 회복을 막는 고령화라는 복병이 출현했다(예를 들어 1990년에는 인구의 12%가 65세 이상이었고, 69%가 생산 가능 연령이었지만 현재는 인구의 29%가 65세 이상이고 생산 가능 연령은 59%에 불과하다).

2012년 말/2013년 초에 구로다 일본은행 총재와 아베 총리가 취임해 1) 통화 공급 증가, 2) 중앙정부 지출 확대, 3) 일본 경제의 경쟁력을 높이기 위한 경제 및 규제 개혁을 시행하는 '3개의 화살' 정책을 시행하면서 재정 및 통화 정책이 적절하게 대규모로 변경되었다. 이는 앞서 설명한 것처럼 디플레이션 및 불황의 영향을 무력화하는 전통적으로 최고의 정책이다. 결과적으로 2013년부터 2019년까지 디플레이션은 없었고, 낮은 수준의 플러스 성장(연간 0.9%)이 유지되면서 일본 경제가 장기 침체에서 벗어나 회복 단계에 접어들었다. 다만 오랜 기간 지속된 침체로 인해 국민의 심리적인 불안감과 불확실성은 여전히 남아 있었다. 23년간의 부채 불황으로 인한 심리적 잔재는 1990년 이전 여러 차례에 걸쳐 일본이 보여주었던 강점과 활력에 지속적으로 부정적인 영향을 미쳤다.

이 기간 동안 막대한 부채 화폐화 및 재정 적자 증대(평균적으로 적자 금액이 GDP의 5%)가 이뤄지고, 중앙은행은 엄청난 양의 엔화 표시 부채를 매입했다(일본은행은 현재 GDP의 90%가 넘는 정부 채권을 보유하고 있다). 이는 금리를 명목 성장률보다 평균 0.9% 낮추고 인플레이션율보다 평균 1% 낮췄으며 엔화를 평가절하했다. 이러한 정책들이 종합적으로 작용해 일본 경제에 강력한 경기 부양 효과를 가져왔다. 저금리와 엔화 평가절하는 일본 국채를 형편없는 부의 저장 수단으로 만들어, 미국 국채 대비 45%, 금 대비 60%의 손실을 기록했다. 이러한 여러 조치로 인해 일본 평균 금리는 미국 금리보다 약 2.2% 낮게 유지되었으며, 달러 대비 실질 기준으로 연평균 5.5%의 평가절하를 가져왔다. 더 구체적으로 말하면 일본 국채와 미국 국채의 45% 누적 수익률 차이는 거의 전적으로 엔화의 평가절하로부터 발생했다. 즉, 일본 채권의 낮은 이자 수익률은 채권 가격 상승으로 어느 정도 만회되었지만, 엔화 가치 하락으로 만회분을 모두 반납했다. 동시에 국내 디플레이션 압력으로 인해 일본의 물가 상승률은 연간 평균 1.1%에 불과했으며, 반면에 미국은 연간 2.7%였다. 내 투자 원칙은 다음과 같다. **● 막대한 양의 부채 화폐화가 진행될 때는 그 국가의 채권을 보유하지 않는다.**

당시 상황을 조금 더 자세히 살펴보자.

2013년 이후 엔화 기준으로 평균 근로자 임금은 연간 0.8%의 완만한 상승률을 보였지만, 다른 국가의 더 큰 폭의 임금 상승과 함께 엔화의 평가절하는 일본을 더욱 경쟁력 있게 만들었다. 예를 들어 2013년 이후 일본 근로자의 인건비는 미국 근로자 대비 총 58% 감소했고, 일본의 국내 상품 가격도 다른 나라에 비해 상대적으로 많이 하락했다. 이 두 가지 현상 모두 일본을 더욱 경쟁력 있게 만드는 데 도움이 되었다. 다음 차트에서 이러한 변화를 확인해보자.

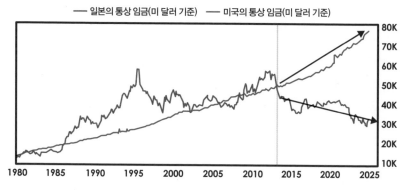

미국과 일본의 임금(미 달러 기준)

— 일본의 통상 임금(미 달러 기준)　　— 미국의 통상 임금(미 달러 기준)

임금 vs 환율(2013년 기준 지수화)

— 일본의 통상 임금(일본 엔화 기준)   — 일본 엔화 vs 미국 달러

낮은 금리는 부채 상환 비용을 크게 줄였다. 2013년 이후 일본의 이자 부채 상환 비용은 50% 이상 감소했으며(2001년 이후로는 65% 이상 감소), 이는 부채 상환을 훨씬 용이하게 만들었다.

그럼에도 불구하고 경제 규모 대비 일본의 부채는 거의 10% 증가했다. 일본은행은 국가 부채 증가로 인한 부정적인 영향을 줄이기 위해 정부 부채의 절반 이상을 매입하고, 그로 인해 발생하는 부채 상환 비용을 흡수했다. 이 과정에서 일본 중앙은행은 부채 화폐화를 진행했다. 일본은행이 인위적으로 낮춘 금리 또한 부채 경감에 기여했다(하지만 이러한 혜택의 대부분은 구로다 총재 취임 이전에 발생했는데, 단기 금리가 이미 0%에 도달했기 때문이다).

일본이 총 정부 부채 증가와 이자 지급액 감소를 관리한 방법

	2001	2013(양적 완화 이전)	현재	변동률 (%)	
정부 부채(GDP 대비 %)	99%	197%	215%	9%	부채가 약 10% 증가했지만…
중앙은행 보유분 제외	93%	178%	123%	-31%	일본은행은 국채를 매입해 중앙은행 보유분 제외 부채를 약 30% 감소시켰다.
정부 부채에 적용되는 평균 금리	2.3%	0.9%	0.6%	-40%	한편 평균 금리는 40% 하락했고…
중앙은행 보유분 제외 정부 이자 상환액(GDP 대비 %)	2.1%	1.7%	0.7%	-56%	정부가 공공에 지급하는 이자는 50% 이상 감소했다.

다음 차트에서 이런 경향을 확인할 수 있다. 다음 페이지 왼쪽 차트는 정부가 실제로 공공에 지급하는 이자 상환액의 상당한 감소를 보여주고, 나머지 차트들은 일본이 중앙은행의 매입과 이자 및 원금 지급액의 큰 감소를 통해 이자 상환액을 줄인 방법을 보여준다.

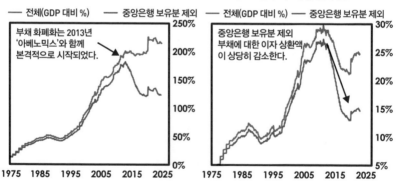

일본 정부 부채 수준 / 일본 정부 부채 상환 수준

공공 부채 상환 구성 요소(GDP 대비 %)

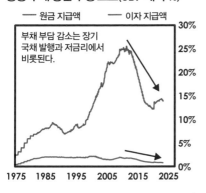

— 원금 지급액   — 이자 지급액

부채 부담 감소는 장기
국채 발행과 저금리에서
비롯된다.

30%
25%
20%
15%
10%
5%
0%

1975 1985 1995 2005 2015 2025

정부 부채 대비 부채 상환액 비율

정부가 저금리를 유지하고
원금 상환액을 줄이면
부채 대비 상환액의 비율이
줄어든다.

24%
22%
20%
18%
16%
14%
12%
10%

1975 1985 1995 2005 2015 2025

놀랍게도 이 기간 동안 발생한 막대한 부채 증가는 일본 중앙정부의 재정 상태 개선과 동시에 일어났다. 일본은행이 달러 준비금을 축적했고(주로 2001~2012년 기간에), 엔화 가치 하락으로 인해 달러로 측정된 일본의 부채가 그만큼 증가하지 않았기 때문에 순자산(정부 자산에서 정부 부채를 뺀 값)은 2013년 대비 달러 기준으로 20% 늘었다.

일본이 국가 부채가 급증하는 상황에서 재정 상태를 대폭 개선한 방법

	2001	2013(양적 완화 이전)	현재	변동률 (2001년 이후)	
총부채(GDP 대비 %)	99%	197%	215%	116%	총 정부 부채는 2배 이상 증가했지만…
중앙은행 보유분 제외 부채 (GDP 대비 %)	93%	178%	123%	33%	…공공이 보유한 부채 는 약 30%만 증가했다.
중앙은행 보유분 제외 부채 (일본 엔화, 조)	504	893	748	49%	엔화 기준으로 크게 증가했지만…
중앙은행 보유분 제외 부채 (미 달러, 십억)	4,322	9,734	4,650	8%	…달러 기준으로는 그 만큼 증가하지 않았다.
달러/엔화 환율	117	92	144	23%	
외환 보유고(미 달러, 십억)	358	1,371	1,408	293%	달러를 축적해 외환 보유액이 증가했고
자산(외환 보유고)-부채(채무)	-3,965	-8,363	-3,242	18%	
자산-부채(GDP 대비 %)	85%	-153%	-76%	9%	정부의 '순자산'이 증가했다.

과연 누가 승자고, 누가 패자였을까? 분명히 가장 손해를 많이 본 주체는 일본 중앙은행을 포함한 일본 채권 보유자들이었다. 일본 채권 보유자들은 실질 기준으로 총 6%의 손실을 입었고(실질 수익률이 전반적으로 마이너스였으므로), 미국 채권과 비교하면 45%의 손실, 금으로 대표되는 전통적인 경화와 비교하면 60%의 손실을 입었다. 다음은 일본 투자자가 일본 국채를 보유했을 때의 실질 수익률(현지 통화 기준)과 미국 채권 및 금 대비 성과를 보여주는 차트다.

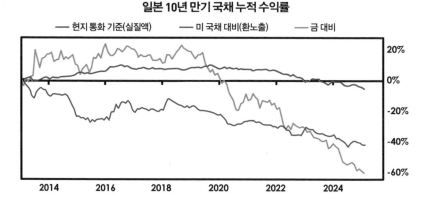

이 기간 동안 일본은행의 재무 상태도 크게 나빠졌다. 만약 일본의 실질 및 명목 채권 수익률이 합리적인 수준(예: 각각 2% 및 3%)으로 상승한다면, 이러한 손실은 매우 커질 것이다. 예를 들어 일본의 실질 금리가 3% 상승한다면(-0.3%에서 2.7%로),

- 일본은행이 보유한 채권의 시장 가치가 하락해 GDP의 약 30%에 해당하는 막대한 평가 손실을 입을 수 있으며, GDP의 약 -2.5%에 해당하는 심각한 현금 흐름 부족 상황에 직면할 수 있다.
- 이자 비용 증가로 인해 일본 정부의 향후 10년 동안 재정 적자가

GDP의 약 4%에서 약 8%로 확대될 수 있으며(중앙은행 손실을 충당하기 위한 지출은 제외), 정부 부채 수준은 20년 동안 220%에서 300%로 상승해 제2차 세계대전 이후 최고치를 넘어설 수 있다.

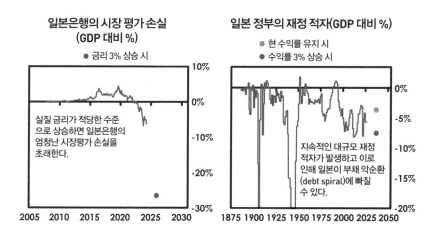

- **중앙은행과 중앙정부의 합계 현금 흐름 필요량은 연간 GDP의 5~6% 수준의 엄청난 액수다.** 이 금액을 조달하기 위해서는 채권 발행, 통화 발행, 그리고/또는 재정 적자 감축 같은 방법이 필요할 것이다. 만약 중앙은행이 통화를 발행해서 자금을 조달한다면, 이는 통화량 확장의 관점에서 양적 완화와 동일한 효과를 낼 것이다. 단, 민간 부문의 매도를 상쇄하기 위해 필요한 추가적인 통화 발행은 포함되지 않은 계산이다.
- **이 문제를 해결하려면 훨씬 더 큰 규모의 부채 상각과 통화 평가 절하가 필요하다.** 그 과정에서 일본 국민은 (일본이 새로운 사이클을 시작할 수 있을 만큼 경쟁력을 갖추게 될 때까지는) 상대적으로 더 가난해질 것이다.

주요 비교역재(국내 임금, 국내 서비스, 국내 주택)는 엔화 기준으로 2000년 이후 사실상 가격 상승이 없었지만, 글로벌 통화 기준으로는 상당히 하락했다. 임대료 부담 능력(임금 대비 임대료)은 엔화의 평가절하로 인해 교역재와 원자재 가격이 크게 상승했음에도 불구하고 거의 변동이 없었다. 현재 일본 노동자들은 그 어느 때보다 경쟁력이 높다.

하지만 일본은 달러 기준 소득이 급격히 감소해 수입품 구매 비용이 크게 증가했다. 가장 객관적인 방법(1인당 달러 GDP)으로 비교했을 때 일본의 개인은 예전에 미국의 개인보다 부유했지만 지금은 약 60% 더 가난하다. 해외여행을 하는 모든 일본인은 이를 분명히 느낄 것이다.

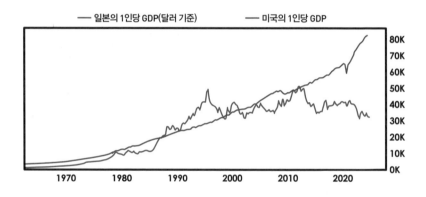

다른 관점에서 누가 승자이고 패자인지를 보기 위해서는 일본의 물가를 품목별로 세분화해 어떻게 변했는지 살펴보는 것이 유용하다. 이를 통해 일본이 어떤 형태로 벌고, 쓰고, 저축하는지 알 수 있기 때문이다. 다음 표에서 여러 세부 정보를 얻을 수 있을 것이다. 하지만 우선 요약하면 다음과 같다.

- 2000년 이후 엔화는 30% 하락했다. 당신이 엔화로 자산을 보유하

고 있지만 그 자산에 대한 이자 수익을 미국 달러를 기준으로 받는다면 달러로 자산을 보유할 때와 비교해 84% 손실을 봤을 것이다.

- 환헤지 없이 일본 채권에 투자했을 때의 수익률은 미국 채권에 투자했을 때보다 약간 좋았지만, (엔화의 평가절하로 인해) 여전히 약 70%의 손실을 입었다. 일본 주식에 투자했을 때도 미국 주식보다 수익률이 약간 좋았지만 실제로는 약 67%의 손실을 입었다.

• 한편, 일본의 물가(총 CPI)는 10% 상승했다. 이는 90% 상승한 미국보다 훨씬 작다.

• 이 기간 동안 모든 불환 화폐는 상품 대비 가치가 하락했으며 달러는 지난 25년 동안 약 50% 절하되었다.

• **미국과 일본의 총 평균 물가 상승률은 주요 범주에서는 비슷하지만 각 항목별 가격 변동은 매우 다르다. 일본에서는 비교역재(특히 주택과 임금)는 하락한 반면, 교역재(예: 전자제품, 장난감, 석유 등 해외에서 구매할 수 있는 상품)의 가격은 급등했다. 어떤 상품은 엔화 기준으로 3배 이상 상승하기도 했다.**

- 비교역재는 가격이 거의 변동이 없는 반면, 교역재는 2~10배 상승했다(평균 3배 상승).

	일본 엔화			미국 달러		
	2000년 기준 가격	현재 기준 가격	외환 구매력의 변화율(%)	2000년 기준 가격	현재 기준 가격	외환 구매력의 변화율(%)
달러 대비 환율	107	156	-31%	-	-	-
총 CPI	1	1.11	-10%	1	1.95	-49%
비교역재						
주택	1	0.98	2%	1	2.14	-53%
서비스	1	1.07	-6%	1	2.08	-52%
교역재						
상품(CPI 포함)						
식/음료	1	1.32	-24%	1	1.84	-46%
가정용 내장재	1	0.86	16%	1	1.16	-14%
의류/신발	1	1.14	-12%	1	1.04	-4%
실물 상품						
대두	52,318	174,594	-70%	488	1,122	-57%
밀가루	27,650	85,725	-68%	258	551	-53%
석유	2,933	12,637	-77%	27	81	-66%
천연가스	288	328	-12%	3	2	28%
석탄	2,254	20,961	-89%	21	135	-84%
알루미늄	184,000	353,235	-48%	1,715	2,270	-24%
구리	194,410	1,395,822	-86%	1,812	8,970	-80%
돼지고기	6,375	13,971	-54%	59	90	-34%
생우	7,390	30,137	-75%	69	194	-64%
금	30,436	377,104	-92%	284	2,423	-88%
은	568	4,561	-88%	5	29	-82%
상품 평균	1	3.2	-69%	1	2.23	-55%

엔화를 은행에 예치하고 만료 시 달러로 환전할 경우 수익률: -29%
차입한 미 달러로 자금을 조달해 엔화를 예치하고 만료 시 달러로 환전할 경우 수익률: -84%

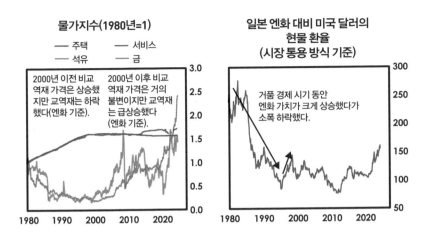

- 현재 상황은 거품 경제 직전(1980~1990년)의 상황과 대체로 반대
다. 당시에는 과열된 성장과 강력한 자본 유입으로 인해 비교역
재의 상당한 가격 상승(+40%)과 엔화 강세(+70%)가 동시에 나타났
다. 일본 경제의 이러한 흐름은 일본의 빅 사이클의 변화를 반영
한다.

다음 차트는 일본 근로자의 상황을 보여준다. 지난 25년 동안 일반 근
로자의 임금은 엔화 기준 상대적으로 변동이 거의 없었으며, 월 40만 엔
에 약간 못 미치는 수준이었지만 달러 및 세계 통화 기준으로는 크게 하
락했다. 다시 말해 평균적인 일본 근로자는 예전에 월 3,500달러에 해당
하는 금액을 벌었지만, 지금은 약 2,500달러를 벌고 있다. 금을 기준으
로 보면 예전에는 월 13온스의 금에 해당하는 금액을 벌었지만 지금은
1온스를 벌고 있다.

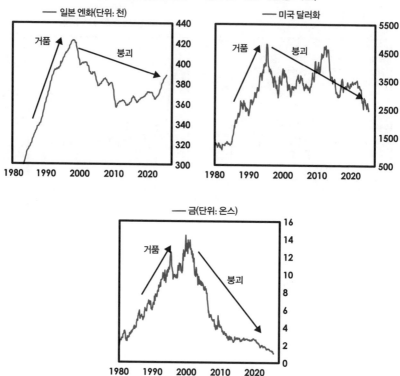

직원 1인당 월별 현금 소득(30인 이상 사업장 기준)

— 일본 엔화(단위: 천)

거품 붕괴

— 미국 달러화

거품 붕괴

— 금(단위: 온스)

거품 붕괴

일본인들에게 중요한 질문은 물건을 구매하기 위해 얼마나 많은 노동을 투입해야 하는가인데, 비교역 필수품들이 감당 가능한 수준을 유지했다는 사실이 중요했다. 아마도 가장 순수한 비교역 재화인 일반적인 아파트의 임대료는 노동 시간 기준으로 상당 기간 거의 변동 없이 0.6개월의 노동으로 유지 가능했다(달러로 환산하면 훨씬 적은 금액이다).

일반 아파트 월 임대료(65㎡ 기준)

주거 비용의
완만한 하락

아파트 구매력
거의 불변

출처: ARES JP

원자재와 국내 노동력이 많이 투입된 품목의 실제 가격을 살펴보면 그 영향을 알 수 있다. 차량 구입 비용에 대한 데이터는 변동이 심하기는 하지만 국내산 자동차는 과거에는 8개월 치 노동으로 살 수 있었다. 하지만 현재는 9개월 치의 노동이 필요하다. 편의점 도시락은 과거에는 10분 노동으로 살 수 있었지만, 현재는 16분의 노동이 필요하다(60% 이상 증가). 테마파크 입장료는 과거에는 하루 노동의 3분의 1이었지만, 현재는 2분의 1이다.

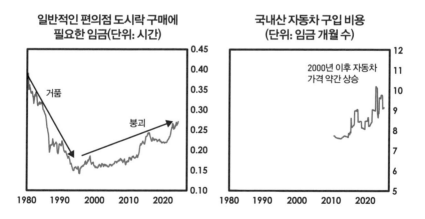

일반적인 편의점 도시락 구매에 필요한 임금(단위: 시간)

거품

붕괴

국내산 자동차 구입 비용 (단위: 임금 개월 수)

2000년 이후 자동차 가격 약간 상승

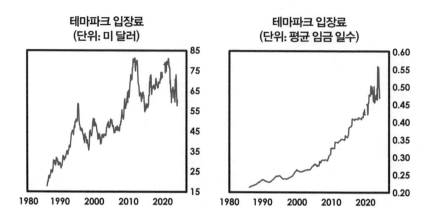

테마파크 입장료
(단위: 미 달러)

테마파크 입장료
(단위: 평균 임금 일수)

이 차트는 과거에 발생했고 미래에도 계속 발생할 극적인 변화를 보여준다. 이런 변화는 내가 앞에서 설명한 대로 자국 통화로 표시된 많은 부채를 가지고 있으며 기축통화를 보유한 국가에서 발생하는 빅 사이클의 전개 과정을 보여준다.

놀랍게도 이 기간 동안 일본이 이 지역에서 미국의 가장 중요한 동맹국으로서 (원하지는 않지만) 중국과의 전쟁에 대비하고 있음에도 불구하고 실제로 큰 내부 또는 외부 갈등은 없었다.

일본은 어떻게 이 지경에 이르렀을까?

나는 일본에서 승자와 패자가 나뉘는 상황을 초래한 5가지 역학을 강조하고 싶다. 다음은 실제 발생한 상황이다.

1. 정부의 적자 지출은 민간 부문에 현금을 쏟아부어 민간 부문의 부채 축소를 돕는다.

2. 중앙은행은 장기 금리를 낮게 유지하고 부채 상환 부담을 낮추며 수요를 촉진하기 위해 부채를 화폐화한다. 중앙은행 보유분을 뺀 정부의 부채 부담(GDP 대비 %)이 감소하기 시작한다.

3. 결과적으로 통화 가치 하락은 환노출한 국내 채권을 보유한 외국 투자자와 해외에 투자하지 않은 국내 투자자에게는 일종의 세금으로 작용하는 반면, 자국 통화로 표시된 정부 부채는 외환이나 금으로 환산했을 때 가치가 하락해 정부의 부채 부담을 줄여준다.

4. 국내 저축자들도 비슷한 방식으로 과세되지만, 해외 구매력은 감소하더라도 국내에서는 구매력 감소가 크지 않기 때문에 피해 정도는 덜하다.

5. 자산과 생산 요소가 저렴해짐에 따라 국가는 더욱 경쟁력을 갖게 된다.

더 구체적으로는 다음과 같은 일이 발생했다.

역학1: 공공 부문의 적자 지출은 민간 부문에 현금을 쏟아부어 민간 부문의 부채 축소를 돕는다.

다음 차트는 민간 부문의 부채 축소 기간인 1990년부터 2020년까지 공공 부채가 증가하는 역학관계를 보여준다. 이렇게 정부가 부채를 활용해 경기를 부양한 결과, 일본은 주요 국가 중 가장 높은 정부 부채 수준을 갖게 되었다. 역사적으로 다른 정부들도 부채 부담을 처리하는 데 어려움을 겪었던 많은 사례가 있지만, 일본은 역학2 덕분에 이를 효과적으로 관리할 수 있었다.

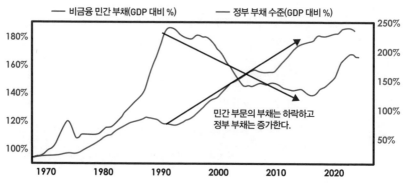

일본

— 비금융 민간 부채(GDP 대비 %)   — 정부 부채 수준(GDP 대비 %)

민간 부문의 부채는 하락하고
정부 부채는 증가한다.

역학2 : 중앙은행은 장기 금리를 낮게 유지하고, 부채 상환액을 줄이며, 수요를 촉진하기 위해 부채를 화폐화한다. 중앙은행 보유분을 제외한 정부의 부채 부담은 GDP 대비 비율 기준으로 감소하기 시작한다.

다음 표는 부채가 거의 30% 증가한 기간 동안 일본의 엔화 기준 부채 상환액(이자 및 원금 상환)이 실제로 약 7% 감소한 상황을 보여준다. 그중 절반은 낮은 금리(두 번째 차트에 표시)와 장기 부채 발행 때문이었고, 나머지 절반은 일본은행의 부채 매입 때문이었다.

2013년 이후 일본 정부의 GDP 대비 공공 부채 상환액

항목	기여도	2013년 수준	2023년 수준
GDP 대비 부채 상환액 비율의 변화량	-11%	26%	15%
엔화 기준 부채 상환액의 변화량	-7%	128조	85조
중앙은행 보유분 제외 정부 부채의 변화량	-3%	898조	748조
정부 총부채의 변화량	6%	997조	1270조
중앙은행 보유분 변화량	-9%	99조	522조
정부 부채 대비 부채 상환액 비율의 변화량	-4%	14%	11%
평균 금리 변화량	-1%	0.9%	0.6%
원금 상환액 변화량	-4%	13%	11%
GDP 변화량(단위: 엔)	-4%	497조	583조
물가 수준의 변화량	-2%	-	-
실질 GDP 변화량	-2%	-	-

저금리와 장기 채권으로
빚을 갚는 데 드는 비용을
줄일 수 있었다.

중앙은행이 보유 자산을 늘려
정부가 추가로 발행한 부채의
영향을 줄였다.

부채 화폐화 VS 실질 수익률

— 일본은행 국채 보유액(GDP 대비 %)
— 10년 만기 채권 실질 수익률

역학3: 그 결과, 발생하는 통화 가치 하락은 환노출된 국내 채권을 보유한 외국인 투자자들에게 일종의 세금으로 작용하며, 외국 통화나 금으로 환산했을 때 정부 부채의 부담을 줄여준다.

일본은행의 조치는 다음 차트에 나타난 바와 같이 엔화 가치 하락에 상당한 기여를 했다.

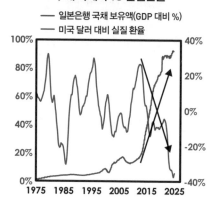

부채 화폐화 VS 실질환율

이는 엔화로 표시된 자산을 보유한 사람들이 보유 자산의 상당한 가치 하락을 겪었다는 것을 의미한다. 다음 차트들은 엔화 채권과 달러 채권의 수익률, 그리고 엔화와 미국 달러 통화의 수익률을 비교한다. 두 경우 모두 엔화 보유 자산은 가치의 절반 이상을 잃었다. 이는 거의 채무 불이행에 준하는 수준이다.

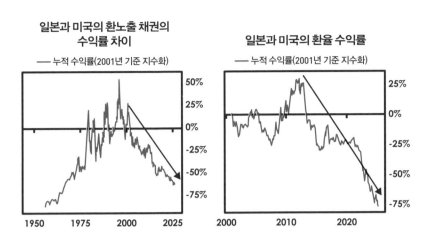

일본과 미국의 환노출 채권의
수익률 차이

—— 누적 수익률(2001년 기준 지수화)

일본과 미국의 환율 수익률

—— 누적 수익률(2001년 기준 지수화)

이는 또한 다른 통화로 측정된 일본 정부 부채의 레버리지 감소로 이 어졌다. 달러로 측정했을 때, 부채 상환액은 2001년 이후 정부 차입이 급증했음에도 불구하고 달러로 환산한 부채 상환액은 오히려 감소했고, 금으로 측정했을 때 부채 수준은 약 80% 감소했다.

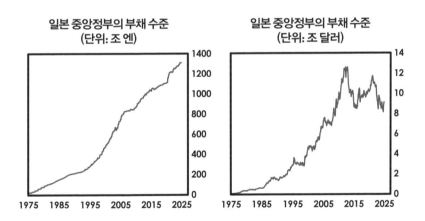

일본 중앙정부의 부채 수준
(단위: 조 엔)

일본 중앙정부의 부채 수준
(단위: 조 달러)

미국 달러 및 금으로 측정된 일본 공공 보유 부채 변화

항목	2001년 이후 변화율	2001년 수준	2023년 수준
미국 달러 기준 총부채 변화량	30%	4.3조	5.6조
그중 엔화 기준 부채 변화량	48%	504조	748조
그중 미국 달러 대비 현물 환율 변화량	-12%	117	133
미국 달러 기준 부채 상환액의 변화량	-16%	0.8조	0.6조
그중 엔화 기준 부채 상환액 변화량	-4%	88조	85조
그중 미국 달러 대비 현물 환율 변화량	-12%	117	133
금 기준 총부채 변화량	-82%	16억	3억
그중 엔화 기준 부채 변화량	48%	504조	748조
그중 미국 달러 대비 현물 환율 변화량	-88%	3.1만	2.62만

외국 통화 및 금으로 환산한
부채와 부채 상환액 감소

각 범주의 하위 구성 요소들은
서로 곱의 관계, 즉 그 결과가
기하급수적인 방식으로 합산된다.

역학4: 국내 저축자들도 마찬가지로 과세되지만, 해외 구매력은 감소하더라도 국내에서는 그만큼 나쁘지 않기 때문에 그 정도가 덜하다.

이를 두 가지 관점에서 살펴보자.

- 환헤지 없이 일본 국채 보유자들은 달러 기준으로는 성과가 상당히 안 좋았지만, 환율 변동의 영향을 받지 않았으므로 괜찮은 성과를 보였다.

일본 10년 누적 실질 수익률

— 2001년 기준 지수화

25%
0%
엔화로 환헤지된 채권의
수익률은 2001년 이후로 -25%
는 괜찮았지만, 코로나19
팬데믹 이후의 인플레이 -50%
션 시기부터는 눈에 띄게
악화되었다. -75%

1980   2000   2020

일본 10년 누적 실질 수익률(미 달러 기준)

50%
25%
0%
그러나 미국 달러 -25%
기준으로는 채권 수익률
이 특히 2013년 이후 -50%
안 좋았다.
-75%

1980   2000   2020

- 일본 가계는 해당 기간 동안 완만한 인플레이션을 경험했다(앞에
  서 자세히 논의했다). 하지만 일본 경제가 전반적으로 침체되어 있
  었기 때문에 통화 가치 하락으로 인한 인플레이션은 발생하지 않
  았다.

일본 물가(2001년 기준 지수화)

— CPI — 수입 가격 — 서비스 CPI

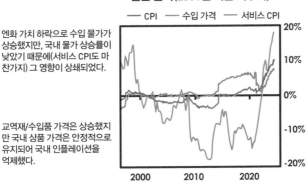

엔화 가치 하락으로 수입 물가가
상승했지만, 국내 물가 상승률이
낮았기 때문에(서비스 CPI도 마
찬가지) 그 영향이 상쇄되었다.

교역재/수입품 가격은 상승했지
만 국내 상품 가격은 안정적으로
유지되어 국내 인플레이션을
억제했다.

20%
10%
0%
-10%
-20%

2000   2010   2020

**역학5 : 자산과 생산 요소의 가격이 저렴해지면서 국가의 경쟁력이
높아진다.**

다음 차트에서 일본의 거의 모든 것이 얼마나 저렴해졌는지, 그리고 그것이 어떻게 외국인 직접 투자FDI를 끌어들였는지 볼 수 있을 것이다.

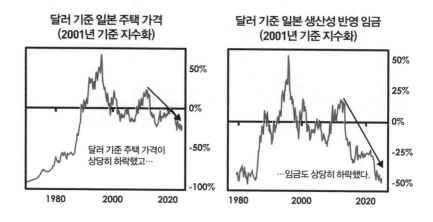

달러 기준 일본 주택 가격 (2001년 기준 지수화)

달러 기준 주택 가격이 상당히 하락했고…

달러 기준 일본 생산성 반영 임금 (2001년 기준 지수화)

…임금도 상당히 하락했다.

일본의 FDI 유입 규모(GDP 대비 %)

금액 자체는 적지만 2013년 이후 일본의 경쟁력 상승에 따라 FDI가 늘고 있다.

자산 가치평가 또한 이러한 추세를 잘 반영한다. 일본은 (완벽하지는 않지만 주가수익비율P/E 등과 같은 기준으로 측정했을 때) 과대평가된 시장 중 하나에서 미국에 비해 저렴한 시장으로 바뀌었다.

선행 주가수익비율

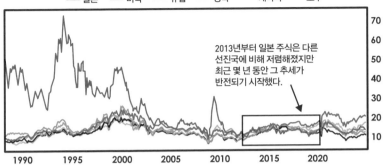

2013년부터 일본 주식은 다른 선진국에 비해 저렴해졌지만 최근 몇 년 동안 그 추세가 반전되기 시작했다.

선행 주가 수익 비율(보다 최근 추이)

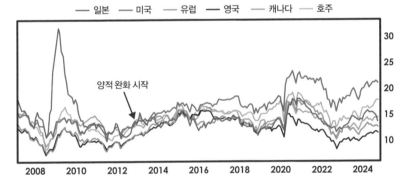

양적 완화 시작

부록:
몇 가지 차트로 보는 일본의 대규모 부채 사이클

중국 편과 마찬가지로 우리는 이 장을 더 넓은 시야를 갖게 해주는 차트들로 마무리할 것이다. 이는 수십 년에 걸쳐 진행되는 빅 사이클을 이해하는 데 도움이 될 것이다.

첫 번째 차트는 1900년까지 거슬러 올라가는 정부의 부채 대비 GDP 비율을 이용해 일본의 대규모 부채 사이클을 보여준다. 여기서 두 개의 빅 사이클을 볼 수 있는데, 우리는 두 번째 사이클에 초점을 맞출 것이다.

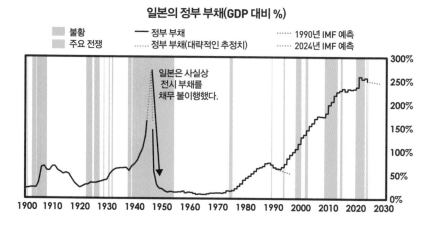

다음 차트는 정부가 거둬들인 수입 대비 중앙정부 부채 상환액의 비율을 보여준다. 이 차트에서 150%를 초과했을 때 발생했던 부채 위기를 볼 수 있다. 그리고 최근 몇 년 동안 그 수치는 150%에 근접하긴 했지만, 그 이하로 유지되는 모습을 볼 수 있다.

일본의 정부 부채 상환 추정치(수입 대비 %)

── 총부채액   ── 부채액 중 원금   ── 부채액 중 이자
--- 1990년 시점 예측   --- 2024년 시점 예측

이제 1950년대 이후 일본의 경제 상황을 들여다볼 것이다. 이 차트들을 통해 지난 20여 년간 명목 금리는 0% 아래였고, 실질 금리는 약간 마이너스였으며,[48] 막대한 양의 통화 발행이 이뤄졌다. 그리고 수익률 곡선은 아주 약간 우상향하는 등 다양한 통화 정책에도 불구하고 경기 부양 효과는 미미했다는 것을 알 수 있다. 기업 스프레드도 낮게 유지되었다(참고로 이 글을 쓰는 시점에서 Baa 등급 기업의 경우, 미국은 약 1%, 일본은 0.6%다). 이 모든 경제 지표는 특히 지난 10년 동안 일본 정부가 펼친 매우 경기 부양적인 통화 정책의 특징이다. 이러한 경기 부양 정책에도 불구하고 물가 상승률은 정책 입안자들이 일반적으로 원하는 수준보다 훨씬 낮게 유지되어 디플레이션 상태를 오락가락했다.

---

48 여기서 실질 수익률은 2004년 일본 물가연동채권 시장이 개설된 이후의 수치다. 그 이전은 명목 수익률과 시장의 10년 인플레이션 기대 추정치를 기반으로 한 추정값을 이용했다.

일본 국채 실질 수익률

일본의 10년 만기 채권 수익률
물가 상승률(3년 이동평균)

실질 수익률 --- 추정 실질 수익률 --- 2%

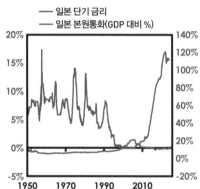

일본의 금리(추정 및 실제)

명목 금리 　　　기대 인플레이션
실질 수익률 　　　2%

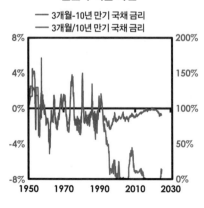

일본 단기 금리
일본 본원통화(GDP 대비 %)

일본 수익률 곡선

3개월-10년 만기 국채 금리
3개월/10년 만기 국채 금리

일본 Baa 등급 회사채 스프레드

고도의 경기 부양 정책은 위험을 수반한다. 지금까지 일본은행은 수익성을 유지해왔다. (찍어낸 돈으로) 매입한 채권은 큰 매도세를 보이지 않았고 초과 지급준비금에 대해 지불해야 하는 이자도 (낮은 단기 금리 때문에) 상당히 낮게 유지되었다. 그러나 금리가 상승하면 일본은행은 단기간에 상당한 손실을 입을 것이다. 이런 일은 최근 연방준비제도에서 발생했는데 그 손실 규모는 GDP의 최대 0.5% 정도로 적당해서 관리 가능한 수준이었다. 그러나 일본은행의 본원통화는 연준의 약 5배에 달하기 때문에 손실은 훨씬 더 클 수 있다.

**일본 중앙은행 예상 수익
(GDP 대비 %)**

---

49 물가연동채권 시장이 존재하지 않아 직접적으로 관찰할 수 없었던 기간에 대해서는 설문조사 기반의 인플레이션 기대치와 최근 인플레이션율을 사용해 실질 수익률과 손익분기 인플레이션율을 추정했다.

50 위와 동일

참고:
많은 부분을 다루지 못한 점에 대해

1945년 이후의 기간을 다룬 이 부분이 많은 내용을 다룬 것처럼 보일 수 있지만, 사실 다루지 않은 부분이 다룬 부분보다 훨씬 더 크다. 미국과 중국, 일본에서 발생한 일을 간략하게 살펴보았지만 다른 선진국(예: 유럽 강대국)과 중동 국가에서 일어난 일은 거의 다루지 못했다. 그리고 소위 글로벌 사우스(아시아, 아프리카, 라틴 아메리카, 오세아니아의 여러 국가를 포함하는)라고도 알려진 대부분의 신흥 개발국은 거의 언급하지 않았다. 이들 국가 모두 그들만의 빅 사이클을 겪었고, 겪고 있다. 다행인 것은 이제 인공지능을 통해 이 모든 것을 이해하기 시작했다는 점이다. 내 디지털 자아가 나를 훨씬 뛰어넘어 이러한 모든 빅 사이클을 이해하고 독자들과 소통할 수 있을 것이라고 생각한다(참고로, 내 디지털 자아와 소통하는 데 관심이 있다면, 내 SNS를 팔로우하거나 principles.com에 가입해서 최신 정보를 받아 보기 바란다).

내가 언급하지 못한 많은 국가 중에서 인도, 아세안 국가(싱가포르, 인도네시아, 베트남 등), UAE, 사우디아라비아와 같이 강력한 펀더멘털을 가진 성장하는 국가들(18개의 지표로 구성된 내 국력 측정기에 반영되어 있다)을 잠시 살펴보는 것이 가치가 있을 것이다. 이들은 강대국 간의 갈등에 중립적인 입장을 취함으로써 이익을 얻을 수 있었다. 이들 국가 중 다수는 국민의 역량, 거버넌스 시스템, 자본 시장의 발전으로 인해 이전에는 불가능했던 경쟁력을 갖추게 되면서 경제 발전의 도약점에 도달했다. 또한, 미국과 중국 간의 갈등은 미국과 중국을 기피하게 만들고 있으며, 이는 자본과 기업, 재능 있는 개인들이 이곳으로 이동하는 원인이 되고 있다. 이들을 더 자세히 살펴보고 싶다면, 상위 24개 국가의 현황과 전망을 요약한 국가 역량 지수를 참고하기 바란다. economicprinciples.org에서 무료로 다운로드 가능하다.

4부

앞으로의
전망

3부까지는 역사 연구를 바탕으로 대규모 부채 사이클의 윤곽을 제시하고, 개념과 수치 그리고 역사적 사례를 통해 그 작동 방식을 설명했다. 마지막 4부에서는 현재의 상황에 템플릿을 적용해 중앙정부와 중앙은행의 재정 건전성 및 위험을 측정하고(17장), 현재의 부채 전망과 예상되는 문제를 고려해 미국에게 추천하고 싶은 해결책을 다룬다(18장). 그리고 마무리로 전반적인 빅 사이클을 구성하는 모든 중요한 힘의 현재 및 미래 전망을 기반으로 앞서 설명한 경제 시스템의 작동 원리를 사용해 미래를 예측할 것이다(19장).

17장
내 지표들의 의미

위험을 평가할 때 나는 여러 요인을 고려한다. 그 요인 대부분은 이미 앞에서 설명했고 가장 중요한 부분은 다음 표에 나와 있다. 이 표는 2025년 3월에 이 글을 쓰는 시점에서 주요 국가들의 지표를 보여준다. 이 지표들이 전부는 아니어서 전체 그림을 전달하기에는 부족하지만, 감을 잡는 데는 충분할 것이다. 이 표를 중앙정부와 중앙은행의 장기 부채 위험을 평가하기 위해 대략적인 현재 상태를 보여주는 계기판이라고 생각하면 좋을 것이다. 이 표에는 기존 부채 및 예상 부채와 부채 상환 수준의 위험을 보여주는 지표 외에도, 국가가 기축통화를 가지고 있는지 여부도 보여준다. 왜냐하면 기축통화를 갖는다는 것, 즉 자국의 통화가 전 세계적으로 교환의 매개체와 부의 저장 수단으로 널리 인정받는다는 것은 특히 현재 미국처럼 투자하기 좋은 국가인 경우 엄청난 위험 완화 요소이기 때문이다.

이 표의 지표를 보면 어떤 국가의 부채 위험이 어느 정도인지 알 수 있다. 미국은 매우 큰 중앙정부 부채(심각한 위험 요인)와 낮은 유동성 저축/준비금(부채로부터의 거의 보호받지 못한다는 의미)을 가지고 있지만 통화는 전 세계적으로 널리 사용되는 기축통화(위험을 크게 완화하는 요소)라는 것을 알 수 있다. 그러나 오늘날 미국은 여러 가지 행동으로 인해 이 지위가 약화되고 있다(이 이야기를 하면 주제와 너무 벗어나므로 언급하지 않겠다). 이 모든 것으로 판단해볼 때 미국의 재정 안정성은 기존 기축통화 지위를 유지하는 데 달려 있음을 알 수 있다. 한편 이 표에서 일본 중앙정부는 자국 통화로 표시되는(위험 완화 요인) 매우 큰 부채(심각한 위험 요인)와 비교적 큰 외환 보유고(위험 감소 요인)를 가지고 있다는 것을 알 수 있다. 중국은 비교적 큰 부채(위험 요인)를 가지고 있고, 부채는 자국 통화로 표시되어 있으며(위험 완화 요인), 비교적 큰 외환 보유고(위험 완화 요인)를 가지고 있다. 하지만 통화는 전 세계적으로 부의 저장 수단으로 널리 인정받지 못하며(따라서 별로 보호받지 못함), 외국인 투자자의 중국 자본 시장에 대한 매력도와 활용도는 꽤 컸지만, 지금은 빠르게 감소하고 있다(더 많은 자본 유입으로부터 얻을 수 있는 보호 감소). 또한 싱가포르, 노르웨이, 사우디아라비아는 부채보다 유동 자산이 훨씬 많은 양호한 손익계산서와 재무상태표를 가지고 있다는 것을 알 수 있으며, 표에 제시된 다른 국가들에 대해서도 비슷한 방식으로 재정 상태를 파악할 수 있다.

중앙정부 및 중앙은행 장기 부채 위험 평가: 정부 부채

	일본	미국	브라질	영국	캐나다	남아프리카 공화국	튀르키예	유럽연합	중국	인도	멕시코	한국	호주	스웨덴	스위스	노르웨이	러시아	사우디 아라비아	싱가포르
정부 자산 대 정부 부채 (국가GDP 대비 %)	-183%	-96%	-70%	-87%	-45%	-59%	-22%	-76%	-63%	-40%	-27%	-15%	-21%	-22%	84%	383%	19%	94%	108%
정부 부채 (국가GDP 대비 %)	215%	99%	81%	92%	50%	73%	26%	85%	90%	56%	40%	49%	35%	32%	15%	14%	14%	26%	177%
향후 10년간 정부 부채 전망(국가GDP 대비 %)	214%	122%	114%	101%	53%	79%	15%	87%	112%	67%	36%	40%	40%	26%	12%	0%	15%	47%	158%
정부 부채 중 중앙은행 보유분	92%	13%	21%	23%	9%	1%	0%	30%	1%	4%	0%	1%	11%	7%	0%	0%	-	0%	2%
정부 부채 중 국내 투자자 보유분	96%	57%	52%	45%	16%	51%	16%	41%	87%	48%	28%	38%	8%	18%	11%	6%	-	16%	-
정부 부채 중 해외 투자자 보유분	27%	29%	8%	24%	25%	22%	9%	14%	2%	3%	12%	10%	15%	7%	3%	8%	-	11%	-
경화 보유 비율이 높은가?	NO	NO	NO	NO	NO	YES	YES	NO	NO	NO	YES	NO	NO	NO	NO	NO	YES	YES	NO
이자 지급 비용/정부수입 대비 (%)	8%	22%	38%	8%	7%	18%	15%	8%	3%	42%	16%	5%	3%	2%	2%	0%	4%	-	-

중국을 제외하고 정부 부채는 중앙정부만을 기준으로 계산했다. 중국의 경우 일반 정부 부채에 지방정부의 자금 조달 기구 부채를 더한 값을 사용했다.

중앙정부 및 중앙은행 장기 부채 위험 평가

		일본	미국	브라질	영국	캐나다	남아프리카공화국	투르키예	유럽연합	중국	인도	멕시코	한국	호주	스웨덴	스위스	노르웨이	러시아	사우디아라비아	싱가포르
유동자산 보유고	외환 보유고 (국가 GDP 대비 %)	32%	3%	11%	5%	5%	14%	4%	9%	20%	16%	13%	23%	4%	11%	99%	17%	33%	40%	84%
	국부펀드 자산 (국가 GDP 대비 %)	-	-	-	-	-	-	-	-	7%	-	11%	-	12%	-	-	380%	-	80%	201%
기타 재정 건전성 지표	총부채 (국가 GDP 대비 %)	486%	340%	181%	258%	377%	139%	167%	169%	289%	181%	130%	325%	219%	322%	300%	323%	233%	89%	353%
	경상수지 3년 이동평균 (국가 GDP 대비 %)	4%	-4%	-2%	-2%	-1%	-1%	-6%	2%	2%	-2%	-1%	3%	-1%	6%	7%	21%	5%	5%	19%
기축통화 지위	외환시장 거래액(전 세계 무역액 대비 %)	2.6%	52.6%	0.9%	9.2%	1.8%	0.4%	0.7%	15.4%	3.6%	0.4%	0.8%	0.9%	1.7%	0.6%	1.2%	0.5%	0.9%	0.5%	0.6%
	외환시장 거래액(전 세계 부채에 대비 %)	1.5%	80.7%	0.2%	1.5%	1.3%	0.0%	0.2%	10.4%	1.0%	0.3%	0.2%	0.3%	0.7%	0.0%	0.4%	0.0%	0.0%	0.0%	0.0%
	국가 시가총액(전세계 시가총액 대비 %)	4.7%	65.7%	0.4%	3.0%	2.6%	0.3%	0.1%	6.5%	5.9%	1.9%	0.2%	0.9%	1.5%	0.7%	1.9%	0.1%	0.1%	0.0%	0.3%
	외환시장 거래액 (전 세계 중앙은행 외환 보유고 대비 %)	6.0%	57.0%	0.0%	5.0%	3.0%	0.0%	0.0%	20.0%	2.0%	0.0%	0.0%	0.0%	2.0%	0.0%	0.0%	0.0%	0.0%	0.0%	0.0%

'국부펀드 자산' 항목 전 세계 상위 20개 국부펀드만을 포함한다. 국부펀드의 권한에 제공된 수치에는 정부가 통제하거나 영향력을 행사하는 유동 자산은 포함되어 있지 않다. 예를 들어 일본의 경우, 재무성이 보유한 외환 보유고 말고도 정부 연기금(GPIF)과 국영 은행(일본우편)이 보유한 자산이 있는데 이러한 자산을 제외하는 것이 적절하다고 생각한다. 만약 이 자산들을 포함한다면 그들의 부채도 고려해야 하기 때문이다. 그렇게 되면 각국의 연금 또는 준정부 기관(예: 캐나다 연금공단, 미국 연방 공무원 퇴직기금 등)을 추가해야 한다. 참고로 이러한 기관들이 보유한 모든 자산을 계산한다면 일본의 외환 동원 가능 규모는 상당히 증가할 것이다. 물론 상당한 증가이긴 하지만, 여전히 GDP 대비 215%인 정부 부채에는 훨씬 못 미치는 수준이다.

이런 지표들을 종합해서 발생하는 상황의 위험성과 보상을 보여주도록 설계된 모델에 입력한다.

중앙정부와 중앙은행의 위험에 대한 장기 및 단기 지표

이 지표와 이전에 설명한 다른 지표들을 사용해 나는 중앙정부와 중앙은행 모두에 대해 장기 위험(심장마비 발생 가능성의 장기 위험을 측정하듯)과 단기 위험(실제로 발생하는 심장마비와 그 피해를 측정하듯)을 모두 측정한다. 단기 위험은 종종 장기적인 취약성이 갑자기 문제로 나타나기 때문이기도 하지만(장기적으로 심장마비 가능성이 있는 사람이 실제로 심장마비가 나타나듯), 항상 그런 것은 아니다. 예를 들어 장기적으로는 위험 요소가 없더라도 코로나-19 같은 팬데믹이 발생하거나 전쟁이 발발할 수 있다. 이는 단기적인 위험을 급증시키고, 위험 측정 지표에 즉각적인 영향을 미칠 수 있다. 미국의 장기 및 단기 위험 측정치는 다음 차트에 나와 있다. 이러한 지표들이 효과적이기는 하지만(심장마비의 선행 지표와 마찬가지로) 앞에서 설명한 이유 등으로 매우 부정확하다는 점을 명심하기 바란다.

미국 중앙정부의 부채 위험

다음 왼쪽 차트는 미국 정부의 장기 부채 위험 측정치를 보여주고, 오른쪽 차트는 1900년까지 거슬러 올라가 미국 정부의 단기 위험 측정치를 보여준다. 현재 나는 미국 정부 부채의 장기 위험이 매우 크다고 판단한다. 왜냐하면 미국 정부 부채 및 부채 상환 수준, 신규 부채 판매 및 차환해야 할 부채의 현재 및 예상 수준이 사상 최고 수준이며, 앞으로 큰 부채 상환 위험이 있기 때문이다. 실제로, 나는 미국 정부의 부채 상황이 돌이킬 수 없는 지점에 가까워지고 있다고 생각한다. 이는 부채 및 부채 상환 수준이 부채 투자자에게 큰 손실을 주지 않고는 줄일 수 없는 수준에 가까워지고 있음을 의미한다. 왜냐하면 이러한 수준에 도달하면 부채 상환을 위해 차입해야 하고, 부채/통화 보유 위험이 명백해지기 때문에 이자율이 상승해 자기 강화적인 부채의 '죽음의 소용돌이'가 발생하기 때문이다. 동시에 단기 위험은 낮다고 판단한다. 왜냐하면 인플레이션과 성장이 비교적 온건하고, 신용 스프레드가 낮으며, 실질 금리가 차용 채무자에게 너무 높지 않으면서 대출 채권자에게는 충분히 높고, 민간 부문의 손익계산서와 재무상태표가 비교적 양호해서 중앙정부의 재정을 돕기 위해 필요하다면 과세할 수 있을 수준이기 때문이다. 그러나 신규 부채 판매 및 부채 차환에 대한 수요가 감소하고, 그리고/또는 부채 자산의 대량 매도가 발생할 경우 단기 위험 측정 지표가 빠르게 상승할 것이다. 참고로 이 측정 지표는 하룻밤 사이에도 매우 빠르게 변할 수 있다.

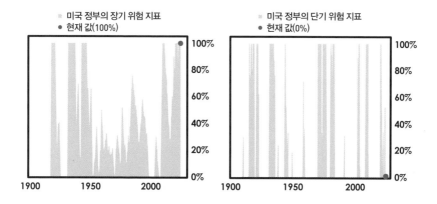

다음 표는 미국 중앙정부의 장기적인 위험 등급에 영향을 주는 가장 중요한 측정값들을 보여준다. 이 측정값들은 Z-점수, 즉 평균보다 얼마나 높거나 낮은지를 표준편차 기준으로 표현한다. 독자들은 2 이상은 상당히 나쁘다는 것만 알면 된다.

미국 장기 위험 지표 구성 요소
(지표가 높을수록 위험)

		현재 값
중앙정부 장기 위험도	-	2.4z
현재 차입 필요액	-	2.4z
현재 차입 필요액(수입 대비 %)	39%	2.3z
상환 문제 발생 시 차입 필요액(수입 대비 %)	239%	2.5z
예상 차입 필요액	-	2.8z
10년 후 예상 차입 필요액(수입 대비 %)	44%	2.8z
10년 후 상환 문제 발생 시 예상 차입 필요액(수입 대비 %)	254%	2.9z
자국 통화 부채 비율	100%	-2.0z

한마디로 말하면, 내가 설명해온 것처럼 미국 중앙정부의 부채 위기가 장기적으로 위험이 매우 큰 것으로 보이지만 그러한 문제가 당장 발

생할 위험성은 매우 낮다.

미국 중앙은행의 부채 위험[51]

다음 차트는 연방준비제도의 장기 및 단기 위험에 대한 측정 지표를 보여준다. 장기 위험 지표는 현재 거의 역대 최고 수준인데 이는 a) 연준이 보유한 정부 부채의 양이 많고, b) 연준의 손실이 역대 최고 수준이며, c) 연준의 순자산이 건전하지 않기 때문이다. 하지만 아직 그 수치는 그렇게 크다고 할 수 없다. 따라서 현재 장기 위험은 작지만, 급격하게 가속화될 수 있는 위치에 놓여 있다. 그리고 현재 연준의 단기 위험은 미국 경제와 시장이 균형 수준에 가까워지고 있으므로 상대적으로 낮다고 판단한다. 좀 더 구체적으로 말하자면 현재 측정값은 과거와 비교할 때 다소 나쁜 수준이나, 연준의 재무상태표상 금액이 커도 이를 뒷

---

51 중앙은행 위험 지표는 오랜 기간에 걸쳐 많은 국가를 살펴보면서 개발한 시대를 초월하고 보편적인 원칙으로서 다음과 같은 항목을 기반으로 한다.
  1) 중앙은행의 위험 노출 정도
  2) 중앙은행의 재무상태표 규모, 금리 변동에 따른 현금 흐름의 취약성, 현재 중앙은행의 수익성, 그리고 금리 변동 시 예상되는 수익성 악화 정도
  3) 재무상태표의 건전성(예를 들어 중앙은행이 보유한 준비금이 고갈되는 데 걸리는 시간, 즉 현재 소진 속도로 유지할 수 있는 개월 수)
  4) 부의 저장 수단으로서의 부채/통화의 가치. 논리와 경험적 증거에 따르면 국가의 기축통화 지위와 좋은 투자 결과를 만들어낸 실적은 투자자에게 더 매력적이며 따라서 위험이 적다고 생각된다.
  5) 전 세계 외환 보유고, 전 세계 무역량, 전 세계 자본 흐름 및 자본 시장에서 해당 국가/통화의 점유율

받침할 견고한 자산이 부족하기 때문에 (현금 흐름 손실도 비교적 작고) 아직은 심각하지 않다. 왜냐하면 수치가 여전히 관리 가능한 수준이며, 중앙은행 문제가 심각해져 자기 강화적인 하락세로 이어진 다른 국가들의 중앙은행에서 문제가 되었던 수준에는 훨씬 못 미치기 때문이다. 또한 a) 급등하는 인플레이션이나 디플레이션 및 물가 하락이 문제가 되지 않고, b) 연준이 적극적으로 부채를 화폐화하지 않고 오히려 부채 보유량을 천천히 줄이고 있으며, c) 연준은 인플레이션과 경제 성장에 영향을 줄 만큼 큰 환율 변동을 겪고 있지 않으므로 통화 정책을 급격하게 변경할 필요가 없다.

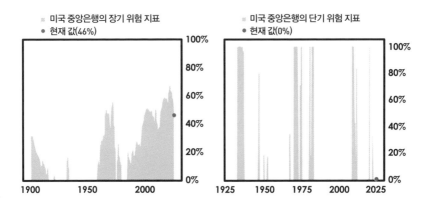

물론 현재 미국의 경제는 성장률, 인플레이션, 실질 금리, 중앙은행의 부채 화폐화 수준으로 판단했을 때 매우 균형 잡힌 상태에 있는 것처럼 보일 수 있으며, 마치 모든 것이 양호하다는 착각을 불러일으킬 수 있다. 하지만 정부 부채의 수급 상황은 우리가 논의했던 것처럼 통제 불능의 암처럼 커져가고 있다. 그리고 연준의 기존 재무상태표는 금리가 상승하면 손실이 증가해 부채 위기 시 자본이 감소할 수 있는 취약성을 안

고 있다. 때문에 모든 것이 다 괜찮은 것은 아니다. 이러한 사건들이 결합해 발생하면 재정적 위험을 증가시킬 뿐만 아니라, 연준의 행동이 정치적 감시를 받게 되어 독립성이 위협받을 수 있다. 만약 연준의 독립성에 대한 신뢰가 약화한다면 화폐 가치에 대한 신뢰가 훼손되어 부정적인 강화 사이클을 일으킬 가능성이 크다. 하지만 아직 우리는 그러한 상황으로부터 비교적 멀리 떨어져 있다. **발생 가능성은 낮지만, 만일 발생하면 화폐와 부채의 실질 가치가 큰 위험에 처해 있다는 심각한 적신호로 간주해야 할 두 가지는 1) 유동성을 증가시키고 실질 금리를 낮추기 위한 또 다른 양적 완화와 2) 중앙정부가 중앙은행을 통제하는 것이다.**

다음은 미국 중앙은행의 장기 위험 등급을 평가하는 가장 중요한 입력값들을 보여주는 표다. 중앙은행의 손익계산서는 그다지 나빠 보이지 않지만, 재무상태표는 많은 돈(GDP의 74%)과 작은 외환 보유고(GDP의 3%)로 인해 그 어느 때보다 취약해 보인다는 걸 알 수 있다. 손익계산서가 나빠 보이지 않는 이유는 중앙은행이 적자를 기록하고 있지만, 그 규모가 상대적으로 작기 때문이다.

또한 표에서 보듯 미국은 세계에서 가장 널리 사용되는 기축통화를 가지고 있으며, 미국 자본 시장 역시 가장 크고 유동성이 풍부하다. 하지만 달러는 가치 저장 수단으로서는 평범했다. 이러한 요인들을 종합적으로 고려할 때 나는 미국을 장기적인 관점에서 투자하기에 상대적으로 안정적인 곳으로 보고 있다.

하지만 이전 세계 강대국들과 그들의 통화가 그랬던 것처럼 이러한 상황 역시 매우 빠르게 악화할 수 있다는 점에 유의해야 한다. 영국 파운드와 그 이전 네덜란드 길더의 몰락에 대한 자세한 내용은 나의 책《변화하는 세계 질서》와 economicprinciples.org를 참조하기 바란다.

미국 장기 위험 지표 구성 요소
(지표가 높을수록 위험)

		현재 값
중앙은행 장기 위험	-	1.0z
중앙은행 손익계산서	-	0.2z
현재 중앙은행 수익성(GDP 대비 %)	-0.2%	0.1z
금리 상승 시 중앙은행 수익성(GDP 대비 %)	-0.4%	0.2z
중앙은행 재무상태표	-	1.0z
무담보 통화(GDP 대비 %)	71%	0.3z
외한 보유고/통화	-	1.5z
외환 보유고 소진 소요 개월 수	-	0.0z
통화의 나쁜 가치 저장 수단 여부	-	-2.0z
외환 보유고/금융 중심지	-	-3.3z
외환 보유고 점유율	57%	-1.9z
금융 중심지 지위(Z)	-	-2.7z
투자 안전 및 안정성	-	-0.8z
제도의 질	-	-1.2z
법치주의(Z)	-	-1.1z
내부 갈등(Z)	-	0.3z
거시경제 추적 기록	-	-1.2z
성장률 변동성(연간)	2.2%	-0.8z
물가 상승률 변동성(연간)	1.4%	-2.1z
장기 1인당 GDP 성장률	1.5%	0.0z
저축자 손실 이력	—	1.1z
장기 실질 현금 수익률(연간)	-1.4%	0.7z
장기 금 수익률(연간)	9.8%	0.8z

이 지표들은 전체 그림에서 부채/금융 부분만을 반영해 보여준다는 점에 주의하자. 그리고 이런 그림이 다른 힘(즉, 국내 갈등, 국제 갈등, 자연

재해, 기술 변화)에 큰 영향을 미치는 것과 마찬가지로 다른 큰 힘들도 이 그림에 큰 영향을 미칠 것이다. 따라서 우리가 아는 것에 비해 모르는 것이 매우 많다는 점을 잊어서는 안 된다.

18장

나의 3% 3단계 해결책

이 장은 너무 많은 시간을 들이지 않고 핵심을 파악하려는 사람들이 빠르고 쉽게 읽을 수 있도록 만들었다. 또한 분석적인 사람들이 시간을 들여 고민해야 할 생각과 수치를 제공하므로 모든 사람에게 추천한다.

이것을 명확하고 기억하기 쉽게 만들고 싶다. 우선 숫자 3을 염두에 두면 다음을 기억하는 데 도움이 될 것이다.

- 예산 적자는 (현재 CBO에서 예상하는 GDP의 약 6%에서) GDP의 3%로 감축되어야 한다.
- 예산 적자를 줄이기 위한 방법으로는 지출을 줄이거나, 세금을 올리거나, 금리를 낮출 수 있는데, 특히 금리 인하가 가장 큰 효과를 낼 수 있다.

대통령과 국회의원들이 감축 필요성에 동의하고, 양당이 합의할 수 있는 안전한 접근 방식에 동의한다면(내가 방안을 제안할 것이다), 그들은 미국 정부가 파산할 가능성을 크게 줄이는 목표를 달성할 것이다. 요약하자면 이렇다. 이제 자세히 설명하겠다.

내가 보는 그림

나는 이렇게 생각한다.

1. 부채 문제를 통제하려는 정책 입안자들(일부는 아무 생각도 없다)은 하향식으로 접근하기보다는 상향식으로 문제에 접근하고 있다. 여기서 상향식이란 어떤 지출 삭감, 그리고/또는 어떤 세금 인상이 다른 것보다 나은지와 같은 세부 사항부터 작업하는 것을 말한다. 반면 하향식이란 감축 목표를 설정하고, 목표 달성을 위해 필요한 총감축 규모를 파악한 후, 정부가 사용할 수 있는 3가지 주요 수단(지출 삭감, 세금 인상, 금리 인하)을 고려해 구체적인 정책을 결정하는 방식이다.
2. 정책 입안자들은 정확히 원하는 것을 얻기 위해 세부 사항에 대해 논쟁하는 데 너무 얽매여서 재앙적인 결과(예를 들어 부채를 감축하지 못하거나 정부 셧다운 발생 같은)를 낳을 가능성을 좋은 결과를 낳을 가능성보다 훨씬 크게 만들었다.

이 문제를 해결하기 위해 정책 입안자들은 1) 하향식으로 작업해야 한다고 생각한다. 즉, 부채를 안정화하기 위해 적자 삭감 규모와 GDP 대비 적자 규모에 동의하고, 2) 세부 사항에 대한 합의에 도달할 수 없을 경우 자동으로 실행되는 예산 삭감 비상 계획에 동의해야 한다. 이 비상 계획은 예를 들어 모든 지출에 대한 동일한 비율의 삭감과 모든 세금에 대한 동일한 비율의 인상 계획 같은 것이 될 수 있다. 따라서 정책 입안자들이 합의안을 도출하지 못하더라도 이 비상 계획에 의거하면 목표를 달성할 수 있다. 이런 식으로 비상 계획을 만들어놓은 다음 그것보다 더 나은 합의안을 만들기 위해 노력할 수 있다. 이제 정책 입안자들이 동의할 수 있는 비상 계획을 제안하겠다.

3% 3단계 해결책 개요

다음 차트는 정부 수입 대비 미국 부채 수준을 백분율로 보여준다. 현재 부채의 예상 궤적은 파란색 점선으로 표시되는데, 내가 아는 작동 방식과 발생 가능성이 가장 큰 지표를 기반으로 판단해볼 때 중앙정부의 파산을 막기 위해서는 정책 입안자들이 정부 부채 궤적을 녹색 점선으로 변경해야 할 것으로 보인다. 궤적을 변경하려면 정부 지출을 줄이거나, 세금을 늘리거나, 부채에 대한 이자율을 낮추는 것 중 하나 또는 이 3가지를 조합해 재정 적자를 GDP의 3% 수준으로 낮춰야 한다. 이렇게 적자를 삭감하면, 미국이 현재 예상 경로로 움직인다고 가정했을 경우 10년 후 부채 부담을 약 17% 낮추는 결과를 가져올 것이다(금액적으로는 부채가 9조 달러 줄어든다). 20년 후, 3% 3단계 해결책은 정부 부채를 31% 감소시켜 26조 달러가 줄어드는 효과를 가져올 것이다. 그렇게 하면 중앙정부와 대출 기관 그리고 심각한 부채 문제로 인해 영향을 받는 모든 사람의 '심장마비' 위험을 크게 줄일 수 있다.

미국 중앙정부 부채 수준(정부 수입 대비 %)
--- 현재 예상 궤적   --- 3% 계획 예상 궤적

적자를 통제하기 위해 사용할 수 있는 3개의 주요 지렛대가 있으며,
3장에서 이미 그 효과를 전달하는 표를 보여준 바 있다. 소득 대비 부채
를 안정화하는 목표를 달성하기 위해 셋 중 하나만 사용한다면 약 11%
의 세금 인상, 약 12%의 지출 삭감 또는 약 3%의 금리 인하가 필요하
다. 물론 이 수치 중 어느 하나만 사용하기에는 충격이 너무 크므로 두
세 가지의 적정 조합이 필요하다.

세금 변화보다 금리 변화가 얼마나 더 강력한지를 보여주는 흥미로
운 수치를 한번 살펴보자. 예를 들어, 향후 20년 동안 부채/소득 비율을
줄이는 데는 금리 1% 하락이 세수 1% 증가보다 약 4배 더 효과적이다.
한편 지출 변화보다 세금 변화가 얼마나 더 강력한지 수치를 통해 알
수 있는데, 1%의 세수 증가는 1%의 지출 감소보다 1.2배 더 효과적이
었다(지난 20년간). 그러나 이러한 직접적인 효과 추정치는 예상되는 2차
효과를 고려한 후의 총효과보다 작을 수 있다. 보다 구체적인 예를 들
면, 금리 인하는 정부 부채 상환액을 낮추는 것 외에도 자산 가격을 상
승시켜 자본 이득세 수입을 늘리고, 경제를 자극하고 인플레이션을 유
발해 명목 소득을 증가시키고, 결과적으로 세수를 증가시키는 효과를

가져오기 때문에 내가 제시한 추정치보다 훨씬 더 강력하다. 또한 1) 지출 삭감의 2차 효과는 경제 활동에 부정적인 영향을 미치므로 소득세에 부정적인 영향을 미치고, 2) 세금 인상의 2차 효과는 지출 및 경제 성장의 감소로 인해 부정적인 영향을 미친다는 점도 주목할 가치가 있다.

여기에는 두 가지 중요한 교훈이 있다. 첫째, 정부 적자에 가장 큰 영향을 미치는 것은 아이러니하게도 지출과 세금을 결정하는 의회가 아니라 금리를 결정하는 연방준비제도라는 점이다. 둘째, 예산 적자를 줄이고 금리를 인하하는 것은 각각 부채 문제를 줄이지만 경제 성장, 인플레이션 및 세금의 효과를 상쇄시킨다는 점이다. 이는 이러한 조치가 균형을 이루며 시행된다면 경제에 심각한 부작용을 일으키지 않고도 예산 적자를 크게 줄일 수 있다는 의미다.

만약 내가 대통령이나 의회의 입장에서 결정을 내린다면 연방준비제도가 금리를 인하하도록 요구할 것이다. 물론 대통령과 의회가 연준에 그렇게 하라고 압력을 넣겠지만, 의회나 대통령이 연준의 결정을 좌우할 수는 없다. **내가 연방준비제도이사회 위원이라면 대통령과 의회와 협력해 그러한 계획을 실행할 의향이 있다.** 재정 긴축(적자를 줄이지만 경제 성장과 인플레이션에 부정적인 영향을 미친다) **그리고 통화 완화**(적자를 줄이면서 경제 성장과 인플레이션에 긍정적인 영향을 미친다)**를 함께 추진하는 것이 좋은 방안이 될 수 있기 때문이다. 재정 긴축과 통화 완화는 분명 좋은 결과를 가져올 것이다.** 사실, 만약 의회와 대통령이 적자 감축 정책을 시행한다면 채권 가격이 급등하고 금리 하락을 촉발해 적자 감축에 도움이 될 것이다. 어떤 사람들은 그러한 규모의 재정 적자 감축이 경제에 너무 부정적인 영향을 미칠까 봐 걱정하지만, 나는 그렇게 생각하지 않는다. 만약 재정 긴축이 성장과 인플레이션에 심각할 정도로 부정적인 영향을 미친다면, 이를 바로잡기 위해 통화 완화 정책이 시행될 것이기 때문이다. **그렇다면 지출 감소로 인해 지원금이 줄어들고 세금을 더 내야 하는 사람들의 정치적 반발 외에, 지출을 줄이고 세금을 인상하는 데 어떤 문제가 있을까? 나는 문제가 없다고 생각한다.**

재정 긴축과 통화 완화는 재정적, 경제적인 면에서도 합리적이다. 왜 냐하면 현재 해결해야 할 가장 큰 문제는 중앙정부 재정(위험할 정도로 너무 많은 부채와 너무 많은 차입금을 가지고 있다)과 민간 부문 재정(특히 경제가 활발하게 성장하고 있는 분야나 지역에서 비교적 양호하다) 사이의 불균형이기 때문이다. 이러한 상황은 무엇보다도 연준이 막대한 예산 적자를 메우느라 대규모 지출과 중앙정부의 부채 문제를 일으켰기 때문에 초래된 것이다. 따라서 연준이 대규모(GDP의 3%) 적자 감축으로 인해 발생할 수 있는 고통을 상쇄하기 위해 협력하는 것이 합리적이다. 특히 민간 부문이 적자 자금 지원을 많이 받았고, 현재 상당히 양호한 상태이며, 약간의 재정 긴축이 필요할 수 있기 때문이다. 그리고 연준은 통화 정책을 통해 이를 관리하는 데 도움을 줄 수 있다. 이렇게 하면 민간 부문과 공공 부문의 재정을 보다 균형 있게 만들 수 있을 것이다. **금리 인하로 피해를 보는 사람은 누구일까? 채권 보유자들은 실질 수익률은 낮아지겠지만 채권 가격 상승으로 인해 금리 하락의 이점을 누릴 수 있고, 안전성이 높은 채권을 얻게 될 것이다. 이로 인해 미국 정부 부채 위험이 감소하고 미국 정치 시스템이 잘 작동해서 적어도 이 심각한 문제를 해결했다는 것을 보여주면 전 세계로부터 이러한 성과를 축하받을 것이다.** 또한 주식과 같은 다른 주요 시장도 이러한 변화로부터 이익을 얻을 것이다. 따라서 특정 이익 단체를 제외하고 거의 모든 사람이 이 계획의 즉각적인 효과를 환영할 것이다.

이제 숫자와 지출 삭감, 세금 인상, 금리 인하라는 3개의 수단을 이용해 GDP의 3% 재정 적자 목표를 달성하면 어떤 구체적인 변화가 발생하는지 알아보자. 이 목표를 달성하려면 약 4%의 지출 삭감, 4%의 세금 인상, 1%의 실질 금리 인하가 필요하다. 이러한 방식으로 정책 입안자들은 GDP의 3%를 어디에서 조달할지에 따라 예산을 분산해 어느 한쪽에 너무 집중되지 않도록 하고, 정치적 논쟁을 최소화하며, 경제 침체 효과는 실질 금리 인하라는 통화 완화 정책을 통해 상쇄시킬 것이다. 이 계획이야말로 한 가지 수정 사항(지출 삭감 및 세금 인상이 급격한 변화를 일으킬 수 있으므로 3년에 걸쳐 단계적으로 시행하겠다는)만 덧붙이면 이 문제에 대한 나의 해결책이 될 수 있을 것이다. 앞에서도 언급했듯이 다른 해결책이 나오지 않을 경우 이 안을 초당적 대안으로 제시할 것이다. 정책 입안자들이 이 안에 동의하고 조정 사항을 협의할 수 있다면 모든 사람이 안심할 것이기 때문이다.

연준이 이에 동참하지 않으면 어떻게 될까?

물론, 연준이 이 계획에 동참하겠다고 공개적으로 표명하지는 않을 것이다. (정부가 적자를 줄이는 정책을 시행하는 동안 연준은 금리를 낮게 유지해 정부를 도와주는 거래가 과거에 이뤄진 적이 있기는 하다.) 그러므로 연준의 금리 인하 도움 없이 의회와 대통령이 지출 삭감과 동일한 비율의 세수 증대로만 적자를 감축해야 한다면 그 비율은 약 6%가 될 것이며(즉, 지출 6% 삭감 및 세금 6% 인상), 이렇게 하면 정부의 재정 적자가 GDP의 3%만큼 줄어들 것이다. 나는 이러한 조정량이 과거에 비해 상당히 크지만, 균형을 잘 맞추면 문제없이 실행할 수 있으며, 경제 성장을 너무 위축시키면 연준이 금리를 낮추어 대응한다는 것도 잘 알고 있다. 이런 조치가 경제와 물가가 너무 침체될 때 중앙은행이 하는 일이기 때문이다. **이러한 이유로, 3% 3단계 계획이 실행된다면 실행되지 않는 것보다 훨씬 나을 것이다.**

내 감축안과 과거의 적자 감축안의 비교

많은 사람이 이러한 변화가 매우 가혹하다고 말하겠지만, 과거의 적자 감축을 연구한 결과 통화 정책만 동시에 현명하게 관리된다면 이러한 변화가 충분히 관리 가능하다고 믿는다. 내 계획을 3년에 걸쳐 점진적으로 시행하고 연준이 통화 정책을 현명하게 운영한다면 감축 효과가 원래의 3% 계획(녹색 선)에 매우 유사하게 파란색 점선으로 나타날 것이다.

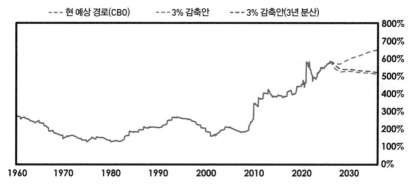

미국 중앙정부 부채 수준(정부 수입 대비 %)

--- 현 예상 경로(CBO)　　--- 3% 감축안　　--- 3% 감축안(3년 분산)

하지만 한 가지 문제를 지적해야겠다. 앞서 언급했듯이 내가 보여준 수치의 근거는 초당적인 의회 예산처의 예상을 기반으로 한다. 이 예상 수치는 2017년 트럼프 감세안이 종료되는 기존 계획을 기반으로 하므로, 트럼프 대통령이 약속한 대로 이를 연장하면 GDP의 약 1.5%만큼 적자가 더 커질 것이다. 따라서 소득 대비 정부 부채의 비율을 안정화하려면 적자 감축 규모가 약 3%가 아닌 4% 이상이 되어야 한다.

이러한 재정 적자 감축 규모는 크지만, 과거 사례와 비교하면 아주 큰 것도 아니다. 다음 표는 1960년 이후 모든 국가의 주요 재정 긴축 조치를 나열한 것이다. 이 표를 보면 대규모 재정 긴축(GDP의 3% 또는 훨씬 더 큰 규모)은 1) 경제가 활발하게 성장하고, 2) 통화/환율 정책을 통해 경제를 자극하고, 3) 부채가 중앙은행이 발행할 수 있는 자국 통화로 되어 있을 때 원활하게 진행되었음을 알 수 있다. 특히 이 성공 사례에서 재정 긴축은 채권 수익률을 낮추는 데 도움이 되었고, 이는 부채에 대한 이자 비용을 줄이고 세수를 늘려 민간 부문 활동을 장려했으며, 재정 긴축이 예상보다 경제를 더 약화하는 경우 통화 완화로 이어져 경제에 대한 재정 긴축 효과를 상쇄했다.

미국에서 예산 적자를 줄인 가장 성공적인 사례는 1993~1998년 기간에 발생했으며, 이 기간 동안 GDP의 4% 적자에서 1% 흑자로 전환했다(GDP의 5%p 개선). 이는 오늘날로 치면 적자를 1조 5,000억 달러 줄이는 것과 같다. 하지만 내 계획은 그보다 훨씬 적은 금액으로 적자를 줄이는 것이다.

이에 대해 내가 생각하는 영원하고 보편적인 원칙은 다음과 같다.

● 정부 부채가 빠르게 증가해 적자를 크게 줄여야 할 때 가장 중요한 것은 1) 문제를 해결할 만큼 충분하게 적자를 줄이고, 2) 경제 상황이 좋을 때 적자

를 줄여 경기가 안 좋을 때를 대비하며, 3) 이러한 감축에 직면해 중앙은행은 경기를 부양하는 통화 정책을 펴야 한다.

상당한 규모의 재정 조정이 이루어진 사례

	중앙값 (모든 사례)	중앙값 (고통이 없던 사례)	중앙값 (고통이 컸던 사례)
사례 설명			
기간	4	5	4
재정 정책 결과			
기초 구조적 재정 적자 변화(GDP 대비 %)	5.7%	5.4%	6.3%
세수 증가 비율	59%	59%	54%
기초 지출 삭감 비율	41%	41%	46%
조정 기간 동안의 평균 거시적 결과			
실질 성장률 vs 잠재 성장률	-0.3%	0.9%	-2.3%
실업률 vs 10년 평균 실업률	1.0%	0.4%	2.6%
유휴설비율	-1.1%	-0.5%	-1.7%
물가 상승률 vs 목표 물가 상승률*	-0.2%	-0.5%	0.4%
평균 채권 수익률 vs 기초 수익률	-0.6%	-1.2%	0.6%
경제적 결과의 결정 요인			
해당 국가가 상당한 규모의 경화 부채를 보유했는가?	10/40	0/21	10/19
재정 변화가 일어난 시점의 국내 또는 세계 경제 상황이 얼마나 활발했는가?	17/40	17/21	0/19
재정 변화가 완화된 금융 환경과 동시에 발생했거나 그러한 환경을 조성했는가?	25/40	17/21	8/19
재정 변화가 생산성 향상을 위한 대규모 개혁을 포함하거나 동시에 발생했는가?	23/40	10/21	13/19

*이 표와 다음 표에 대한 참고 사항: 물가 상승률 목표가 없던 시기는 과거 10년 평균 물가 상승률을 대신 사용했고 그 범위는 4.5%와 1.5% 사이로 제한했다.

상당한 규모의 재정 조정이 이루어진 사례-고통이 없던 사례(1/2)

사례 설명

	벨기에	이탈리아	스웨덴	덴마크	아일랜드	노르웨이	캐나다	영국	네덜란드	호주
기간	82-87	90-97	93-00	83-86	87-89	93-97	94-97	94-00	96-00	86-88
	6	8	8	4	3	5	4	7	5	3
재정 정책 결과										
기초 구조적 재정 적자 변화(GDP 대비 %)	10.6%	10.4%	10.2%	9.6%	7.9%	7.3%	7.2%	6.0%	5.8%	5.6%
세수 증가 비율	-	100%	100%	100%	0%	2%	21%	54%	6%	-
기초 지출 삭감 비율	-	0%	0%	0%	100%	98%	79%	46%	94%	-
조정 기간 동안의 평균 거시적 결과										
실질 성장률 vs 잠재 성장률	-0.3%	-0.5%	1.1%	-	-	2.9%	0.9%	1.3%	1.8%	0.8%
실업률 vs 10년 평균 실업률	0.8%	0.9%	3.6%	0.6%	2.6%	0.7%	0.1%	-1.5%	-1.2%	0.4%
유휴설비율	-1.8%	-0.1%	-1.6%	-	-1.8%	-1.0%	-1.2%	0.0%	0.8%	0.8%
물가 상승률 vs 목표 물가 상승률*	1.6%	0.2%	-0.2%	-	-1.4%	-2.5%	-0.2%	-1.1%	-0.4%	3.9%
평균 채권 수익률 vs 기초 수익률	-3.4%	-2.7%	-2.7%	-6.6%	-3.2%	-2.2%	0.9%	0.6%	-0.7%	-2.1%
경제적 결과의 결정 요인										
해당 국가가 상당한 규모의 경화 부채를 보유했는가?	NO	NO	NO	NO	NO	NO	NO	NO	NO	NO
재정 변화가 일어난 시점이 국내 또는 세계 경제 상황이 얼마나 활발했는가?	NO	YES	YES	NO	NO	YES	YES	YES	YES	YES
재정 변화가 완화된 금융 환경과 동시에 발생했거나 그러한 환경을 조성했는가?	YES	YES	YES	YES	YES	YES	YES	YES	YES	YES
재정 변화가 생산성 향상을 위한 대규모 개혁을 포함하거나 동시에 발생했는가?	NO	YES	YES	NO	NO	NO	NO	YES	YES	YES

상당한 규모의 재정 조정이 이루어진 사례-고통이 없던 사례((2/2)

사례 설명

	인도	일본	미국	캐나다	벨기에	필리핀	호주	스웨덴	폴란드	프랑스	태국
기간	03-07	79-85	93-98	86-90	93-98	03-06	94-99	84-89	11-14	94-99	02-05
	5	7	6	5	6	4	6	6	4	6	4
재정 정책 결과											
기초 구조적 재정 적자 변화(GDP 대비 %)	5.4%	5.3%	4.9%	4.8%	4.4%	4.2%	4.0%	4.0%	3.8%	3.8%	2.8%
세수 증가 비율	85%	79%	59%	44%	-	-	100%	60%	0%	29%	79%
기초 지출 삭감 비율	15%	21%	41%	56%	-	-	0%	40%	100%	71%	21%
조정 기간 동안의 평균 거시적 결과											
실질 성장률 vs 잠재 성장률	2.0%	0.9%	1.2%	-0.1%	-0.1%	0.7%	1.2%	1.6%	0.0%	0.4%	2.1%
실업률 vs 10년 평균 실업률	-	0.5%	-0.7%	-1.0%	0.9%	-	-0.4%	-0.6%	-1.7%	1.1%	-0.6%
유휴설비율	-1.1%	-0.3%	-0.4%	2.1%	-1.2%	-0.5%	-0.3%	1.7%	-1.1%	-1.6%	0.4%
물가상승률 vs 목표 물가 상승률*	-0.6%	-1.0%	-1.2%	-0.3%	-1.4%	-0.2%	-0.2%	1.5%	-1.3%	-1.6%	-1.2%
평균 채권 수익률 vs 기초 수익률	0.8%	1.8%	-0.5%	0.4%	-1.2%	-1.3%	0.8%	-0.4%	-1.4%	0.4%	-1.2%
경제적 결과의 결정 요인											
해당 국가가 상당한 규모의 경화 부채를 보유했는가?	NO	NO	NO	NO	NO	NO	NO	NO	NO	NO	NO
재정 변화가 일어난 시점의 국내 또는 세계 경제 상황이 얼마나 활발했는가?	YES	YES	YES	YES	NO	YES	YES	YES	YES	YES	YES
재정 변화가 온화된 금융 환경과 동시에 발생했거나 그러한 환경을 조성했는가?	YES	NO	YES	NO	YES	NO	NO	NO	YES	YES	YES
재정 변화가 생산성 향상을 위한 대규모 개혁을 포함하거나 동시에 발생했는가?	NO	YES	YES	NO	NO	NO	YES	NO	YES	NO	YES

상당한 규모의 재정 조정이 이루어진 사례-고통이 컸던 사례(1/2)

사례 설명

	그리스	아일랜드	그리스	스페인	헝가리	푸에르토리코	푸에르토리코	뉴질랜드	독일	아르헨티나
기간	10-14 5	11-14 4	90-94 5	10-14 5	07-09 3	11-14 4	81-84 4	87-94 8	96-99 4	24-24 1
재정 정책 결과										
기초 구조적 재정 적자 변화(GDP 대비 %)	16.6%	10.6%	10.0%	9.8%	9.0%	8.8%	8.6%	8.3%	6.9%	6.3%
세수 증가 비율	82%	4%	100%	14%	26%	68%	100%	100%	47%	0%
기초 지출 삭감 비율	18%	96%	0%	86%	74%	32%	0%	0%	53%	100%
조정 기간 동안의 평균 거시적 결과										
실질 성장률 vs 잠재 성장률	-6.8%	0.9%	-1.2%	-2.9%	-5.2%	-2.8%	-2.4%	-0.9%	-0.7%	-
실업률 vs 10년 평균 실업률	10.2%	5.3%	1.0%	9.4%	1.7%	4.7%	2.6%	2.6%	1.6%	-
유휴설비율	-5.1%	-5.5%	0.0%	-4.1%	1.7%	-4.0%	-1.3%	-2.3%	-0.7%	-1.6%
물가 상승률 vs 목표 물가 상승률*	-2.1%	-1.8%	11.6%	-1.2%	-0.7%	-0.7%	18.8%	2.3%	-1.5%	230.6%
평균 채권 수익률 vs 기초 수익률	8.1%	-3.4%	-	0.6%	1.3%	1.1%	1.4%	-5.4%	-0.8%	-6.0%
경제적 결과의 결정 요인										
해당 국가가 상당한 규모의 경화 부채를 보유했는가?	YES	YES	NO	YES	YES	YES	NO	NO	NO	YES
재정 변화가 일어난 시점의 국내 또는 세계 경제 상황이 얼마나 활발했는가?	NO	NO	NO	NO	NO	NO	NO	NO	NO	NO
재정 변화가 완화된 금융 환경과 동시에 발생했거나 그러한 환경을 조성했는가?	NO	NO	NO	NO	NO	NO	NO	YES	NO	YES
재정 변화가 생산성 향상을 위한 대규모 개혁을 포함하거나 동시에 발생했는가?	YES	YES	NO	YES	NO	YES	NO	YES	YES	YES

389

상당한 규모의 재정 조정이 이루어진 사례-고통이 컸던 사례(2/2)

사례 설명

	아르헨티나	스페인	헝가리	헝가리	독일	네덜란드	튀르키예	이탈리아	멕시코
기간	01-04	92-97	12-12	96-96	92-94	81-83	00-01	11-12	15-17
	4	6	1	1	3	3	2	2	3
재정 정책 결과									
기초 구조적 재정 적자 변화(GDP 대비 %)	6.1%	5.1%	4.2%	4.1%	3.4%	3.2%	3.1%	2.9%	2.5%
세수 증가 비율	88%	76%	61%	-	0%	39%	0%	100%	45%
기초 지출 삭감 비율	12%	24%	39%	-	100%	61%	100%	0%	55%
조정 기간 동안의 평균 거시적 결과									
실질 성장률 vs 잠재 성장률	-2.8%	-0.7%	-3.3%	-2.2%	-1.9%	-2.4%	-10.3%	-1.8%	-0.7%
실업률 vs 10년 평균 실업률	2.6%	1.4%	2.7%	-	0.7%	5.8%	2.4%	1.9%	-0.7%
유휴설비율	-10.4%	-1.6%	-5.6%	-1.7%	0.6%	-3.4%	-5.8%	-0.1%	1.7%
물가 상승률 vs 목표 물가 상승률*	5.5%	-0.1%	-1.6%	18.1%	1.8%	0.4%	47.9%	0.3%	0.4%
평균 채권 수익률 vs 기초 수익률	37.9%	-1.5%	-2.1%	-	-1.0%	-0.2%	0.9%	0.6%	0.6%
경제적 결과와 결정 요인									
해당 국가가 상당한 규모의 경화 부채를 보유했는가?	YES	NO	YES	NO	NO	NO	YES	YES	NO
재정 변화가 일어난 시점이 국내 또는 세계 경제 상황이 얼마나 힘들었는가?	NO	NO	NO	NO	NO	NO	NO	NO	NO
재정 변화가 완화된 금융 환경과 동시에 발생했거나 그러한 환경을 조성했는가?	NO	YES	YES	YES	YES	YES	NO	NO	NO
재정 변화가 생산성 향상을 위한 대규모 개혁을 포함하거나 동시에 발생했는가?	NO	YES	NO	YES	YES	YES	NO	YES	YES

더 구체적으로 어떤 지출을 삭감하고 어떤 세금을 인상해야 할까?

지출 삭감, 세금 인상, 금리 인하의 여러 유형에 대해 내가 아는 각각의 상대적인 장점을 이야기하고 싶지만 내 선호가 중요한 것이 아니기 때문에 그렇게 하지는 않겠다.[52] 또한 너무 주제에서 벗어나면 의견이 다른 여러 사람과 논쟁을 벌이게 될 것이다. 온갖 종류의 사람들이 자신이 옹호하는 다양한 의견을 가지고 있지만 의견 불일치를 해결할 수 없다는 것이 내가 보기에 우리가 직면한 가장 큰 문제다. 즉, 국가와 문명으로서 재앙을 막을 정확한 방법에 대해 너무나 많은 논쟁이 벌어지고 있지만 결국 그 재앙을 막지 못할 것이다. 그렇기 때문에 다른 계획으로 의견 일치가 안 된다면 차선책으로 동일한 비율의 지출 삭감과 세금 인상을 제안하는 것이다. 앞에서 이야기한 것처럼 일단 그 안이 시행되면 정책 입안자들은 초당적인 재정위원회를 구성해 부채 문제를 검토하고, 차선책보다 더 나은 구체적인 대안을 승인할 수 있다. 그러나 솔직히 말해서, 나는 의회 정책 입안자들이 문제를 정확히 해결하는 방식보다는 실제 행동 자체가 더 중요하다고 생각한다.

그렇지만 고려해야 할 제약 조건이 무엇인지 살펴보자.

영향력이 클 것으로 예상되는 지출 삭감 및 세금 인상 방안과 그로 인한 영향이 다음 표에 나와 있다. 이 표의 목록은 주로 대부분의 정책 입

---

[52] 부연하자면 내 목표는 경제 전반에 걸쳐 생산성을 향상하는 것이므로 다음과 같은 조치를 취할 것이다. a) 지출 삭감 및 세금 변화가 가장 취약한 계층에게 피해를 주지 않도록 하고, 경제 전반에 걸친 생산성 향상에 가장 효과적인 것으로 입증된 교육과 같이 생산성이 높은 분야에 피해를 주지 않도록 할 것이며, b) 가능한 한 생산적인 지출을 자유롭게 하고 효율성을 향상할 수 있는 분야에서 세금과 규제를 완화할 것이다.

안자가 참고하는 CBO에서 나왔다. **이 목록을 보면 기존의 지출 프로그램과 과도한 부담을 주지 않는 방식으로 세금을 조정하는 것만으로도 커다란 고통 없이 GDP의 3% 적자 목표를 달성할 수 있다는 것을 알 수 있다. 이 목록은 또한 관세로 얻을 수 있는 과거부터 다른 어떤 것보다 정부 세수의 큰 원천이었던 세수를 보여준다.** CBO에 따르면 모든 수입품에 10%의 관세를 부과했을 때 GDP의 약 0.6%를 확보할 수 있다고 한다. 또한 일론 머스크가 예산 적자를 2조 달러 삭감할 수 있다는 주장이 절반만 사실이라고 하더라도(즉, 그가 예산 적자를 1조 달러 삭감할 수 있다면) 절감액은 GDP의 3%에 해당한다. 여러 가지 다른 급진적인 변화와 고려 사항들이 논의되고 있으므로 나는 정책 입안자들이 어떤 식으로든 그것을 해낼 수 있다고 확신한다. 그리고 정부와 경제의 효율성을 근본적으로 개선하는 데 전적으로 찬성하기 때문에 몇몇 정책 방향은 마음에 든다. **따라서 합리적인 공화당과 민주당 사이에 어떻게 실용적인 '대타협'이 이루어질 수 있을지 상상하는 것은 어렵지 않다. 하지만 그들이 논리적으로 협력해 합리적인 결정을 내릴지에 대해서는 의구심이 남아 있다.**

지금은 정책 입안자들이 입을 다물고 행동해야 할 때다. 분명히 말하지만, 어떤 형태의 대타협이든 재정 적자를 GDP의 약 3%로 줄이기만 한다면 나는 찬성이다. **워싱턴의 의원들이 부채 한도 합의에 실패한다면, 그것은 실행 가능한 해결책이 없어서가 아니라 그들의 비합리성과 타협하려는 의지 부족 때문이라고 생각할 수밖에 없다. 합의에 실패하면 내가 제시한 3% 해결책에 따른 합의를 이루는 것보다 훨씬 더 큰 문제가 발생할 것이기 때문에 유권자들은 의회 대표들에게 부채 한도 합의를 이루지 못한 책임을 물어야 한다고 생각한다.**

다음 표에는 의회 예산처에서 주로 정보 제공 목적으로 제시한 예산 적자에 대한 몇 가지 선택 사항과 그 효과가 나와 있다. 단지 이러한 대안도 있다는 것을 독자에게 보여주기 위해 그 표를 공유한다.

지출 삭감을 통한 적자 축소 방안 예시
3% 계획의 목표 지출 삭감액 = GDP의 1%

	10년간 절감액	추정 연간 절감액	추정 적자 영향	목표 삭감액 중 비중*
고소득층에게 지급되는 정부 혜택 삭감	10억 달러	10억 달러	GDP 대비 %	
고소득층에게 지급되는 퇴역 군인 장애 수당 단계적 폐지	384	38	0.10%	10%
고소득층의 사회보장 혜택 감소(5년 단계적 시행)	197	20	0.05%	5%
수혜 자격 및 지원 제한				
메디케어 어드밴티지 플랜에 대한 암묵적 보조금 축소	489	49	0.13%	13%
메디케이드 연방 지출에 대한 총액 상한 설정(물가 상승률 반영)	459	46	0.12%	12%
연방 농업 보조금 폐지	311	31	0.08%	8%
사회보장 급여를 연방 빈곤 소득의 150%로 균일하게 상한 설정	283	28	0.08%	8%
사회보장 및 의무 지출 프로그램에 연쇄 CPI 적용	278	28	0.07%	7%
메디케이드 관련 주정부 및 의료 제공자에 대한 지원 제한	241	24	0.06%	6%
사회보장 완전 은퇴 연령을 67세에서 70세로 단계적 상향	95	9	0.03%	3%
수련 병원의 의료 교육 관련 지급액 감축	94	9	0.03%	3%
재량 지출 감축				
군 병력을 약 100만 명 이하로 제한(20% 미만 감축)	1,118	112	0.30%	30%
인플레이션 감축법의 기후 및 에너지 조항 폐지	1,045	105	0.28%	28%
연간 비국방 지출 증가율을 1.5%로 제한	592	59	0.16%	16%
주정부에 대한 고속도로 및 교육 지원 33% 감축	406	41	0.11%	11%
외교 프로그램, 보건 및 군사 원조 25% 감축	187	19	0.05%	5%
지출 삭감으로 인한 총 예상 절감액	**6,179**	**618**	**1.67%**	**167%**

* '목표 삭감액 중 비중'은 제시된 각 정책이 재정 적자를 GDP 대비 약 1% 개선한다는 공동의 목표에 대해 얼마나 기여하는지를 보여주는 숫자다. 출처: 의회예산국, 합동세금위원회, 펜 와튼 예산 모델 분석

세금 인상을 통한 적자 축소 방안 예시
3% 계획의 목표 수입 증가액=GDP의 1%

	10년간 절감액	추정 연간 절감액	추정 적자 영향	목표 신규 수입액 중 비중*
고소득층 대상 세금 인상	10억 달러	10억 달러	GDP 대비 %	
25만 달러 초과 소득에 사회보장세 부과	1,427	143	0.38%	38%
상위 4개 소득 구간에 대한 소득세율 2% 인상	570	57	0.15%	15%
사업 소득에 순투자 소득세 부과	420	42	0.11%	11%
IRA 및 401(k) 적립 한도 축소	187	19	0.05%	5%
고소득층의 메디케어 파트B 보험료 인상	72	7	0.02%	2%
세금 공제 및 보조금 폐지				
항목별 세금 공제 혜택을 소득의 4%로 제한	736	74	0.20%	20%
세전 소득으로 처리하는 고용주 건강 보험료 납부액 제한	521	52	0.14%	14%
주택담보대출 이자 공제 폐지	349	35	0.09%	9%
참전용사 장애 수당을 과세 대상 소득에 포함	235	23	0.06%	6%
양도 소득이 발생한 상속 자산의 취득가액 상향 조정 폐지	197	20	0.05%	5%
고등 교육에 대한 세액 공제 폐지	130	13	0.04%	4%
기타 세금 인상				
5% 부가가치세(식료품 및 의약품 같은 필수품 제외)	2,180	218	0.59%	59%
미국으로 들어오는 수입품에 10% 관세 부과	2,100	210	0.57%	57%
모든 중국 수입품에 60% 관세 부과	700	70	0.19%	19%
온실가스 배출량에 대한 세금(톤당 25달러), 휘발유 제외	700	70	0.19%	19%
미국 기업의 해외 소득에 대한 세금 면제 폐지	340	34	0.09%	9%
금융 거래세 0.002%에서 0.01%로 인상	297	30	0.08%	8%
광고비의 절반을 10년에 걸쳐 비용 처리 조치	177	18	0.05%	5%
법인세 1% 인상	136	14	0.04%	4%
순수 알코올 온스당 0.25달러의 균일 주류세(물가 연동)	102	10	0.03%	3%
장기 자본 이득/적격 배당 소득세 2% 인상	103	10	0.03%	3%
세금 인상으로 인한 총 예상 수입	**11,678**	**1,168**	**3.15%**	**315%**

* '목표 신규 수입액 중 비중'은 제시된 각 정책이 재정 적자를 GDP 대비 약 1% 개선한다는 공동의 목표에 대해 얼마나 기여하는지를 보여주는 숫자다. 출처: 의회예산국, 합동세금위원회, 펜 와튼 예산 모델 분석

어떤 항목의 지출을 삭감해야 하는지를 고려할 때 가능한 방안들을 살펴보면 이자 상환이 아닌 지출의 약 70%가 '의무적'인 것을 금방 알 수 있을 것이다. 즉, 정부가 이미 체결한 계약상 반드시 지출해야 하거나 정치적으로 거의 삭감하기 불가능한 지출이다. 그 세부 내역은 다음 그림에 나와 있다.

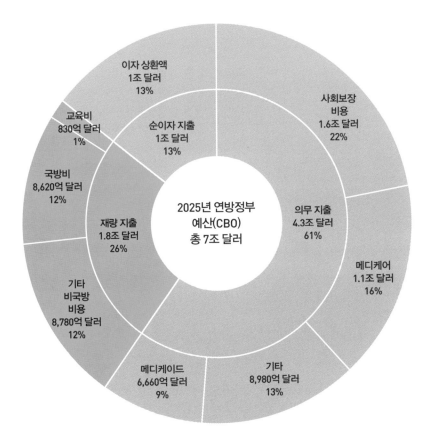

하지만 예산의 '의무 지출' 부분에서도 조금만 변화를 주면 당장 거의 누구에게도 영향을 미치지 않으면서도 큰 영향을 미칠 수 있는 부분이 많다. 예를 들어, 사회보장제도에 대한 두 가지 변화(퇴직 연령을 67세에서

70세로 점진적으로 연장하고, 급여 인상을 계산하는 데 더 현실적인 물가 상승률 측정 기준을 사용하는 것)만으로도 필요한 지출 삭감액의 약 10분의 1을 달성할 수 있다.

매년 의회의 재승인을 받아야 하는 '재량 지출'은 전체 지출의 약 30%를 차지하며(의무 지출 프로그램의 수혜자가 증가함에 따라 전체 지출에서 차지하는 비중이 빠르게 줄어들고 있다), **여기에는 국방비(재량 예산의 거의 절반), 재향 군인 의료비, 저소득층 임대 주택 지원, 저소득층 교통비 지원, 기초 의학 및 학문 연구 지원, 주정부 교육 자금 지원,** 그리고 정부의 수백 가지 다른 기능들이 포함된다. 이 지출을 승인하기 위해서는 매년 법안이 통과되어야 하므로 이 항목들이 가장 삭감하기 쉽다(하지만 정치적 이유 등으로 실제 삭감되지는 않았다). 만약 지출을 약 4% 삭감한다는 목표를 달성하기 위해 이 '재량 지출' 항목에서만 삭감한다면, 이 항목들은 평균적으로 15% 삭감되어야 할 것이다. 사실 나는 재량 지출과 비재량 지출의 구분이 절대적인 것은 아니라고 생각한다. 왜냐하면 양쪽 모두에서 삭감이 가능하기 때문이다. **중요한 것은 GDP의 3%에 해당하는 재정 적자 감축을 달성해 적자를 GDP의 3% 수준으로 낮추는 합리적인 조합을 찾는 것이다.**

지금 당장 해야 한다! 경기 흐름에 역행하는 방식으로 해야 한다!

다시 강조하자면, 정부 부채가 빠르게 증가해 예산 적자를 대폭 줄여야 할 때 가장 중요한 것은 1) 문제를 해결할 만큼 충분히 적자를 줄이고, 2) 경제 상황이 좋을 때 적자를 줄여 경기 흐름에 역행하는 대응을

하고, 3) 경제가 위축되지 않도록 경기 부양적인 통화 정책을 시행하는 것이다.

지금이야말로 상당한 규모의 부채 감축 계획을 실행하기에 매우 좋은 시기다. 왜냐하면,

- 경제가 좋을 때 정부 적자를 줄이는 것이 경제가 나빠져 부채 문제가 심각해지고 나서 대응하는 것보다 훨씬 낫다.
- 현재 미국 경제는 완전 고용에 가까우며, 성장은 적당히 왕성하고, 인플레이션은 약간 높으며, 민간 부문의 손익계산서와 재무상태표는 상당히 양호한 상태다(주로 정부가 부담을 졌기 때문이지만, 적어도 부담의 일부는 다시 민간으로 이전해야 할 것이다).
- 지금 계획을 실행하지 않으면 부채 문제는 더욱 커지고 해결하기 어려워질 것이다. 이는 특히 현재 부채 사이클이 기존 부채를 상환하기 위해 더 많은 차입과 더 많은 부채가 필요한 단계에 와 있으므로, 부채가 스스로 기하급수적으로 증가하고 있어서 더욱 그렇다.

지금 이 계획을 실행하는 것은 신뢰를 높이는 계기가 되어 온갖 종류의 유익한 연쇄 효과를 가져올 것이다. **부채 상황에 큰 영향을 미칠 수 있지만 잘 논의되지 않는 다른 아이디어들도 있다는 점은 주목할 가치가 있다. 예를 들어 정부 자산을 시장 가격으로 평가하고, 국부펀드를 조성하며, 미국이 보증하는 스테이블코인 발행 가능성을 탐색하는 아이디어는 나도 찬성한다. 만약 정부 자산이 경제적으로 관리된다면, 즉**

현재처럼 비효율적으로 관리되지 않고 경제적 관점에서 평가, 매입, 매각 그리고/또는 개발된다면, 그리고 자금도 풍부하고 운용도 효율적인 국부펀드가 존재한다면 어떤 긍정적 효과가 있을지 상상해보라. 이에 대한 논의는 다음 기회로 미루겠다.

이 장을 마무리하면서, 아무리 예산 계획이 완벽하다고 하더라도, 예상치 못한 엄청난 사태가 발생해 그 계획이 제대로 실행되지 못할 수 있다는 점을 다시 한번 강조하고 싶다. 예를 들어 전쟁이 발발해 적자를 악화시키고 비용이 더 늘어날 수도 있고, 아니면 기대하지 못했던 신기술 덕분에 생산성이 향상되어 소득과 세수가 증가하고 적자를 줄일 수도 있다. 이렇게 예측 불가능한 여러 사건으로 인해 우리의 계획대로 되지 않을 가능성이 크다. 따라서 미국 정책 입안자들은 정부 재정을 운용할 때 더욱 신중하고 보수적인 접근 방식을 취해야 한다고 생각한다. 왜냐하면 어려운 시기가 닥쳤을 때 정부 재정이 튼튼하지 못하면 최악의 상황이 발생할 수 있기 때문이다.

부록: 미국의 다양한 지출, 세금 및 이자율 변화가 재정 적자에 미치는 영향 상세 분석

정부의 수입 대비 부채를 안정화하는 목표를 달성하는 것은 마치 루빅스 큐브를 맞추는 것과 같다. 하나의 조각을 변경하면 다른 모든 조각에 영향을 미치기 때문이다. 다음 표들은 정부 지출 삭감, 세금 인상 및 이자율 변화의 다양한 조합이 정부의 수입 대비 부채 비율에 어떤 다양한 결과를 가져오는지 보여준다.

첫 번째 표는 현 상태, 즉 의회 예산처의 현재 예측에서 수입, 지출 또는 실질 이자율에 변화가 없을 경우 20년 후 미국 정부의 예상 부채 상황을 보여준다. 이 시나리오에 의하면 20년 후 미국의 정부 부채는 GDP의 130%를 넘어선다. 그러나 이런 계산을 할 때는 부채 수준을 명목 GDP가 아니라 세수와 비교하는 것이 중요하다. GDP는 종종 부채를 평가할 때 기준값으로 사용되지만, 세수 수준의 증감이 꼭 GDP 수준의 증감과 일치하지 않을 수 있기 때문에 오해를 불러일으킬 수 있다. 정부 재정을 다룰 때는 정부의 수입과 지출이 중요한 요소다. 이 예측을 정부 수입 대비 비율로 환산하면 미국의 부채는 현재 정부 수입의 약 5.8배에서 20년 후 7.2배에 이를 것으로 예상된다.

다양한 요소들이 어떻게 상호 작용하는지 이해를 돕기 위해, 이 표에서는 정부가 지출을 변경함에 따라 이 예측이 어떻게 변할지도 보여준다(정부 지출: x축, 오른쪽으로 갈수록 지출 감소, 그리고/또는 수입: y축, 아래로 갈수록 세금 인상). **이는 실질 금리를 인하하지 못하면 부채를 안정화하는 것이 얼마나 어려운지를 보여준다. 즉, 상당한 규모의 지출 삭감과 세수 증대가 있어야 한다는 말이다.**

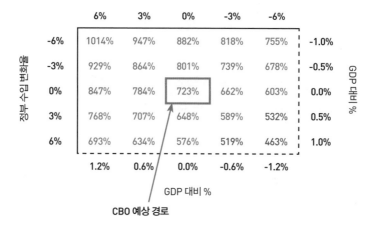

20년 후 정부 수입 대비 부채(CBO 예상 이자율 적용)
현재 부채/수입 = 583%
기준 기초 적자 = 수입의 12%(CBO 계산 기준)

정부 지출 변화율

정부 수입 변화율	6%	3%	0%	-3%	-6%	GDP 대비 %
-6%	1014%	947%	882%	818%	755%	-1.0%
-3%	929%	864%	801%	739%	678%	-0.5%
0%	847%	784%	723%	662%	603%	0.0%
3%	768%	707%	648%	589%	532%	0.5%
6%	693%	634%	576%	519%	463%	1.0%
	1.2%	0.6%	0.0%	-0.6%	-1.2%	

GDP 대비 %

CBO 예상 경로

다음 표들은 실질 금리가 1% 또는 2% 하락했을 경우에도 앞의 표와 동일한 방식으로 민감도 분석을 보여준다(즉, 실질 성장률보다 대략 1.5~2.5% 낮아지는 경우다). 이 표들은 다양한 정책의 조합이 재정 상태에 미치는 영향을 파악하는 데 도움이 될 것이다.

20년 후 정부 수입 대비 부채(실질 금리 1% 하락 시)
현재 부채/수입 = 583%
기준 기초 적자 = 수입의 12%(CBO 계산 기준)

정부 지출 변화율

정부 수입 변화율	6%	3%	0%	-3%	-6%	GDP 대비 %
-6%	831%	773%	717%	661%	607%	-1.0%
-3%	782%	724%	668%	612%	558%	-0.5%
0%	732%	674%	618%	563%	508%	0.0%
3%	681%	624%	567%	512%	457%	0.5%
6%	629%	572%	515%	460%	405%	1.0%
	1.2%	0.6%	0.0%	-0.6%	-1.2%	

GDP 대비 %

20년 후 정부 수입 대비 부채(실질 금리 2% 하락 시)
현재 부채/수입 = 583%
기준 기초 적자 = 수입의 12%(CBO 계산 기준)

정부 지출 변화율

정부 수입 변화율	6%	3%	0%	-3%	-6%	GDP 대비 %
-6%	725%	672%	620%	569%	519%	-1.0%
-3%	680%	627%	575%	524%	474%	-0.5%
0%	634%	581%	529%	478%	428%	0.0%
3%	587%	534%	482%	431%	381%	0.5%
6%	540%	487%	435%	384%	334%	1.0%
GDP 대비 %	1.2%	0.6%	0.0%	-0.6%	-1.2%	

마지막으로 다음 표에서는 각 정책 수단을 단독으로 사용할 때 얼마나 무리한 조치가 필요한지를 보여준다. 예를 들어 재량 지출만 삭감하려면 그 지출을 거의 50%나 줄여야 하는 반면, 정부 부채에 대한 이자율만 낮추려면 약 3% 정도만 인하하면 된다. 내가 3% 3단계 해결책을 좋아하는 이유가 바로 이것이다. 여러 가지 정책 수단을 동시에 활용해 각 수단에 가해지는 부담을 분산시키기 때문이다.

향후 10년간 미국의 수입 대비 부채 비율 안정화 방안

현재 중앙정부 부채(GDP 대비 %)	100%
현재 중앙정부 부채(수입 대비 %)	583%
2035년 예상 부채(GDP 대비 %, CBO 기준)	118%
2035년 예상 부채(수입 대비 %, CBO 기준)	648%
예상 명목 성장률(CBO 기준)	3.9%
예상 실질 성장률	1.9%
예상 물가상승률	2.0%
예측 실효 명목 이자율(CBO 기준)	3.5%
현재 금리(3개월 만기 금리와 10년 만기 금리의 평균)	4.5%

금리 인하가 유일한 수단이라면…

부채 안정화에 필요한 금리	1.0%
현재 이자율 대비 이자율 변화 폭	-3.5%
CBO의 예상 평균 이자율 대비 이자율 변화 폭	-2.5%

물가 상승이 유일한 수단이라면…

부채 안정화에 필요한 물가 상승률	4.5%
현재 예상 인플레이션 대비 필요한 인플레이션 변화 폭	2.5%

비용 감축이 유일한 수단이라면…

부채 안정화에 필요한 지출 삭감 비율	12%
재량 지출에서 차지하는 비율	47%

세수 증대가 유일한 수단이라면…

부채 안정화에 필요한 세수 증가 비율	11%

19장
내가 보는 미래

이 장에서는 현재 상황을 파악하기 위한 나의 측정 기준과 내가 생각하기에 가장 중요한 인과관계에 기반한 변화 발생 방식에 대한 나의 원칙들을 사용해 미래를 예측해보려고 한다. 독자들에게 이 장은 매우 흥미롭고 가치가 있지만 동시에 많은 논쟁을 불러오리라 생각한다.

"미래를 내다보는 수정구슬에 의지해 사는 사람은 결국 깨진 유리 조각을 먹게 될 것이다." 투자 경력 초기에 내가 배운 격언이다. 이 말이 옳다는 것을 여러 번 깨달은 다음부터 이 격언을 마음속 깊이 새기고 있다. 내가 성공을 거둔 이유는 아는 것보다는 모르는 것에 대처하는 방법을 알았기 때문이라고 생각한다. 그러므로 내가 어떻게 미래에 베팅하는지에 대해 간단히 설명하는 것으로 시작하겠다.

미래에 대한 베팅

투자 경력 초창기부터 나는 투자 결정을 내릴 때 시장과 경제를 움직이는 인과관계를 파악하는 것을 가장 중요하게 생각했다. 그리고 내가 식별한 인과관계가 사물과 상호 작용해 장기간에 걸쳐 모든 변화를 만들어내는 일종의 영구운동 기관처럼 작용한다는 것을 깨달았다. 이 영구운동 기관이 지금까지 일어난 모든 일을 어떻게 이끌어왔는지를 보면서 나는 (양자 세계를 제외하고는) 모든 것이 예정되어 있으며, 모든 인과관계를 고려하는 완벽한 모델이 있다면 미래를 거의 완벽하게 예측할 수 있다고 믿게 되었다. 완벽한 예측을 가로막는 유일한 장애물은 모든 인과관계의 역학을 이해하고 모델링하는 인간의 능력이며, AI의 발전을 통해 이에 훨씬 더 가까이 다가설 것으로 믿는다.

하지만 대부분의 사람은 그렇게 생각하지 않는다. 그들은 미래는 알 수 없는 것이며 운명은 존재하지 않는다고 믿는다. 나는 이 견해가 대체로 틀렸다고 확신하며, 앞으로 인과관계에 대한 이해가 깊어지고 이를 활용하는 사람들이 늘어남에 따라 믿음이 틀렸다는 것이 더욱 분명하게 드러날 것이라고 믿는다. 지금까지 투자자로 살아오면서 인과관계를 분석하고 설명하는 AI 기반의 전문가 시스템을 개발해 활용했고, 이것이 투자 성공의 중요한 요인이 되었다. 미래에는 모든 사람이 생성형 AI와 설명 가능한 AI 같은 첨단 AI 기술을 활용해 세상을 이해하고 예측하는 모델을 구축하리라고 생각한다.

분명히 말하면, 예정된 미래의 모습에 대해 거의 완벽한 그림을 제공하는 완벽한 모델을 갖는 것은 훌륭한 일이겠지만, 내 모델이 그것에 가까워질 것이라고 기대하지 않는다. 그래서 내 목표는 조잡하더라도 빠르게 발전하는 모델을 갖는 것이며, 그 모델이 있다면 경쟁자보다 우위를 점하게 해주고, 모델이 없을 때보다 더 나은 위치에 있게 해줄 것이다. 정확히, 또는 거의 정확히 예측하는 것은 너무나 많은 결정 요인이 매우 불확실한 방식으로 동시에 작용해 결과를 결정하기 때문에 현재는 불가능하다. 하지만 미래에 대한 많은 것(예를 들어 죽음, 세금, 개인의 생애 주기, 인구 변화, 사람들의 DNA와 환경이 그들에게 미치는 영향, 기타 다른 여러 인과관계)은 상대적으로 예측 가능하며, 대략적인 결과를 알 수 있는 좋은 지표다. 나는 특히 파급력이 크지만 지속 불가능한 상황을 찾아내고, 그런 상황이 결국 지속되지 않을 것이라는 예측에 기반해 투자한다. 즉, 비교적 잘 알려진 이러한 요소들의 영원하고 보편적인 인과관계에 대해 가능한 한 깊이 이해하려고 노력하고 투자 결정을 내린다. 그리고 이러한 이해를 바탕으로 상황이 어떻게 전개될 가능성이 높은지를 예측하는 템플릿/모델을 구축한다.

항상 모든 결과에는 원인이 있기 때문에 내가 경쟁자들보다 인과관계를 더 잘 이해한다면, 그들보다 더 정확하게 미래를 예측할 수 있고, 그 결과 투자 게임을 훌륭하게 해나갈 수 있다. 나는 과거 데이터를 이용해 그 효과를 검증한 포트폴리오 구성 시스템을 만들었고, 이것이 투자에 매우 도움이 된다고 생각한다. 나는 상황이 어떻게 변화하고 있는지, 그리고 내 베팅이 기대치에 비해 어떤 결과를 보이는지 끊임없이 비교한다. 결과가 기대와 일치하지 않으면 그 이유를 진단하고 의사결정 시스템을 개선한다. 내가 사용하는 컴퓨터 기반 전문가 시스템은 내가 하는 방식과 똑같이 결정을 내리도록 설계되었지만, 나의 두뇌 용량보다 훨씬 더 많은 정보를 빠르게 처리할 수 있기 때문에 나보다 더 나은 결정을 할 수 있다.[53]

나는 이렇게 독특한 방식으로 미래에 베팅하는 글로벌 매크로 투자자로서는 매우 성공했지만, 틀리는 경우도 빈번했으며(최소한 3분의 1 정도는 시장과 다른 방향으로 예측했다) 정확히 맞춘 적은 한 번도 없다. **단 한 번의 정말 나쁜 베팅이나 여러 번 반복하는 중간 정도의 나쁜 베팅만으로도 이 세계에서 탈락할 수 있다는 것을 알기 때문에 극도로 위험 회피적인 나는 뛰어난 위험 통제 시스템을 구축했다. 나는 위험한 투자를 피하는 대신 내가 판단하기에 위험하지만 수익률이 좋은 투자를 다양하게 분산해 위험을 관리한다.** 내게 가장 핵심적인 전략은 좋은 투자 기회를 여러 개 발굴하고, 그 투자가 서로 영향을 덜 받도록 구성하는 것이다.

50년이 넘는 전문 투자자 생활 중 약 35년 동안 이 접근 방식을 따랐다. 지금도 이 게임에 그 어느 때보다 빠져 있지만, 이제는 내가 배운 것을 혼자만 알고 있는 것이 아니라 다른 사람들에게도 전하고 싶다. 물론 다른 사람들이 내가 공유하는 것의 가치를 결정하겠지만, 내 경험상 가치가 있다고 생각한다. **내 투자의 성공은 앞에서 설명한 인과관계에 대한 깊은 이해를 바탕으로 이뤄졌으며, 특히 장단기 부채 사이클 및 정치 사이클, 자연재해, 그리고 새로운 기술을 창조하는 인류의 창의성과 같은 거시적인 흐름을 예측하는 데 집중했기 때문에 가능했다. 이러한 인과관계는 또한 논리적인 근거를 가지고 있으며, 오랜 역사 속에서 반복적으로 확인되었다. 여전히 우리가 알지 못하는 중요한 변수들과 예측하기 어려운 불확실성이 많이 존재하지만, 나는 그것들이 세상과 시**

---

53 여기서 내 투자 방식에 대해 자세히 설명하지는 않겠지만 혹시 이를 더 알고 싶다면 principles. com을 방문해 '달리오의 시장 원칙(Dalio Market Principles)' 강좌를 수강하기 바란다.

장을 움직이는 가장 크고 중요한 힘이라고 확신한다.

이제 투자 방식에 대한 설명을 마쳤으니 미래에 대해 내가 추측하는 바를 전달하겠다. 나는 내 템플릿을 이용해 대부분의 사람과는 다른 방식으로 상황을 파악한다. 특히 발생 가능성이 크지만 사람들이 잘 모르는 상황에 주목해 투자한다. 이는 내가 예상하는 결과가 가격에 아직 반영되지 않았기 때문에, 투자하기 좋은 상황이라는 의미다. 또한 죽음과 세금을 제외하고는 그 어떤 것도 절대적이지 않다는 점을 염두에 두기 바란다.

내 템플릿과 지표를 이용한 미래 전망

독자들은 앞서 설명한 5가지 주요 동인에 의해 통화 질서, 국내 정치 질서, 국제 질서가 어떻게 진화하고, 붕괴하고, 전환되는지를 이제는 이해했으리라고 생각하고 여기서 다시 반복하지는 않겠다. 나는 빅 사이클 템플릿과 지표를 이용해서 우리가 이 사이클의 어느 지점에 와 있는지 파악하고, 앞으로 일어날 일을 예측하며, 투자할 때는 이 분석 틀을 더욱 정교하고 구체적인 시스템으로 발전시켜 사용하고 있다. 이제 이러한 개념을 사용해 현재 상황에 대한 나의 생각과 예상하는 바를 전달하고자 한다.

2025년 3월 내가 글을 쓰는 시점에서 내가 보는 큰 그림에 대한 요약으로 시작하겠다.

1. 미국과 기존 세계 질서는 1945년에 시작된 빅 사이클을 약 80년

지나왔으며 이는 전체 사이클의 약 90∼95%에 해당한다. 빅 사이클은 인간의 생애 주기와 유사해 비교적 예측 가능한 단계를 거친다. 물론 이 주기에 대해 안다고 해서 정확히 미래를 예측할 수는 없지만 어떤 일이 일어날 가능성이 크고 그 대략적인 시기를 예측하는 데는 매우 유용하다. 나는 이 빅 사이클을 6단계로 구분했는데, 자세한 내용은 내 책 《변화하는 세계 질서》에서 설명했고 여기서도 간단하게 다룬 바 있다. 내 계산에 의하면 빅 사이클은 현재 단계5에 있으며, 이는 곧 심각한 갈등과 예측하기 어려울 정도의 큰 변화가 일어날 가능성이 매우 큰 시점이다.

2. **미국 및 기타 주요 경제국들은 1945년 이후 13번째 단기 부채/경제 사이클을 5년째 지나오고 있으며, 이는 내 계산으로는 현재 사이클의 약 3분의 2 지점에 와 있다.** 앞에서도 설명했지만 이 단기 부채/경제 사이클은 국내 정치 및 국제 지정학적 사이클, 자연재해, 새로운 발명과 상호 작용해 일반적으로 약 6년(± 약 3년) 주기로 발생하는 더 짧은 기간의 사이클을 일으킨다. 이 단기 사이클을 안다고 해서 미래를 정확히 예측할 수는 없지만, 무엇이 일어날 가능성이 크고 대략 언제 일어날지에 대해서는 꽤 많이 알 수 있을 것이다.

3. **현재 경제 상황에 거대하고 지속 불가능한 불균형이 존재하는데, 결국은 이 상황이 뒤집힐 것이기 때문에 좋은 투자 기회가 열려 있다고 생각한다.** 특히 소득 증가 속도보다 훨씬 빠른 속도로 부채가 늘어나고, 자산을 매입하고, 부채 자산과 부채가 쌓이는 현상이 지속 가능하지 않을 가능성이 크기 때문에 투자 기회가 될 수 있는 것이다.

4. 미국 새 행정부가 출범한 지 몇 주밖에 되지 않았고 트럼프 대통령은 지난 80년 동안의 어떤 대통령보다, 어쩌면 역사상 어떤 대통령보다, 이전에는 상상할 수 없었던 일들을 더 많이 하려는 경향이 있는 것처럼 보인다. 그렇기 때문에 어떤 조치가 취해지고 어떤 영향을 미칠지 전혀 예측할 수 없는 극도로 불확실한 지점에 와 있다.

내 분석에 따르면 현재의 상황은 역사적으로 1905~1914년과 1933~1938년, 그리고 그 이전 여러 시대, 여러 나라에서 존재했던 상황과 매우 유사하다. 앞에서도 말했지만 나는 이를 '빅 사이클 중 5번째 단계'라고 부른다. 단계5에서는 국가가 과도한 부채에 시달리고, 비효율적으로 운영되며, 분열되고, 다른 나라들의 위협을 받는다. 따라서 포퓰리즘적, 민족주의적, 보호무역주의적, 군국주의적, 권위주의적 접근 방식을 가진 지도자들이 등장할 가능성이 매우 크다.

역사를 통해 우리는 이러한 어려운 시기에 민주주의가 너무 분열되어 효과적이지 못하고, 지도자들이 효과적으로 타협하는 능력을 잃기 때문에 항상 훨씬 더 권위주의적인 통치로 이어졌다는 것을 알 수 있다. 이러한 시기에는 오직 힘만이 중요하며, 권력을 잡고 더 권위주의적인 지도자가 된 사람들은 내부 및 외부의 반대자들과 협력하기보다는 갈등을 벌이는 경향이 더 강하다. **새로운 지도자들은 항상 국가의 힘을 강화하기 위해 싸우겠다고 맹세하며, 경제적·지정학적·군사적 충돌을 주저하지 않는다.** 이러한 행동은 궁극적으로 대규모 충돌과 함께 통화 질서, 국내 정치 질서, 세계 지정학적 질서 전반에 걸쳐 큰 변화를 초래하기 직전까지 나아간다.

내 분석에 따르면, 현재 <u>모든 주요 강대국</u>이 이러한 상황에 처해 있다. 즉, 과도한 부채에 시달리고, 비효율적으로 운영되며, 분열되어 있다. 그리고 이러한 상황의 조합이 점점 더 민족주의적, 보호무역주의적, 군국주의적, 권위주의적인 지도자와 정책의 출현을 부추기고 있다. 이러한 지도자들, 특히 미국의 트럼프 대통령은 국가의 힘을 강화하기 위해 싸우고 싶어 하며, 승리하기 위해 경제적·지정학적·군사적 충돌을 주저하지 않는다. 최근의 주요 사건들이 내가 말한 고전적인 빅 사이클의 틀을 대체로 따르고 있으며, 이로 인해 세계가 과거 역사에서 반복되었던 대규모 충돌과 근본적인 변화를 맞이할 가능성이 매우 크다. **분명히 말하지만, 이러한 변화가 반드시 나쁜 것은 아니다. 왜냐하면 그 변화가 어떤 모습일지는 여전히 권력 실세들이 어떻게 하느냐에 따라 달라지기 때문이다.**

이제 이 책의 앞부분에서 공유했던 몇 가지 원칙을 지침으로 삼아 5가지 힘과 그에 따른 상황 전개를 좀 더 자세히 살펴보겠다. 나는 대부분 미국에 초점을 맞출 것이다. 왜냐하면 어떤 기준으로 봐도 미국은 가장 중요한 국가이며, 그 변화가 전 세계에 가장 큰 영향을 미치기 때문이다. 물론 다른 G7 국가와 중국 또한 비슷한 상황에 처해 있으며, 이 빅 사이클 속에서 서로 얽혀 있다. 그리고 모든 국가가 그 영향을 받을 뿐만 아니라, 일어나는 일에 서로 영향을 미칠 것이다. 또한 지금까지 설명한 내용과 더불어 인구 통계학적 힘도 앞으로 주목할 가치가 있다. 일하지 않는 노인 인구는 증가해 의료비 부담이 커지는 반면, 노동 인구는 감소해 극히 일부만이 실질적인 생산 활동을 하게 될 것이다.

1. 부채/화폐의 힘

이 책 앞부분에서 설명했지만, 내 기준에 따르면 현재 미국과 대부분의 주요 국가(다른 G7 국가들과 중국)는 과도한 부채 상태로 대규모 부채 사이클의 후반부에 놓여 있으며, 통화 정책 3(즉, 중앙은행이 국채를 매입해 대규모 재정 적자를 메우는 상황)에 자주 의존해야 한다. 결과적으로, 장기적인 대규모 부채 사이클 문제가 어떤 식으로든 통제되지 않으면 주요 기축통화로 표시된 부채 자산과 부채의 원치 않는 대규모 구조조정/화폐화가 발생할 가능성이 매우 커서 그 확률이 향후 5년 동안 약 **65%**, **향후 10년 동안 약 80% 정도다.** 이는 부채 자산과 부채가 이미 매우 크고, 차후 훨씬 더 높은 수준으로 증가할 것으로 예상되므로 대출 채권자를 만족시킬 만큼 충분히 높은 금리와 충분히 긴축적인 통화 정책을 유지하기가 점점 더 어려워질 것이다. 금리를 너무 높이거나 돈을 너무 묶어두면 차입 채무자가 힘들어지기 때문이다. 다음 차트는 G7 국가들의 1900년부터의 평균 총부채와 GDP 대비 부채 상환액을 보여준다.

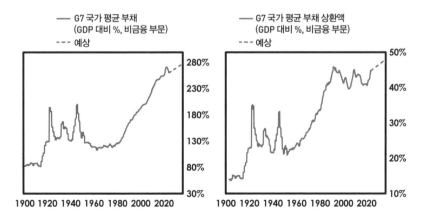

앞에서도 언급했지만 채무 위기가 임박했다는 신호로 받아들여야 할 다음 큰 적신호는 기존 채권 보유자들이 상당한 규모의 국채 자산(예: 채권)을 매도하는 상황이다. 이는 신규 국채 발행 및 판매와 맞물려 수요에 비해 엄청난 공급 과잉을 초래할 것이며, 중앙은행은 명목 및 실질 금리의 상승을 그대로 놔둘 것인지, 아니면 많은 돈을 찍어 장기 국채를 매입해 금리를 낮추고 결과적으로 부채와 통화 가치를 하락시킬 것인지 선택의 기로에 놓이게 될 것이다. **이제 내가 말한 원칙을 다시 한번 상기해보자.**

● **부채 상환에 필요한 돈의 양에 비해 부채가 너무 많은 시기에는 존재하는 돈의 양을 늘리거나 부채의 양을 줄여야 할 필요성 때문에 정부는 약속을 깨고 a) 돈과 신용의 양을 늘리거나, b) 부채의 양을 줄이거나(예: 구조조정을 통해), c) 경화(예: 금)의 자유로운 소유 및 이동을 막는 몇 가지 조치를 조합해 시행한다. 그러한 시기에 사람들은 악화에서 양화로 재산을 옮기려 하고, 정부는 이를 막으려고 해서 양화의 자유로운 보유 및 이동을 금지하는 조치가 내려지기도 한다.**

과도한 부채를 보유하고 있는 것은 이러한 국가에 이롭지 않다는 것은 명백하다. 역사를 돌아보면 유사한 상황에 처했던 국가들이 당시는 물론 현재에도 상상하기 어려울 정도로 보이는 다양한 극단적인 방법들을 사용해 부채 부담을 줄인 경우가 많았다. 이러한 극단적인 조치에는 채무 지급 동결, 적성국 자산 압류, 몰수세 부과 및 자본/외환 통제, 채무 불이행/만기 연장, 그리고 통화 유형 변경(금과 같은 실물 자산과의 연계를 끊거나 새로운 유형의 통화 창출을 통해) 등이 있다.

이러한 일들이 확실히 일어난다고 단정하는 것은 아니지만, 프랭클린 D. 루스벨트나 리처드 닉슨과 같이 도널드 트럼프보다 훨씬 보수적인

지도자들도 이러한 종류의 급진적인 변화를 단행했다는 점을 지적하고 싶다. 현재로서는 이러한 정책들이 현실화할 가능성이 작지만, 어떤 식으로든 지도자들이 부채의 수급 문제를 잘 관리해야 한다는 점은 의심의 여지가 없다. 이러한 극단적인 조치가 가져올 수 있는 위험성을 인지하고 상황 변화를 계속 주목하는 것이 중요하다. 내 생각에는 앞에서 제시한 '3% 3단계 해결책'과 함께, 경제에 부정적인 영향을 최소화하면서 부채를 줄이기 위해 재정 긴축 및 부채 구조조정과 같은 디플레이션의 방식과 통화 정책 완화 및 부채 화폐화와 같은 인플레이션의 방식을 균형 있게 사용하는 '아름다운 부채 축소' 전략을 함께 추진하는 것이 가장 좋은 방법이라고 생각한다. **어쨌든 생산적이지 못한 사람들의 과도한 소비를 지원하기 위해 갚을 수 있는 것보다 훨씬 더 많은 돈을 빌리는 시대는 끝나가고 있다. 앞으로의 주요 목표는 생산성을 높이는 동시에, 부채 부담을 줄이는 것(이는 또한 부채와 화폐의 가치를 감소시킬 것)이 될 것이다.**

앞서 언급했듯, 미국과 대부분의 주요 국가는 현재 단기 경기 사이클의 약 3분의 2 정도의 지점에 와 있는 것으로 보인다. 실질 및 명목 경제 성장률, 금리 및 물가 상승률로 본다면 이들 국가는 균형 수준에 가까워지고 있다. 2022년 3월에 시작된 통화 긴축은 미국 연준과 다른 G7 중앙은행들이 많은 돈과 신용을 무료로 제공했던 시대가 끝났음을 알렸다. 2022년 3월경부터 연준과 대부분의 다른 중앙은행들은 a) 차입 채무자에게는 좋고, 대출 채권자에게는 나쁜 인플레이션 통화 정책에서 b) (내 기준으로) 약간 긴축적인 통화 정책으로 전환했다. 이러한 긴축 정책과 공급망 문제 완화의 결과, 물가 상승률은 현재 목표치를 소폭 상회하는 수준으로 하락했으며, 결국 중앙은행들은 점진적으로 긴축 정책을 완화하기 시작했다. 대부분의 주요 국가의 중앙은행은 현재 국가별 상황에 따라 상대적으로 중립적인 통화 정책을 펼치고 있으며, 조건도 상대적으로 완화된 새로운 패러다임에 들어섰다(예: 미국은 G7보다 특히 기술 부문에서 강력한 경제 성장을 이끌어냈지만 다른 부문에서는 약세를 보인다). 그러나 영국과 프랑스, 그리고 브라질 같은 개발 도상국 등 일부 국가는 이 책 앞부분에서 설명했던 정부 부채의 수급 불균형으로 인해 어려움을 겪기도 한다. 전반적으로 현재 명목 및 실질 금리는 물가 상승률 및 성장률만으로 판단할 때 대출 채권자에게는 수용 가능하면서도 차입 채무자에게 너무 문제가 되지 않을 만큼 적절한 수준으로 보인다. 그러나 이 책에서 설명한 재정 수급 역학관계를 고려할 때 (내 기준으로는) 충분히 높지 않아 보인다.

　게다가 이러한 모든 것은 진행 중인 파괴적인 변화로 인해 내가 기억하는 그 어느 때보다 더 크게 다양한 부문의 여러 기업에 매우 상이한 수준의 영향을 미치고 있다. 지난 수십 년 동안 부채가 증가하는 동안 부채 상환액이 역대 최고치로 상승하지 않은 주된 이유는 금리가 1980~1981년부터 계속 하락하다 최근에야 다시 상승했기 때문이다. 실제 부채 상환액 변화는 금리 변화와 시차를 두고 발생하기 때문에(고정 금리 부채가 만기가 되어야 금리가 변한다) 우리는 부채 상환액이 현재 금리를 따라잡기 위해 계속 상승할 것으로 예상해야 한다. 2025년 3월 현재 물가 상승률 및 경제 성장률을 기준으로 볼 때, 현재 연준의 완화 정책은 적절하지 않다. 세계의 중앙은행 역할을 하는 연준이 어떻게 하면 대부분의 사람에게 효과적인 통화 정책을 펼칠 수 있는가. 내 생각에는 그것은 사실상 불가능한 일이며, 이 때문에 연준은 훨씬 더 많은 비판과 간섭에 시달릴 것 같다. 현재의 어려운 경제 상황과 과거 유사한 시기에 중앙은행들이 겪었던 경험을 고려할 때 중앙은행의 독립성은 당연한 것이 아니며 훼손될 수 있다는 점을 경계해야 한다.

이번의 가장 최근 단기 통화 긴축은 과거의 유사한 사례들과 두 가지 면에서 약간 다르다. 첫째, 정부 부문에서 민간 부문으로의 인위적인 대규모 부의 이전(정부 부문은 현재 많은 부채를 지고 있으며 민간 부문을 지원하기 위해 많은 돈을 빌리고 있음)이 있었기 때문에 민간 부문은 현재 재정 상태가 상당히 양호한 반면, 정부 부문은 앞서 설명한 바와 같이 재정 문제를 겪고 있다. 대부분의 선진국, 특히 3대 기축통화국인 미국, 유로존, 일본에서 중앙정부는 가계에 자금을 배분하기 위해 많은 돈을 빌려왔고, 여전히 빌리고 있다. 이는 이들 정부의 재정을 악화시키고 이 책 전반에 걸쳐 설명한 방식으로 이들을 위협하고 있다. 달리 말하면 최근 몇 년 동안 중앙정부와 중앙은행의 손익계산서와 재무상태표는 악화된 반면, 가계와 기업의 손익계산서와 재무상태표는 개선되었다는 의미다. 이는 민간 부문에 더 안전한 환경을 조성했다. 왜냐하면 중앙정부와 중앙은행이 부채 문제에 대해 크게 걱정할 필요가 없고, 자금 조달 압박이나 시장 불안에 대한 우려를 덜게 되었기 때문이다.

두 번째 요인은 민간 부문 내에서 기업들의 실적이나 재정 상태 등이 과거와 비교했을 때 훨씬 더 큰 편차를 보인다는 점이다. 2022년에 시작된 긴축은 일부 부문에 다른 부문보다 훨씬 더 심각한 타격을 입혔으며, 기술적·정치적·지정학적 변화가 산업 간의 격차를 더욱 크게 만들었다. 더 구체적으로 말하면 가장 최근의 단기 긴축 상황에서 과도한 레버리지를 사용하고, 현금이 부족하며, 금리에 민감하고, 실질적인 가치에 비해 주가가 과도하게 부풀려진 기업들과 이런 기업에 투자한 투자자들은 타격을 입었다. 반면, 현금이 풍부하고, 금리에 덜 민감하며, 재정적으로 건전하고, 유망한 기술 관련 기업과 그 투자자들은 큰 성공을 거두었다. 또한, 정부 부문에서 민간 부문으로의 부의 이전에도 불구하고, 빈부격차는 계속 확대되어 상대적으로 교육 수준이 낮은 하위 60%의 인구는 어려운 상황에 처한 반면, 교육 수준이 높고 호황 산업에 종사하는 상위 1%(약 300만 명)는 고소득 직업과 성공적인 투자를 통해 막대한 부를 축적하고 있다. 이런 현상은 특히 많은 유니콘 기업의 사례에서 가장 분명하게 드러난다. 이들 기업은 생산성을 향상시키고, 빠른 속도로 (서류상) 억만장자를 만들어내는 놀라운 신기술을 가지고 있기 때문이다.

내 기준으로 볼 때, 지금으로부터 2~3년 후에 부채 압박과 경기 침체가 동시에 발생할 가능성이 상당히 크다고 생각한다.

시장 상황

시장을 살펴보는 데 있어 다음과 같은 원칙에서부터 시작하는 것이 유용하다.

- 시장에는 거의 모든 사람이 믿고 현재 가장 인기 있는 밈이 항상 존재한다. 이는 가격에 반영되며 어떤 식으로든 틀릴 가능성이 크다. 이러한 밈은 일반적으로 과거의 성공적인 투자 사례를 바탕으로 미래에도 그럴 것이라는 기대감과 사람들의 감정이 합쳐져 만들어진다. 또한 대부분의 투자자는 시장 가격 책정을 고려하지 않는 경향이 있다. 다시 말해 그들은 과거에 좋은 성과를 냈던 투자 대상(예: 잘나가는 회사)이 앞으로도 계속 좋을 것으로 생각하는 경향이 있다. 그리고 가격(저렴한지 비싼지)이 가장 중요한 요소임에도 불구하고 이에 대해 충분한 주의를 기울이지 않는다. 이때는 거의 모든 사람이 (자산

가격 하락에 베팅하는 것보다) 자산 가격 상승에 베팅해 돈을 벌려고 하는 것이 일반적이며, 종종 레버리지를 사용하기도 한다.

내가 이 글을 쓰고 있는 2025년 3월 초, 가장 인기 있는 밈은 다음과 같다. 전반적으로 현재 상황이 좋고, 뛰어난 AI 기업들로 인해 앞으로 경제 상황이 더 좋아질 것이다. 그리고 트럼프 행정부가 여러 비효율성과 약점을 개선해 전반적인 상황을 더 좋게 만들 것이기 때문에 미래에 대해 낙관적인 전망이 퍼져 있다. 트럼프는 실용적이며 자본주의적이고 기업가적인 접근 방식을 취하고 있으며, 뛰어난 발명으로 세계를 변화시키는 제품을 만들어온 놀라운 실적을 가진 일론 머스크와 협력하고 있기 때문에 이러한 문제들을 해결할 것이다. 이 밈을 요약하자면 미국은 '미국 예외주의American exceptionalism(미국이 역사, 정치 시스템, 문화, 가치관 등에서 다른 나라와는 근본적으로 다른 특별한 존재라는 믿음 - 옮긴이)'를 입증했다는 것이다.

나는 이러한 미국 예외주의에 대한 밈이 일리가 있다고 생각하지만, 동시에 내 기준으로는 이미 과도하게 가격에 반영되어 있기 때문에 앞으로 다른 큰 문제들이 발생할 수 있다고 생각한다. 더 구체적으로 말하면, 나는 미국이 잘 발달한 시스템을 갖춘 예외적인 국가라는 점을 전혀 의심하지 않는다. 잘 발달한 시스템은 다음과 같은 특징을 가지고 있다.

1. 혁신,
2. 이익 추구를 위해 신중하게 위험을 감수하는 투자를 할 수 있도록 자금을 공급하는 선진 자본 시장(자연스럽게 비용을 절감하고 비효율적인 기업은 도태한다),
3. 대부분의 사람이 게임의 규칙을 알고 싸움 없이 분쟁을 해결될 수

있는 선진 법률 시스템(이는 국가 전체의 부와 국가의 영향력 같은 핵심 성과 지표 KPI 측면에서 측정했을 때 뛰어난 성과를 보여준다.)

동시에, 이 시스템은 교육 수준, 생산성, 소득, 부, 영향력, 기회 면에서 큰 격차를 만들어내고 있다. 이러한 불평등은 쉽게 해결될 수 없을 뿐만 아니라 국가의 장기적인 안정과 번영을 심각하게 위협하는 요인이 된다. **수요에 비해 압도적으로 부채가 많은 현재의 심각한 부채 문제는 거의 확실하게 통화 시스템에 근본적인 변화를 가져와 돈의 본질과 작동 방식을 바꿀 것이다. 이러한 변화는 부채 위기를 막기 위해 미리 나타날 수도 있고, 위기가 발생한 후에 그에 대한 대응으로 나타날 수도 있다. 개략적으로 말하면 이러한 부채 위기가 전개되는 방식에는 차이가 있지만, 돈의 가치가 떨어지는 상황에서는 채권과 같은 부채 자산을 보유하는 것보다 실물 자산처럼 구매력을 유지하는 다른 형태의 자산을 보유하는 것이 항상 유리했다.**

또한 현재 우리가 와 있는 빅 사이클의 단계5에서는 국내 부채/경제 상황이 국내 정치 및 사회 질서의 힘, 국제 지정학적 힘, 자연재해, 기술 변화에 크게 영향을 받는다는 점도 주목할 필요가 있다. 지금은 대부분의 국가가 겪고 있는 국내 정치적 갈등과 외부 지정학적 갈등이 1930년대 이후 그 어느 때보다 국가 재정에 더 큰 영향을 미치고 있는 상황이다. 예를 들어, 적대적인 국가에 의해 주요 공급망이 끊기는 것을 방지하기 위한 온쇼어링 onshoring(생산 시설이나 공급망을 자국 내로 다시 가져오는 정책-옮긴이), 프렌드쇼어링 friendshoring(생산 시설이나 공급망을 정치적으로 우호적인 국가들로 재편하는 정책-옮긴이) 및 기타 형태의 정책들이 비용 효율성보다 더 중요한 경제 정책의 결정 요인이 되었다. 이런 현상은 제

2차 세계대전 이후 처음 있는 일로서, 비용이 많이 들고 결과적으로 부채를 증가시키는 경향이 있다. 마찬가지로, 국가 재정 상태도 마지막 빅 사이클이 끝나고 새로운 사이클이 시작한 이래 그 어느 때보다 국내 정치적 갈등과 외부 지정학적 갈등에 큰 영향을 미치고 있다.

신흥국의 경우는 장애물을 극복하고 경제적·재정적으로 급성장하는 국가들(예: 인도, 인도네시아 및 대부분의 다른 아세안 국가들 및 걸프협력회의 국가들)과 뒤처지는 국가들(예: 가난하고 무질서한 개발 도상국, 특히 돈이 거의 없고 기후 변화로 인해 불리한 상황에 놓이는 국가들)의 두 가지 유형으로 나뉜다. 재정적으로 건전하고, 질서 있고, 상대적으로 지정학적으로 중립적이며, 최고의 인재와 가장 보람 있는 시스템을 갖춘 국가들이 가장 잘하고 있으며 앞으로도 계속 그럴 것이라는 것은 논리적이며 사실인 것처럼 보인다. 왜냐하면 나는 여전히 ● **세계화는 멈출 수 없는 힘**이라고 믿기 때문이다. 민족주의의 증가와 국가 지도자들의 보호 및 통제 욕구 증가에도 불구하고 실제로는 돈을 가진 사람들이 국적에 상관없이 서로 협력해 국제적인 사업 거래를 성사시키려는 움직임이 10년 전보다 훨씬 더 활발하게 일어나고 있다. 사람들과 그들의 사업 활동은 이미 다국적인 성격을 띠고 있으며, 이러한 경향은 앞으로 더욱 가속화될 것이다. 이는 과거부터 지속적으로 증가해 온 흐름이며, 최근에는 그 속도가 더욱 빨라지고 있다.

2. 국내 질서 및 무질서의 힘

현재 미국 정치의 단기 사이클 내의 흐름을 살펴보면, **2024년 미국 대**

선에서 트럼프와 공화당의 압도적인 승리로 인해 선거 결과에 대한 논란 없이 평화로운 정권 교체가 이뤄졌다. 이렇게 정권이 바뀔 때 나타나는 원칙은 다음과 같다.

● 새롭게 대중의 선택을 받아 권력을 잡은 지도자가 등장한 초기(예를 들어 새로운 대통령의 취임 후 첫 100일 동안) 밀월 기간에는 대체로 낙관론이 존재한다. 이때는 위대한 변화와 대규모 개선에 대한 꿈이 존재하며 아직 새로운 지도자가 현실을 어떻게 형성하고 처리했는지에 대한 비판이 본격화되기 전이다. 시간이 지남에 따라 일반적으로 지도자가 당선되기 위해 했던 큰 약속들은 이행하기 어려워지고 나쁜 일들이 발생해 실망감이 커지며 비판가와 야당은 더 대담해지고 지지율은 하락한다. 이 모든 것은 권력을 유지하기 위한 싸움을 더 어렵게 만들고, 종종 그렇게 하기 위해 더 극단적인 행동으로 이어진다.

새 행정부가 시작된 지 얼마 되지 않은 시점에서 트럼프 대통령이 전통적인 '초당적인 협치'보다는 자신의 정책을 일방적으로 추진하려는 경향이 있다는 것은 거의 모든 사람이 인정하는 사실이다. 이러한 대립적인 통치 스타일은 최근 수십 년 동안 심화한 미국 국내 정치 갈등의 연장선상에 있다. 다음 차트는 미국의 국내 정치적 갈등이 역사상 얼마나 심각한 상황인지를 보여준다. 첫 번째 차트는 상원과 하원의 보수적인 공화당 의원들과 상원과 하원의 진보적인 민주당 의원들이 과거에 비해 얼마나 극단화되었는지를 보여준다. 이 측정 기준에 따르면, 그들은 이전보다 더 극단화되었고, 그들의 의견 차이는 이전보다 훨씬 더 커졌다. 이 통계가 정확히 맞다고 하기 어려워도 대체로 맞다고 생각한다.

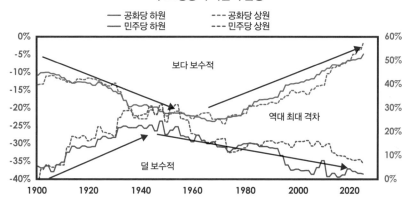

주요 정당의 이념적 입장

보다 보수적

역대 최대 격차

덜 보수적

또한, 의원들이 소속 정당의 당론에 따라 투표하는 경향이 과거 어느 때보다 강해졌다. 이는 소속 정당의 입장과 다른 의견을 내거나, 상대 당과 타협해 합의에 도달하려는 의지가 줄어들었다는 의미다. 한마디로 국내의 정치적 분열이 매우 심각하고 완고해졌다.

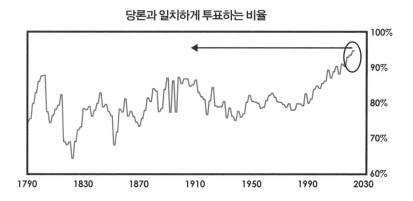

당론과 일치하게 투표하는 비율

이런 양극화는 전 세계적인 현상이며, 나라마다 정도의 차이는 있지만 발생하고 있다는 사실은 부인할 수 없다. 다음 표를 보면 많은 나라에서 서로 다른 정당을 지지하는 사람들 사이에 매우 심각한 갈등 또는 다소 심각한 갈등이 있다고 느끼는 사람들이 점점 늘어나고 있다는 것을 알 수 있다.

**자국 내에서 서로 다른 정당을 지지하는 사람들 사이에
매우 또는 다소 심각한 갈등이 있다고 말하는 사람들의 비율**

	2022	2021	차이
프랑스	74%	65%	9%
독일	68%	56%	12%
스페인	68%	58%	10%
캐나다	66%	44%	22%
영국	65%	52%	13%
네덜란드	61%	38%	23%
벨기에	53%	46%	7%
싱가포르	43%	33%	10%
스웨덴	43%	35%	8%

다음 차트는 1900년 이후 전 세계적인 정치적 양극화의 수준을 보여준다. [54]

글로벌 정치 양극화 지수

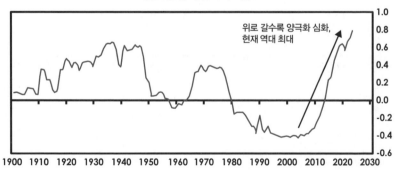

위로 갈수록 양극화 심화,
현재 역대 최대

하지만 이는 높은 내부 갈등을 반영하는 여러 척도 중 일부에 불과하다. 민주주의 작동 방식에 대한 불만과 함께 사람들의 생산성, 부, 가치관의 격차가 커짐에 따라 더욱 포퓰리즘적인 갈등이 심화하고 1905~1914년과 1933~1938년 시대와 유사한 정책들이 나타나는 것이 분명해 보인다. 앞서 설명했듯이, 이러한 갈등의 시기에는 더 권위주의적인 정부 형태로의 전환이 일어나기 쉽다.

● **민주주의가 실패하면 독재 정권이 등장한다.**

여러 국가 내에서 강경 우파, 약한 중도, 강경 좌파 간의 포퓰리즘적 갈등이 심화하고 있으며, 이로 인해 큰 정치적 변화(주로 강경 우파로의) 와 혁명적인 변화가 일어나고 있다. 생산적인 사람들에게는 보상이 주어지고 비생산적인 사람들은 고통받는 현대 사회에서 이런 상황이 발생하면 가장 큰 고통을 받는 사람은 가장 비생산적이고 가장 가난한 사람들이다. **역사가 보여주듯, 이러한 상황은 일반적으로 위협적인 결과를 초래한다.**

● **무질서한 시대에는 법보다 금융, 정치, 군사력이 더 중요하며, 약하고 무질서한 집단주의보다 권위주의가 더 효과적이다.** 우리는 현재 도널드 트럼프와 그의 행정부가 미국의 쇠퇴를 되돌리고 '미국을 다시 위대하게' 만들기 위해 미국을 장악하는 극적인 장면을 목격하고 있다. 그는 미국을 다시 경쟁력 있게 만들려고 노력하지만, 동시에 우리는 여러 국가, 산업, 기업의 지도자들을 포함한 많은 사람이 서로를 이기려고 경쟁하

---

54 이 내용은 스웨덴 예테보리대학교에서 운영하는 '민주주의 다양성(Varieties of Democracy)' 프로젝트에서 가져온 것이다. 이 프로젝트는 5가지 거버넌스 및 시민 사회 지표를 포괄하는 표준화된 글로벌 데이터베이스를 구축하는 것을 목표로 한다.

는 현상이 점차 두드러지는 것을 보고 있다. 그 경쟁은 너무나 극심해져서 이제 경쟁자를 죽일 수도 있는 지경에 이르렀다.

역사에서 보듯, 민주주의에서 독재 정권으로의 권력 이양은 민주주의 내에서 합법적으로 질서정연하게 이뤄지는 경우가 많았다. 왜냐하면 사람들은 민주주의 시스템이 작동하지 않는 것에 지쳐서 혼란을 통제하고 잘 작동시킬 지도자에게 권력을 넘겨주기를 원했기 때문이다. 이것이 분명히 지금 일어나고 있다. 그러나 권력 이양 후에는 항상 그랬듯이 ● 새로운 지도자들은 사회적 갈등이 심한 시기에는 자신의 권력을 강화하는 조치를 취했으며, 권위주의적인 지도자일수록 이러한 경향이 더욱 두드러지고 강압적인 방식으로 나타난다. 반대 세력이 여전히 위협적이므로 그들을 약화시키기 위한 대응을 해야 하는데, 이는 집권한 지도자와 당이 점점 더 법을 통제함으로써 이루어질 가능성이 크다. 우리는 현재 미국에서 대통령이 행정 명령을 사용해 이러한 일을 하는 걸 보고 있다. 언제나 그렇듯이, 행정부 수반이 원하는 것과 삼권분립 정부의 다른 부분(즉, 사법부와 입법부)이 원하는 것이 충돌할 때 그러한 우려가 현실로 나타날지, 아니면 견제와 균형을 통해 제어될 수 있을지는 좀 더 지켜봐야 할 것이다.

앞으로 여러 세력 간, 특히 대통령/행정부와 다른 정부 부처(특히 사법부) 간, 그리고 연방정부, 주정부, 지방정부 간에 더 많은 싸움(법적 다툼 및 기타 갈등)이 일어날 것으로 예상해야 한다. 이러한 싸움은 누가 실제로 권력을 가지고 있는지 명확히 보여줄 것이다. 행정부와 사법부 간의 권력 한계 시험 싸움에서 사법부는 패배할 것이다. 왜냐하면 행정부가 집행 권한을 훨씬 더 많이 통제하기 때문이다. 실제로 법무부는 행정부 소속이므로 대통령의 통제하에 있다. 공권력의 집행 주체는 육군,

주 방위군, 주 및 지방 경찰이며, 대통령은 이들을 통제하지만 사법부는 아무것도 통제하지 못한다. 이러한 이유로 도널드 트럼프는 쉽게 뉴욕 시장 에릭 애덤스에 대한 소송을 취하라고 지시할 수 있었다. **우리는 더 많은 권력 투쟁을 예상해야 한다. 나는 대통령이 이러한 싸움에서 대부분 승리할 것이라는 데 의심의 여지가 거의 없다.**

이러한 유형의 리더십이 좋은 것인지 나쁜 것인지에 대한 견해는 사람마다 다르다. 8장에서 강력한 CEO와 선동가의 접근 방식이 구별하기 어렵다는 점을 설명했는데, 둘 다 통제권을 잡고 급진적인 개선을 목표로 급진적인 변화를 일으키는 사람들이기 때문이다. 도널드 트럼프의 경우가 확실히 그렇다. 도널드 트럼프는 선동가일까? 플라톤에 따르면 선동가는 사람들의 감정, 두려움, 편견, 욕망에 호소해 권력을 얻는 정치 지도자이며, 종종 교묘하고 기만적인 언어를 사용한다고 한다. 선동가는 일반적으로 대중의 감정을 자극하고 복잡한 문제에 대한 쉬운 해결책을 약속하며, 진실을 왜곡하고 합리적인 담론을 방해하는 경향이 있다. 트럼프의 권력 남용을 막을 수 있는 견제 장치가 있는지, 그리고 그가 얼마나 강하게 자신의 의지를 관철하려 할지 정말 우려스럽다. CEO와 달리 미국 대통령에게는 이사회가 없다. 효과적인 규제 기관이 있는가? 있다고 해도 그들이 누구인지 명확하지 않다.

트럼프 대통령이 "미국을 다시 위대하게 만들겠다"라며 사용하는 정책이 1930년대 극우 국가들이 사용했던 정책과 놀랍도록 유사하다고 말하는 것은 논란의 여지가 없는 사실이다. 정부의 다른 부처를 무시하고 대통령의 권력을 극대화하려는 그의 시도는 앤드루 잭슨(우파)과 프랭클린 D. 루스벨트(좌파)가 했던 방식과 매우 유사하다. 하지만 트럼프는 그들보다 훨씬 더 공격적이다. 우리는 그가 어디까지 밀어붙일지 지켜

볼 것이다. 역사적으로 ● 큰 갈등의 시기에 공격적인 지도자들은 반대파를 제거하기 위해 지도자에게 특별한 권한을 부여하도록 법을 변경하고, 정부 친화적인 선전을 유포하기 위해 언론에 대한 통제력을 강화한다. 내부 또는 외부 반대파와의 갈등이 더욱 심해지면 결국 반대파를 표적으로 삼는 법과 처벌이 부과될 것이다.

트럼프 대통령이 추진하는 정부 개혁은 단기적인 비용 절감 효과를 가져올 수 있지만, 그 과정에서 많은 사람의 반발을 사고 사회적 지원체계를 약화하는 등 부정적인 결과를 초래할 수 있다. 내 아내는 극빈층이 사는 동네에서 가난한 학생들을 돕는 일을 하고 있다. 이들은 영양부족으로 고통받으며 유일하게 학교 급식 프로그램에 의존하지만, 그것마저 사라지면 끔찍한 2차 결과를 초래할 것이다. 이러한 2차 결과는 급진적인 변화 이후의 미래를 생각할 때 반드시 고려해야 한다.

● 어떤 사회 시스템이 성공하려면 모든 사람에게 적절한 조건을 제공해야 한다는 점을 잊어서는 안 된다. 과연 그게 가능할까? 미국의 문제는 우리의 교육, 가족, 사회 시스템에 깊고 광범위한 부패가 존재하고 있어서, 이로 인해 많은 아이가 생산적이고 시민적이며 건강한 삶을 영위하도록 양육되지 못한다는 것이다. 이는 여러 세대에 걸친 문제이며, 특히 분열된 리더십과 이를 해결하는 데 투입되는 부족한 자원으로는 거의 해결이 불가능하다. 현재 인구의 극히 일부만이 생산성이 높고 번영을 누리고 있다. 구체적으로 상위 1%의 사람들이(그리고 점점 더 많은 기계가) 혁명적인 변화를 만들어내고 있다. 그들과 그들을 돕는 상위 9%가 합쳐 상위 10%는 매우 잘살고 있다. 그다음 30%는 그럭저럭 살고 있으며, 하위 60%는 끔찍한 상황에 놓여 있다. 이들은 순기여자가 아니라 순비용이다(평균적인 독해 수준은 초등학교 6학년 수준에도 미치지 못하

며, 세금으로 납부하는 금액보다 공공 지원금으로 더 많은 금액을 받는다). 트럼프 행정부의 정책은 가장 생산적인 사람들에게 더 많은 돈, 권력, 자유를 넘겨주고 생산성을 높이는 것을 목표로 한다. 이는 모든 사람, 특히 트럼프 행정부 사람들이 고려해야 할 2차 결과를 초래할 것이다. 잘못 관리되어 엉망이 된 나라를 운영하고 개선하는 것은 쉽지 않으며, 민주주의가 흔들리는 시기에 사람들을 동시에 만족시키는 것은 더욱 어렵다. 하위 60%의 사람들이 어떻게 지내고 느끼는지 우리 모두 정기적으로 확인할 것을 권장한다.

3. 국제 질서와 무질서의 힘

우리는 현재 국제 질서가 빅 사이클의 이 단계에서 전형적으로 나타나는 방식으로 변화하는 것을 목격하고 있다. 즉, 공동의 이익(예: 교역)을 추구하는 보다 협력적인 다자주의적 세계 질서에서 벗어나 금융, 정치, 군사력을 과감하게 사용해 자국 이익을 추구하는 보다 대립적이고 일방적인 세계 질서로 전환되고 있다. 앞에서도 설명했지만 이는 빅 사이클의 한 부분으로 권위주의적이고 대립적인 성향의 지도자가 부상하는 시기다. 현재 상황이 빅 사이클의 5단계에서 전형적으로 나타나는 모습과 유사하며, 국지적으로 더욱 폭력적인 양상을 띠는(예: 러시아 대 우크라이나, 이스라엘 대 이란 및 그 대리 세력) 일종의 세계 전쟁이 진행 중이지만, 아직 주요 강대국(미국과 중국) 간의 폭력적인 충돌로 이어지지는 않았다.

이 단계에서는 ● 강자가 약자를 먹잇감으로 삼는 경향이 점점 더 뚜렷

해진다. 결과적으로 약한 제국은 걱정해야 한다. 약한 제국은 어디일까? 트럼프 대통령, 블라디미르 푸틴, 그리고 유럽인들을 포함한 전 세계 모든 사람은 **유럽이 약하고 쉬운 먹잇감**이며, 러시아는 유럽의 적이 될 가능성이 크고, 트럼프의 '미국 우선주의' 정책은 유럽 방어에 소극적인 정책으로 이어질 가능성이 크다는 것을 알고 있다. 또한, 모든 사람은 트럼프가 극우 성향이므로, 극우 성향이면서 싸울 능력이 있는 국가들과 연합하고, 사람들과 국가들이 자신이 원하는 대로 행동하도록 당근과 채찍을 모두 사용할 가능성이 크다는 것을 알고 있다. 이것이 새로운 세계 질서와 미국이 이끄는 '연합국' 진영의 재편을 이끄는 요인이다. **빅 사이클의 이 단계에서는** ● **상황이 빠르게 변화함에 따라 동맹 관계도 빠르게 변하고, 충성심보다 승리가 더 중요해진다는 것을 잊어서는 안 된다.** 예를 들어, 독일과 러시아는 제2차 세계대전 중 빠르게 동맹 관계에서 적으로 바뀌었다. **우리는 동맹 관계가 빠르게, 그리고 이전에는 상상할 수 없었던 방식으로 변화할 것이라고 예상해야 한다.** 예를 들어, 트럼프의 미국과 푸틴의 러시아가 연합하고, 러시아와 중국 사이에는 진정한 애정과 충성심이 없기 때문에 중국이 더욱 고립될지라도 놀랍지 않을 것이다. **마찬가지로, 우리는 유럽이 미국보다 중국과 더 가깝게 지내는 것을 볼 수도 있다. 이렇게 전에는 상상할 수 없었던 변화들이 빅 사이클의 이 단계에서 종종 발생한다. 우리는 곧 많은 것을 배우게 될 것이다.**

　미국과 중국 간의 강대국 갈등에 관해서는 미국이 상대적으로 쇠퇴하고 있으며, 중국과의 갈등이 증가하고 있다는 것을 객관적으로 부인하기는 어렵다. 이는 다음 차트에 명확하게 나와 있는데 왼쪽 차트는 내가 개발한 총체적 국력 지수(21가지 국력 측정 기준으로 평가)를 보여주고, 오른쪽 차트는 미중 갈등의 강도에 대한 나의 지표를 보여준다. 이 차트는 강대국 간의 갈등과 투키디데스 함정Thucydides Trap(새롭게 부상하는 강대국이 기존의 강대국을 위협할 때, 양국 간에 불가피한 충돌이 발생할 가능성이 높다는 이론-옮긴이)이 작용한다는 것을 보여준다.

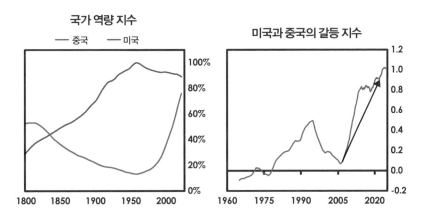

트럼프 대통령은 미국의 상대적인 쇠퇴를 역전시키려 하고 있으며, 미국과 중국은 군사적 충돌은 피하고 있지만 여러 분야에서 전쟁을 벌이고 있는 것은 확실하다. 2025년 3월 초 현재, 미-중 관계 또는 더 넓게는 국제 관계가 정확히 어떻게 될지는 알 수 없다.

미래 예측 가능한 기간 내에 미-중 간의 군사 전쟁은 없을 것이라고 예상한다. 양측 모두 그것이 상호 확증 파괴로 이어질 것이라는 것을 잘 알고 있기 때문이다. 중국이 전쟁을 감행할 유일한 이유는 대만 문제를 포함해 자국의 주권에 대한 실제적인 위협이라고 생각할 때다. 또한 미국의 어떤 대통령도 (TSMC의 칩 생산 손실과 같은) 생존에 대한 위협이 없는 한, 전쟁을 일으키지는 않을 것이라고 예상한다. 동시에 트럼프 대통령이 적절한 조건과 큰 대가를 받는다면 대만을 협상 카드로 내놓을 수도 있다고 생각한다. 트럼프와 시진핑은 강대국을 이끄는 강력한 지도자들이며, 서로 직접 협상하기 위해 정기적으로 대화를 나눌 것이다. 양측 모두 자국에 대한 군사 전쟁과 생존에 위협적인 상황을 피하고 싶어 하지만, 동시에 서로를 위협으로 보고 제거하고 싶어 할 것이다.

어느 쪽이든 전쟁에서 승리할 수 있는 유일한 방법은 상대방이 보복할 엄두조차 내지 못할 정도의 압도적인 기술을 비밀리에 개발해 단순히 상대방에게 보여주는 것만으로 어떤 형태의 항복을 끌어내리라고 생각한다. 이는 역사적으로도 있어 왔던 일로서 미국이 원자폭탄을 비밀리에 개발해 히로시마와 나가사키 공격을 통해 일본에 그 힘을 보여준 것과 유사하다. 나는 분명히 그러한 시나리오를 배제하지 않는다. 양국 모두 비밀리에 엄청나게 강력한 기술 개발에 힘쓰고 있다고 확신하기 때문이다.

어느 쪽도 미-중 관계가 과거로 돌아갈 것이라고 믿지 않는다. 양측 모두 군사 전쟁을 원하지 않지만, 미국과 중국은 현재 외교 전쟁, 사이버 전쟁, 무역 전쟁 등 다른 형태의 전쟁을 벌이고 있으며, 서로에게 심각한 위협과 피해를 주고 있다. 상대방을 적으로 여기고, 상대방이 자신에게 매우 해로운 일을 하고 있다는 깊은 믿음이 존재한다는 것은 부인할 수 없다. 가장 중요하면서도 위험한 일들이 비밀리에 진행되고 있지만, 현재 상황에서는 양측 모두 통제하지 않으려 하므로 위험하다.

그럼에도 불구하고 나는 중국이 자국 주변 지역 외에서는 지정학적 우위를 얻기 위한 공개적인 싸움에는 관여하지 않으면서 a) 자국을 위협하거나 해치는 국가나 세력에 대해 보복할 수 있는 강력한 힘을 구축하고, b) 시진핑 주석(현재 70대 초반)이 생전에 이루고 싶어 하는 목표로 잘 알려진 대만 통일을 추진할 것이라고 예상한다. 앞에서도 말했지만 이러한 이유로, 만일 내가 대만인이라면 미국이 중국에 큰 양보를 받는 대가로 대만을 협상 카드로 사용할 가능성에 대해 매우 걱정할 것 같다. 물론 그렇게 하려면 중국이 대만을 통제하게 되더라도 미국이 반도체 칩 공급에 있어서 안보상의 위협을 받지 않도록 확실한 안전장치가 마련되어야 할 것이다. 또한 중국은 경제적 및 지정학적 힘을 모두 활용해 글로벌 사우스 국가들과 중요한 관계를 구축하는 노력을 계속할 것으로 예상한다. 글로벌 사우스라는 거대한 시장에서 중국의 공산품과 다수의 건설 회사는 여전한 가격 경쟁력과 매력을 제공할 것이다.

각국 정부는 점점 더 민족주의적이고 보호주의적인 경향이 강화되고 있지만 개인과 투자자, 기업인들은 역사상 그 어느 때보다 상호 의존적이 되었으며, 투자 및 사업 거래는 이전보다 훨씬 더 국제적인 규모로 진행되고 있다. 이러한 이유로 국내에서 일어나는 일이 국제적으로 영향을 미치고, 그 반대도 마찬가지다. 경제적인 사건이 지정학적인 사건에 미치는 영향과 그 반대의 영향 또한 과거 어느 때보다 커졌고, 이는 정책, 투자 및 사업에 영향을 미치고 있다. 예를 들어, 기술 전쟁에서 승리해야 할 필요성 때문에 정부 주도로 국내외 정책들이 하향식으로 결정되고 추진되고 있다. 여기에는 반도체 칩 생산, 데이터센터 투자 및 개발, 전력 생산, 기술 금수 조치, 경제 제재, 외국인 투자 심의위원회 및 역 외국인 투자 심의위원회 규제, 글로벌 인재 확보 등이 포함된다. **내가 가장 중요하게 보는 것은 각국 지도자의 현실적인 판단 능력, 그들과 그들의 반대자들의 대응 능력, 그리고 어려움에 직면했을 때 위기관리 능력이다. 나는 국제 투자 및 사업 거래가 더 어려워지고 줄어들기는커녕, 더 쉬워지고 늘어날 것으로 생각한다.**

이상이 세계의 지정학적 질서에 대해 내가 생각하는 것이지만, 사실 그 어떤 것도 확신하지는 못한다.

4. 자연재해의 힘
(가뭄, 홍수, 팬데믹)

우리는 분명히 자연의 힘과 그 영향을 간과할 수 없다. 8장에서 설명했듯 역사를 통틀어 자연재해는 전쟁보다 더 많은 사람의 목숨을 앗아갔고, 다른 4가지 힘을 합친 것보다 더 많이 질서를 무너뜨렸다. 앞으로 자연재해는 더욱 빈번해지고 그 비용 또한 엄청나게 증가할 가능성이 크다. 현재 세계 주요 국가들이 많은 부채에 시달리고 해결해야 할 다른 시급한 사안으로 인해 재정적 부담을 느끼고 있으므로, 자연환경의 변화로 인해 발생하는 높은 비용을 선제적으로 예방하고 대비할 여력이 거의 없을 것이다. 하지만 그 비용은 (견딜 수 없이 더운 날씨, 가뭄, 홍수, 해수면 상승, 건강 문제, 해류와 해양 생물에 변화를 가져올 해양 생태계 손상, 종의 멸종 등의 피해를 예방하기 위해 돈을 지불하든, 피해가 발생한 후에 복구하기 위해 돈을 지불하든) 결국 발생할 것이다. 따라서 이러한 자연환경의 변화에 적응하기 위해서는 막대한 금액의 지출이 필요할 것이다. 기후 변화로 인해 큰 영향을 받고 있지만 이를 해결할 자원이 없는 남반구 국가들의 경우, 이런 상황은 국내 갈등과 이민으로 이어질 수 있다. 우리가 미국과 유럽에서 이미 본 것처럼, 이런 이주민들은 다른 국가들에 부담을 주고 국내 및 국제 정치 모두를 더욱 불안정하게 만들 것이다.

5. 기술/인간 생산성의 힘

앞의 4가지 힘의 추세가 인류에게 더욱 부정적인 방향으로 나아가는 것

처럼 보이지만, 기술력은 인류 역사상 그 어느 때보다 강력하며 앞으로 몇 년 동안 더욱 강력해질 것이다. 우리는 산업 혁명기에 기계 노동이 인간 노동을 보완하고 능가했던 것처럼, 기계의 사고가 여러 면에서 인간의 사고를 보완하거나 능가하는 새로운 시대의 문턱에 와 있는 것 같다. 과거에는 암산 능력과 많은 사실을 기억하는 것이 중요했지만, 컴퓨터의 등장으로 이러한 능력의 중요성이 상대적으로 줄어들었다. 정보를 얻기 위해 전통적인 방식 대신 구글(또는 그에 상응하는 것)에 의존하게 된 것처럼 우리는 곧 컴퓨터로부터 다양한 상황에서 무엇을 해야 할지에 대한 지침을 얻게 될 것이다. 컴퓨터가 우리보다 더 빠르고 더 나은 지침을 제시하기 때문이다.

향후 5년 동안 우리는 대부분의 분야에서 극적인 발전을 보게 될 것이다. AI 기능 개발은 AI 응용의 시작에 불과하다. 내가 속한 투자 분야에서 브리지워터는 수십 년 동안 전문가 시스템을 통해 AI에 투자해왔는데, 현재 개발되고 있는 능력은 믿을 수 없을 정도다. 사람들이 자신의 머리로 결정을 내리는 시대는 끝나가고 있다. 나와 브리지워터의 직원들은 투자 의사결정 자동화를 통해 이러한 혁명을 경험하고 활용해왔으며, 앞으로의 발전에 대해 매우 긍정적인 전망을 가지고 있다.

이러한 기술들은 거의 모든 것에 영향을 미치기 때문에, 이를 잘 활용하는 국가, 투자자, 기업들의 성과 수준에는 엄청난 차이가 있을 것이다. 이러한 도구를 효과적으로 사용하는 방법을 아는 사람들은 보상을 받을 것이고, 그렇게 하지 못하는 사람들은 불이익을 받을 것이다. 그러나 투자 관점에서 볼 때, 이러한 새로운 기술에 투자하고 개발하는 데 드는 비용에 비해 얼마나 많은 수입을 올릴지는 명확하지 않다. 다른 여러 국가도 이러한 새로운 기술을 개발하고 활용하며 이익을

얻고 있지만, 현재 이 강력한 신기술 설계의 주요 경쟁국은 미국과 중국이며, 그 결과는 양국의 경제 및 군사력에 큰 영향을 미칠 것이다. 미국은 최첨단 반도체 칩 개발에서는 중국보다 앞서 있지만 생산에서는 약세를 보이고 있는 반면, 중국은 첨단 칩 개발에서 미국을 바짝 추격하고 있다. 상대적으로 덜 복잡한 칩을 훨씬 저렴한 비용으로 생산하는데 앞서 있고, AI를 적용하고 확산시키는 분야에서 선두를 달리고 있다. 이 경쟁에서 우위를 확보하기 위해 양측 모두 상대방의 것을 빌리고 훔치는 한이 있더라도, 자국의 이익을 방어하려는 상당한 노력이 있을 것이다. 나는 대체로 ● **지적재산권 보호는 별 효과가 없다**는 원칙을 염두에 두고 있다. 엄청난 노력을 기울여 보호되는 극도의 비밀(예: 원자폭탄 개발)은 숨겨질 수 있겠지만, 공개적으로 사용되는 기술은 거의 즉시 복제된다고 봐야 한다. 법률 시스템 역시 지적재산권을 제대로 보호하지 못한다. 이러한 이유로 좋은 아이디어가 공개되고 대중의 호응을 얻으면 약 6개월 안에 복제될 것이라고 생각해야 한다.

AI 기술이 국가 간 힘의 관계를 변화시키는 유일한 중요 기술이 아니라는 점도 분명히 해야겠다. 미국과 중국이 주요 경쟁자인 칩과 AI 분야 말고도 양자 컴퓨터, 유전자 편집 및 생명 공학, 로봇 공학, 우주 과학 등 많은 기술이 있다. 세계 최고의 컴퓨터 과학 대학 40개 중 20개를 보유한 중국[55]은 기술 경쟁에서 미국에는 만만치 않은 적수다.

결론적으로, 나는 창의적이고 실용적인 사람들이 자본의 힘으로 필요한 자원(아마도 가장 중요한 것은 이러한 새로운 AI 기술)을 얻고, 발전

---

55 출처: 〈US뉴스&월드리포트〉 2024~2025년 컴퓨터 과학 분야 세계 최고 대학 순위

에 도움이 되는 훌륭한 환경에서 활동한다면 혁명적인 수준의 발전과 개선이 일어날 것이라고 기대하며 매우 낙관적으로 전망하고 있다. 물론 새로운 기술은 양날의 검이다. 새로운 기술은 서로에게 좋은 일을 하는 방법을 발전시켰지만, 서로에게 해를 끼치는 방법도 발전시켰다. 다음 차트에서 볼 수 있듯이 실질 GDP와 기대 수명은 기하급수적으로 향상되었다. 이는 지식의 성장률이 가속화되고 이전의 지식을 기반으로 더욱 빠르게 증가하기 때문이며, 이런 추세는 AI의 도움으로 더욱 가속화될 것이다.

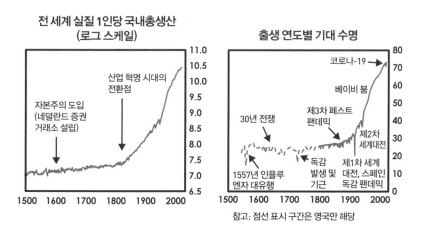

참고: 점선 표시 구간은 영국만 해당

그래서 우리는 어디로 가는가?

서두에 던졌던 질문으로 돌아가 결론을 내자면, 내가 알지 못하는 것이 내가 아는 것보다 훨씬 더 많으며, 2025년 3월 초 이 글을 쓰는 현재 나는 그 어느 때보다 더 극도의 불확실성 속에 놓여 있다. 트럼프 행정부가 불과 40일 전에 출범했고 통화, 미국 정치, 지정학적 세계 질서를 바꾸려는 그의 거대한 움직임들이 이제 막 시작되었기 때문이다. 동시에 나는 우리가 보게 될 어떤 변화든 이전에도 여러 번 일어났던 방식과 유사한 이유로 유사하게 일어날 것이라는 점도 알고 있다. 다만 현대적인 방식으로 다소 변화는 있을 것이다. 따라서 이러한 질서의 변화는 과거의 패턴과 5가지 큰 힘 사이의 논리적 관계에 기반한 나의 템플릿대로 계속될 가능성이 크다고 생각한다.

향후 몇 년 동안 상황이 어떻게 전개될지 살펴보면, **기술 발전이 아무리 강력하더라도 다른 힘으로부터 오는 역풍을 압도하기에는 역부족일 가능성이 크다고 믿는다.** 내가 이런 결론을 도출하게 된 근거는 첫째, 1985년부터 우리가 경험한 놀라운 디지털/컴퓨터/인터넷 붐을 참조했고, 둘째 다른 4가지 힘이 부정적으로 작용했던 시기의 위대한 발견과 기술 발전(예: 철도, 증기 기관, 전기, 항공)의 영향을 살펴본 결과다. 나는 이러한 사례들을 참고해서 AI, 로봇 공학, 양자 컴퓨팅, 생명 공학 등에서 다가오는 새로운 기술로 인해 향후 30년 동안 일어날 수 있는 일을 예측했고, 이전 기술 혁신이 생산성에 어떤 영향을 미쳤는지 스스로에게 물었다.

더 구체적으로 말하면, 나는 지난 30년 동안 일어났던 변화의 약 150%가 오늘날의 새로운 기술에서 발생할 것으로 추정했다. **내 측정 기준에 따르면, 오늘날의 기술 혁명은 시장과 경제 상황에 미치는 영향 면에서 역사상 가장 강력한 혁명이 될 것이다. 그러나 나의 대략적인 계산에 따르면, 이러한 긍정적인 힘도 부채, 내외부 갈등, 기후 변화 및 인구 통계학적 역풍을 상쇄하기에는 충분하지 않을 것이다.** 유사하면서 흥미로운 점은 과거 기술 혁신이 활발했던 산업혁명이나 1920년대를 분석한 결과, 당시 등장했던 위대한 신기술들이 생산성을 크게 향상시킬 잠재력을 가지고 있었음에도 불구하고 경제, 정치, 사회 등 빅 사이클의 다른 주요 힘들이 부정적으로 작용하면서 그 효과가 제대로 나타나지 못하고 억눌렸다는 것이다. **따라서 앞으로 다른 주요 힘들을 안정적이고 긍정적인 방향으로 잘 관리하는 것이 성공적인 미래를 만드는 데 가장 중요한 요소라고 생각한다.**

나는 향후 5~10년이 모든 주요 질서에서 엄청난 변화의 시기가 될 것이며, 지금부터 그때까지 완전히 다른 세계로 가는 시간 여행을 하는 것처럼 느껴질 것이라고 확신한다. 현재 잘나가는 여러 국가, 기업, 사람들이 몰락하고 현재 어려움을 겪는 사람들이 부상할 것이다. 우리의 사고방식과 행동 방식은 우리가 전혀 예측할 수 없는 방식으로 매우 달라질 것이다.

나는 또한 이러한 일련의 상황에 대처하는 방식에는 더 좋은 방법과 더 나쁜 방법이 있으며, 가장 좋은 방법은 확률에 따라 행동하고, 적절한 분산투자와 건전한 기본 원칙을 고수하는 것임을 알고 있다. 최고의 투자처에 관해서는 나는 이러한 기본 원칙을 제대로 지키는 국가들, 즉 국민을 잘 교육해 숙련되고 교양 있으며 생산적인 활동을 할 수 있는 훌륭한 기회 환경을 제공하고, 지출보다 더 많은 돈을 벌어 건전한 국가 소득명세서와 재무상태표를 보유하고, 무질서보다는 내부 질서를 유지하고, 국제 전쟁에 휘말릴 위험이 낮고, 심각한 자연재해를 겪을 위험이 낮으며, 기술 변화로부터 가장 큰 혜택을 받는 국가들이라고 믿는다.[56]

---

56 각 국가들의 성과를 평가하는 나의 핵심 성과 지표(KPI)에 관심이 있다면, economicprinciples.org에서 업데이트된 국가 역량 지수(Country Power Index)를 확인하기 바란다.

결국 훌륭한 인적 자본을 갖는 것이 가장 중요할 것이다.

앞서 말했지만 ● 가장 크고 중요한 힘은 사람들이 서로를 대하는 방식이다. 만약 사람들이 자신들의 문제와 기회를 공동의 것으로 인식하고, 서로에게 피해를 주지 않으면서 전체의 이익을 극대화하는 데 집중한다면, 최상의 결과를 얻을 가능성이 크다. 한 가지 예로 정부 지도자들은 이제 자국의 부채와 통화를 효율적으로 관리할 수 있게 되었다. 미국의 경우, 재정 적자를 GDP의 3% 수준으로 감축하면 정부 부채 시장 및 경제 위기 위험을 크게 줄일 수 있다. 마찬가지로 국내외 질서 유지, 자연재해 대응, 그리고 첨단 신기술 관리 역시 권력을 가진 사람들이 서로 긴밀히 협력한다면 훨씬 더 긍정적인 결과를 가져올 것이다.

불행히도 이러한 일들이 얼마나 실현될 가능성이 있는지 객관적인 관점에서 살펴보면 상호 이익을 위한 협력의 가능성은 작다는 결론에 도달할 것이다. 현실은 빅 사이클을 오늘날의 상황으로 이끈 여러 사건 때문에 각 파벌 내에는 반대쪽 사람들이 자신들에게 해를 끼치고 있으며, 어떤 희생을 치르더라도 싸워서 이겨야 한다고 생각한다. 마찬가지로 반대 파벌의 사람들도 어떤 희생을 치르더라도 싸워서 이겨야 한다고 믿는다. 우리는 역사로부터 극단적인 파벌주의가 파멸을 초래한다는 것을 알고 있다.

바라건대 이런 상황을 보고 사람들이 걱정하고 상황을 개선하기 위해 아직 자신들의 힘으로 할 수 있는 일을 하기를 바란다. 그래서 나의 마지막 원칙은 이렇다. ● 걱정하지 않는다면 걱정해야 하고, 걱정한다면 걱정할 필요가 없다. 잘못될 수 있는 일에 대해 걱정하는 것이 당신을 보호해줄 것이고, 걱정하지 않는 것은 당신을 무방비 상태로 만들 것이기 때문이다.

독자들 모두 다가오는 흥미로운 시대를 대비하기 위한 좋은 원칙들
을 찾기를 기원한다.

Ray

저자 소개

레이 달리오는 50년 이상 글로벌 매크로 투자자로 활동해왔다. 1975년 두 개의 침실이 딸린 아파트에서 브리지워터 어소시에이츠를 설립했으며, 40년 동안 이 회사를 세계 최대이자 가장 성공적인 헤지펀드로 성장시켰다. 〈포춘〉에 따르면 브리지워터는 미국에서 다섯 번째로 중요한 사기업으로 평가되었다. 롱아일랜드의 평범한 중산층 가정에서 자랐으며, 12세에 처음으로 투자에 발을 디뎠다. 저자이자 강연자로 최고 정책 입안자들의 자문역으로 활동했으며, 〈타임〉은 그를 '세계에서 가장 영향력 있는 100인' 중 한 명으로 선정하기도 했다. 〈CIO〉와 〈와이어드〉는 독특하고 혁신적인 사고방식과 산업을 변화시킨 접근법에 주목하며 그를 '투자계의 스티브 잡스'라고 칭했다. 또한 〈포브스〉는 레이 달리오를 미국에서 가장 관대한 자선가 50인 중 한 명으로 선정했다.

　2017년, 성공의 원칙을 책과 영상을 통해 전파하기로 결심하고 처음으로 출간한 《원칙》은 〈뉴욕타임스〉 베스트셀러 1위와 아마존 비즈니스 도서 올해의 책 1위에 올랐으며, 전 세계에서 500만 부 이상 판매되었고 30개 이상의 언어로 번역되었다. 2021년 출간된 그의 책 《변화하는 세계 질서》도 〈뉴욕타임스〉 베스트셀러에 올랐으며, 전 세계에서 100만 부 이상 판매되었다. 그가 제작한 30분 분량의 유튜브 애니메이션 영상 시리즈(〈경제는 어떻게 작동하는가How the Economic Machine Works〉, 〈성공 원칙Principles for Success〉, 〈변화하는 세계 질서 대응 원칙Principles for Dealing with the Changing World Order〉)는 누적 2억 5,000만 뷰를 기록하고 있다. 2018년 출간한 《금융위기 템플릿》 또한 경제학자, 정책 입안자, 투자자들로부터 좋은 평가를 받았다.

　신간 《빅 사이클》에서 레이 달리오는 자신이 "대규모 부채 사이클"이라고 정의한 현상의 최종 단계를 이해하기 위한 특별한 틀을 처음으로 공개하며, 이 단계들이 오늘날 세계에서 목격되는 극적인 통화, 정치, 지정학적 변화를 주도하는 '전반적인 빅 사이클'로 이어지는 과정을 설명한다.

THE BIG CYCLE SUMMARY

빅 사이클 서머리

《빅 사이클》 핵심 문장 모음

레이 달리오 지음 ┃ 조용빈 옮김

HB 한빛비즈
Hanbit Biz, inc.

《빅 사이클 서머리》는 《빅 사이클》의 핵심 문장이 담긴
초판 한정 부록으로 비매품입니다.

이 책을 읽는 법

독자들의 전문 지식 수준이 다양하고 투자할 수 있는

시간에 차이가 있다는 점을 잘 알고 있다. 따라서 원하는

것을 얻을 수 있도록 가장 중요한 요점들을 모아

핵심 내용만 읽고, 관심 있는 세부 사항은 선택적으로

본책을 통해 자세히 살펴볼 수 있도록 했다.

이 요약본을 통해 현실에 잘 대처하는 데 도움이 되면서,

시대를 초월한 보편적인 진리와 원칙을 전달하려고

노력했다.

서문

● 우리가 시스템의 작동 방식에 대해

　동의하지 않는다면, 현재 일어나고 있는 일이나

　앞으로 일어날 일에 대해서도

　동의할 수 없을 것이다.

PART ONE.

대규모 부채 사이클 개요

● 신용/지출/부채 상환의 역학관계는 본질적으로 순환적일 수밖에 없다.

● 부채란 돈을 내겠다는 약속이다. 부채 위기는 부채를 이행할 수 있는 보유 자금보다 더 많은 약속을 했을 때 발생한다. 이러한 상황에서 중앙은행은 a) 화폐를 대량으로 발행해 평가절하할 것인지, 아니면 b) 화폐 발행을 자제해 심각한 채무 불이행 위기를 초래할 것인지 강제된다. 그리고 중앙은행은 항상 화폐를 발행해서 평가절하를 선택한다. 하지만 채무 불이행이든 평가절하든 결과에 관계없이

과도한 부채는 궁극적으로 부채 자산(예: 채권)의

가치를 떨어뜨린다.

● 시장에는 거의 모든 사람이 믿고 현재 가장 인기 있는

밈(meme, 많은 사람들이 공유하고 믿는 생각이나

신념, 특히 투자에 대한 대중적인 믿음이나 추세-

옮긴이)이 항상 존재한다. 이는 가격에 반영되며

어떤 식으로든 틀릴 가능성이 크다. 이러한 밈은

일반적으로 과거의 성공적인 투자 사례를 바탕으로

미래에도 그럴 것이라는 기대감과 사람들의 감정이

합쳐져 만들어진다. 또한 대부분의 투자자는 책정된

시장 가격을 받아들이지 않는 경향이 있다.

다시 말해 그들은 과거에 좋은 성과를 냈던 투자 대상

(예: 잘나가는 회사)이 앞으로도 계속 좋으리라고

생각하는 경향이 있으며, 가격(저렴한지 비싼지)이

가장 중요한 요소임에도 불구하고 이에 대해 충분한

주의를 기울이지 않는다. 이때는 거의 모든 사람이

(자산 가격 하락에 베팅하는 것보다) 자산 가격

상승에 베팅해 돈을 벌려고 하는 것이 일반적이며,

종종 레버리지를 사용하기도 한다.

● 부채 자산의 순매도, 특히 정부 부채 자산의

순매도는 큰 위험 신호다.

● 금리가 상승하면 중앙은행은 보유한 채권에서

손실을 본다. 왜냐하면 부채에 대해 지급해야

하는 이자율이 매입한 부채 자산에서 나오는

이자율보다 높기 때문이다. 이는 분명 주목해야

할 현상이기는 하지만, 아직 당장 큰 문제가 되는

것은 아니다. 그러나 중앙은행의 순자산이 매우

큰 마이너스 상태가 되고, 보유 자산에서 얻는

수익보다 부채에 대한 이자 지급이 훨씬 많아져 현금

흐름이 마이너스가 되는 상황이 발생하면 이야기가 달라진다. 이때 중앙은행은 마이너스 현금 흐름을 메우기 위해 결국 추가로 돈을 '찍어내야' 하기 때문이다.

● 대규모 부채 위기는 발생하게 마련이다.

● 호황기에 저축을 늘려 불황기에 사용할 수 있도록 하는 것이 유리하다. 하지만 과도한 저축과 부족한 저축 모두 비용이 발생하며 누구도 완벽한 균형을 맞추지는 못한다.

● 부채 위기의 발생을 예측하는 가장 좋은 방법은
GDP 대비 부채와 같은 단일한 요소나 숫자에
초점을 맞추지 않고 상호 연관된 여러 역학관계를
이해하고 중점적으로 연구하는 것이다.

● 부채가 자국 통화로 표시된 경우 중앙은행은 부채
위기를 완화하기 위해 돈을 '찍어낼' 수 있으며
그렇게 할 것이다.

● 모든 부채 위기, 심지어 심각한 부채 위기조차도 경제
정책 입안자들이 부채 부담을 줄이는 디플레이션

방식(즉, 채무 상각 및 채무 구조조정)과 부채 부담을

줄이는 인플레이션 방식(즉, 통화와 신용을 창출해

채무자에게 제공하고 부채 상환을 용이하게 하는 것)

이 서로 균형을 이루도록 재구조화하고 화폐화하면

잘 관리할 수 있다. 핵심은 상환 기간을 분산시키는

것이다.

● 부채 위기는 제국을 멸망시키기도 하고, 위험과

기회를 동시에 제공하기도 한다. 작동 원리를

이해하고 잘 헤쳐 나갈 수 있는 원칙만 가지고

있다면 큰 투자 기회가 되기도 한다.

● 가장 중요한 변화의 동인은 다음 5가지다.

　· 부채/신용/화폐/경제 사이클

　· 내부의 정치적 질서/무질서 사이클

　· 외부의 지정학적 질서/무질서 사이클

　· 자연재해(가뭄, 홍수, 전염병)

　· 인간의 창의성, 특히 새로운 기술의 발명

● 모든 시장과 모든 경제는 단순히 그것들을 구성하는

　거래의 총합이며, 거래란 단순히 구매자가

　판매자에게 돈(또는 신용)을 주고, 판매자는

그 대가로 구매자에게 상품이나 서비스 또는

금융 자산을 주는 것이다.

● 거래에서 가격은 구매자가 지불하는 돈/신용의

총액을 해당 거래에서 판매자가 주는 제품의

수량으로 나눈 값과 같으며, 시장은 이러한 거래의

총합이라고 할 수 있다.

● 가격(P)=물건 구입에 지불한 총금액($)/판매한

총수량(Q) 또는 간단히 P=$/Q라고 할 수 있다.

- 어떤 재화나 서비스 또는 금융 자산의 가격은 구매자가 지출한 총금액($)을 판매자가 판매한 총수량(Q)으로 나눈 값과 같으므로 총지출($)과 총판매 수량(Q)을 알면 가격과 필요한 정보를 모두 알 수 있다.

- 지속 불가능한 구매율 그리고/또는 지속 불가능한 판매율을 알 수 있다면 지속 불가능한 가격 및 경기의 수준을 미리 알 수 있다.

- a) 더 많은 돈과 신용이 창출되어(더 많은 지출이 발생) b) 생산자가 더 많은 양을 생산할 수 있는 능력이 있을 때 c) 지출($)과 판매량(Q)이 모두 증가하므로 비인플레이션 성장이 발생할 가능성이 더 크다.

- a) 더 많은 돈과 신용이 창출되었지만(더 많은 지출이 발생) b) 생산자가 더 많이 생산할 수 있는 능력이 거의 또는 전혀 없을 때 c) 실제 성장은 거의 없고 인플레이션만 심해진다.

● 사람들은 사용하기 위해 상품과 서비스를 구매하고, 돈을 벌기 위해(즉, 부의 저장 수단으로) 투자 상품을 구매한다.

● 사람들이 화폐와 신용을 어디에 사용할지를 선택하는 것은 구매하려는 품목의 상대적 매력에 따라 달라진다.

● 통화는 교환의 매개체이자 부의 저장 수단(부채 자산)이다. 다시 말해, 통화는 거래와 투자 모두를 촉진한다.

● 투자는 오늘의 돈과 신용을 미래의 돈과 신용으로

교환하는 것이다.

● 모든 투자 시장은 수익률과 가격 변화라는 두 가지

방식으로 이익을 창출한다. 이 둘을 합치면 총수익이

된다. 즉 모든 투자에서

'총수익=수익률+가격 변화'다.

● 대체로 모든 투자 시장은 제공하는 총수익을

기준으로 서로 경쟁한다. 이는 a) 대부분의 투자자가

수익률에서 이익을 얻든, 가격 상승으로 이익을

얻든 상관하지 않고 무조건 총수익에 더 관심이 있기 때문이며,[1] b) 투자에 대한 총수익을 기반으로 차익 거래를 할 수 있기 때문이다.[2]

● 물가 상승률을 감안한 투자 자산의 기대 수익률 (즉, 실질 기대 수익률)은 각 투자처로 흘러가는 자금의 양에 영향을 미친다.

● 가격은 상대적 가격 형성을 이해하기 위해 반드시 알아야 하는 특정 결정 요인들과 연결되어 있다.

● 부채 자산은 미래의 특정 날짜에 특정 금액의

　통화를 받을 것을 약속하는 것이므로 부채와 통화는

　본질적으로 동일하다.

● 5가지 주요 주체들의 유형이 돈과 부채 사이클을

　주도한다. 이들은 다음과 같다.

　·차입해 채무자가 되는 주체로, 나는 이들을

　'차입 채무자(borrower-debtor)'라고 부르며

　주로 민간 또는 정부 기관이다.

　·대출해 채권자가 되는 주체로, 나는 이들을

'대출 채권자(lender-creditor)'라고 부르며

주로 민간 또는 정부 기관이다.

·대출 채권자와 차입 채무자 사이에서 돈과

　신용 거래를 중개하는 주체로, 일반적으로

　은행이라고 불린다.

·중앙정부

·자국 통화로 돈과 신용을 창출하고 돈과 신용 조달

　비용에 영향을 미칠 수 있는 정부 통제 중앙은행

● 신용/부채의 확장은 차입 채무자와 대출 채권자

　모두 차입 및 대출의 의사가 있어야 하므로 거래는

양쪽 모두에게 유리해야만 발생한다.

● 장기적으로 부채는 상환하는 데 필요한 소득보다 더

빠르게 증가해서는 안 되며, 이자율은

차입 채무자에게 너무 높거나 대출 채권자에게

너무 낮아서도 안 된다.

● 대규모 부채 위기는 부채 자산과 부채의 규모가

실제 통화량 그리고/또는 실제 재화와 서비스의

양에 비해 너무 커질 때 발생한다.

● 중앙은행은 부채와 경제 성장 및 인플레이션을

　 허용 가능한 수준으로 유지하기를 원한다.

　 다시 말해, 그들은 부채와 수요가 지속 가능한

　 것보다 훨씬 빠르거나 느리게 성장하는 것을 원하지

　 않으며, 물가 상승률이 너무 높거나 너무 낮아 경제

　 상황이 악화하는 것도 원하지 않는다.

● 중앙정부는 국민을 만족시키기 위해 일하는

　 사람들이 운영하는 정치 조직이므로 국민이

　 좋아하는 것을 해주려고 노력한다.

● 실질 소득에 비해 부채 자산과 부채의 규모가

  클수록, 대출 채권자를 만족시킬 만큼 충분히 높은

  금리를 유지하면서도 차입 채무자를 해치지 않을

  정도로 금리를 낮게 유지해서 균형을 맞추기가 더

  어려워지므로, 부채로 인한 시장 및 경제의 침체

  가능성이 더 커진다.

● 단기 부채 사이클이 모이면 장기 (대규모) 부채

  사이클이 되는데, 앞으로 이를 간단히 대규모 부채

  사이클이라고 부르겠다.

● 지속 가능한 부채 사이클과 지속 불가능한 부채
   사이클을 구분하는 기준은 부채가 상환에 필요한
   충분한 소득 또는 그 이상의 소득을 창출하는지
   여부다. 소득이 부채 및 부채 상환액만큼 빠르게
   증가하지 않으면 소득 대비 부채 비율이 자동으로
   증가하므로 부채 상환 및 지출 수준을 유지하기
   위해서는 추가 차입이 필요하게 된다.

● 부채 위기로 향하는 확실한 징후는 부채 상환을 위해
   또다시 차입을 일으켜야 하고, 그 속도가 증가하는
   경우다.

● 부채가 항상 나쁜 것은 아니다. 심지어 경제적이지

않더라도 그렇다. 신용이나 부채가 지나치게 적게

증가해도 과도하게 증가하는 것만큼이나 경제에

심각한 문제를 초래할 수 있다. 이는 경제 주체들이

투자나 소비의 기회를 놓치는 형태로 나타난다. 그

이유는 1) 수익성이 없어 포기했을 분야에서 부채를

이용해 상당한 발전을 이루는 데 사용될 수 있고,

2) 정부가 부채 구조조정 과정을 통제하고, 부채가

중앙은행이 발행할 수 있는 통화로 되어 있다면,

고통을 분산시켜 부채 문제로 인한 손실을 감당할

만한 수준으로 유지할 수 있기 때문이다.

● 부채와 부채 자산은 경제 사이클이 거듭될수록 지속적으로 증가해왔다. 부채 규모가 계속해서 커지다가 결국에는 더 이상 감당할 수 없는 수준에 도달하거나, 부채 자산으로 얻는 수익이 너무 낮아져서 더 이상 유지하기 어려워질 때까지 이러한 증가 추세는 지속되었다.

● 재화, 용역 및 투자 자산은 돈과 신용으로 생산, 구매 및 판매될 수 있다.

- 중앙은행은 화폐를 발행하고 원하는 만큼 신용량을 조절할 수 있다.

- 차입 채무자는 궁극적으로 부채를 빌리고 상환할 수 있을 만큼 충분한 돈과 낮은 이자율이 필요하다.

- 대출 채권자는 적절한 수익을 얻기 위해 충분히 높은 이자율과 채무자의 낮은 채무 불이행이 필요하다.

- 이러한 균형 조정은 부채 자산과 채무의 규모가 모두 소득에 비해 증가함에 따라 점차 어려워진다. 결국

이를 줄여야 하므로 부채 자산의 감소가 발생한다.

● 최고의 감소 유형은 소위 '아름다운 부채 축소'

라고 부르는 것으로, 이는 중앙정부와 중앙은행이

협력해 특히 부채가 자국 통화로 발행되었을 때,

부채 부담을 효과적으로 줄이는 것을 의미한다.

부채가 외화로 표시된 경우 부채 자산 감소는 매우

고통스럽다. 이에 대해서는 나중에 다시 설명하겠다.

● 장기적으로는 생산적이고 건강한 손익계산서

(즉, 지출보다 더 많은 수입)와 건강한 재무상태표

(즉, 부채보다 더 많은 자산)를 갖는 것이 재정

건전성의 지표다.

● 각 국가가 신용/부채 사이클의 어느 위치에 있는지,

그리고 경제 주체가 어떻게 행동할 가능성이

높은지를 알면 이러한 사이클을 잘 헤쳐 나갈 수

있을 것이다.

● 과거를 보면 미래를 알 수 있다.

- 부채 위기는 필연적이다. 역사를 통틀어 극소수의 잘 통제된 국가만이 부채 위기를 피할 수 있었다. 이는 대출이 완벽하게 이루어지는 경우가 없고, 주기적으로 사람들의 심리에 영향을 주고 거품과 붕괴를 만들어 종종 잘못된 방향으로 흘러가기 때문이다.

- 대부분의 부채 위기는, 심지어 아무리 큰 위기라도, 경제 정책 입안자들이 분산만 잘 시키면 관리 가능하다.

● 모든 부채 위기는 작동 방식을 이해하고 잘 헤쳐

나갈 수 있는 훌륭한 원칙만 가지고 있다면 투자

기회가 될 수 있다.

● 결국, 대규모 부채 사이클이 끝나갈 무렵에는

차입 채무자에게는 너무 부담스럽지 않으면서

대출 채권자를 만족시킬 만큼 충분히 높은

실질 금리를 유지하는 것이 어려워지므로

중앙은행은 이 두 가지 선택 사이에서 균형을

잡으려고 노력한다. 보통 이런 시기에는 긴축

정책으로 인한 경제 위축과 돈을 풀어버리는

정책으로 인한 인플레이션이 동시에 나타나는데,

어느 쪽이 먼저 오느냐의 문제일 뿐이다. 어쨌든

이러한 시기에 과도한 부채가 있는 정부의 통화나

부채 자산을 보유하는 것은 나쁜 투자다.

● 중앙은행은 '경화' 통화를 유지해 채무자가 채무를

불이행해 디플레이션 불황으로 이어지게 할

것인지, 아니면 많은 돈을 찍어내 통화를 '연화'시켜

통화와 부채의 가치를 떨어뜨릴 것인지 선택해야

한다. 경화로 부채를 상환하면 심각한 시장 및

경제 침체가 발생하기 때문에, 이러한 선택에

직면했을 때 중앙은행은 항상 결국 돈을 찍어내고

가치를 떨어뜨리는 정책을 선택한다. 이런 사례는

《금융위기 템플릿》의 2부를 참조하기 바란다. 물론

중앙은행은 자기 국가의 돈만 찍어낼 수 있으며,

이는 다음 중요한 요점으로 이어진다.

● 부채가 해당 국가의 통화로 표시되는 경우 그 국가의

중앙은행은 부채 위기를 완화하기 위해 돈을 '찍어낼'

능력이 있으므로 그렇게 할 것이다. 돈을 찍어낼 수

없는 경우보다는 잘 관리하겠지만 물론 돈의 가치도

떨어진다.

● '지속 불가능한' 부채 부담은 들어오는 돈의 양이 나가는 돈의 양보다 적을 때 발생한다. 이는

a) 저장된 금액(즉, 저축액)이 감소하거나, 또는

b) 저축액이 고갈되거나 더 이상 빌릴 수 없을 때까지 빌린 금액이 증가해 부채 상환에 실패하는 경우다.

● 필연적으로 1) 소득 대비 부채, 2) 소득 대비 부채 상환액, 3) 물가 상승률 대비 명목 이자율(즉, 실질 이자율) 및 명목 성장률, 그리고 4) 저축 대비 부채 및 부채 상환액이 균형 수준에 도달하게 될 것이다.

시간 경과에 따른 이들 비율의 변화를 관찰해보면

극단적인 수준으로 갔다가 다시 정상적인

수준으로 돌아오는 것을 알 수 있다. 이러한 변화를

일으키는 원인과 결과의 관계를 이해하면 경제

변화를 효과적으로 예측하고 관리할 수 있다. 특히

고통스러운 부채 축소 부분을 이해하면 이를 잘

처리하거나(고통을 줄이거나) 잘못 처리할 수(매우

고통스럽게 만들 수) 있다는 것을 알게 될 것이다.

● 매우 높은 부채 수준, 매우 큰 적자액, 낮은 저축액,

매우 높고 빠르게 상승하는 이자율을 가진 국가는

채무 불이행 또는 부채 평가절하 위기가 발생할 위험이 매우 크기 때문에 이를 이용해 위험의 수준을 측정할 수 있다.

● 수식으로 표현한 부채 부담

1. 미래 소득 대비 미래 부채. 이를 계산하는 공식은 다음과 같다.[3]

$$\frac{\text{미래 부채액}}{\text{미래 수입액}} =$$

$$\frac{(\text{이자 비용을 제외한 미래 예상 지출액} - \text{미래 수입액}) + \text{현재 부채액} \times (1 + \text{이자율})}{\text{현재 수입액} \times (1 + \text{증가율})}$$

2. 미래 소득 대비 미래 부채 상환액. 이를 추정하는 공식은 다음과 같다.

$$\frac{\text{미래 부채 상환액}}{\text{미래 수입액}} = \frac{(\text{미래 이자 비용} + \text{미래 원금 상환액})}{\text{미래 수입액} \times (1 + \text{수입 증가율})}$$

미래 이자 비용 = 미래 부채 수준 × 평균 부채 실효 이자율

미래 원금 상환액 = 미래 부채 수준 × 만기 도래 부채 비율

3. a) 물가 상승률, b) 명목 소득 성장률 (즉, 물가 상승률+실질 성장률) 대비 명목 이자율.

$$\text{부채를 현 수준으로 유지하기 위한 이자율} =$$

$$\text{수입 성장률} - \frac{(\text{이자 비용을 제외한 미래 예상 지출} - \text{미래 수입})}{\text{기초 채무액 수준}}$$

4. 저축(예: 외환, 보유고) 대비 부채 및 상환액. 이를

추정하는 공식은 다음과 같다. [4]

$$\frac{\text{미래 부채액}}{\text{미래 저축액}} =$$

$$\frac{(\text{이자를 제외한 현재 지출액} - \text{현재 수입액}) + \text{현재 부채액} \times (1 + \text{이자율})}{\text{현재 저축액} + \text{예상 저축액}}$$

$$\frac{\text{미래 부채 상환액}}{\text{미래 저축액}} = \frac{(\text{미래 이자 비용} + \text{미래 원금 상환액})}{\text{현재 저축액} + \text{예상 저축액}}$$

● 명목 이자율이 명목 소득 성장률과 동일한 수준이고

정부가 기초 적자를 내지 않는 경우(즉, 수입=이자를

제외한 지출), 부채는 소득 대비 동일한 수준을

유지한다. 그러나 이자율이 소득 증가율보다 높으면

기존 부채의 채무 부담이 증가한다.

● 부채 상환 비용이 축적되는 것은 동맥에 찌꺼기가

축적되는 것과 유사하다. 이는 경제에 필요한

영양분의 흐름을 압박하는 것이다.

● 부채 수준이 높으면 채무자가 부채를 만기 연장하지

못하는 사태가 발생할 수 있다.

● 시스템의 장기적인 건전성에 가장 좋은 방법은

아니지만 가장 쉬운 방법은 정부가 중앙은행을

시켜 돈을 찍어내고 채권을 매입하도록 해 부채

문제를 해결하고 원하는 대로 지출하는 것이다. 이는

이자율을 감당 가능한 수준으로 낮추고 시스템에

돈을 투입하는 효과를 가져온다. 부채가 자국 통화로

표시된 경우 정부는 틀림없이 이렇게 할 것이다.

● 채권을 매입하고 통화 공급을 늘리는 것은 경기를

부양하는 효과가 있지만 통화 가치를 하락시킨다.

PART TWO.

중앙정부와 중앙은행의

파산으로 이어지는 전형적인 순서

- 만약 부채 순매도가 발생한다면 훨씬 더 심각한

  문제를 초래하므로, 부채의 순매도는 대단히 심각한

  경고 신호다.

- 의사결정 시스템은 시대를 초월하는 보편적인

  관계에 기반해야 한다. 즉, 모든 시간대와 모든

  국가에서 일어나는 크고 중요한 발전을 (반드시

  정확하거나 상세하게는 아니더라도) 설명할 수

  있어야 한다. 만약 모든 시간대와 모든 국가에서

  일어나는 큰 발전을 설명하지 못한다면 이는 중요한

  영향 요인이 빠져 있으니 그 요인이 템플릿/모델에

추가되어야 한다는 의미다.

● 새롭게 대중의 선택을 받아 권력을 잡은 지도자가

  등장한 초기(예를 들어 새로운 대통령의 취임 후

  첫 100일 동안) 밀월 기간에는 대체로 낙관론이

  존재한다. 이때는 위대한 변화와 대규모 개선에

  대한 꿈이 존재하며 아직 새로운 지도자가 현실을

  어떻게 형성하고 처리하는지에 대한 비판이

  본격화되기 전이다. 시간이 지남에 따라 일반적으로

  지도자가 당선되기 위해 했던 큰 약속들은 이행하기

  어려워지고 나쁜 일들이 발생해 실망감이 커지며

비판가와 야당은 더 대담해지고 지지율은 하락한다.

이 모든 것은 권력을 유지하기 위한 싸움을 더

어렵게 만들고 종종 그렇게 하기 위해 더 극단적인

행동으로 이어진다.

● 민주주의가 실패하면 독재주의가 등장한다.

● 무질서한 시대에는 법보다 금융, 정치, 군사력이

더 중요하며, 약하고 무질서한 집단주의보다

권위주의가 더 효과적이다.

- "권력은 부패하고, 절대 권력은 절대적으로 부패한다."

- 강자가 약자를 잡아먹는 경우가 점점 더 많아지고 있다. 이런 식의 사태 전개는 모두 우리가 현재 처한 빅 사이클에서 전형적으로 나타나는 현상이다.

- 다자주의에서 일방주의로의 전환은 처음에는 충격적이지만, 빠르게 받아들인다. 예를 들어 이 글을 쓰기 불과 몇 달 전만 해도 도널드 트럼프의 그린란드, 캐나다, 파나마 운하에

대한 발언은 상상조차 할 수 없는 것으로 여겨졌을

것이다(이는 러시아가 자국의 이익이 평화적으로

보장되지 않는다고 보고, 이를 방어하기 위해

군사력으로 우크라이나를 침공한 것과 마찬가지다).

그러한 시기에는 상황이 빠르게 변함에 따라 동맹

관계가 자주 빠르게 변하고, 신의보다는 이익이 더

중요해진다.

● 역사는 문명이 지나치게 발전하면 나약해지고 퇴폐

풍조에 빠져 결국 강력한 야만성에 패배한다는 것을

반복적으로 보여준다.

● 가장 크고 중요한 힘은 사람들이 서로를 대하는

방식이다.

PART THREE.

과거에 대한 고찰

● 큰 사건들이 어떻게, 그리고 왜 전개되었는지 알고

  싶다면 작은 사건들에 지나치게 집중하지 않도록

  주의하라. 가까이서 정확하게 보려고 하는 사람들은

  정확성을 찾는 데 몰두하기 때문에 가장 중요한

  큰 것들을 놓치는 경향이 있다. 그러므로

  큰 것들을 찾을 때는 큰 것들에 주의를 기울이자.

● 일어나는 모든 일은 그것이 일어나도록 만드는

  이유가 있으므로, 변화를 이끄는 인과관계를

  이해하고 설명하려고 노력해야 한다. 그리고

  그것들로부터 과거의 변화를 설명하고 실제로

일어나고 있는 일과 일치하는 논리적 템플릿/모델을

만들고, 일치하지 않는다면 그 이유를 이해하고 이를

해결하기 위해 노력해야 한다.

● 부채 상환에 필요한 돈의 양에 비해 부채가 너무

많은 시기에는 존재하는 돈의 양을 늘리거나 부채의

양을 줄여야 할 필요성 때문에 정부는 약속을 깨고

a) 돈과 신용의 양을 늘리거나, b) 부채의 양을

줄이거나(예: 구조조정을 통해),

c) 경화(예: 금)의 자유로운 소유 및 이동을 막는

몇 가지 조치를 조합해 시행한다. 그러한 시기에

사람들은 악화에서 양화로 재산을 옮기려 하고

정부는 이를 막기 위해 양화의 자유로운 보유 및

이동을 금지하는 조치를 내리기도 한다.

(1865년~1918년)

● 부채를 갚는 데 필요한 돈의 양에 비해 부채가 너무

많아지면 존재하는 돈의 양을 늘리거나 부채의

양을 줄여야 할 필요성이 생긴다. 그러면 정부는

약속을 깨고 다음과 같은 조치를 취한다. a) 돈과

신용의 양을 늘리거나, b) 부채의 양을 줄이거나(예:

구조조정을 통해), 그리고/또는

c) 경화(예: 금)의 자유로운 소유 및 이동을 막는

것이다. 이러한 시기에는 악화에서 양화로 사람들의

재산이 이동하는 현상이 나타나고 정부는 이를

막으려 한다. 이는 종종 양화의 자유로운 소유와

이동을 금지하는 결과로 이어진다.

(1918년~1945년)

● 원칙적으로 어떤 국가가 약해지면 적대적인 국가는

이들의 약점을 이용해 이익을 얻는다.

● 일반적으로 경기 부양을 원하면 중앙은행은 금리를

낮추거나 훨씬 더 많은 돈과 신용을 창출해 더 많은

지출과 부채를 발생시킨다. 이러한 경기 부양은

경기 사이클의 확장 단계를 연장하는 효과가

있으며, 소득 대비 부채 자산 및 부채를 증가시켜

부채 자산과 부채 부담을 더욱 불안정하게 만든다.

역사는 중앙은행이 더 이상 금리를 낮출 수 없고,

경기 부양을 원하면 돈을 찍어 부채, 특히 국채를

매입한다는 사례를 보여준다. 그러면 정부는 돈과

신용이 생겨 채무 불이행을 막을 수 있고, 수입보다

더 많은 돈을 계속 차입할 수 있다. 하지만 이런

상황은 부채 자산과 부채 규모가 너무 커져서

균형을 맞추기 어려워지는 시점에 이르게 되는데,

이 시점에서는 부채의 구조조정 그리고 또는

부채의 화폐화가 반드시 발생해야 한다.

● 금리와 물가 상승률 사이의 관계는 중요하다.

왜냐하면 금리가 물가 상승률보다 높으면 저축해

높은 이자율의 혜택을 볼 유인이 생기고, 금리가 물가

상승률보다 낮으면 돈을 빌리는 것이 실질적으로

이득이 되고, 인플레이션이나 저금리 시대의 경제

성장의 혜택을 볼 수 있는 자산을 보유하는 것이

유리해진다.

● 단기 금리와 장기 금리의 관계(즉, 수익률 곡선)는

매우 중요하다. 왜냐하면 단기 금리가 장기 금리에

비해 높을 때 이는 통화가 긴축되었음을 나타내며,

현금을 보유하고 대출해주는 것이 차입이나 다른

자산에 대한 투자보다 더 매력적이기 때문이다.

● 독자들은 아마도 다음 원칙을 기억할 것이다.

부채 상환에 필요한 돈의 양에 비해 부채가 너무

많은 시기에는 존재하는 돈의 양을 늘리거나 부채의

양을 줄여야 할 필요성 때문에 정부는 약속을 깨고

a) 돈과 신용의 양을 늘리거나, b) 부채의 양을

줄이거나(예: 구조조정을 통해),

c) 경화(예: 금)의 자유로운 소유 및 이동을 막는

몇 가지 조치를 조합해 시행한다. 그러한 시기에

사람들은 악화에서 양화로 재산을 옮기려 하고,

정부는 이를 막으려고 해서 양화의 자유로운 보유 및

이동을 금지하는 조치가 내려지기도 한다.

● 감당하기 어려울 정도로 고통스러운 큰 부채

   문제가 있을 때 중앙은행은 채무자들이 부채를

더 쉽게 갚을 수 있도록 돈을 '찍어내' 배포할

것이고, 이는 다른 자산에 비해 돈과 부채의 가치를

떨어뜨린다는 원칙을 배웠다.

● 모든 것은 가까이에서 볼 때 더 크게 보인다. 이

원칙은 내가 상황을 객관적으로 보고 변화에

대처하는 데 도움이 되었다.

● 투자자들은 일반적으로 뛰어난 기업이 유망한

산업 분야에 속해 있다면 그것이 곧 훌륭한 투자

대상이라고 잘못 생각하는 경향이 있다. 이는

그들이 투자하기 위해 지불해야 하는 가격에 충분한

주의를 기울이지 않기 때문이다. 그러한 사고방식이

만연하고, 사람들이 돈을 빌려서라도 그런 주식을

구매할 때 거품이 만들어지고, 중앙은행이 긴축 통화

정책을 펴고 금리가 상승하면 거품이 터진다.

● 막대한 양의 부채 화폐화가 진행될 때는 그 국가의

채권을 보유하지 않는다.

PART FOUR.

앞으로의 전망

● 정부 부채가 빠르게 증가해 적자를 크게 줄여야

할 때 가장 중요한 것은 1) 문제를 해결할 만큼

충분하게 적자를 줄이고, 2) 경제 상황이 좋을 때

적자를 줄여 경기가 안 좋을 때를 대비하며, 3)

이러한 감축에 직면해 중앙은행은 경기를 부양하는

통화 정책을 펴야 한다.

● 이제 내가 말한 원칙을 다시 한번 상기해보자.

부채 상환에 필요한 돈의 양에 비해 부채가 너무

많은 시기에는 존재하는 돈의 양을 늘리거나 부채의

양을 줄여야 할 필요성 때문에 정부는 약속을 깨고

a) 돈과 신용의 양을 늘리거나, b) 부채의 양을

줄이거나(예: 구조조정을 통해), c) 경화(예: 금)

의 자유로운 소유 및 이동을 막는 몇 가지 조치를

조합해 시행한다. 그러한 시기에 사람들은 악화에서

양화로 재산을 옮기려 하고, 정부는 이를 막으려고

해서 양화의 자유로운 보유 및 이동을 금지하는

조치가 내려지기도 한다.

● 시장에는 거의 모든 사람이 믿고 현재 가장 인기

있는 밈이 항상 존재한다. 이는 가격에 반영되며

어떤 식으로든 틀릴 가능성이 크다. 이러한 밈은

일반적으로 과거의 성공적인 투자 사례를 바탕으로

미래에도 그럴 것이라는 기대감과 사람들의 감정이

합쳐져 만들어진다. 또한 대부분의 투자자는 시장

가격 책정을 고려하지 않는 경향이 있다.

다시 말해 그들은 과거에 좋은 성과를 냈던 투자

대상(예: 잘나가는 회사)이 앞으로도 계속 좋을

것으로 생각하는 경향이 있다. 그리고 가격(저렴한지

비싼지)이 가장 중요한 요소임에도 불구하고 이에

대해 충분한 주의를 기울이지 않는다. 이때는 거의

모든 사람이 (자산 가격 하락에 베팅하는 것보다)

자산 가격 상승에 베팅해 돈을 벌려고 하는 것이

일반적이며, 종종 레버리지를 사용하기도 한다.

● 신흥국의 경우는 장애물을 극복하고 경제적 ·

재정적으로 급성장하는 국가들(예: 인도, 인도네시아

및 대부분의 다른 아세안 국가들 및 걸프협력회의

국가들)과 뒤처지는 국가들(예: 가난하고 무질서한

개발 도상국, 특히 돈이 거의 없고 기후 변화로

인해 불리한 상황에 놓이는 국가들)의 두 가지

유형으로 나뉜다. 재정적으로 건전하고, 질서 있고,

상대적으로 지정학적으로 중립적이며, 최고의

인재와 가장 보람 있는 시스템을 갖춘 국가들이

가장 잘하고 있으며 앞으로도 계속 그럴 것이라는

것은 논리적이며 사실인 것처럼 보인다. 왜냐하면

나는 여전히 세계화는 멈출 수 없는 힘이라고 믿기

때문이다.

● 정권이 바뀔 때 나타나는 원칙은 다음과 같다.

새롭게 대중의 선택을 받아 권력을 잡은 지도자가

등장한 초기(예를 들어 새로운 대통령의 취임 후

첫 100일 동안) 밀월 기간에는 대체로 낙관론이

존재한다. 이때는 위대한 변화와 대규모 개선에

대한 꿈이 존재하며 아직 새로운 지도자가 현실을

어떻게 형성하고 처리했는지에 대한 비판이

본격화되기 전이다. 시간이 지남에 따라 일반적으로

지도자가 당선되기 위해 했던 큰 약속들은 이행하기

어려워지고 나쁜 일들이 발생해 실망감이 커지며

비판가와 야당은 더 대담해지고 지지율은 하락한다.

이 모든 것은 권력을 유지하기 위한 싸움을

더 어렵게 만들고, 종종 그렇게 하기 위해

더 극단적인 행동으로 이어진다.

● 민주주의가 실패하면 독재 정권이 등장한다.

● 무질서한 시대에는 법보다 금융, 정치, 군사력이

   더 중요하며, 약하고 무질서한 집단주의보다

   권위주의가 더 효과적이다.

● 새로운 지도자들은 사회적 갈등이 심한 시기에는

   자신의 권력을 강화하는 조치를 취했으며,

   권위주의적인 지도자일수록 이러한 경향이 더욱

   두드러지고 강압적인 방식으로 나타난다.

- 큰 갈등의 시기에 공격적인 지도자들은 반대파를 제거하기 위해 지도자에게 특별한 권한을 부여하도록 법을 변경하고, 정부 친화적인 선전을 유포하기 위해 언론에 대한 통제력을 강화한다. 내부 또는 외부 반대파와의 갈등이 더욱 심해지면 결국 반대파를 표적으로 삼는 법과 처벌이 부과될 것이다.

- 어떤 사회 시스템이 성공하려면 모든 사람에게 적절한 조건을 제공해야 한다는 점을 잊어서는 안 된다.

● 현재 상황이 빅 사이클의 5단계에서 전형적으로

나타나는 모습과 유사하며, 국지적으로 더욱

폭력적인 양상을 띠는(예: 러시아 대 우크라이나,

이스라엘 대 이란 및 그 대리 세력) 일종의 세계

전쟁이 진행 중이지만, 아직 주요 강대국(미국과

중국) 간의 폭력적인 충돌로 이어지지는 않았다.

이 단계에서는 강자가 약자를 먹잇감으로 삼는

경향이 점점 더 뚜렷해진다.

● 모든 사람은 트럼프가 극우 성향이므로, 극우

성향이면서 싸울 능력이 있는 국가들과 연합하고,

사람들과 국가들이 자신이 원하는 대로 행동하도록

당근과 채찍을 모두 사용할 가능성이 크다는 것을

알고 있다. 이것이 새로운 세계 질서와 미국이

이끄는 '연합국' 진영의 재편을 이끄는 요인이다.

빅 사이클의 이 단계에서는 상황이 빠르게 변화함에

따라 동맹 관계도 빠르게 변하고, 충성심보다 승리가

더 중요해진다는 것을 잊어서는 안 된다.

● 나는 대체로 지적재산권 보호는 별 효과가 없다는

원칙을 염두에 두고 있다. 엄청난 노력을 기울여

보호되는 극도의 비밀(예: 원자폭탄 개발)은 숨겨질

수 있겠지만, 공개적으로 사용되는 기술은 거의 즉시

복제된다고 봐야 한다.

● 앞서 말했지만 가장 크고 중요한 힘은 사람들이

서로를 대하는 방식이다. 만약 사람들이 자신들의

문제와 기회를 공동의 것으로 인식하고, 서로에게

피해를 주지 않으면서 전체의 이익을 극대화하는 데

집중한다면, 최상의 결과를 얻을 가능성이 크다.

● 바라건대 이런 상황을 보고 사람들이 걱정하고

상황을 개선하기 위해 아직 자신들의 힘으로 할

수 있는 일을 하기를 바란다. 그래서 나의 마지막

원칙은 이렇다. 걱정하지 않는다면 걱정해야 하고,

걱정한다면 걱정할 필요가 없다.

미주

[1] 모든 투자가 총수익 기준으로 경쟁한다는 것은
대체로 사실이지만 100% 그런 것은 아니다.
왜냐하면 투자자마다 목표와 고려 사항이 다르기
때문에 특정 투자 상품에 대한 수요와 공급의
불균형으로 인해 일시적으로 높은 수익률을
보이는 경우가 발생할 수 있기 때문이다. 그러나
어떤 투자의 위험 조정 수익률이 다른 투자보다
높다면, 투자자들은 위험 조정 수익률이 낮은
자산을 공매도하고 높은 자산을 매수해 이익을
얻을 수 있기 때문에 이런 차이는 금세 사라지게
마련이다.

[2] 나는 총수익이 낮은 투자 자산을 판매하고,

총수익이 높은 자산을 구매해 돈을 벌고 았다.

[3] 이 관계는 종종 다음과 같이 나타내기도 한다.

여기서 g는 소득 성장률, i는 이자율,

t는 해당 시점 또는 연도를 나타낸다.

$$\frac{부채}{소득_t} - \frac{부채}{소득_{t-1}} = (i_t - g_t)\frac{부채}{소득_{t-1}} - \frac{기초\ 적자}{소득_t}$$

이 식의 의미는 소득 대비 부채 비율을 일정하게

유지하려면 소득 대비 기초 적자가 소득 성장률과

이자율의 차이에 부채 대비 소득 비율을 곱한 값과

같아야 한다는 것이다.

$$\frac{기초\ 적자}{소득_t} = (g - i)\ \frac{부채}{소득}$$

[4] 이 방정식은 정확하지 않다. 왜냐하면 정부가

흑자가 났을 때 잉여금을 저축으로 쌓아둘 수도

있고 빚을 갚는 데 사용할 수도 있기 때문이다.

만일 빚을 갚는다면 수입보다 지출이 더 낮아질

것이다. 정부가 어떤 선택을 하느냐에 따라

잉여금은 미래 부채 감소로 나타날 수 있고, 미래

저축 증가로 나타날 수도 있다. 어느 쪽이든

비율은 개선되겠지만 정부의 선택에 따라 효과는

약간 달라진다.